KB042747

쟁점, 한국 고대사
그 해답을 찾다

쟁점, 한국고대사 그 해답을 찾다

지은이 이도학

펴낸이 최병식

펴낸날 2024년 5월 27일

펴낸곳 주류성출판사

서울특별시 서초구 강남대로 435

TEL | 02-3481-1024 (대표전화) • FAX | 02-3482-0656

www.juluesung.co.kr | juluesung@daum.net

값 30,000원

잘못된 책은 교환해 드립니다.

ISBN 978-89-6246-533-4 93910

쟁점, 한국 고대사
그 해답을 찾다

이도학 지음

주류성

머리말

1

근대역사학이 도입된 이래 시대구분에 관한 논의는 적지 않게 제기되어 왔었다. 학계 연구 성과의 지표인 고등학교 한국사 교과서에서는 중세를 고려부터로 설정했다. 여전히 왕조사적 시대구분의 틀에서 벗어나지 못했음을 반증한다.

필자는 전통 시대 역사를 주도했던 지배층 배출 수단의 획기적 모멘트를 958년(고려 광종 9)부터 시행된 과거제에서 찾았다. 이에 따라 오로지 혈통에만 기반한 사회는 막을 내리기 시작했다고 본다. 통치 거점도 상시적 전란으로 인한 고지대 산성에서 평지 읍성으로 전환되었다. 그런데 국가의 생존과 권위에 필요한 테크놀로지technology였기에 우대받았던 기술직은 그 위상이 떨어졌다. 문치文治라는 휘황한 빛에 가려진 어두운 그늘이었다.

2

본서는 신화만 전하는 왕검조선부터 후삼국기까지를 대상으로 했다. 필자가 설정한 고대라는 시간적 범주에 속해서였다. 이 기간에 조선-부여-

한韓을 축으로 한 숱한 정치체가 명멸하였다. 발해의 부여 '유속遺俗' 계승 천명과 후백제의 마한 계승 선언도 계통적으로 이와 연결된 것이다. 그리고 이들 역사에 대해서는 수년 전에 출간한 거작巨作 『분석 고대 한국사』(학연문화사, 2019)에서 소상히 살펴본 바 있다. 이 책을 참조하면 좋을 것 같다.

그러면 본서의 출간 동기를 밝히고자 한다. 먼저 한국 고대사에서 아직도 오류가 교정되지 않아서였다. 고유명사의 문자 판독을 비롯해 음가音價와 용어·개념에 대한 오류가 넘쳤다. 일례로 『삼국사기』 정덕본의 백제 '아신왕阿莘王' 판각은, '아화왕阿華王' 오각誤刻이 분명하다. 그럼에도 바로잡지 않고 있다. 그리고 「미륵사지 서탑 사리봉안기」에 적힌 '沙乇積德'을 '사택적덕'으로 읽거나, 심지어는 '沙宅積德'으로 변형시키기도 했다. 이체자로 적힌 '乇'을 '택'으로 읽는 데서 그치지 않고 '宅'으로 변조까지 한 것이다. AI 시대라는 최첨단 21세기에 빚어진 일이라니? 소름 끼치는 일이 아닐 수 없다. 이런 흐름으로 말미암아 멀쩡히 '진훤'으로 읽어 왔던 甄萱을, '견훤'으로 왜곡시킨 것이다.

옛말에 '삼인성호三人成虎'라고 했으니, 여러 사람이 말하면 거짓말도 참말로 받아들이게 된다. 그리고 "모기도 모이면 천둥소리 난다"는 속담이 있듯이, 다중이 요란하게 밀어붙이면 목소리가 커져 옳은 것처럼 비친다. 이러한 사례가 적지 않았기에 '그렇지 않다'는 증언 차원에서 언급하였다. 한자음을 잘못 읽는 것은 물론이요, '백제부흥운동' 등을 비롯한 역사 용어에 대해서도 오용하는 경우가 비일비재했다. 혹자는 이미 굳어진 것이니까 그냥 넘어가자고 한다. 그러나 뭐가 잘못되었는지 알고는 넘어가야 하지 않을까?

본서에서 이와 같은 사안에 대해 숱한 의문을 제기하였다. 많은 이들이 추종한다고 따라갈 일은 아니므로 확인을 해 보았다. 일례로 발해와 통일신라가 공존한 기간을 '남북국시대'로 일컫고 있다. 그러나 시대구분 용어로서 '남북국시대'는, 단순히 남과 북 두 개 국가의 병존이라는 의미가 아니었다. 중국의 남북조시대를 상기시키는 시대구분으로서의 '남북국시대'는, 앞서 존재했던 통일국가의 분열이 빚은 두 개 정권의 공존을 전제해야 하고, 또 통일을 이루려는 각자의 의지가 분명하고, 결국에는 하나로 통일되어야만 유효하다. 그러나 한국사에서의 '남북국시대'는 이에 해당하지 않았다. 단순히 방향을 가리키는 남과 북을 사용한 데 의미를 둔다면, 기록에 보이는 고구려와 낙랑, 고구려와 왜도 남북국이 된다. 고려 김부식도 여진의 금을 북조로 일컬었다.

오히려 소위 후삼국시대가 '남북국시대'에 해당한다. 하나의 국가가 분열되어 태동한 두 개 정권인 데다가, 서로를 남과 북으로 일컬었듯이 동질감이 존재했고, 또 상대를 통합의 대상으로 여겼으며 종국에는 통일이 되었기 때문이다. 당시 신라는 상징성만 존재한 중국 춘추시대 주실周室에 견주어졌다. 진훤이나 왕건 모두 신라를 주실로 일컬었고, 신라로부터 선양禪讓 받을 주체로 간주했었다. 실제 왕건은 경순왕에게서 천년왕국 신라를 선양 받았다. 외양만 보고 '남북국시대' 운운할 게 아니라 냉정하게 검증하는 작업이 선결되었어야 한다. 빛 좋은 개살구에 현혹되는 우愚를 범해서는 안 될 것 같다.

이렇듯 본서에는 당연하다고 믿었던 사안에 대한 수많은 의문을 제기하였다. 가령 '철의 왕국'은 가야가 아니라 신라임을 입증했고, '6가야'도 만들어진 역사임을 논증했다. 호류사 금당 벽화를 그린 이는 고구려 승려 담징이 아니라 백제계 인물임을 밝혔다. 이는 대표적인 역사 왜곡 사례에 해당한다. 그뿐만 아니라 필자의 논지는 대체로 한반도 내 낙랑군의 존속 기간을 비롯해 고구려 천리장성 축조 배경 등 소위 정설이나 통설과 대척점에 서 있다. 특히 신라군이 당군을 대파한 '買肖城'을 '매소성'으로 읽는다며 큰 발견이라도 한 양 환호하는 이들이 많았다. 이는 매소성이 아니라 '매생성買省城'이 맞으므로 오류를 분명히 밝힐 필요가 있었다.

이러한 논의가 중첩되다 보니 본서는 밀도 높은 고증으로 넘친다. 전문가들이나 읽을 수 있는 연구서가 되었다. 게다가 워낙 압축된 내용이었기에 사전 지식이 없는 상태에서는 난해할 수밖에 없다. 이 점 불가피했음을 밝히면서 앞서 언급한 『분석 고대 한국사』의 일독一讀을 권장한다. 그렇더라도 공들여 본서를 찬찬히 읽게 된다면 크게 도움이 될 것으로 자위해 본다.

특히 지난 세기에 소실된 중국 지린시 박물관 소장 부여 여인 도용陶俑과 몽촌토성 무문비, 산청 구형왕과 왕비 영정, 문경 당교唐橋 등은 필자의 저서 외에는 다시 접할 수 없는 직접 촬영한 사진 자료를 포함하였다. 이들은 모두 접할 수 없거나 옛 모습이 사라진 유물과 유적이기 때문이다.

3

필자는 대학교 사학과 학생 때부터 한국 고대사를 집중적으로 공부했었다. 본서에도 언급된 일본 에도江戸 시대 국학자인 마쓰시타 미바야시의 『이칭일본전』같은 도서도 대학 때 읽었다. 작년에 본서 집필 작업의 일환으로 대학 도서관의 관련 도서를 40여 년 만에 다시금 '소환'했을 때는 감회가 일었다. 그리고 백제 무령왕의 계보가 『삼국사기』와는 달리 「백제신찬」 기록대로 곤지임을 최초로 밝혔고, 논문은 교지에 수록되었다. 이렇듯 대학 시절부터 대학원 시절을 거쳐 대학교수에서 정년한 지금까지 일관되게 한국 고대사 공부와 연구에만 매진하였다. 전문가에게 필요한 '십만 시간의 법칙'은 대학 시절에 이미 돌파했던 것 같다.

집필한 논문의 편수가 상당히 많아서 동학들 사이에서 화제가 되기도 했다. 저서는 정년 때까지 35권을 출간하였다. 어떤 이는 넌지시 "공저 포함한 것이겠죠?"라고 물었다. "단독 저서입니다!"라고 답하자 가타부타 말이 없어졌다. 작년 한 해만 하더라도 한국연구재단 등재지 학보 게재 및 학술대회에서 발표한 논문 숫자를 합치면 총 7편이었다. 논문을 집필하면서 새로운 내용을 발견하는 일이 적지 않았다. 필자는 무엇과도 바꾸기 쉽지 않은 '발견의 즐거움'을 만끽하며 살아가는 연구자에 속한다. 연구자야말로 정년이 없는 직업군이라고 자부하고 싶다.

지나고 보니 마치 쫓기듯이, 또 선점先占하기 위한 욕심에 차서 집필한 논문들이 많았다. 이제는 찬찬히 곱씹어 보면서 미처 발견하지 못했던 사안들을 하나하나 찾아내고 있다. 그러면서 배움과 탐구에는 끝이 없다는 생각을 절로 하게 되었다. 본서에서는 과거의 논지를 보강하거나 강조하기 위한 글들이 주조를 이루었다. 그러면서 새로 찾아낸 사실들을 담았다. 일례로 『삼국사기』에서 505년(지증왕 6)에 "또 선박의 이로움을 분부했다. 又制舟楫之利"는 한 줄 기사를, 국가 운영을 위한 재원 확보 수단인 수취收取와 관련한 양대 통로通路인 내륙 수로와 해로를 병행한 조치로 보았다. 우리나라 수취의 통로인 조운漕運의 시발로 받아들였다. 아무튼 전편에 걸쳐 고정관념을 허무는 논조로 일관했다. 진정한 '실증'의 힘을 보여주고자 한 것이다.

명예교수가 되어 지금도 강단에 서 있지만, 40년 전, 30년 전, 20년 전에 비할 수 없을 정도의 안목과 지식을 갖추게 되었다. 수강생의 수준과는 상관없이, 끊임없이 논문 집필하면서 얻어진 새로운 사실들이 강의 때 발현되었다. 본서는 지금까지 한결같은 일념으로 열정을 다하고 있는 강의와 지식을 아낌없이 풀어 놓았다. 연구자라면 누구나 체험하는 현상으로 치부하겠지만 그렇게 간단하게 말할 성질은 아닌 것 같다.

4

연구자로서 한눈팔지 않고 앞만 보고 매진한 데는 은사님들의 사랑과 가르침이 절대적이었다.

대학 때부터 필자를 각별하게 사랑해 주셨고, 동료들에게 '청출어람靑出於藍'이라고 과찬을 해 주셨던 조영록 선생님의 학문적 은혜에 머리를 조아리지 않을 수 없다.

그리고 이희덕 선생님은 필자에게는 학문적 스승일 뿐 아니라 어버이의 역할까지 해 주셨다. 깊으신 사랑과 은혜에 항시 감사할 뿐이다.

석사 과정 2학기 때 동갑인 이기길, 최삼룡과 함께 세 명이 수업을 같이 들으면서 인연을 맺었던 분이 김병모 선생님이었다. 김병모 선생님은 주변 사람들에게 필자를 "대성할 사람이다!"고 과찬하셨고, 필자가 석사 졸업한 후에는 한국고고학회 회의장에서 만난 이기길(현 조선대 명예교수) 선생을 통해 필자의 연락처를 알아낸 후 강의할 기회까지 마련해주셨다. 이후 박사 과정 지도교수로 인연이 이어졌다. 김병모 선생님으로부터 받은 사랑과 은혜 역시 셀 수 없을 정도이다.

끝으로 국민학교 때 은사였던 고故 정동일 선생님에게 받은 깊은 사랑과 가르침을 상기하지 않을 수 없다. 선생님의 기대에는 미치지 못하는 삶을 살고 있지만, 곧은 선생님의 성정을 이어받았다고 자부하고 싶다.

아무튼 본서가 한국 고대사 연구에 조그마한 자극이 되고, 또 한 톨의 밀알이 된다면 다행으로 여기겠다.

2024년 2월 7일 저녁
내을매 영채 주인
이도학

목차

머리말 ··· 5

I. 시대 구분론 ··· 17

1. 언제까지가 혈연과 지연 공동체인 고대인가? ··· 18

II. '고조선'론 ··· 25

2. '단군'의 뜻과 국호 '고조선' ··· 26
3. 기자조선은 만들어진 역사인가? ··· 30
4. 위만을 통해 본 조선의 정체성 ··· 33
5. 위만 정권의 성격과 왕험성 위치 문제 ··· 37
6. 한사군의 소재지와 손속 기간 ··· 40
7. 3개의 조선 국호 문제 ··· 52

III. 부여 ··· 57

8. 부여는 몇 개인가? ··· 58
9. 미궁 속의 부여 왕성 소재지 ··· 62

Ⅳ. 고구려 ··· 69

10. 고구려 건국자의 부여 출원설은 근거 있는가? ··· 70
11. 고구려의 도성과 천도 ··· 75
12. 평양성은 대성산성인가? ··· 80
13. 고구려 왕릉에 대한 논의 ··· 84
14. 어느 무덤이 광개토왕릉인가? ··· 90
15. 광개토왕 대에 무단강牧丹江 유역까지 진출했는가? ··· 96
16. 「광개토왕릉비문」에 광개토왕 부·조父祖가 보이지 않은 이유? ··· 101
17. 「광개토왕릉비문」에 보이는 주적主敵은? ··· 104
18. 「광개토왕릉비문」에서 발견한 질서관은? ··· 107
19. 「광개토왕릉비문」의 신묘년辛卯年 조 논의 ··· 110
20. 고구려는 과연 내분으로 한강 유역을 상실했는가? ··· 114
21. 천리장성을 축조한 목적은? ··· 120
22. 고구려어와 신라어는 같았을까, 달랐을까? ··· 126

Ⅴ. 백제 ··· 133

23. 백제 건국자들은 어디서 왔는가? ··· 134
24. 백제의 첫 근거지와 부여 유물 ··· 143
25. 한성 도읍기 왕성 ··· 151
26. 근초고왕 대의 정복, 어디까지인가? ··· 158
27. 욕나谷那 철산은 어디에 소재했는가? ··· 168
28. 백제의 요서경략은 '설'인가? '사실'인가? ··· 172
29. 한국 내 전방후원분에는 누가 묻혔나? ··· 182
30. 무녕왕의 계보와 출생담 ··· 187
31. 무녕왕과 무령왕릉 부장품에 대한 재해석 ··· 194

32. 누가 동성왕을 살해했는가? ··· 203

33. 사비도성 그리고 서나성의 존재 ··· 206

34. 사비성 도읍기는 2개의 도성 체제였는가? ··· 213

35. 궁남지는 어디에 소재했는가? ··· 222

36. 쌍릉의 피장자는 누구인가? ··· 226

37. 대항해의 산물, 없는 게 없는 글로벌 백제 ··· 232

38. 백제인들은 면직물 옷을 입었다! ··· 239

39. '정림사지' 오층탑은 백제탑인가, 백제계 탑인가? ··· 244

40. 「창왕사리감 명문」에서 발견한 공주 이름 ··· 251

41. 「창왕사리감 명문」을 통해 얻게 된 백제 기년법 ··· 256

42. 글자와 용어를 바르게 사용하고 있는가? ··· 262

43. 담징은 일본 호류사 금당 벽화를 그렸는가? ··· 268

44. 백제는 언제까지 존재했는가? ··· 275

45. 백제 문화 콘텐츠 검증 ··· 282

VI. 신라 ··· 295

46. 잡종강세의 고대국가 ··· 296

47. 백색 숭상과 저녁 혼례 전통 ··· 299

48. '철의 왕국'은 가야가 아닌 신라 ··· 304

49. 신라와 바다 그리고 대항해 ··· 312

50. 신라는 어떻게 황초령과 마운령까지 진출할 수 있었는가? ··· 322

51. 천기를 알았다는 선덕여왕 이야기의 진실 ··· 329

52. 낭비성은 어디에 소재했는가? ··· 337

53. 신라는 불완전한 통일을 했는가? ··· 350

54. 「낭혜화상비문」 쟁점 구절의 재해석 ··· 359

VII. 가라와 임나 제국 ··· 367

55. 사국시대는 가능한가? ··· 368
56. 전북가야는 역사서의 어떤 나라인가? ··· 375

VIII. 발해 ··· 385

57. 신라와 발해의 대치는 남북국시대인가? ··· 386

IX. 후백제와 고려 ··· 395

58. 후백제사의 역사적 의미 ··· 396
59. 견훤이 아니고 진훤인 이유? ··· 406
60. 진훤 왕의 출생지와 출생 설화 ··· 412
61. 역사서에서 포토샵 된 인물들 ··· 420
62. 미륵사 '개탑開塔'은 무엇을 의미하는가? ··· 427
63. 후백제는 국력이 약해서 망했는가? ··· 432
64. 진훤의 아버지 아자개가 왕건에게 귀부한 까닭은? ··· 441
65. 진훤 왕이 고려로 간 까닭은? ··· 448

참고문헌 ··· 453
색인 ··· 463

I

시대 구분론

1. 언제까지가 혈연과 지연 공동체인 고대인가?

고대와 중세의 차이는?

역사를 체계적으로 살피기 위해 시대구분을 한다. 보편적으로 고대-중세-근대라는 3시기 구분법을 사용하고 있다. 서구 유럽의 각 시대에 해당하는 사회적 속성은 노예제 사회-봉건제 사회-자본주의 사회였다. 현재 이러한 시대구분을 한국사에 적용하는 문제는 가라앉은 상황이다.

주지하듯이 역사는 크게 선사 시대와 유사 시대로 나누어진다. 문자를 사용하고 또 기록이 존재한 유사 시대에 국가가 태동한다. 그러므로 우리나라의 고대는 최초의 국가인 조선에서 연원을 찾을 수 있다. 그러면 고대의 종언은 어느 때인가? 사실 이 점이 논의 핵심이 되어 왔다. 한때는 8세기 대를 중세의 기점으로 규정하는 움직임도 있었다. 그러나 한 시대가 막을 내리기 위해서는 광범한 저항이 나타나야 한다. 오히려 8세기 대는 중위제重位制가 강화되는 등 골품제에 기반한 사회가 견고하게 유지되었다. 그리고 발해사가 한국사라고 하면 응당 신라사와 발해사에서 공통 분모를 추출해야 한다. 따라서 8세기 대 중세 전환설은 성립하기 어렵다. 왕조사 구분에서 벗어나야 한다는 강박관념의 산물로 볼 수밖에 없다.

지금까지 한국 고대사의 시간적 범주에 대해서는 많은 논의가 있어 왔다. 교과서에서는 중세를 고려시대로 설정했다. 그러나 이는 어디까지나 편의적인 왕조사 구분에 불과하였다. 고대와 중세의 차이점이나 분기점에 관한 서술은 빈약했다.

그러면 고대와 중세의 차이는 무엇인가? 모두 신분제 사회이지만 신분의 배출 수단에서 커다란 차이를 포착해야 한다. 이 점이 두 시기를 구분하는 근본적인 차이점이 되어야 마땅하다.

혈통과 지연이 만든 신분

고대 사회는 혈연과 지연에 근거하였다. 혈통과 최고 도시인 왕도王都 출신을 신분의 우선순위로 잡았다. 신라의 성골과 진골, 그리고 6부 출신 등이 대표적인 사례이다. 백제도 신라 골품제처럼 신분 상승에 규제가 작동한 흔적이 보였다. 이처럼 혈연과 지연이 좌우하는 고대 사회는 유연성을 잃고 고착화를 가중시키기 마련이었다.

한국 고대 사회의 중요한 특징은 영토의 가변성이었다. 상시적인 전쟁 상황이었기 때문이다. 국가는 간단없는 전쟁에 효율적으로 대처하고자 했다. 그 결과 국가 자체가 군관구軍管區 성격의 병영 집단화하였다. 아울러 방어에 유리한 산지대에 통치 거점이 마련되었다. 이때 등장한 산성은 군사는 물론이고 행정 기능까지 겸하였다. 인체의 실핏줄처럼 퍼진 산성은 지방에 대한 중앙 권력의 말단 촉수 격이었다. 또 산성은 집권화의 지표였다.

방대한 노동력 집약체인 단양 영춘의 온달성과 같은 산성은 집권화의 지표였다.

산지대가 많은 지형인 한반도 곳곳의 높은 산에는 통치 거점인 성이 포진하였다. 게다가 지형상 도로 폭이 좁을 수밖에 없었다. 그랬기에 삼국 간의 전쟁은 쉽게 승부가 나지 않았다. 대군이 위력을 발휘하는 데는 한계가 있었기 때문이다. 이 사실은 "신라 땅은 산이 많고 험해서 비록 백제와 틈이 생겼지만, 백제 역시 이를 도모할 수 없었다. 新羅地多山險 雖與百濟構隙 百濟亦不能圖之(『수서』 권81, 동이전 신라)"는 구절에서 읽을 수 있다. 백제는 신라보다 강대했지만 '땅은 산이 많고 험해서' 병탄할 수 없었다는 뜻이다. 중국의 수隋와 당唐이 고구려 정벌에 실패한 요인도 이와 다르지 않았다. 몽골군이 고려와의 전쟁에서 고전한 것도 동일한 맥락에서였다.

　4세기 후반 이래로 삼국은 상시적인 전쟁 상황이었다. 이에 맞게 국가 체제는 병영화하였다. 지배층은 전사단화했다. 이 무렵 무덤 부장품의 주종인 무기와 무구武具 그리고 마구류가 웅변한다. 시대 현상을 약여하게 보여주고 있다. 그리고 전쟁 상황에서 선진 문물이 물밀듯이 밀려왔다. 최신 기술을 빨리 확보해야만 우위를 점할 수 있었다.

　절박한 시대 흐름에서 생존을 위한 최고의 테크놀로지technology를 받아

① 성덕대왕신종 명문 뒷면 맨 끝에 적혀 있는 주종 기술자 명단 부분은 글자 마모가 심하지만 '鑄鍾大博士 大奈麻 朴從鎰, 次博士 奈麻 朴賓奈, 奈麻 朴韓味, 大舍 朴負缶'를 통해 대박사-차박사가 확인된다. 다른 금석문에서는 소박사助博士의 존재도 확인되므로, 기술직 박사의 세분화를 알 수 있다. 다만 육안으로 이들 글자의 판독은 어렵다.
1832년 청淸의 고증학자 유희해가 편집한 『해동금석원』에 판각된 관련 구절.

② 탑본을 통해 본 관련 구절(趙東元 編, 『韓國金石文大系 卷三(慶尙北道 編)』 원광대학교 출판국, 1979, 38쪽).

들이는 데 총력을 기울였다. 응당 기술직을 우대할 수밖에 없었다. 와박사瓦博士니 종박사鐘博士니 하는 전문가들이 관등과 관직을 지니게 되었다. 특히 전문직의 세분화를 읽을 수 있다. 가령 탑의 세부 가운데 상륜부를 받치는 노반露盤의 제작 기술자를 노반박사라고 했다. 고도로 세분화하고 전문화한 기술직의 존재를 상정시킨다. 이러한 기술직들은 지배층 반열에서 활약했다. 이는 고려나 조선 사회에서는 상상할 수도 없는 현상이었다.

공기公器, 과거科擧가 만들어 준 신분

혈연이 득세하는 사회 현상은 10세기 중엽 이후에는 단절되었다. 지배층의 배출 수단에 있어서 획기적인 변화로 인해서였다. 변화 요인은 958년(고려 광종 9) 과거제 시행이었다. 과거제 시행 70년 전인 889년(진성여왕 3) 원종과 애노의 난을 시발로 신라는 전국적인 내전 상황에 빠졌다. 한 시대의 종언과 고대의 종말을 예고하는 광범한 체제 저항이었다. 그 결과 고려 태조는 신라로부터 선양 받고 후백제의 항복을 받아 통일을 이루었다. 이후 고려 개국공신과 그 자손들이 지배층을 이루는 기조가 구축되었다.

그러나 과거제 시행은 개국공신 후손들이 지배층 반열에 진입하는 데 일종의 턱이었다. 반면 일반인들이 지배층에 진입할 기회의 폭은 확연히 넓어졌다. 그리고 지배층의 범위도 왕도를 벗어나 전국화하였다. 사회 유동성이 촉진된 것이다. 아울러 통치 거점은 산성에서 평지 읍성으로 전환되었다. 이와 연동해 기술직의 사회적 신분은 거듭 하락하였다. 후대 조선에서는 기술직이 천민으로까지 급락하기도 했다. 시대

베트남 하노이 문묘文廟에 걸린 과거 급제를 상징하는 등용문 그림. 베트남도 한자 문화권에 과거제가 시행된 바 있다.

전환의 지표인 과거제 시행을 둘러싼 빛과 그림자였다.

한국의 중세는 과거제가 실시된 958년부터 과거제와 신분제가 폐지된 1894년 갑오개혁 이전까지로 설정할 수 있다.

율령제 국가의 가시적 지표, 분묘

고대국가는 성문법인 율령에 따라 국가 제도 전반을 법제화한다. 이를 현상적으로 드러내는 물증이 분묘였다. 지배자의 무한대한 권력의 표지물로 거대 고분이 한

신라 수도 경주 시가지에 소재한 거대 고분은 고대국가 힘의 상징이었다. 신라 고분 정보센터 영상물.

시대를 풍미했었다. 이후 분묘의 종류가 바뀌고 규모도 작아졌다. 율령 반포 이후 막대한 부장품을 쏟아부은 매머드급 전통 묘제에서 벗어나 석실분으로 전환했다.

고구려는 평양성으로 천도한 427년 이후, 백제는 5세기 전반, 신라는 6세기 중엽 경부터였다. 분명한 석실 왕릉은 고구려 장수왕의 아들이요 문자명왕 아버지인 조다助多의 능과 신라 법흥왕릉을 꼽을 수 있다. 조다는 장수왕보다 먼저 세상을 떴다. 개로왕(재위 455~475)의 아버지인 비유왕의 능도 석실분이었다.

규격화한 석실 봉토분으로 전환하기 이전, 대형 고분의 시기는 긴장감이 도는 종적인 고대사회의 특징을 잘 응축하고 있다. 부장된 막대한 양의 무기와 마구, 그리고 무구武具를 통해 고대사회의 전형성을 읽게 된다.

다라국(합천) 옥전 고분군 M3호분 부장품 모형.

M3호분의 시대
M3호분 M3號 配置圖
Arrangement-diagram of M3

1 투구
2 용봉문양 고리자루큰칼
3 금동제안교
4 말띠드리개
5 재갈

6 비늘갑옷과 목가리개
7 말머리가리개
8 발걸이
9 기꽂이
10 말띠꾸미개

M3호분 배치도. 무기와 무구 그리고 마구를 비롯한 군사 장비가 주종을 이루었다.

■ 참고문헌

이도학, 『분석 고대 한국사』 학연문화사, 2019.

이도학, 「신라사의 시대구분과 '中代'--중세로의 전환 시점에 대한 접근」 『新羅文化』 25, 2005.

이도학, 「說林 : 韓國史에서 中世의 起点으로서 科擧制 施行」 『東國史學』 56, 2014.

II

'고조선'론

2. '단군'의 뜻과 국호 '고조선'

한국인들에게 단군이라는 이름은 '처음'과 '시작'을 상징한다. 가령 '단군 이래 최대의 부정 사건' 운운하는 식이다. 그러한 단군檀君의 '단'은 '박달나무'의 뜻을 지녔다. 여기서 '박달' 즉 '밝돌'은 혁赫의 훈독이다. 신라 시조 혁거세赫居世를 불구내왕弗矩內王이라고 했다(『삼국유사』). 불구내왕의 '불구내' 또한 혁거세 '혁'의 훈독이다. '빛날'과 '붉을'의 뜻을 지닌 '혁赫'이었다. 신라 시조는 '밝은 왕'의 뜻을 달고 있었다. 단군도 '밝은 왕'의 의미였다.

유목민 연구의 권위자인 모리 마사오護雅夫(1921~1996)에 따르면 '검'·'금' 등은 무巫의 뜻이라고 한다. 단군왕검의 '검'도 샤먼의 뜻일 수 있다. 왕검은 정치적 군장과 샤먼의 뜻이 복합되었을 가능성이다. 신라 제2대 남해 차차웅의 '차차웅'은 샤먼의 뜻을

충남 부여 관내에 소장되었던 단군 영정.

지녔다. 신라 초기 왕호에도 광명을 뜻하는 존호와 샤먼 호칭이 공유된 것이다. 단군왕검에는, 공유한 '임금君·王'에 광명 존호와 샤먼 호칭이 각각 붙어 있다. 밝음의 원천인 태양, 권능과 예지의 상징인 샤먼을 합해 조선과 신라의 초기 왕호로 삼은 것이다.

단군이 세운 국가 이름은 조선이다. 그런데 이성계가 국호를 계승하자, 처음의 조선을 '고조선'으로 일컫고 있다. 계승한 국가가 국호 차용을 넘어 애초 국호까지 변형시킨 것이다. 이 경우는 후대 조선을 '근세조선' 등으로 바꿔 일컫는 게 사리에 맞다.

단군이 건국한 조선은, 『삼국유사』 표기에 따르면 '왕검조선'이었다. 그런데 왕검조선은 신화 외에는 다른 기록이 없다. 다만 단군신화에서 조상이 짐승인 수조獸祖 설화 요소는 연원이 오래되었다. 신라 말의 경우만 보더라도 최치원의 출생은 금돼지 설화와 관련되었다. 후백제 진훤 왕은 아버지가 지렁이라는 전설이 있다. 이러한 수조 설화 요소로 볼 때 단군신화는 13세기경 몽골과의 항쟁기에 만들어진 것은 아니었다.

그리고 신라 말~고려 전기의 역사와 강역 인식에는, 압록강~두만강 이북이 포함되었다. 왕건의 아버지가 궁예에게 건의한 말에서 숙신이 우리 역사 속에 포함되었기 때문이다. 아울러 단군을 축으로 한 의제擬制 가족적 대조선주의가 만들어졌다. 단군이 우리 역사의 정점에 좌정한 것이다.

왕검조선의 건국지나 단군과 관련한 무대는, 지금의 평양 일대와 황해도 구월산 지역에 한정되었다. 고려 말 이전에 왕검조선의 무대를 요서나 요동으로 지목한 기록은 없다. 현재의 단군릉은 단군을 신화 영역에서 역사 무대로 끌어내렸을 때 만들어졌다. 1,908세 운운하며 단군은 죽음을 초월한 존재였기에 선인仙人 즉 신선으로 여겨졌다. 그러나 죽음을 넘어설 수 없는 한 인간으로 여겼기에 무덤을 특정한 것이다. 갑자기 등장한 그러한 무덤이 단군과 관련 있을 리 없다. 역시 '만들어진 역사'였다.

『삼국유사三國遺事』와 『삼국사기三國史記』는 무엇이 다른가? :

『삼국유사』 서명은 삼국의 역사서라는 뜻을 지녔지만, '유사'가 붙었다. 그러므로 『삼국사기』에 수록되지 못하고 남아 있는 기록을 수록했다는 의미가 담겼다. 『삼국유사』는 『삼국사기』를 의식하고 또 차별

국립 중앙박물관에서 전시 했던 『삼국유사』.

화했기에 독보적인 사서가 되었다.

　『삼국유사』는 『삼국사기』에 대한 불만이 집필 촉발 동기로 보였다. 이에 따라 『삼국사기』에 없는 승전僧傳 관련 소재를 서술했고, 사탑寺塔 관련 내용을 풍부하게 포함한 것일 게다. 게다가 신라 이전의 국가나 정치체로 왕검조선부터 삼한과 북부여·동부여 등을 먼저 서술했다. 신라사로부터 출발한 『삼국사기』보다 2천수백 년을 소급시켜 나라의 장구한 연원을 설정하였다. 신라는 한국의 여러 국가 중 하나에 불과한 것으로 만들었다.

　『삼국사기』가 품고 있는 기간은 고승 대덕이 많은 시대였다. 그럼에도 승전 자체를 만들지 않은 데는, 김부식 자신이 진압한 묘청의 난을 겪으면서 생성되 불승佛僧 트라우마로 보였다. 그리고 『삼국유사』는 유구한 역사와 전통을 지닌 다양한 정치 세력을 제시함으로써 신라 일변도, 신라 제일주의 역사 인식에서 벗어나게 하였다.

　『삼국유사』는 책 이름과는 달리 서술 범위가 삼국의 역사에만 국한되지 않았다. 이 점이 『삼국사기』와의 근본적인 차이였다. 『삼국유사』는 「구삼국사」의 조선 중심 역사 체계를 수용한 것으로 보였다. 단군을 축으로 한 대가족주의를 받아들인 것이다. 김부식이 폐기한 「구삼국사」의 인식을 계승한 것으로

보인다. 그리고 『삼국유사』는 『삼국사기』에서 잃어버린 자존 의식을 고양하고자 했다. 가령 국왕의 사망을 '붕崩'이라 하거나, '동명성제東明聖帝' 등의 표기가 단적이다.

■ 참고문헌

이도학, 「檀君 國祖 意識과 境域 認識의 變遷 『舊三國史』와 관련하여」 『한국사상사학보』 40, 2012.

이도학, 「檀君 朝鮮, 神話에서 歷史로의 進入 過程」 『단군학연구』 38, 2018.

3. 기자조선은 만들어진 역사인가?

신화만 남아 있는 왕검조선과는 달리 기자조선은 상당히 많은 기록이 남아 있다. 오랫동안 전통시대 한국인들에게 영향을 끼친 소중화 의식의 산물이자 자부심의 표상이, 기자가 동쪽으로 와서 교화시켜 주었다는 기자 동래箕子東來 교화설이었다. 문명의 교화자이자 상징으로서 기자가 등장한 것이다. 이로부터 천여

동아대학교 박물관 소장 「기성도」에는 고구려 장안성 외성外城의 도시 구획을 '정전井田'으로 표기했다. 이 구획을 한백겸을 비롯한 조선시대 사람들은 기자 '정전'으로 오인하였다.

년이 지난 고구려 때도 기자신箕子神에 대한 제사가 남아 있었다. 수와 당은 고구려 침공의 명분으로, 주周 무왕이 기자를 봉한 지역이라는 점과 한사군 지역 회복을 거론했다.

그렇지만 근대 역사학의 도입과 더불어 기자 동래설은 중화주의적 사고에서 만들어 낸 허구로 치부되었다. 기자조선의 거점을 지금의 평양 지역

으로 지목했을 때 유발되는 여러 모순점을 거론했다. 그러나 기자조선의 소재지를 중국 동북 지역으로 지목한다면 문제는 달라진다. 기자조선 부정론은 소재지에 따라 더 이상 유효하지 않게 된다.

기원전 4세기 말 조선은 전국 7웅의 하나인 연燕과 대립했을 정도로 강성하였다. 조선의 왕은 기자의 후예를 자처했다. 그 이유는 중원 열국의 각축에 진입할 수 있는 명분용일 수 있었다. 그러나 3세기 대 사서인 『위략』 이전부터 기자 동래와 건국에 관한 기록은 숱하게 쌓여 있다. 이러한 기록을 모두 수용할 수는 없지만, 그렇다고 결코 홀시할 수도 없다. 그리고 연과의 전쟁에서 상실한 서방 2천여 리 영역에 관한 문제가 남아 있다. 이 지역을 상실하기 전 조선의 영역은 요서까지 걸쳤던 게 자명하다.

요서와 요동 지역에 소재했던 조선은 기록상으로는 기자조선을 가리킨다. 이 조선을 막연히 '고조선'으로 일컬을 수는 없다. 건국 주체와 지배 세력의 성격에 대한 접근이 없었기 때문이다. 차후 허심한 논의가 필요하다. 다만 이 조선의 수장은 '후侯'를 일컫다가 '왕'을 칭하였다. 수장호에 따라 국호를 구분한 왕검조선의 사례에 따른다면, '후·왕조선'으로 일컫는 게 합리적이다.

평양 기자묘箕子墓에 관한 기술 (『心田稿』 1, 병자 11월 초5일). "기자묘는 칠성문 밖에 있다. 소나무와 전나무가 우거졌고 홍살문이 있다. 무덤 앞에 비석이 서 있는데, '기자묘' 세 글자가 새겨져 있다. 무덤의 모양은 모가 나서 둥글지 않고 꼭대기는 조금 뾰족하다. 높이는 두어 길쯤 된다. 정자각丁字閣 안 좌우에 종 걸이鐘簾를 두었는데 나라에서 드리는 제사의 제구로 쓴다." 그런데 이규경李圭景(1788~?)에 따르면 기자묘는, 중국에만 모두 4곳에나 소재했다고 한다 (『五洲衍文長箋散藁』 권7, 箕子事實墳墓辨證說).

그러면 왕검조선과 후·왕조선은 계승 관계인가? 아니면 병존했는가? 연의 침공으로 서방 영토를 대거 상실한, 후·왕조선 중심축은 이동하였다. 이와 연동해 왕검조선도 남쪽 구월산 장당경 쪽으로 이동한 것으로 보인다. 『삼국유사』에 따르면 "주 무왕이 즉위한 기묘년에 기자를 조선에 봉封하자, 단군은 곧 장당경으로 옮겼다가 후에 돌아와 아사달에서 숨어 산신이 되었는데 나이가 1,908세였다"고 했다. 이 기록에 의하면 기자의 조선 이전에 왕검조선이 존재하였다. 그리고 '단군은 곧 장당경으로 옮겼다'고 했으므로 양국은 한동안 병존했다. 이후 어느 시점에서 왕검조선은 소멸한 것이다. 현상적으로는 이러한 해석이 가능하다.

■ 참고문헌

이도학, 『분석 고대 한국사』 학연문화사, 2019.

이도학, 「古朝鮮史의 몇 가지 問題에 관한 再檢討」 『東國史學』 37, 2002.

4. 위만을 통해 본 조선의 정체성

한漢 건국 후 연왕燕王 노관盧綰이 흉노로 망명하자 그의 부하였던 위만은 조선으로 달아났다. 이때 그의 행색을 '추계·만이복魋結蠻夷服(『사기』)' 혹은 '추계·만이복椎結蠻夷服(『한서』)'으로 각각 기재하였다. 위만의 두발은 추계魋結 혹은 추계椎結였다. 당 대唐代 「색은素隱」에서 '結의 음音은 계計'라고 했다. 여기서 '魋'는 몽치 머리(추)의 뜻을 지녔다. 몽치는 '짤막하고 단단한 몽둥이'를 가리킨다. 그리고 '結'는 상투(계)의 뜻이다. 추계는 짧은 몽둥이 모양 상투를 가리킨다. 반면 북상투는 '아무렇게나 막 끌어 올려 짠 상투'를 말한다. 따라서 '추계'로 읽는 魋結는 북상투와는 아무런 관련이 없다.

한漢의 사신 육생이 남월에서 정권을 탈취해 왕 노릇을 하던 조타趙佗(他)에게 "족하는 중국인

진시황릉 병마용에 보이는 특이한 두발. 몽치 머리 추계를 가리키는 것일 수 있다.

진시황릉 병마용 두발.

이고 친척과 형제의 분묘가 (중국의) 진정 지방에 있는데도, 지금 족하는 천성에 반하여 관대冠帶를 버리고 …"라고 했다. 이때 조타는 추계魋結를 했다고 한다. 후한 대의 인물 복건服虔은 '추계'를 "지금 병사들이 머리를 몽치처럼 묶은 것이다. 今兵士椎頭結"

거란인들의 체두변발.

거란인들의 체두변발.

백제금동대향로 오악사의 체두.

에쿠리殖栗 왕자의 두발.

고 했다. 병사들과 같은 특수한 직종의 두발이 '추계'였던 것 같다.

'추계'는 『사기』에서 위만과 조타의 두발로 공히 등장하였다. 이러한 '추계'는 한족의 통상적인 두발은 아니었다. 남월의 조타가 중국의 일반적인 예속禮俗과는 달리 위만과 같은 두발 '추계'였기 때문이다.

조선으로 망명 올 때 위만은 만이복 즉 오랑캐 복장을 했다. 오랑캐 복장은 말할 나위 없이 조선의 복장을 가리킨다. 이와 더불어 위만의 두발은 복장과 더불어 종족의 정체성을 반영하는 지표였다. 위만의 두발이 중국 한인漢人들과 같은 올린 상투였다면 특별히 기록에 남길 이유가 없다. 위만의 두발은 만이복과 마찬가지로 조신의 두발에 맞췄다는 이야기가 된다.

사기	조선 위만	魋結
한서	조선 위만	椎結
사기	남월 조타	魋結
한서	흉노 이릉	椎結
논형	조선(낙랑)	椎髻

<위만의 두발은 남월이나 흉노와 동일하다. 중국 한족 두발이나 북상투 유형은 아니었다.>

실제 1세기에 편찬된 『논형』에서도 조선(낙랑)은 본시 '추계椎髻'였다고 했다. 추계는 지금의 중국 윈난성에 소재했던 곤명昆明의 두발에도 보인다. 이를 만속蠻俗 즉 만이의 풍속으로 일컬었다. 실제 흉노에 항복한 한장漢將 이릉李陵의 두발도 『한서』에서 위만의 두발과 동일한 '椎結'였다. 따라서 조선의 두발을 헤아리는 일은 어렵지 않았다. 한인들의 소위 중화 세계와 구분되는 두발 형태임을 알 수 있다.

머리채를 한쪽으로 몰아서 묶은 오악사의 두발은, 고대 일본에서는 변발 없이 비록 양쪽으로 묶었지만, 머리카락을 가운데서 좌우로 갈라 귓가에서 고리 모양으로 맨, 미츠라みずら[角髮·角子·髻]와의 연관성을 보여준다. 백제 아좌 태자가 그렸다고 전하는 쇼토쿠 태자상에서 양쪽에 시중드는 왕자들의 두발 역시 이와 같다.

그러면 위만이 조선에 망명할 때 조선의 두발과 복장을 한 이유는 무엇일까? 귀소본능을 운위하기도 하지만, 위만을 조선인으로 만들기 위한 견강부회에 불과한 억단이다. 거듭 말하지만, 두발과 복장은 종족의 정체성을 반영하고 있다. 사서에 자주 보이는 것처럼 위만의 두발과 복장은 복속 의례였다. 요동에 주둔했던 명의 장군들이 후금에 항복할 때 체두변발하고 만주족 복장을 하였다. 말할 나위 없이 후금의 신자臣子임을 드러내는 정치적 행위였다. 따라서

오악사의 체두.

고려 공민왕이 그린 「엽기도」에 보이는 몽골 변발.

위만이 망명할 때의 두발과 복장은, 흉노와 밀접한 관계를 보이는 조선의 한 단면을 보여주는 귀중한 사례가 분명하다. 한화漢化 한 국가처럼 비쳤지만, 한화 하지 않은 나라가 조선이었다.

■ 참고문헌

이도학, 「衛滿의 頭髮과 服裝을 실마리로 한 한국 고대문화의 정체성 탐색」『온지논총』
　　56, 2018.

5. 위만 정권의 성격과 왕험성 위치 문제

위만 정권의 성격은 유이민 한인과 토착 세력이 연합한 정권으로 파악하고 있다. 그런데 위만이 국호 조선을 그대로 계승한 점을 주목해 조선인으로 간주하기도 한다. 그러나 이 경우는 소수의 지배층이 다수의 토착 세력을 이끌어 가기 위해 조선화 한 모습이었다. 가령 중국인 조타는 정권 탈취 후 월越이라는 현지의 국호를 그대로 사용했다. 그렇다고 조타가 남월 사람이라는 증거가 될 수 없는 이치와 동일하다.

이방인이 토착민과 통합했을 때 살린스Marshall Sahlins(1930~)는 "종속된 하위 집단의 이름을 취하여 붙였다"고 했다. 살린스는 덧붙여서 "하위에 있는 사회적 용어를 전체의 일반적인 개념으로 만든 일종의 역명명법逆命名法에도 불구하고, 이러한 분류는 문자 그대로 왕의 포용과 더불어 그의 통치권의 모순을 나타낸다"고 하였다. 정복자인 왕이 토착 정복지에 동화된다는 것이다. 이에 따른다면 국호의 지속성 여부는 위만의 정체성을 확인하는 근거가 될 수 없다.

조선과 남월은 한인漢人들의 건국 과정에서 유사한 점이 많았다. 양국 간의 공통점이 무려 11개나 된다고 한다. 우선 위만과 조타는 진·한秦漢 교체기에 중국 유이민이나 유망민을 기반으로 건국하였다. 그리고 양국을 구성한 토착민 대표인 상相이 국정의 주축을 이루었다. 중국계 왕권과 토착 상권相權이 타협·결합한 독특한 권력 구조였다. 위만 정권은 '공번貢蕃' 즉 조공하는 번을 거느렸으므로 '왕'에서 격상한 '대왕'에 해당한다. 대왕조선으로 일컬을 수 있다.

그러한 조선의 마지막 왕도인 왕험성의 위치를 지금의 평양으로 지목하는 견해가 정설이다. 그러나 기존 왕험성 대동강 북안설과 요동·요서를 포함한 고조선 강역 논란 등을 검토하고, 최신 고고 자료를 종합한 결과, 평양은 왕험성이 입지할 수 없는 공간이라는 견해가 제기되었다. 즉 왕험성의 위치를 문헌학계에서는 『사기』와 『수경주水經注』 등을 바탕으로 대동강 북안의 평양성지(장안성터)로, 고고학계에서는 발굴조사를 통해 낙랑군치임이 분명해진 대동강 남안의 토성리(낙랑)토성을 주목해 왔다. 그러나 이들 후보지에서는 조선 당대의 물질문화가 확인되지 않았다. 물론 평양 오야리 유적에서 20cm가 넘는 대형 동경銅鏡 출토를 근거로 평양 일원을 위만조선 왕험성으로 추측하기도 한다.

그러나 일제 때 이래로 여러 차례 조사된 평양성지는 낙랑군 이전으로 소급되는 고고 자료가 출토되지 않았다. 연대를 알 수 있는 자료들은 낙랑군 병행기에 속하는 일부를 제외하고는 모두 고구려 이후 것들이었다. 아울러 토성리 (낙랑)토성 입지는 문헌 사료의 위만조선 멸망 기록과 부합되지 않는다. 반면 왕험성의 소재지를 현재의 평양에서 찾는다면, 대동강 북안北

평양 석암리 9호분 출토 허리띠 고리.

岸의 청암동토성을 지목할 수 있다. 그러나 이곳에서는 고조선 시기의 유적과 유물은 확인되지 않았다. 고조선의 발상지를 평양으로 지목한 북한 연구자들도 이러한 맹점을 인정하고 있다. 따라서 청암동토성을 왕험성과 결부짓는 데는 문제가 있다고 한다.

그리고 3대 70~80년간 존속한 위만조선 시기 지배층 분묘 구역도 명료하게 확인되지 않았다. 위만조선 문제는 원점에서부터 재검증이 필요할 것 같다. 위만의 정체성, 정권의 성격, 그리고 영역과 중심 거점 등 합의되지 않은 사안이 너무나 많다. 계선界線인 패수의 위치도 중구난방이다. 「초원 4년 낙랑호구부」에 보이는 낙랑군 속현 '패수현'의 패수와, 한漢과의 계선 패수의 동일성 여부에 관한 검증도 시급한 과제가 아닐까? 초원 4년(기원전 45)은 낙랑군 설치(기원전 108)에서 불과 63년 밖에 되지 않은 시점이다. 패수의 위치와 관련해 이 점을 직시해야 한다.

■ 참고문헌

이도학, 「한사군 관련 학술대회 발표·토론문에 대한 몇 가지 과제」『'금기'의 영역 한사군 大解剖』 고조선단군학회 2022년 봄, 학술대회, 2022.4.1.;『한사군연구』 고조선 단군학회, 2022.

6. 한사군의 소재지와 존속 기간

제1 현도군의 위치

한漢은 조선을 멸망시킨 후 조선고지朝鮮故地에 4개 군을 설치했다. 4개 군 가운데 조기에 폐지된 진반군과 임둔군에 관한 논의는 많지 않았다. 다만 진반군의 위치에 대해서는 소위 압록강 재북설과 재남설로 나뉘어 지금까지 합일을 보지 못하고 있다. 결코 쉬운 일은 아닌 것 같다.

眞番郡 독음 :

眞番郡을 일반적으로 '진번군'으로 읽지만, '진반군'으로 읽는 게 맞다. 『전운옥편』에서도 '번'으로 읽는 경우는 수數로 읽을 때라고 했다. 일번一番·이번二番 할 때의 '번'이다. 반면 '반'으로 읽는 경우는 '땅 이름'의 뜻, 즉 지명일 때였다.

혹자는 원래 음을 알고 있지만, 잘못된 음으로 이미 굳어져 버렸기에 사용한다는 것이다. 그런데 현도군으로 읽다가 요즈음 현토군으로 읽는 것은 무엇인가? 오기에 찬 변명으로 보인다.

임둔군과 관련해 이첨李詹(1345~1405)은 "여진은 금국 임둔이라 하는데 전혀 위치는 모르겠다. … 女眞金國臨屯 未敢的知所在也(『雙梅堂先生篋藏文集』)"고 했다. 그리고 현도군 가운데 처음 설치된 제1현도군의 위치에 대해서는 옥저성설과 압록강 중류설로 나누어진다. 압록강 중류설 즉 환도丸都설의 주된 근거는 현도와 환도의 음상사였다. 그에 반해 옥저성설은 『삼국지』 동이전에 명백히 적혀 있다. 양자를 만족시켜 주는 함경도 옥저성~지린성 지안까지 좁고 길게 뻗어 있었다는 회랑설回廊說도 제기되었다.

이와 관련해 "원초 5년 (고구려가) 다시 예맥과 함께 현도를 약탈하고, 화려성을 공격했다. 元初五年 復與濊貊寇玄菟 攻華麗城(『후한서』 권85, 동이전 고구려)"는 기사를 눈여겨보자. 시점은 118년이므로, 제3 현도군이 소재한 지금의 랴오닝성 푸순 일대가 된다. 함경남도 영흥에 소재했던 화려현도 함께 이동했음을 알 수 있다. 이와 연동해 126년~167년(順桓之間)에 고구려 태조왕이 "다시 요동 서안평을 침범해 대방령을 죽이고, 낙랑 태수 처자를 사로잡았다. 復犯遼東西安平 殺帶方令 掠得樂浪太守妻子(『삼국지』 권30, 동이전 고구려)"는 기사를 본다. 서안평이 소재한 압록강 이북의 '요동'에 낙랑군이 소재했음을 뜻한다. 낙랑군이 이동한 증거가 된다.

한사군 설치 이후 변화 :

한사군 설치 후 큰 변화가 따랐다. 즉 "한 무제가 조선을 정벌해 멸망시키고 그 땅을 나누어 4군을 삼았다. 이로부터 이후로 호와 한이 점차 구별되었다. 漢武帝伐滅朝鮮 分其地爲四郡 自是之後 胡漢稍別(『삼국지』 권30, 동이전 예)"고 했다. 조선의 정체성은 '호胡'였다. 그랬기에 위만을 비롯해 중국에서 유입해 온 무리도 호화胡化였다. 그런데 한사군이 설치됨에 따라 호 속에 있던 한인漢人들은 자신들의 귀소처인 한으로 돌아왔다. 그 결과 한인과 토착 세력 간의 구분이 생겼다는 것이다. 즉 한이 조선 지역을 지배하자 중국에서 이주해 왔던 주민들은 정체성을 회복했다. 그럼에 따라 이주 한인과 토착 호인과의 구별이 드러난 것이다. 한인과 토착 세력이 결성한 대왕조선(위만조선)의 근본적인 해체를 뜻하는 구절이다.

(이도학,『쉽고도 어려운 한국 고대사』학연문화사, 2022, 45쪽.)

평양 지역 낙랑군 존속 기간

한사군 가운데 가장 비중이 지대한 낙랑군 관련 사안은 항시 시끄러웠다. 낙랑군의 위치는 발굴 성과에 따르면 지금의 평양 지역이 분명하다. 고고학적 물증이 웅변하기 때문이다. 그렇지만 낙랑군이 313년까지 평양에 소재했다고 단정할 수 없는 요인들이 상당히 많다.

우선 3세기 후반에 집필된 『삼국지』의 동이전 한 조에서, "건안建安 연간(196~220)에 공손강이 둔유현 이남의 황지荒地를 나누어 대방군을 만들고, 공손모와 장창 등을 보내 유민遺民을 모아 군대를 일으켜 한예를 정벌하자, 구민舊民들이 점차 나왔다"고 했다. 여기서 '유민'은 '망하여 없어진 나라의 백성'을 뜻한다. 유민은 또 옛 백성을 가리키는 '구민'과 상응한다. 낙랑군

평양 남정리 116호분 부장 칠권통漆卷筒(왼편)과 평양 정백리 127호분 부장 칠그릇.

평양 출토 낙랑 와당.

이 없어졌기에 그 땅에 남아 있는 주민들을 유민이라고 한 것이다. 유민이라는 단어를 달리 해석할 방도는 없다.

그리고 압록강과 청천강 이남으로 고구려의 지속적인 남하 상황에서 위魏 정치범들의 낙랑 유배 기사, 더불어 황해도 장산곶 바다로 간주할 수 있는 태조왕의 '남해南海' 순수巡狩(114년)가 보인다. 111년에 부여 왕이 군대를 이끌고 낙랑을 침공한 바 있다. 즉 "안제 영초 5년에 이르러 부여 왕이 처음으로 보기 7~8천 인을 거느리고 낙랑을 노략질했다. 至安帝 永初五年 夫餘王始將步騎七八千人寇鈔樂浪(『후한서』 권85, 동이전 부여)"는 기사이다. 낙랑군이 지금의 대동강 유역에 소재했다면, 부여 왕이 압록강을 건너 고구려 영역을 통과해 공격할 수는 없다. 실제 이 기사는 동일한 『후한서』(권5, 제기5)에서 "영초 5년 3월 부여가 새를 침범해 관리와 주민을 살상했다. 永初五年三月 夫餘夷犯塞 殺傷吏人"고 하였다. 시점과 공격 주체가 같으므로 양자는 동일한 대상을 가리키는 게 분명하다. 전자에는 '낙랑'으로 적혀 있고, 후자는 피침 대상이 적혀 있지 않다. 그렇지만 부여의 낙랑 공격 기사로 받아들일 수 있다. 문제는 부여 군대가 낙랑을 침공할 때 '새塞'를 넘어갔다는 것이다. 이 '새'는 연燕의 조선 침공의 결과로 '장새를 쌓았다. 築鄣塞', 또는 한漢이 일어났을 때 '요동의 오래된 새를 수리했다. 復修遼東故塞'고 하여 보인다. 연과 한의 팽창 속에 조선과의 국경 부근에 설치된 방어물임을 알 수 있다. 왕망王莽이 고구려 군대를 징발해서 흉노 정벌에 나섰을 때 '모두 새를 나오자, 도망해 도적이 되었다. 皆亡出塞爲寇盜'는 기사에서도 보인다. 이러한 '새'의 소재를 놓고 볼 때 111년 부여가 공격한 낙랑은 지금의 평양 지역에 소재할 수는 없다.

그밖에 동천왕 대인 247년 평양으로의 주민과 종묘사직 이전, 2~3세기 대 고구려 무기단식 적석총의 평양 지역과 평안도 일대 조성, 압록강 이북 서안평(랴오닝성 丹東)에서의 낙랑 태수 처자 포획과 대방현령 살해, 백제 동쪽에 소재한 낙랑의 위치 기사(『삼국사기』 권23, 백제본기 시조왕 13년)와 더불어, 2~3세기 대 낙랑계 토기의 갑작스러운 중부권 확산 배경 등, 해결해야 할 과제가 많다. 특히 백제가 축조한 마수성에 대한 낙랑의 반응이 "지금 우리 강역을 핍박하려고 성책을 만들었으니, 혹 이것은 잠식을 모의하는 것이냐? 今逼我疆 造立城柵 或者其有蠶食之謀乎(시조왕 8년)"였다. 이후 말갈과 마수산 서쪽에서 싸운, 흘우의 소속이 동부였으므로(다루왕 3년), 마수성은 백제 동쪽 변경에 소재한 것이다. 백제가 동쪽으로 낙랑과 접한 사실이 자연스럽게 확인된다.

247년 평양성 이도移都를 부정하는 입장에서 평안북도 강계 동황성설이 제기되었다. 그러나 동황성東皇城이 아니라 '평양 동쪽 황성平壤東 皇城'을 잘못 읽은 것이다. '동황성'이라는 성은 존재하지도 않는다. 그럼에도 오류를 인정하기 싫어 '평양동황성'으로 붙여 적는 경향이 특정 학맥과 아류들에게서 보인다. 보통 오기가 아니다. 게다가 강계 지역에 소위 동황성을 특정하지도 못했다. 순전히 313년까지 평양에는 낙랑군이 존재했다는 전제하에서 247년의 평양성을 다른 곳에 둘러친 데 불과했다.

그랬기에 "가을 9월, 왕이 군대 3만을 거느리고 현도군을 침공해서 8천 명을 붙잡아 이들을 평양으로 옮겼다. 秋九月 王率兵三萬 侵玄菟郡 虜獲八千人 移之平壤(『삼국사기』 권17, 미천왕 3년)"고 한 기사의 평양을, 이제는 특정하지도 못하고 있다. 낙랑군 때문에 지금의 평양이 될 수 없다는 소리만 반복하고 있을 뿐이다.

302년의 기사에 등장하는 평양은 이미 동일한 『삼국사기』 동천왕 21년(247) 조에서, "평양은 본디 선인 왕검의 땅이다. 平壤者 本仙人王儉之宅也"고 했듯이 지금의 평양을 가리킨다. 1325년(충숙왕 12)에 사망한 조연수의 묘지명에서 "평양의 선조는 선인 왕검인데, 지금도 백성들이 남아 있으니 당당한 사공司空이시다. 평양 군자는 삼한 전부터 있었으니, 수명이 1천년을 넘어 신선이 되셨다. 平壤之先 仙人王儉 至今遺民 堂堂司空 平壤君子 在三韓前 壽過一千 胡考且仙"고 한 평양 조씨 조연수의 고향과 고구려 때 평양은 동일한 곳을 가리킨다. 그러므로 미천왕이 붙잡아 온 현도군 주민 8천 명이 이주한 평양은 지금의 평양일 수밖에 없다. 억지로 부정하려고 하니 힘에 부쳐 감당이 어려운 악수를 거듭 두게 되는 것이다.

평양 지역 중국 연호의 존재와 낙랑군 존속 기간 :

평양 일대에서 기년명전紀年銘塼을 갖춘 전실묘의 존재는 353년(永和 9)에 해당하는 평양역 구내 전실묘 외에는 없다. 더구나 이 무덤에서는 '요동·한·현도태수령遼東韓玄菟太守領'이라는 관직명이 보이지만 비현실적인 허구라고 한다. 이 역시 평양 지역에 중국의 낙랑군이 더 이상 존속되지 않았음을 반증해준다. 실제 250년~409년에 해당하는 기년명전이 나타나는 대방군이 설치된 황해도 지역과는 달리, 평양 지역에는 3~4세기 대에도 중국인이 위세를 형성한 물증은 보이지 않는다. 물론 낙랑토성에서 출토된 '대진원강大晉元康'(291~299) 명銘 기와를 근거로 낙랑군의 존속 기간을 313년까지로 잡고 있다.

그런데 이러한 중국 연호가 적힌 명문 전돌은 5세기 대까지도 고구려 영역에서 보인다. 가령 황해도 신천군 서호리의 동진 '원흥 3년元興三年'(404) 명 전돌과 황해도 신천군 복우리 제5호분의 후연 '건시원년建始元年'(407) 명 전돌을 제시할 수 있다. 당시 이곳은 엄연히 고구려 영역이었다. 그리고 광개토왕 대였기에 영락 연호를 사용했어야 마땅하다. 그러나 이러한 연호만 본다면 신천군 지역을 동진과 후연이 양분한 것처럼 비친다.

마찬가지로 낙랑토성에서의 서진 연호 기와 출토도 중국 영역을 의미하지 고구려는 121년(태조왕 69)과 122년(태조왕 70)에 현도군과 요동군을 각각 공격할 때 마한의 군대를 거느렸다. 평양에 낙랑군이 건재했다면 고구려가 마한인들을 차출할 수는 없었을 것이다. 251년 고구려 중천왕은 투기 죄에 걸린 관나 부인을 "여름 4월, 왕이 관나 부인을 가죽 주머니에 넣어 서해에 던져버렸다"고 했다. 당시 왕의 거소가 지금의 지안集安이라면 압록강에 던지면 되는 것이다. 굳이 서해까지 항진한 후 던질 이유는 없다. 더욱이 위魏가 통제하는 압록강 하구의 서안평을 통과해야 하는 제약이 엄존하기 때문이다. 오히려 247년에 평양성으로 왕의 거소를 옮겼다면 서해에 던지는 일은 부자연스럽지 않다.

그 밖에 204년 무렵 대방군 설치는 낙랑군 부재였기에 가능했다고 본다. 쇠퇴하는 왕조에서 변군邊郡을, 그것도 2개나 중복, 운용할 수는 없지 않겠는기? 기왕에 설치한 군郡도 없애야 힐 판이었다. 게다가 3세기 후반에 저술된 『삼국지』 동이전에는 제諸 정치 세력의 지리 기사에서 대방군은 등장하지만, 낙랑군은 비치지 않았다. 그 자리를 '지금 조선今朝鮮'이라고 했다. '舊'나 '古' 조선도 아니고 '今朝鮮'이라고 한 것은, 낙랑군이 3세기 당시 한반도에 소재하지 않았다는 반증이다. 전조前趙의 5대 황제 유요劉曜가 약관에 낙양에서 떠돌아다니다가 죄에 연루되어 죽임에 처하자, 도망해 숨은亡匿 곳이 '조선'이었다. 출생년이 불확실한 유요(재위 318~329)가 약관일 때는 3세기 후반경이 분명하다. 이때도 낙랑이 아니라 '조선'이라고 했다. 더이상 한반도 서북부 지역에 낙랑군은 존재하지 않았다. 중국의 행정력과 통치권이 미치지 못한 곳이었기에 '조선'으로 도망해 숨은 게 자명하다.

그뿐 아니라 286년 황해도에 소재한 대방은 고구려의 공격을 받자, 백제에 구원을 요청했다. 고구려의 위협을 느낀 백제는 아단성(아차산성)과 사성(삼성동토성)을 수리하였다. 고구려와 대방 사이에 낙랑군이 소재하지 않았다는 반증이다. 그리고 313년 고구려와 낙랑군의 교전은 현장이 확인되지 않았다. 평양 일원이라는 아무런 근거도 없었다. 오히려 이때 낙랑군을 통솔했던 장통의 소속은 '요동'이었고, 낙랑군은 망하지도 않았다. 오히려 낙랑군이 다시금 이동한 정황이 두드러진다. 이와 관련해 「양직공도」를 제대로 읽으면 "진말에 고구려가 요동의 낙랑을 차지하자 晉末駒麗略有遼東樂浪"는 해석이 도출된다. 고구려가 '진말'인 313년에 차지한 낙랑이 지금의 평양이 아니라 요동에 소재했음을 반증한다.

『진서晉書』 지리지 평주平州 조에 따르면, 276년 당시 낙랑과 대방 합하여 8,600호戶에 불과했다. 이는 기원전 45년 「초원 4년 낙랑호구부」에서 조선현만의 인구 9,678호보다도 훨씬 적다. 변동 요인이 보이는 것이다. 따라서 276년 무렵 낙랑군 소재지를, 한반도로 지목하기는 어렵게 한다. 고구려와 오랜 기간 교전하다 견디지 못한 낙랑 왕준이 313년 모용외에게 귀부할 때 낙랑군만의 인구는 '천여 가千餘家'에 불과했다. 낙랑군은 갑자기 멸망한 게 아니었다. 낙랑군은 쇠퇴와 축출·이동과 소멸 과정을 밟았다.

낙랑 :

한사군 가운데 낙랑은 중국에는 신라를 가리키는 대명사 격처럼 인식되었다. 일례로 신라 말 최치원이 지은 「대숭복사비문」에서 "낙랑의 선경은 참으로 낙방(아무런 근심 걱정이나 부족함 없이 즐겁게 살 수 있는 나라)이라고 말할 만하다. 則可謂樂浪仙境眞是樂邦"고 한 '낙랑'은, 신라를 가리킨다. 그리고 고구려를 가리키는 의미에서 출발했던 현도는 신라 말~고려가 후삼국을 통일한 후, 우리나라에 대한 범칭으로 사용되었다. 반면 대방은 주로 백제 왕의 봉작封爵에 보였다. 한반도 남부와 일본열도에 대한 통제권을 지녔던 대방군의 역할을 백제 왕에게 위임한 형식이었다. 황제권의 위임자로서 삼국 왕들은, 자국의 지리적 입지나 이해와 관련한 한사군 이름으로 책봉 받았다.

삼국정립이 종언을 고한 이후에는 '사군四郡'이 우리나라를 가리키는 범칭으로 인식되었다. 사실 여부를 떠나 사군과 우리나라가 등가가 된 것은 애초부터 중국 황제권 질서에 한국 역사가 속했다는 의미였고, 또 그렇게 인식한 것이다. 그렇지만 고려 후기 이후 우리나라 = 사군이라는 인식에서 벗어났다.

(이도학, 「한국사에서의 漢四郡 認識」『고조선단군학』 47, 2022.)

영서낙랑

요동과 요서 그리고 베이징 근방으로까지 계속 이동했던 낙랑군은 6세기 초에 소멸하였다. 『삼국사기』에 등장하는 한반도의 낙랑은, 강원도 춘천에 거점을 둔 '영서낙랑嶺西樂浪'이었다. 한반도 중부 지역에서 갑자기 등장하는 낙랑계 토기의 진앙지이기도 했다. 그러한 영서낙랑은 다음 기사를 실마리로 하여 확인할 수 있다.

여름 5월에 왕이 신하에게 말하였다. "우리나라의 동쪽에는 낙랑이 있고 북쪽에는 말갈이 있어 영토를 침략하므로 편안한 날이 적다. … (『삼국사기』 권23, 시조왕 13년)."

위에 보이는 '백제 동쪽의 낙랑'은 평양 지역을 가리키지 않는다. 그리고 3세기 전반 위魏가 회복한 낙랑군의 평양 소재 여부도 분명하지 않다. 이에 대한 실마리가 『삼국지』의 "진한 8국國을 분할하여 낙랑에게 주려고 했는데"라는 구절이다. 기존의 공간 개념에 따른다면 대방군도 아닌 낙랑군이 진한을 직접 통제한다는 것은 이해하기 어려운 정황이었다. 오히려 낙랑군이 지금의 평양이 아니라 진한과의 교류가 비교적 용이한 그 남부인 영서 지역이라면 가능하다. 실제 『삼국사기』 백제본기의 낙랑이, 춘천 방면에 소재했음을 반증하는 근거들이 다음에 보인다.

1) 고이왕 13년 조에서 "낙랑의 변민邊民들을 습격하여 빼앗았다"고 했다. 즉 246년의 시점에서 백제가 대방군을 거치지 않고 낙랑과 충돌할 수는 없다. 더구나 3세기 중엽에는 지금의 평양 지역에 낙랑군은 소재하지 않았다고 이미 구명한 바 있다(이도학, 「樂浪郡의 推移와 嶺西 地域 樂浪」『東아시아古代學』 34, 2014, 3~34쪽). 그러므로 이 낙랑은 춘천 방면의 낙랑이 될 수밖에 없다.

2) 백제가 평양에 소재한 낙랑군을 공격하려면, 대방군을 뛰어넘어야 낙랑의 남쪽 현縣에 대한 습취가 가능하다. 그러나 『삼국사기』 분서왕 7년(304) 조에서 백제가 습취한 지역은 '낙랑 서쪽 현'이었다. 이러한 '낙랑 서쪽'은, '백제 동쪽에 소재한 낙랑'과 맥이 닿는다.

3) 『삼국사기』의 "가을 9월, 한漢이 맥인貊人과 더불어 와서 침략하자, 왕이 나가서 막다가 적병에게 해를 당하여 돌아가셨다(책계왕 13년)"고 했다. 맥인의 맥貊은 "삭주朔州: 가탐賈耽의 『고금군국지』에 이르기를 '고구려의 동남쪽과 예濊의 서쪽은 옛날 맥의 땅이니, 대개 지금 신라의 북쪽 삭주'(地理2, 朔州)"라고 하였다. 그러므로 맥인은 춘천을 포함한 영서 지역에 거주했음을 알 수 있다. 아울러 책계왕 13년 조에서 주변의 맥인을 동원해 백제를 친 '한漢'은 낙랑이며, 소재지도 춘천 일대가 자연스럽다.

4) 기원전 2세기~1세기 무렵까지 낙랑군은 인접하거나 아니면 원거리에 소

재한 한반도 남단 해안 지역과 활발히 교류했다. 반면 2세기 이후까지 낙랑 군과 중부 지역 마한과의 교류를 나타 내는 물질 자료는 거의 없다. 그러다 가 2세기 후엽 이후가 되면 중부 지방 에 낙랑 관련 유물이 급증하는 현상이 나타난다. 이는 낙랑 주민의 이주 내 지는 남하·확산을 뜻할 수 있지만, 영 서낙랑의 소재지와도 긴밀히 연계된 현상으로 해석된다.

춘천 우두동 출토 낙랑계 토기.

그러면 영서낙랑의 구체적인 소재지는 어디일까? "11월에 왕이 낙랑의 우 두산성을 습격하려고 구곡臼谷에 이르렀으나 큰 눈을 만나 곧 돌아왔다(시조 왕 18년)"는 기사에 보이는 '낙랑 우두산성'과 '구곡'이 실마리가 된다. 여기서 우두산성과 연관 지을 수 있는 지명은 우수주牛首州였던 춘천이다. 다산 정약 용은 "지금 소양강(과 북한강) 양수兩水가 합쳐져 띠를 두르는 곳에 큰 촌大村

소양강과 접한 춘천 우두산성 원경. 이곳은 『삼국사기』에서 "11월에 왕이 낙랑 우두산성을 습격하려 고 구곡에 이르렀으나 큰 눈을 만나 곧 돌아왔다. 十一月 王欲襲樂浪牛頭山城 至臼谷 遇大雪乃還(시조 왕 18년)"는 기사의 우두산성으로 비정하고 있다.

이 있는데, 우두牛頭라고 한다. 그 가운데 소위 맥국고허貊國古墟가 있다. 이곳이 곧 옛낙랑국古樂浪國의 유허이다. 또 춘천 남계南界에 있는 수촌水村을 방아올方牙兀이라고 하는데, 한역漢譯하여 적어 본 즉 구곡臼谷이 된다(『여유당전서』 권6, 강역고, 낙랑별고)"고 분석했다.

춘천 서면의 2곳에서 방아골 지명이 확인되고 있다. 이곳을 지나 동쪽으로 북한강을 건너야 우두산성에 이를 수 있다. 백제군의 동선과 부합하는 지명들이다. 그리고 다산은 소양강 합수 지점에서 우두촌牛頭村의 존재를 확인하였다. 지금의 춘천 우두동牛頭洞 주거지에서 출토된 낙랑 기와 제작 기술의 토관土管은 이동이 가능한 단순한 유물의 이전이 아니다. 중국계 고급 문물을 누린 세력의 도시화를 뜻하는 것이다. 우두동에서는 낙랑계 토기도 출토되고 있다. 차후 체계적으로 발굴한다면 영서낙랑 관련 유구가 드러날 것이다.

■ 참고문헌

이도학, 「樂浪郡의 推移와 嶺西 地域 樂浪」『東아시아古代學』 34, 2014.

이도학, 「한국사에서의 漢四郡 認識」『고조선단군학』 47, 2022.

이도학, 「종합토론 : 한사군 관련 학술대회 발표·토론문에 대한 몇 가지 과제」『한사군연구』 서경문화사, 2022.

7. 3개의 조선 국호 문제

고대의 조선은 3개였다. 이에 대한 국호 표기 문제가 제기된다. 『삼국유사』에서는 '고조선 (왕검조선)'과 '위만조선', 2개 국호가 등장한다. 기자조선이라는 국호는 등장하지 않았다. 『제왕운기』에서는 단군조선과 기자조선을 '전조선'과 '후조선'으로 각각 표기했다. 그런데 『삼국유사』에서는 왕검조선을 '고조선'으로 표기하였다. 이와 관련해 혹자는

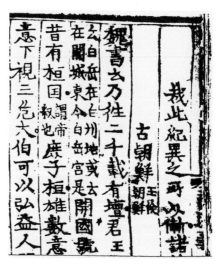

정덕본 『삼국유사』 고조선 조 일부.

왕검조선은 후조선보다 앞서 성립한 국가였기에 '고조선'으로 이름했다는 해석을 내렸다. 그러나 시간을 나타내는 '전·후' 표기를 통해 2개 조선에 대한 식별이 가능하다. 그러므로 굳이 '고古' 자를 붙여 '고조선'으로 이름해야 할 당위성은 별로 없다.

'고조선':

고려 말 도은 이숭인(1347~1392)의 시에 '고조선'이 다음과 같이 보인다.

전재 선생은 벼슬도 사양하고 / 全齋謝簪笏
서도西都에 높이 드러누워서 / 高臥古朝鮮
반악潘岳처럼 한거하는 흥취를 읊고/ 潘賦閑居興

그런데 전후 문맥을 놓고 볼 때 '서도'로 번역한 '고조선'은, '옛적 조선 땅'을 가리킨다. 전재全齋 이시민李時敏이 평양에서 유유자적한 모습을 그린 것이다. '옛 조선'의 수도 평양에서의 일상 묘사였다. 그러므로 고려 때부터 국호 '고조선'을 사용한 근거가 될 수는 없다.

실제 권근權近(1352~1409)의 시문집에서 "나는 말하기를, 평양은 곧 고조선 기자가 도읍한 곳이다. 予日 平壤卽古朝鮮箕子之所都也(『陽村先生文集』)"는 글귀에서도 확인된다. 기자조선도 '고조선'으로 일컬었다. 『신증동국여지승람』에서도 "(경도는) 고조선과 마한의 땅이다. 古朝鮮馬韓之域"고 했다. 이렇듯 '고조선'은 단군조선만 특정하지 않았다.

『삼국유사』에서는 국호 기자조선은 언급이 없다. 반면 그 후신 국가는 '위만조선'으로 표기했다. 고려 말에 기자조선을 '기자국箕子國'(『牧隱詩藁』) 혹은 '조선 은태사朝鮮殷太師'(『牧隱詩藁』)라고 하였다. 그리고 고려 말~조선 초에 이르러 이첨李詹(1345~1405) 시문집에서 '기자조선箕子朝鮮(『雙梅堂先生篋藏文集』)'이 등장한다. 이첨은 현재 사용하는 '단군조선'과 '위만조선魏滿朝鮮'도 사용했다. 이로써 단군조선·기자조선·위만조선이 모두 등장하였다. 이첨의 '위만조선' 표기는 『삼국유사』와 동일했다.

1476년(성종 7)에 완성된 『삼국사절요』에서도 단군조선·기자조선·위만조선衛滿朝鮮이라고 하였다. 16세기 전반에 편찬된 『동국사략』도 이와 동일한 고조선 국호를 부여했다. 『신증동국여지승람』에서는 전조선·후조선·위만조선이라고 하였고 또 이를 일컬어 '삼조선三朝鮮'이라고 하였다.

이러한 고조선에 대한 표기 구분 가운데 전·후 조선은 경청할 만하다. 문제는 '위만조선'을 제외했다는 것이다. 위만조선을 정통론에서 배제했다고 하자. 그렇더라도 위만조선이 한국사라면, 전·후 조선에 상응하는 호칭을 부여해야 마땅하다. 예컨대 '말조선末朝鮮' 등이다. 문제는 단군조선·기자조선·위만조선처럼 건국자 이름으로 국호를 일컫는 방식은 재고해야 한다. 스스럼없이 사용하고 있지만 '이성계조선' 류類의 호칭을 당연시할 수는 없다. 지금도 많은 사람이 사용한다고 해 정당한 호칭이 되는 것은 아니다. 대안에 대해 고심하지 않았던 것이다.

대안으로 『삼국유사』에서 '단군조선'을 '왕검조선'으로 표기한 사실을 주목한다. 여기서 왕검은 '단군왕검'에서 비롯한 조선 수장首長 호號였다. 말할 나위 없이 이러한 국호 표기에는 기준의 일관성과 동질성이 따라야 한다. 기자조선도 최고 지배자 호칭으로 일컫는 게 합당하다. 기자조선의 수장은 '조선후朝鮮侯'에서 '왕王'을 칭했다. 이러한 '후·왕'은 단군조선의 왕검王儉과 연결된다. 마지막 위만조선에서는 '공번貢蕃'까지 운위했다. 즉 "역시 조선에 조공하는 번국과는 서로 왕래하지 않았다. 亦與朝鮮貢蕃不相往來(『위략』)"고 하였다. 위만조선의 수장은 왕·후를 거느린 대왕이었다. 위만조선은 '대왕조선'으로 일컫는 게 가능하다. 따라서 단군조선·기자조선·위만조선보다는 왕검조선·후왕조선·대왕조선이 어떤가? 이러한 제안을 선뜻 수용할 수 없다면, 전통적인 표기에 맞춰 위만조선만 창안해 전조선·후조선·말조선으로 일컬으면 되지 않을까?

■ 참고문헌

이도학, 「고조선사 연구의 쟁점과 과제」『고조선과 주변 세계』경희대학교 한국고대사·

　　고고학연구소, 2022.12.23.

III

부여

8. 부여는 몇 개인가?

부여의 존재는 「광개토왕릉비문」에서만 3회나 등장한다. 고구려 시조의 출원지인 '북부여', 시조왕 대부터 속민이었다는 '동부여', 그리고 시조왕의 남하 과정에서 등장하는 '부여'였다. 그러면 방위 명에 근거한 이러한 부여 이름의 주체는 어디일까? 흔히들 고구려를 기준으로 북부여와 동부여 호칭을 운위하고는 했다. 그렇다면 방위 명 부여 국호는 타칭인 것이다.

「광개토왕릉비문」의 '부여 엄리대수' 구절.

그러나 이러한 견해는 타당하지 않다. 북부여와 동부여는 동일한 「광개토왕릉비문」에 등장하는 '부여'를 기준으로 했을 때 자연스럽다. 애초의 부여에서 파생했기에 방위 명이 붙는 것이다. 게다가 나하那河를 건너 부여를 재건한 달말루의 경우, 자신들을 '북부여 후예'라고 했다. 북부여가 타칭이라면 생겨나기 힘든 발상이다. 그리고 백제 성왕이 538년 국호를 '남부여'로 고쳤다. 역시 방위 명 부여의 기준은 고구려가 아니라 최초의 부여임을 뜻한다.

부여에서 북부여·동부여·남부
여가 비롯했고, 확인된 2개국
은 자칭이었다. 그러면 이러
한 방위 명의 부여는 언제 생
겨났을까?「광개토왕릉비문」

에 따르면 고구려 시조 왕의 출생 이전에
북부여는 존재한 것이다. 시조왕 대부터
속민이었다는 기록에 따르면, 동부여는
기원 이전에 생겨난 게 된다. 이렇게 보
면 최초 '부여'의 연원은 유구한 것이다.

지린시 퉁촨산에서 출토된 부여 도용陶俑.

　그러면 부여는 언제 분파되어 북부여
와 동부여가 생겨났을까? 이에 대한 응답으로『삼국사기』와『삼국유사』에
는 국가 이동 설화가 등장한다. 동부여의 탄생이다. 이와 연동해 북부여가
나온다. 그리고 주목할 사안은『삼국지』와『삼국사기』의 부여는 서로 다른
정치체였다. 3세기 대에 집필된『삼국지』에 붙여진「위략魏略」에는 "그 나
라는 은부殷富하여 일찍이 파괴당한 적이 없다"고 했다. 그런데『삼국사기』
의 부여는 22년(대무신왕 5)에 고구려의 공격을 받아 국왕이 전사하였다. 이
때 '국멸國滅'당한 부여의 왕족들이 분파해 갈사국을 세우거나 고구려에 투
항하기도 했다. 이 나라가 '일찍이 파괴당한 적이 없다'고 한 부여일 리는
없다.

　『위서魏書』에 따르면 고구려 제4대 왕 때에 "이에 부여를 정벌하자 부여
가 대패해 드디어 (고구려에) 통속 되었다. 乃征夫餘 夫餘大敗 遂統屬焉"고
했다. 그런데 제4대 왕 막래莫來에서부터 "막래 자손이 서로 전하여 예손 궁
에 이르렀다. 莫來子孫相傳 至裔孫宮"고 하였다. 여기서 궁은『삼국사기』
상에서 제6대 왕인 태조왕을 가리킨다. '예손'은 '먼 후손'을 가리키고, 또

그 중간에 '자손이 서로 전하여'라는 구절이 보인다. 이로 볼 때 막래와 태조왕 사이에는 여러 대가 존재했음을 알 수 있다. 게다가 막래로 비정할 수 있는 고구려 왕은 『삼국사기』에 보이지 않는다. 그러므로 고구려의 부여 통속은 태조왕 즉위 시점인 53년 훨씬 이전에 발생한 사건이었다.

주목되는 기사는 121년 10월에 태조왕은 "부여에 행차하여 태후 사당에 제사 지냈다(『삼국사기』권15, 태조왕 69년 10월)"고 했다. 그리고 11월에 태조왕은 부여로부터 돌아왔다. 그런데 같은 해인 121년 12월에 "왕이 마한과 예맥의 1만여 기병을 거느리고 나가 현도성을 포위하자, 부여 왕이 아들 위구태를 보내 군대 2만을 거느리고 한병과 함께 맞아 싸워 아군이 대패했다.

王率馬韓·穢貊一萬餘騎 進圍
玄菟城 扶餘王遣子尉仇台 領
兵二萬 與漢兵并力拒戰 我軍
大敗(『삼국사기』권15, 태조왕
69년 12월)"고 하였다. 한병과
연합한 부여군에게 고구려군이
대패한 전쟁이었다. 후자의 기
사는 『후한서』와 『자치통감』에
이미 수록된 바 있다.

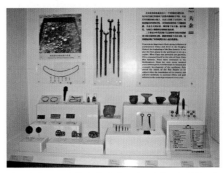

랴오닝성 박물관의 부여 전시 공간. 시펑西豊 시차고우 西岔溝 출토 유물이 전시되었다.

121년 12월에서처럼 위구태
가 등장한 부여는 『삼국지』나
『후한서』에 수록된 부여와 동
일한 나라이다. 역시 이 전투에
서도 부여는 대승을 거둬 '일
찍이 파괴당한 적이 없다'고 한
「위략」 기사와 부합한다. 그런

국립 중앙박물관의 부여 전시 공간. 김포 운양동 주구묘 출토품이 전시되어 있다. 사진에 보이는 토기들은 부여와 관련 없는 옥저·동예 유물이다.

데 유의할 점이 있다. 121년 11월에 태조왕은 부여에서 돌아왔다. 그로부터 불과 1개월 후인 12월에 고구려군과 부여군이 격돌한 것이다. 이러한 상황은 순리적으로 해석하기 어렵다. 부여가 하나밖에 없다면 이러한 팩트에 맞춰 해석할 수밖에 없다. 그러나 복수의 부여가 이미 존재했을 뿐 아니라, 일찍이 고구려에 격파당한 부여와는 맞지 않는 정황이다. 따라서 태조왕이 행차한 부여와 격돌한 부여는 서로 다른 정치체로 보아야 한다.

이렇듯 최소 2개의 부여가 확인되었다. 게다가 『삼국지』에서 읍루의 위치를 "부여 동북 천여 리에 소재했는데, 큰 바다에 접해 있고, 남은 북옥저와 접했다. 在夫餘東北千餘里 濱大海 南與北沃沮接"고 하였다. 그리고 동옥저 소재지를 '북은 읍루·부여, 남은 예맥과 더불어 접했다. 北與挹婁·夫餘 南與濊貊接'고 했다. '동북이 좁은' 옥저 지형에서 북으로 읍루뿐 아니라 부여와도 접했다고 한다. 이 부여가 지린성 방면 『삼국지』 동이전의 부여일 가능성은 없다. 읍루 곁에 바다와 접했을 부여는, 동해 가섭원으로 옮긴 동부여로 지목할 수 있다. 이러한 추론이 맞다면 3세기 후반 단계에서 3개의 부여를 찾은 것이다. 부여·북부여·동부여가 된다.

■ 참고문헌

이도학, 「方位名 夫餘國의 성립에 관한 檢討」『白山學報』 38, 1991.

이도학, 「고구려와 부여 관계의 재검토」 한국학중앙연구원, 2006.1.25.; 『고구려의 역사와 대외관계』 서경문화사, 2006.

9. 미궁 속의 부여 왕성 소재지

　부여와 북부여, 그리고 동부여의 기원은 정확한 설명이 어렵다. 물론 동부여의 기원은 문헌에서 확인되지만, 액면대로 믿기는 어려워 보인다. 확인된 3개 부여의 기원에 대해서는 어느 하나 명확한 게 없다. 다만 부여의 경우 북방에서 내려온 유이민들에 의한 건국이라고 한다. 그러나 부여에서 파생된 북부여와 동부여의 기원은 탐색이 쉽지 않았다.

　그렇다고 이 사안을 건너뛰는 일은 부여사 전문가로서는 직무 유기에 속한다. 차후의 심도 있는 연구를 기대해 본다. 이와 관련해 부여의 기원을 중국과의 교류에서 찾거나, 그 시점을 국가 기원으로 운위하는 일은, 전근대적 역사 연구에 불과하다. 신라는 중국 사서로는 『양서』에 처음 등장하지만, 그 훨씬 이전부터 국가로 존재하였다. 이와 마찬가지로 중국과의 교류

룽탄산에서 굽어본 쑹화강과 퉁톈산 그리고 난청쯔 일대.

이전에 부여는 엄연히 존재했다. 북부여와 동부여는 중국과 교류한 기록이 없다. 그렇다고 이들 부여를 부정할 수는 없지 않은가?

부여사에 관한 가장 많은 기록을 남긴 문헌이 『삼국지』 동이전 부여 조이다. 이에 근거해 부여 중심지를 눙안農安~창춘長春으로 지목한 견해가 오랫동안 통설이었다. 그러나 현재는 지린성 지린시吉林市 퉁댠산東團山 난청쯔南城子를 지목한 견해가 정설이 되다시피 했다. 그러나 난청쯔설은 중대한 결함이 있다. 첫째, 부여 국호의 기원이 되었던 녹산鹿山 즉 푸유산을 지목하는 일이 어렵다. 이와 관련한 반경에서 찾는다면 퉁댠산은 해발 50m 안팎에 불과하므로 종족의 발상지로서는 너무 왜소하다. 룽탄산龍潭山의 경우는 이보다는 훨씬 크고 높지만 역시 웅위雄偉함과는 거리가 있다. 둘째, 성은 뇌옥牢獄을 닮은 둥근 원책員柵인데 반해, 현재 난청쯔는 토성이다. 토성에서 목책 유구가 확인되었다는 보고는 없었다. 셋째, 난청쯔가 왕성이라면 인근에서 왕릉군이 발견되어야 한다. 부여 왕릉의 피장자는 현도군에서 제공한 옥갑

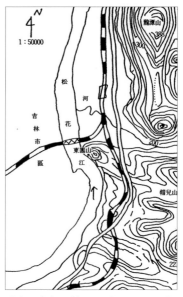

난청쯔 일대 도면(武國勛, 「夫餘王城新考」『黑龍江文物叢刊』1983-4; 이도학 譯, 「夫餘 王城 新考-前期 夫餘王城의 發見(상·하)」『우리 文化』 12·13호, 한국문화원연합회, 1989).

지린시 박물관에 소장되었던 미송리형 토기 (1994.7.2). 1994년 11월 화재로 전시품은 모두 소실되었다.

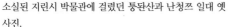

소실된 지린시 박물관에 걸렸던 퉁돤산과 난청쯔 일대 옛 사진.

소실된 지린시 박물관에 걸렸던 마오어 산 고분군 옛 사진.

玉匣을 입은 상태여야 할 것이다. 그러나 마오어산帽兒山 고분군에서 옥갑이 부장된 고분을 발굴한 바 없다. 넷째, 마오어산에서는 현재까지 단 1기의 순장묘도 발굴된 바 없다. 많은 경우는 100명에 이르는 순장을 단행한 부여였다. 그럼에도 2~3명은 고사하고 순장묘가 전혀 발견되지 않았다. 이 사실은 기록과 크게 어긋난 정황이 아닐 수 없다.

난청쯔는 부여 시기의 성이고, 인근 마오어산 고분군 역시 부여 시기의 지배층 분묘 구역인 것은 맞다. 그렇지만 최고 지배층이 거주한 생활 유적과 연계된 묘장墓葬 유구가 확인되지 않았다. 역으로, 마오어산 고분군에서 왕릉군을 비롯한 순장묘가 발견되지 않았다는 것은, 난청쯔 자체가 왕성일 가능성을 희박하게 한다. 반드시 해결해야 할 문제일 뿐 아니라 새로운 왕성을 찾는 대안 모색이 시급하고도 엄중한 과제로 남았다.

주지하듯이 부여는 반농반목半農半牧의 정착 사회였지만, 동부여 이동 설화에서나 4세기 중엽 백제의 공격을 받아 서쪽으로 이동한 바처럼 유동성이 보인다. 발해가 부여부扶餘府를 설치한 지린성 창춘 일대 역시 과거 부여 왕국의 상징성이 큰 도회였을 가능성이다. 여러 가

마오어산 고분군 원경.

능성을 놓고 유연하게 3세기 대 원原 부여 왕성 소재지를 찾는 노력을 아끼지 말아야 할 것 같다.

■ 참고문헌

이도학, 『분석 고대 한국사』학연문화사, 2019.

이도학 譯·武國勛 著, 「夫餘王城新考」『黑龍江文物叢刊』1983, 제4기;「夫餘 王城新考 -前期 夫餘王城의 發見(상·하)」『우리 文化』12·13호, 한국문화원연합회, 1989.

이도학, 「說林 -- '三國志' 東夷傳 夫餘 條의 分析」『부여학』3, 2013.

이도학, 「서평 : 이종수, '부여의 얼굴(동북아역사재단, 2021)'」『고조선단군학』47, 2022.

진왕辰王은 두 명인가? :

3세기 단계에서 마한은 대략 54개국, 진한과 변한은 각각 12개국으로 구성되어 있었다. 『삼국지』한·조에 따르면 "변·진한 합하여 24국이다. 대국은 4~5천 가, 소국은 6~7백 가인데, 총 4~5만 호이다. 그 12국은 진왕에 속하였다. 진왕은 항상 마한인을 써서 그렇게 만들어 대대로 서로를 이었다. 진왕은 스스로 힘으로는 왕이 되지 못하였다. 弁·辰韓合二十四國 大國四五千家 小國六七百家 總四五萬戶 其十二國屬辰王 辰王常用馬韓人作之 世世相繼 辰王不得自立爲王"고 했다. 즉 변한과 진한의 24국 가운데 12국이 진왕에 속한다는 것이다. 그리고 진왕은 마한인이라고 했다. 마치 마한 출신의 진왕이 이곳에 파견되어 통치하는 듯한 인상을 준다. 그랬기에 진왕에 대한 여러 해석이 제기되었다. 이 문제에 대해서는 사료 자체에 대한 분석이 전제되어야 한다. 한 사람이 편찬한 『삼국지』동이전, 그것도 한 조의 마한 항과 변진 항의 진왕이 서로 다른 인물일 가능성은 희박하다. 게다가 동명이인이라면 반드시 필자인 진수가 단서를 달아놓게 마련이지만, 그렇지도 않았다.

그러면 이 사안을 검증해 본다. 『삼국지』에 덧붙여진 「위략」에 따르면 "분명히 그들(진한)은 흘러서 이주해 온 사람인 까닭에, 마한의 다스림을 받았다. 魏略曰 明其爲流移之人 故爲馬韓所制"고 했다. 마한이 진한을 통제하고 있음과 더불어, 진한까지 통제하고 있는 마한 맹주 진왕에 대해, 동일한 『삼국지』 한 조에서 "진왕은 목지국을 다스린다. (진왕에게는) 신지臣智 혹은 신운견지보안사축지분신리아부례구사진지렴이라는 특출나게 부르는 호칭을 더 했다. 辰王治目支國 臣智或加優呼臣雲遣支報安邪踧支濆臣離兒不例拘邪秦支廉之號"고 했다. 진왕의 우호優呼에 보이는 안야安邪와 구야狗邪는 변한의 국명이다. 그리고 진왕이 통제하는 진한의 성립 배경을 "마한이 그 동쪽 경계의 땅을 떼어서 그들에게 주었다. 馬韓割其東界地與之"고 했다. 변·진한 가운데 '그 12국은 진왕에 속하였다'고 한데다가 진왕의 우호에 변한의 안야와 구야가 보인다. 따라서 진왕의 영향력은 진한은 물론이고 변한까지 미쳤음을 알 수 있다.

『삼국지』본 기사를 계승한 『후한서』에서는 "마한이 가장 컸다. 그 종족을 함께 세워 진왕으로 삼았다. 목지국에 도읍하였으며, 죄다 삼한의 땅에서 왕을 했다. 그 제국 왕들의 선조는 모두 마한 종족이었다. 馬韓最大 共立其種爲辰王 都目支國 盡王三韓之地 其諸國王先 皆是馬韓種人焉"고 했다. 『삼국사기』에서도 "호공瓠公을 보내 마한에 조빙朝聘하자, 마한 왕이 호공을 꾸짖어 말하기를, '진한과 변한 두 한韓은 우리의 속국인데, 근년에 와서 직공職貢을 보내지 않으니, 큰 나라를 섬기는 예가 이와 같아야 했겠나! (혁거세 38년)'라고 했다. 한진서도 "마한이 당시 삼한의 패권을 쥐고 있었음을 이것으로 징험할 수 있다"고 하였다.

마한의 진왕은 진한은 물론이고 변한까지도 영향력을 행사했다. 이는 『후한서』에서 진왕을 삼한의 총왕總王처럼 기재한 기록과도 자연스럽게 연결된다. 따라서『삼국지』동이전의 진왕은 한 명을 가리키는 게 분명하다. 삼한 전체에 영향력을 행사했던 거대한 위상의 진왕은 그에 걸맞은 관부官府를 갖추었던 것 같다. 진왕은 예하에 위솔선魏率善·읍군邑君·귀의후歸義侯·중랑장中郎將·도위都尉·백장伯長과 같은 중국식 관호를 지니고 대방군과 연계된 군소 세력들을 외형상 거느리고 있었다(이도학,『분석 고대 한국사』학연문화사, 2019, 318~319쪽).

진왕의 소속국인 목지국의 위치는, 교통의 요충지인 천안에서 가까운 목촌 부곡木村部曲이 소재한 충청남도 아산 일대로 생각된다. 이곳에서는 청동기 유적이 많이 확인되었기 때문이다(李道學,「새로운 摸索을 위한 點檢, 目支國 연구의 現段階」『마한사연구』충남대학교 출판부, 1998, 121쪽).

IV

고구려

10. 고구려 건국자의 부여 출원설은 근거 있는가?

「광개토왕릉비문」에 따르면 고구려 건국자는 북부여에서 출원했다고 한다. 『삼국사기』와 같은 국내 사서에서는 건국자의 동부여 출원을 적었다. 『위서魏書』에서는 건국자의 출원지를 '부여'로만 적어 놓았다. 이 부여는 고구려 건국자에서 수 대數代 지나 고구려에 통속統屬되었다고 한다. 반면 3세기 대에 집필된 「위략」에 따르면, 부여는 격파당한 적이 없다고 했다.

「광개토왕릉비문」에 따르면 동부여는 고구려 시조왕 대부터 '속민'이라고 했다. 동부여는 이때 고구려에 '통속' 되지는 않았다. 그렇지만 『위서』에서 고구려 건국자의 출원지인 '부여'는, 결국 고구려에 '통속' 되었다. 이러한 정황에 비추어 볼 때 『위서』의 부여는, 동부여를 가리키는 것 같다.

그런데 마셜 살린스의 외래 왕 이론에 따르면, 바깥에서 왔다는 외래 왕은 기실 토착인 출신이었다. 이와 맞물려 고구려 건국자의 부여 출원설을 부정하는 견해가 제기되었다. 조선 후기 실학자들과 일본의 고고학과 문헌 사학자들이 제기하였다. 주요 근거는 첫째, 건국자가 부여에서 출원했지만 부여 묘제가 고구려 건국지에 조영되지 않았다. 둘째, 부여 건국 설화를 그대로 옮겨 놓은 건국 설화만으로는 고구려 건국자의 실체 입증이 어렵다.

고구려 건국자의 출원 설화가 선행한 부여와 동일하다면, 부여 출원설은 신빙성이 떨어진다.

이러한 부정론에는, 건국자는 지배자인 관계로 종족 고유의 정체성을 반영하는 묘제를 강요한다는 의식이 저변에 깔려 있었다. 이렇듯 건국자의 묘제가 건국지에 조성되지 않은 데 착안해 외부 유입설을 부정한 것이다. 일찍이 다산 정약용과 그 외손인 윤정기(1814~1879)도 동명東明은 부여 시조 이름이고, 주몽은 고구려 시조 이름으로 구분한 후, 후자가 전자의 건국 설화를 차용借用했다고 보았다. 차용한 설화가 역사적 진실을 담고 있을 리 없다. 이러한 차용설은 고구려 건국자의 부여 출원설 자체를 부정하는 근거가 되었다.

그렇지만 부여에서 출원한 고구려 건국자들이 정착한 환런 지역의 적석총을 조영하는 일은 지극히 자연스럽다. 정복자인 고구려 건국자들이 부여의 묘제인 목관묘나 목곽묘를 조성하거나 강요하기보다는, 현지 묘제 채용이 융화의 지름길이었기 때문이다. 피정복민과의 동화를 통한 정복 방식을 택하였다. 따라서 정복자의 묘제가 보이지 않으므로, 부여 출원설을 부정하는 주장은 지극히 단선적인 이해에 불과하다.

사실 묘제墓制가 종족이나 지배 세력과 일치하지 않는 사례가 많다. 일

소실된 지린시 박물관에 걸렸던 마오어산 목곽묘 사진.

랴오닝성 환런의 하고성자 적석총.

라오닝성 박물관에 전시된 왕장러우 적석총 출토 유물.

비류수로 비정하는 환런의 훈강渾江이 내려다보이는 곳에 소재한 왕장러우 적석총.

례로 백제 무령왕릉의 경우 중국 남조 양梁의 전축분을 수용하였다. 묘제가 지배 세력의 정체성 지표일 수 없음을 웅변한다. 그리고 묘제와 피장자의 출원지를 반영하는 유물 간의 부정합성이 보인다. 환런 왕장러우望江樓 적석총은, 부여계 유물을 통해 관련 유이민의 분묘로 지목되었기 때문이다. 이렇듯 묘제를 통한 건국자 출원지의 인식에는 한계가 드러난다. 아울러 고구려 건국 세력의 부여 출원설을 부정하는 논자들의 핵심 근거 역시 힘을 잃었다.

부여에서 내려온 고구려 건국자는 토착 왕의 딸이나 재력 있는 과부와의 혼인을 통해 건국에 성공하였다. 추모의 졸본부여 왕 둘째 딸이나 재력가 과부인 소서노와의 혼인이 보인다. 어떠한 기록이 맞든 고구려 건국자는 토착 여성의 지원을 받아 건국했다는 공통점이 있다. 살린스가 말한 '다른 곳에서 그리고 여성을 통해 권력을 잡는다'는 주장과 부합한다.

그리고 국호의 계승성 문제도 주목해야 한다. 기원전 107년에 설치된 현도군의 속현 가운데 고구려현은 말할 것도 없고, 고구려 국호는 기원전 1세기 이전에 이미 등장했다. 고구려 건국자들은 위만과 마찬가지로 기존 토착 세력의 국호를 계승한 것이다. 이러한 맥락에서 볼 때 고구려 건국자가 현지의 묘제를 채용했다고 해 하등 이상할 게 없다. 살린스가 말했던 '왕의 포용' 그것도, '자발적 동화'를 가리키는 것이다.

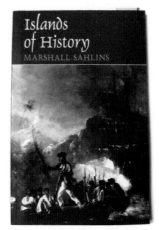

마샬 살린스의 『역사의 섬Islands of History』

고구려의 앙숙이자 가장 격렬하게 대립했던 나라가 백제였다. 그러한 백제인들의 시각에서도 고구려의 부여 출원설은 인정되었다. 고구려로 인한 군사적 압박을 감당하기 어렵자 472년 백제 개로왕은 북위에 국서를 보냈다. 국서에서 개로왕은 자국의 연원을 고구려와 함께 부여로 밝혔다. 부여로부터 내려오는 정통성 경쟁에서 백제는 고구려의 부여 출원설을 날조로 치부하면, 명분상의 주도권을 거머쥐는 데 유리할 수 있었다. 그럼에도 백제는 고구려의 부여 출원설을 인정해 준 것이다. 이보다 분명한 근거가 어디에 있을까? 고구려의 부여 출원설을 부정하는 논자들은 이 자료에 대해서는 대체로 비켜나 있다. 그러니 이 점을 분명히 짚고 넘어가지 않을 수 없었다.

■ 참고문헌

이도학, 「고구려 건국 세력의 정체성 논의」『전북사학』 59, 2020.

추모鄒牟냐 주몽朱蒙이냐? :

고구려 시조는 추모왕鄒牟王보다 주몽朱蒙으로 더 알려져 있다. 그런데 추모는 「광개토왕릉비문」이나 「모두루묘지」를 비롯한 당대 고구려인들의 시조 이름 표기였다. 반면 주몽은 중국 북위의 역사를 담고 있는 『위서魏書』에서 비롯한 타칭이었다. 주몽의 '주'에는 주유朱儒와 같은 '난쟁이'의 뜻이 있다. 그리고 '몽'에는 '무지'와 '몽매'의 뜻이 담겼지만, 어린애를 가리키는 '동몽童蒙'을 이룬다. 조선 전기에 출간된 아동 학습서인 『동몽선습童蒙先習』이 대표적이다.

이렇듯 주몽은 '난쟁이 어린애'의 뜻을 담고 있는 비칭이었다. '주몽'은 추모와 음이 닮았지만, 나쁜 뜻이 담긴 글자를 골라 악의적으로 맞춘 고유명사였다. 중국 사서에서는 고구려에서 '땅'이나 '소국'을 가리키는 '나那'를 '노奴'로 변개했다. 초기 고구려를 구성하는 5부의 하나인 소노부消奴部·절노부絶奴部 등의 '나'를 '종 노奴' 자로 비하했다. 이 점을 직시해야 한다.

타칭이자 비칭인 주몽을, 후손이라는 이들이 사용할 수는 없지 않은가? 고구려인들의 자칭인 추모로 읽는 게 순리이다(이도학, 『쉽고도 어려운 한국 고대사』 학연문화사, 2022, 70~71쪽).

11. 고구려의 도성과 천도

한국 고대사회에서 통치 거점은 의미심장한 일면을 지녔다. 높은 산지대에 축조한 산성을 통치 거점으로 삼았기 때문이다. 편의보다는 방어에 주안점을 둔 관계로 나타난 동란기 현상이었다. 심지어 왕성王城이더라도 예외가 되지는 않았다. 고구려의 오녀산성과 환도산성·백제의 북한산성·신라의 명활산성이, 산정에 축조된 왕성이거나 왕성 기능을 하였다. 비록 평지

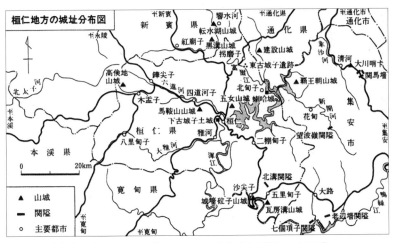

환런 지역 성터 분포도(東潮·田中俊明,『高句麗の歴史と遺跡』中央公論社, 1995, 75쪽).

에 궁성宮城이 조성되더라도 배후에 공주 공산성이나 부여 부소산성처럼 산성을 끼고 있었다.

그런데 평지성과 산성을 조합한 왕성론王城論을 일반화시켜 통설처럼 흘러왔다. 그러나 적어도 고구려와 신라에서는 이러한 주장은 성립이 어렵다. 적어도 삼국 가운데 2개 국가에서 성립이 어려운 주장

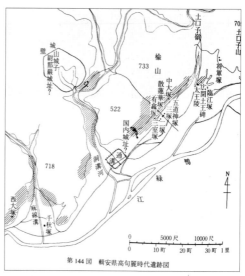

지안 지역 유적 분포도(關野貞, 『朝鮮の建築と藝術[新版]』岩波書店, 2005, 263쪽).

이었다. 가령 고구려 첫 도읍지인 환런 지역의 하고성자下古城子와 오녀산성을 평지성과 산성의 조합으로 엮는 주장은 성립이 어렵다. 중간에 하천이 가로놓여 있고, 차량으로 이동 거리는 14.8km요, 직선거리는 8.3km에 이른다. 양자는 서로 관련 없음을 반증한다.

그리고 국내성과 환도성은 비록 3km밖에 떨어져 있지 않지만, 하천이 경계를 이루는 데다가 행정 구역 또한 엄연히 달랐다. 환도의 경우 "환도에서 지진이 일어났다(태조왕 90)" · "왕이 환도로 도읍을 옮겼다(산상왕 13)" · "환도에서 가화加禾를 바쳤다(양원왕 4)"고 했지만, 342년 2월에 축조된 국내성은 '환도 안의 국내성'은 아니었다. 246년 위魏의 관구검은 물론이고 국내성이 축

청암동토성 출토 연화문 와당.

조되었음에도 342년 11월 전연의 최종 공격 대상도 환도성이었다. 후자의 경우 국내성이 당시 왕성이었다면 상징성이 지대한 만큼 함락 기사가 등장했을 것이다. 무엇보다 축조 시기가 209년(환도성)과 342년(국내성)으로 시차가 너무 컸다. 도성 구획과는 무관하므로 양자를 짝짓기는 어렵다.

고구려가 427년에 천도한 평양성은 대동강 북안北岸 청암동토성이 분명하다. 대성산성은 고구려 당시에 노성魯城으로 불리었다. 평양성이 아니었다. 역시 산성과 평지 궁성의 조합을 이루지 않았다. 이 점은 뒤에서 다시금 언급한다. 그리고 시가지 전체를 에워싼 거대한 도성 장안성의 경우는, 나곽羅郭 안에 자연스럽게 산지대를 포괄했다.

〈고구려 왕성의 변천 과정〉

연대	왕성·도성 변천	성격
기원전 37년	비류수상沸流水上	초도初都
	비류곡 홀본忽本 서쪽 산 꼭대기에 성 쌓고 도읍	초도
기원후 3년	국내 위나암성國內 尉那巖城	천도遷都
209년	환도성丸都城	이도移都
247년	평양성 축조, 백성 및 묘사廟社 옮김	이移
334년	평양성 증축	
342년	환도성	이거移居
343년	평양 동쪽 황성黃城	이거
371년	평양성에서 고국원왕 전사	평양 지역 이거(343~371년)
427년	평양	이도
586년	장안성長安城	이도

고구려 왕성 연구에서 가장 중요한 논제는 유리왕 22년(서기 3)에 천도한 '국내 위나암성國內尉那巖城'의 소재지였다. 지금까지는 '국내 위나암성'의 '국내'에 현혹되어 국내성이 소재한 지안集安으로 단정했다. 그러나 국

하고성자에서 바라본 오녀산성 원경.

'국천國川'으로 비정되는 통구하와 인접한 국내성 서쪽 성벽.

내성은 342년(고국원왕 12)에 축조되었다. 국내성이 존재하지도 않은 '국내'가 지안 지역일 수는 없다. 그럼에도 이와 연동한 위나암성을 환도산성으로 비정해 왔다. 그러나 환도성은 198년(산상왕 2)에 축조되었다("春二月 築丸都城"). 따라서 3년(유리왕 22)에 "왕이 국내로 천도하여 위나암성을 쌓았다. 王遷都於國內 築尉那巖城"고 한, 위나암성은 환도성이 될 수 없다. 결

환도산성 남문 쪽 성벽.

국 '국내 위나암성'은 '우라산성'으로도 일컬어졌던 암벽巖壁 성성城인 환런의 오녀산성으로 비정하게 하는 게 가장 합당했다. 환런 권역에서의 천도였다. 그랬기에 '국내'는 동일한 '서울 지역'의 뜻이었다.

지금까지의 재검토를 통해 고구려가 환런에서 지안으로 천도한 시점 역시 변경이 불가피해졌다. 그 시점은 209년(산상왕 13)에 "겨울 시월, 왕이 환도로 도읍을 옮겼다. 冬十月 王移都於丸都"는 기록이 밝혀준다. 문제는 천도 시점에서 그치지 않는다. 왕성을 포함한 도성의 이동은 왕릉의 소재지와도 연동된다. 천도 시점이 바뀜에 따라 제10대 산상왕 이전 고구려 왕릉들은 환런에 소재한 게 된다. 지금까지는 제2대 유리왕 대의 천도설에 따라 유리왕 이후 왕릉들은 죄다, 지안에 소재한 것으로 간주했었다. 학계에 새로운 정리를 무겁게 안겨 주었다.

■ 참고문헌

이도학, 「『三國史記』의 高句麗 王城 記事 檢證」『한국 고대사 연구』 79, 2015.

12. 평양성은 대성산성인가?

　　427년(장수왕 15) 고구려는 평양성으로 도읍을 옮겼다. 지금까지는 도읍을 옮긴 평양성을 대성산성과 안학궁 일대로 지목해 왔다. 그러면 대성산성은 고구려 당시 평양성으로 불리었을까? 문헌 검증과 안학궁의 발굴 성과를 통해 접근할 수밖에 없다.

　　흔히들 고구려 도성의 전형典型과 관련해『주서周書』고려 조의 "(a) 치소는 평양성이다. 그 성은 동서 6리인데, 남으로는 패수에 임하였다. 성안에는 오직 군량과 무기를 비축해 두었다가 적들이 쳐들어올 때는 곧 들어가지킨다. 治平壤城 其城 東西六里 南臨浿水 城內唯積倉儲器備 寇賊至日方入固守 (b) 왕은 별도로 그 곁에 집을 마련했는네 王則別爲宅於其側 (c) 항상 그곳에 살지는 않는다. 不常居之"는 기사를 상기한다. 여기서 a의 '성안'은 '산성내山城內'를 가리키는 것으로 단정함으로써 고구려 왕은 일상적으로 산성에 거주하지 않는다고 해석했다. 그 결과 평지성과 산성이 짝을 이루는 왕도 모델이 제시된 것이다. 또 이러한 도성 구조가 지안과 환런에서도 확인된다고 보았다.

　　이렇듯『주서』에서 묘사한 평양 지역의 도성 구조를, 586년 장안성 천도

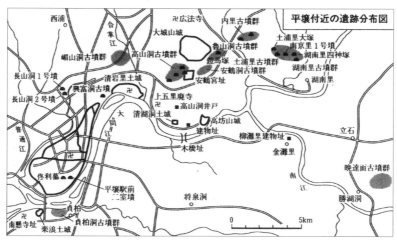

평양 지역 도성과 왕릉 분포 도면(東潮·田中俊明,『高句麗の歴史と遺跡』中央公論社, 1995, 206쪽).

이전의 도성 구조로 인식하는 경향이 많았다. 『주서』에서 처음 보이므로 북주北周 치세기(556~581)의 고구려 도성 상황으로 간주하였다. 그러나 이보다 후대 사실을 기록한 『수서隋書』 등의 묘사일 가능성이 보인다.

왜냐하면 636년에 완성된 『주서』는 당唐 혹은 북송 말기에 손상을 입었다. 그 때문에 현존 『주서』는 당 대唐代에 편찬된 원저와는 다르다. 즉 627년~659년 사이에 편찬된 『북사北史』 등에서 보충한 부분이 많다. 이와 연동해 대대로大對盧 직과 관련한 내분 기사도 6세기 중엽이 아니라 7세기 초로 지목하고 있다. 따라서 『주서』의 평양 지역 도성 구조 또한 6세기 말~7세기 초의 반영일 가능성이 높다.

그리고 『주서』에서 묘사한 '평양성'은 대성산성을 가리키지 않는다. 오히려 '패수에 임한 동서 6리의 성'은 장안성을 가리킨다. 이 점을 분명히 해 주는 게 "또

「대동여지도」에 '목멱산'과 '황성'이 보인다. '동황성'은 존재하지 않는다. 『삼국사기』의 '平壤東黃城'은 '평양 동쪽의 황성'이다.

평양성 동북에 노양산이 있다. 노성은 그 위에 있다. 又平壤城東北有魯陽山 魯城在其上(『통전』 권186, 변방 2, 동이하, 고구려)"는 기사이다. 고구려 말기의 왕도를

대성산성 출토 연화문 와당.

묘사한 『통전』에 따르면, 평양성 동북쪽의 노성은 대성산성이요, 평양성은 장안성을 가리킨다. 『주서』의 평양성이 장안성임이 다시금 입증된다. 『주서』의 고구려 도성 기사는 북주 대(556~581)가 아니라 그 이후를 대상으로 한 것이었다.

장안성은 동쪽과 남쪽은 대동강으로, 서쪽과 서북쪽은 대동강 지류인 보통강에 둘러싸였다. 장안성은 강과 성, 2중으로 둘러싸인 것이다. 동북으로만 육로로 연결된 천험의 자연 요새였다. 삼면이 강으로 둘러싸인 6세기 서고트 왕국의 수도였던 스페인의 톨레도Toledo를 연상시킨다. 고구려 말기에 평양성(장안성)이 포위되었을 때 '평양 남교'·'평양성 북문'·'평양성 대문' 그리고 주변에 사천이라는 하천이 보인다. 평양 남교는 대동강을 가로지르는 목교木橋의 존재를 말해 준다. 북문은 칠성문, 대

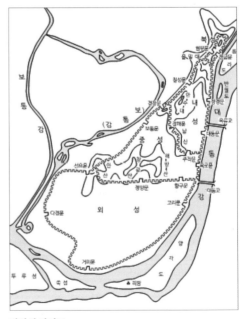

장안성 단면도.

문은 대동문을 가리키는 듯하다. 사천은 보통강을 가리킨다. 자연 지형을 이용한 고구려 도성 체제는 거대 나성과 바깥 성벽만 7km가 넘는 대형 산성(대성산성)의 결합으로써 6세기 중엽 경에 완결되었다(이에 대해서는 본서 20절을 참조할 것).

참고로 대성산성과 짝을 이루며 평양성의 왕궁 단위로 안학궁을 지목하기는 어렵다. 고구려 때의 석실 고분을 무너뜨리고 안학궁이 조성되었기 때문이다. 따라서 평지 왕궁성(안학궁) + 배후 산성(대성산성)설은 더 이상 성립되지 않는다. 반면 427년 고구려가 도읍을 옮긴 평양성은 청암동토성으로 지목할 수 있다.

이와 관련해 연구자들은 『주서』에 등장하는 평양성을 의식해 '전기 평양성'과 '후기 평양성'으로 각각 구분하였다. 오로지 중국 사서에 근거한 것이다. 그러나 우리 기록인 『삼국사기』에는 평양성과 장안성으로 각각 적시되어 있다. 그러므로 '전·후기 평양성'으로 명명할 이유가 없다. 평양성과 장안성으로 호칭하면 되지 않는가?

■ **참고문헌**

이도학, 『고구려 도성과 왕릉』 학연문화사, 2020.

이도학, 「高句麗의 內紛과 內戰」 『高句麗硏究』 24, 2006.

이도학, 「『三國史記』의 高句麗 王城 記事 檢證」 『한국고대사연구』 79, 2015.

이도학, 「고구려의 漢江 流域 喪失 原因과 長安城 축조 배경」 『東아시아古代學』 47, 2017.

13. 고구려 왕릉에 대한 논의

시조 왕릉

　고구려 시조 왕릉의 소재지와 관련해 평양의 소위 동명왕릉을 거론해 왔다. 그러나 고구려 당대 기록인 「광개토왕릉비문」에는 시조 추모왕은 '홀본 동강忽本東罡'에서 황룡이 맞아 하늘로 올라갔다고 했다. 편린이 전하는 「구삼국사」에서는 시조왕이 승천하면서 떨어뜨린 옥채찍玉鞭을 가지고 능묘를 조성했다고 한다. 일종의 유품장이다. 연유는 모르겠지만 시조왕의 시신이 안치된 능묘의 부재를 뜻한다.

　물론 천도하면 시조 왕릉은 새 수도로 이장한다는 주장이 있었다. 고려 태조의 현릉을 염두에 둔 주장이다. 그러나 현릉의 태소 棺은 거란의 침략을 받아 일시적으로 부아산負兒山 향림사香林寺에 옮겨 안치했다가 환장還葬했다. 도굴을 피하기 위해서였다. 고려는 강도江都 시기에도 이장했지만, 환도 후 현릉의 원래 위치로 환장하였다. 따라서 현재의 동명왕릉을 시조 왕릉으로 지목하는 논거는 성립이 어렵다.

　고구려 역대 왕들은 시조묘始祖廟가 소재한 첫 수도 졸본(환런)까지 행차해 배알했다. 그럼에도 시조 왕릉만 이장했다는 것은 전후 상황이 맞지 않

는다. 또 이런 논리라면 두 번째 수도, 지안에도 시조 왕릉이 조성되었어야
한다. 모두 동명왕릉 = 시조 왕릉설의 부당성을 가리킨다.

미천왕릉 이장설

342년(고국원왕 12) 11월에 전연의 공격을 받아 고구려 환도성이 함락되
었다. 이때 전연은 고국원왕의 선왕이 안장된 미천왕릉을 '발發' 즉 '열었다'
고 했고, 시신을 실어 갔다. '발'은 "경창을 열었다. 發京倉"고 했듯이 '개開'
의 뜻이 담겨있다. 그로부터 3개월이 채 되지 않은 343년 2월 미천왕 시신
은 돌아왔다. 이로 인해 도굴된 미천왕릉을 새로 조성했다는 주장이 제기되
었다. 지안 지역에서 소재한 움푹 파인 왕릉급 적석총을 도굴된 미천왕릉으
로 지목했다.

파괴된 왕릉급 적석총으로 도굴된 미천왕릉을 지목했지만, 다시 생각해
보자. 고구려가 건재한 시기에, 도굴되었다고 하더라도 처참하게 파괴된 왕
릉이 볼썽사납게 드러날 수는 없다. 왕실의 권위 실추를 폭로하는 모습이었
기 때문이다. 그러므로 파괴된 왕릉급 적석총은 고구려 멸망 이후의 일로
보인다. 그리고 도굴하면 곡괭이와 삽질로 파괴되는 모습을 연상하고 있다.

그러나 미천왕릉은 곡괭이
와 삽이 필요 없다. 삼국시
대 왕릉들은 백제 무령왕릉
처럼 부부 합장묘가 일반적
이었다.

미천왕릉이 도굴될 때 미
천왕의 왕비인 주씨周氏가
생존한 상황이었다. 미천왕
릉은 영구 폐쇄되지 않았다

도굴된 미천왕릉으로 추정하는 지안 지역의 파괴된 왕릉급
적석총인 서대총.

고 보아야 한다. 왕비의 시신이 들어올 때를 기다리고 있었기 때문이다. 그러므로 미천왕릉에 들어가 관을 운구해 나오면 된다. 미천왕릉을 '열었다'고 한 이유를 알 수 있다. 연도 문을 따고 들어가면 시신을 납치해 올 수 있기 때문이다. 곡괭이와 삽질을 할 이유와 필요가 없었다. 그리고 3개월이 되지 않아 시신이 돌아왔기에 원래의 능묘에 다시 모시면 된다. 파괴되지도 않은 분묘를 새로 조성할 이유는 없다.

경신리 1호분

평양 일원의 왕릉급 고분 가운데 시기와 규모 면에서 주목을 요하는 대상이 한왕묘漢王墓이다. 한왕묘는 지금의 평안남도 평성시에서 동남쪽으로 약 11km 떨어진 곳에 소재한 경신리 1호분을 가리킨다. 한 변 약 54m, 높이 약 12m인 경신리 1호분은, 평양과 주변 지역 석실 봉토분 가운데 제일 큰 무덤에 속한다. 그리고 적석총 전통이 석실 봉토분에 계승된 것을 보여주는 대표적인 분묘였다.

경신리 1호분은 평양과 주변 지역에 조성된 왕릉급 분묘 중 가장 규모가 크고 가장 이른 시기에 속한다. 그래서 일찍부터 아즈마 우시오東潮(1946~)

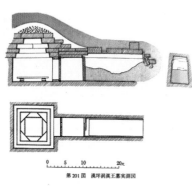

경신리 1호분 실측 도면(關野貞, 『[新版] 朝鮮の建築と藝術』岩波書店, 2005, 371쪽).

경신리 1호분 현실 남벽(조선유적유물도감 편찬위원회, 『조선유적유물도감(5)』 1990, 15쪽).

등이 장수왕릉으로 지목하였다. 그러나 경신리 1호분을 장수왕릉으로 비정한 견해는 넘어야 할 관문이자 복병을 극복해야 한다. 다음의 기사에서 보듯이 장수왕 사망 때는 그 이전에 이미 사망한 고추가 조다助多가 있었다.

문자명왕은 명치호왕明治好王이라고도 한다. 이름은 나운羅雲이고, 장수왕의 손자이다. 아버지는 왕자 고추대가古鄒大加 조다인데 일찍 죽었다. 장수왕이 궁중에서 길러 대손大孫을 삼았다. 장수왕이 재위 79년에 죽자 이어서 즉위했다(『삼국사기』 권19, 문자명왕 즉위년).

문자명왕을 기준으로 할 때 생부인 조다가 사망한 후 조부 장수왕은 492년에 사망했다. 광개토왕은 374년에 출생하였다. 20년 정도의 연차年差를 둔다면, 장수왕은 394년경에 출생한 것이다. 장수왕의 원자인 조다는 414년경에 출생하였다. 이로부터 20년을 더하면 434년 이후에 문자명왕을 낳았을 것이다.

조다는 '조사早死'했다고 한다. 그렇다면 그는 30세 무렵인 444년경 사망을 상정할 수 있다. 어떻게 하든 조다는 장수왕보다 훨씬 일찍 사망하였다. 따라서 이러한 시점은 '지안 지역과 평양 지역의 묘제를 이어주는 왕릉급 무덤'인 경신리 1호분과 잘 부합한다. 조다는 국왕 장수왕의 원자였을 뿐 아니라 대손인 문자명왕의 생부였다. 장수왕은 조다의 무덤을 굉위宏偉하게 조성하여 대손인 문자명왕의 정치적 입지를 강화해 주려고 했을 법하다. 그리고 경신리 1호분을 492년에 조성된 장수왕릉으로 지목하기에는 '지안 지역과 평양 지역의 묘제를 이어주는 왕릉급 무덤으로서'는 간극이 너무 크다. 427년 평양성 천도 후 무려 70년이 지난 시점이었기 때문이다.

결국 경신리 1호분은 장수왕의 원자요, 문자명왕의 생부인 고추가 조다의 능묘로 간주할 수 있다. 이러한 비정은 고고학적 현상과 부합한다. 논자들은 세키노 타다시關野貞(1868~1935)가 언급한 "장수왕 전후에 있는 왕의 능묘에 비정해야 한다"는 지견에 공감하였다. 그런데 '장수왕 전후에 있는 왕의 능묘' 중, 세키노 타다시는 지안의 장군총이 광개토왕릉임을 제시한 바 있다. 그러므로 장수왕릉 이전의 왕릉으로는 필시 추봉追封되었을 조다 왕릉助多王陵이 적격이었다. 조다는 장수왕 재위 시에 사망했지만, 아들 문자명왕은 대손이 되어 궁중에서 자란 후 즉위했다. 더욱이 이때는 고구려의 극성기였으므로 조다의 위상은 국왕에 준할 뿐 아니라 이후 어떤 고구려 왕들보다도 위상이 높았을 것이다. 이러한 조다의 위상은 장대한 분묘의 조성으로 이어졌다고 본다. 경신리 1호분이 평양성 천도 이후의 왕릉 가운데 가장 이른 시기라는 점과도 잘 부합한다.

영류왕릉

평양 대성산은 고구려 당시에 노양산魯陽山이었고, 대성산성은 노성魯城이었다. 그러므로 영류산을 대성산으로 지목한 견해는 타당하지 않다. 영류산은 고려 때 서경의 북쪽 20리에 소재하였다(『삼국사기』 권8, 문무왕 8년 6월. "進軍於嬰留山下[嬰留山在今西京北二十里]"). 이를 기준으로 한다면 『신증동국여지승람』에서 평양부의 북쪽 20리에 소재한 구룡산九龍山이나 부府 북쪽 30리에 소재한 부산斧山이 지목된다. 부산은 한 용맹한 장수가 도끼를 가지고 이곳에서 적을 물리쳤다는 전설을 품고 있다. 적어도 영류산은 구룡산이나 부산 반경에 속했다고 본다. 과거 대동군에 속했던 이곳은 현재 평양시 용성 구역 남부에 해당한다. 이 구간에서 영류산과 영류왕릉이 소재한 것으로 보인다. 결국 사서에서 존재가 확인된 평양 외곽의 영류산을 영류왕릉 장지葬地로 지목하는 게 자연스럽다. 따라서 영류산 = '평야 지역' 소재설은 의미를 잃었다.

당으로 압송되었던 보장왕의 능은 생포되어 죽은 돌궐 힐리 합한頡利可汗

의 무덤 왼편에 조성되었다. 이와 관련해 중국 산시성 시안시西安市 바퀴오구灞橋區 가오지하이촌高寨村에 소재한 봉분을 지목하고 있다. 그렇다면 애초부터 존재하지도 않았던 묘지석의 출토 타령을 할 게 아니다. 비좌碑座 찾는 일부터 선결해야 한다.

■ 참고문헌

이도학,『고구려 도성과 왕릉』학연문화사, 2020.

14. 어느 무덤이 광개토왕릉인가?

광개토왕廣開土王은 고구려 제19대 담덕談德 왕의 시호이다. 고구려 왕들의 시호에는 일반적으로 왕릉의 장지葬地에서 취한 경우가 많다. 가령 민중왕이나 중천왕 시호는 민중원과 중천 가에 각각 묻힌 데서 연유했다. 그런데 반해 광개토왕 시호는 생전의 치적에서 취하였다. '광개토'는 문자 그대로 '땅을 넓혀서 폈다'는 뜻이다.

국천·중천·동천·서천 위치에 대한 해법 :

중국 지안 일대 고구려 왕릉의 소재지 비정과 관련한 관건은 일차적으로 하천명河川名이었다. 『삼국사기』 고구려 왕들의 시호에 보이는 지안 일원의 하천에는 국천國川과 동천東川·중천中川·서천西川을 비롯해 미천美川이 존재하였다. 종전에는 국내성을 기준해 동천과 서천 그리고 중천의 존재를 비정했다. 그리고 국천國川은 압록강으로 지목하였다. 이러한 입론에 따른다면 고국천왕이나 고국양왕 등의 왕릉은 압록강 연변과 가까운 곳에 소재했을 것이다.

그러나 고구려 당시에 압록강은 『삼국사기』에서만 무려 21회에 걸쳐 '압록'으로 표기되었다. 반면 '국천'은 단 한 차례도 보이지 않았다. 오로지 고구려 왕들의 시호와 관련해 국천의 존재가 드러날 뿐이었다. 그러므로 국천은 압록 강이 아닌 하천을 가리킨다고 보아야 한다. 나아가 국천 = 압록강설에 의한, 고구려 왕릉 비정은 타당성을 잃었다.

국천은 국내성 서벽西壁 앞을 통과하면서 일종의 해자 역할을 하는 통구하로 지목할 수 있다. 국천 이름은 국내성에서 연유한 것이다. 존재하지도 않은 북천·남천과는 달리, 동천·중천·서천은 국도인 국내성 반경을 동 → 서로 통과하는 압록강 각 구간을 가리키는 것으로 보아야 한다. 그렇다면 압록강변에 입지한 임강총 = 동천왕릉설은 한층 유효해졌다. 반면 국천 = 압록강에 근거한 고구려 왕릉 비정은 전면적으로 재고되어야 한다. 가령 고국양왕릉의 경우 '국양國壤'을, 국천으로 믿은 압록강에서 가까운 태왕릉으로 비정하였다. 그러나 고국양왕의 '국양'은 오히려 통구하인 국천과 통한다. 국양國襄이라고도 한 고국천왕 시호에서 보듯이 '양襄·壤'은 '천川'과 연결되고 있다. 반면 광개토왕릉비와 인접하였고 구릉에 입지한 태왕릉은 국양 대신 '국강國罡'과 연결된다. 더러 천추총을 고국원왕릉(국강왕릉)으로 비정하지만, 광개토왕릉비가 세워진 '국강' 구간에서 무려 8km나 떨어져 있다. 타당할 리 없다.

「광개토왕릉비문」에는 담덕 왕의 풀네임이 '국강상광개토경평안호태왕國罡上廣開土境平安好太王'이다. 여기서 '국강상'은 능묘의 소재지를 가리킨다. 그리고 '호태왕'은 '위대한 태왕' 쯤을 뜻하는 미칭이다. 나머지 '광개토경평안'은 치적을 가리킨다. 치적이 담고 있는 의미는 '강토를 넓혀서 펴 평안하게 했다'는 것이다. 그러므로 '국강상광개토경평안호태왕'은 '국강에 장지를 둔, 강토를 넓혀서 펴, 평안하게 하신, 위대한 태왕'의 뜻을 담았다.

광개토왕의 풀네임은 능
묘의 소재지를 알려주고 있
다. 그리고 '호태왕'으로 일
컫게 된 근거를 제시했다.
일반적인 고구려 왕들의 장
지명에서 취한 시호에 따른
다면, 광개토왕은 '국강상
왕'으로 이름할 수 있다. 그

태왕릉에서 바라본 장군총과 광개토왕릉비 그리고 임강총.

러나 고유명사의 범주에 속한 시호도 변별력이 중요했다. 제16대 고국원왕
도 '국강상왕'이었기 때문이다. 고국원왕의 '고국원故國原'보다 이른 표기가
'국강상'이었다. 『삼국사기』에서 "고국원왕[또는 국강상왕이라고 한다. 一云国
罡上王]"고 했기 때문이다. 평양성 천도 후 '국원(국강)'은 '고국원'이 되었다.
고구려는 지안에 도읍하던 시기에 '국강상'이라고 했다. 지안에 도읍하던
시기 고구려 두 왕의 능묘가 국강상에 소재한 것이다.

국강상의 범위는 광개토왕릉비가 절대 지표이다. 이 능비를 기준으로 할
때 왕릉급 능묘는 가장 근거리에 소재한 태왕릉과 임강총, 그리고 장군총이
해당한다. 능비에서 태왕릉은 359m, 장군총은 1,718m 떨어져 있다. 이 3기
의 능묘 가운데 임강총은 조영 시기가 3세기 후반경이다. 임강총은 371년
에 사망한 고국원왕이나 412년에 사망한 광개토왕의 능에는 모두 해당하지
않는다. 임강총을 제외한 태왕릉과 장군총이 국강상에 소재한 것이다. 여기
서 태왕릉은 장군총보다 이른 시기에 조성되었다. 게다가 태왕릉은 담장 안
에 소재하였다. 담장 바깥에 능비가 세워져 있다. 그러므로 태왕릉은 능비
와 가깝지만, 연관이 없다. 그렇다면 태왕릉은 고국원왕릉이고, 장군총은
광개토왕릉으로 정리된다. 지극히 자연스러운 결론이 아닐까 싶다.

태왕릉 담장 기록 :

"… 압록강 유역의 평행한 대지臺地 연변緣邊에 쌓았기 때문에, 제제의 밖 남면은 2m 남짓 경사면으로 이루어져 있다. 서변은 대부분 인멸하여 겨우 밭 중간에 불룩하게 쌓인 게 보이고 있고, 단지 북서 모서리는 약 50m 남짓 정도가 북변의 토제土堤에 잇닿아 남쪽에서 서쪽으로 살짝 기울어져 꺾여 굽어들

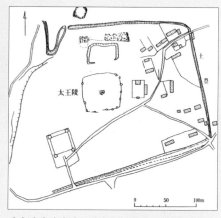

담장 안에 자리 잡은 태왕릉 도면(東潮·田中俊明, 『高句麗の歷史と遺跡』中央公論社, 1995, 185쪽).

고 있는데, 350m의 길이로 추산할 수 있다.

이 토루에 관하여 최초로 주목했던 이는 도리이鳥居 박사인데, 다이쇼大正 원년(1912) 12월의 조사 때에 특히 북벽을 촬영하게 되었다. 쇼와昭和 10년(1935) 가을, 이케우치池內·하마다濱田 두 선생의 조사에 따라갔다. 나는 특히 주의하여 북루北壘를 보측步測했지만, 쇼와 13년(1938) 4월에 겨우 이를 실측하는 것이 가능했다. 토루 내에는 지금 동쪽에 복수궁福壽宮으로 일컫는 묘廟가 있고, 서쪽에 원촌元村 공소公所였던 건물이 능에 접근하였고, 또 동북과 남동에는 조선의 민가 십여 동棟이 있다.

장래 이들 민가를 이전하여 왕릉의 존엄을 유지하기를 희망한다. 능의 전면에는 새로운 만포간滿浦間의 철로鐵路가 가로놓여 있고, 남면의 토루는 철도용지 내에 편입되어 있다. 나는 현縣 및 철도 당국에 이를 피해주기를 힘을 다해 요구했다(藤田亮策,「通溝附近の古蹟と高句麗の墓制」『輯安』第8號, 滿洲事情案內所, 1943, 18쪽)."

대백제전에서 패사한 고
국원왕과 대응하는 왕이 광
개토왕이었다. 그랬기에 고
국원왕 패사의 숙분을 풀었
던 광개토왕을 현창할 목적
에서 거대한 훈적비를 세운
것으로 보인다. 실제 「능비
문」에는 "이에 비를 세워 훈
적을 명기하여 후세에 보인

중국 보고서에서 '평탄처'에 소재했다고 한 우산하0540호
분에서 바라본 태왕릉.
'평탄처'가 아니라 '강뚤'이라고 해야 맞다. 그렇지만 우산
하0540호분은 왕릉의 조건에는 미치지 못한다.

다. 於是立碑 銘記勳績 以
示後世焉"고 했다. 전자는 '성태왕聖太王'이라는 격상된 시호로써, 후자는
능비를 통해 군사적 훈적을 현양한 것이다. 국난을 겪은 '국강상왕國罡上王'
인 고국원왕의 능과 '대개토지大開土地'해 영광의 시대를 연 광개토왕의 능
은 '국강상'이라는 장지를 공유했다. 이로 인한 혼동을 피하려고 후자의 시
호를 '광개토'로 약기略記했다는 모리스 쿠랑Maurice Courant(1865~1935)의
견해는 예리한 시각이 아닐 수 없다. 그리고 양자를 연결하는 지점에 능비
를 세워 광개토왕의 훈적을 한껏 현양하고자 하였다. 이 같은 정치 입지적
구도 속에서 임강총 및 태왕릉과 각각 연결될 뿐 아니라, 비록 멀리 떨어져
있지만 태왕릉과 장군총을 일직선상에서 연결하는 지점에 광개토왕릉비가
세워진 것이다. 그러나 후인들은 이러한 구도를 이해하지 못한 관계로 태왕
릉과 장군총의 피장자에 대해 헷갈렸다.
　참고로 천추총은 고국원왕릉이 될 수 없다. 통구하 서편에 소재한 천추총
구간은 국강상과는 무관하기 때문이다.

총塚이란? :

흔히 피장자를 알 수 없는 분묘를 총塚으로 일컫는다고 운위한다. 그러나 총은 '무덤 주인 신영덕 塚主申英德(『고종실록』고종 5년 5월 16일)'이나 '塚主 호디(『刑法大全』)' 등 허다한 사례에서 '분묘'의 뜻으로 사용되었다. 삼국시대에도 주인 있는 무덤을 총이라고 했다. 고구려 분묘인 개마총의 '冢主着鎧馬之像'라는 묵서는, '총주가 갑옷 입은 말과 있는 모습'이라는 뜻이다.

■ 참고문헌

이도학, 『고구려 도성과 왕릉』학연문화사, 2020.

이도학, 「高句麗史에서의 國難과 故國原王像」『高句麗硏究』23, 2006.

이도학, 「高句麗 王號와 葬地에 관한 檢證 」『慶州史學』34, 2011.

이도학, 「고구려 왕릉 연구의 어제와 오늘」『한국고대사 연구의 시각과 방법』사계절,
    2014.

이도학, 「廣開土王陵 守墓制 論議」『東아시아古代學』41, 2016.

이도학, 「將軍塚과 周邊 高句麗 王陵 比定 問題」『역사문화연구』58, 2016.

15. 광개토왕 대에 무단강牧丹江 유역까지 진출했는가?

광개토왕 대의 정복 활동과 관련해 사방으로 화살표가 힘차게 뻗어 나가고 있다. 이 가운데 무단강 유역으로 뻗은 화살표도 발견할 수 있다. 이 화살표는 「광개토왕릉비문」 영락 8년 조의 "八年戊戌 敎遣偏師 觀帛愼土谷 因便抄得莫△羅城加太羅谷 男女 三百餘人自此以來 朝貢論事"라는 기사에 근거한 것이다. 해석하면 "8년 무술에 교敎하여 편사를 보내 帛愼土谷을 관觀하고는 곧 막莫 △라성羅城 가태라곡加太羅谷의 남녀 삼백여 인을 빼앗았다. 그 후로 조공의 사리를 논하였다"가 된다. 여기서 '帛愼土谷'을 '숙신토곡肅愼 土谷'으로 읽고 해석해 왔다. 이에 따르면 고구려는 숙신 강역인 무단강 유역에 진출한 것이 된다.

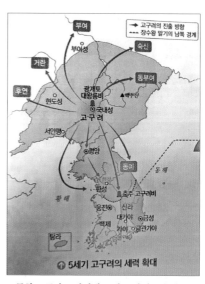

고등학교 국사 교과서에 보이는 광개토왕 대를 중심으로 한 사방 진출 지도.

류공권柳公權의 신책군비神策軍碑에
보이는 '帛' 자.

「광개토왕릉비문」 영락 8년
조. '帛愼土谷'의 '帛' 자.

「광개토왕릉비문」 영락 20년
조 '鴨盧肅斯舍'의 '肅' 자.

그러나 「광개토왕릉비문」 영락 8년 조 '帛' 자字는 영락 20년 조에 등장하는 '숙사사肅斯舍'의 '肅' 자와 연결 짓기 어렵다. 자형字形이 서로 다르기 때문이다. 그러므로 더 이상 '帛愼土谷'을 '숙신토곡'으로 읽어서는 안 될 것 같다. 반면 '帛愼土谷'의 '帛'과 같은 글자는 당 대唐代 명필 류공권柳公權(778~865)의 신책군비神策軍碑에서 확인된다. 따라서 이 글자는 '백신토곡'으로 읽어야 마땅하다. 그 밖에 '△羅城加太羅谷'의 '성곡城谷' 체제는, 혈거穴居 생활하는 숙신의 후신인 읍루와는 연관이 없다. 오히려 '성곡' 체제는 고구려와 인접한 세력권에서 가능하다.

장밍산張明善본 탑본의 '帛' 자.

「광개토왕릉비문」 한 글자에 대한 오독이 광개토왕 대의 정복 방향을 엉뚱하게 만들었다. 이역시 '만들어진 역사'였다.

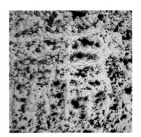

장밍산본 탑본의 '肅' 자. '帛' 자와는 전혀 다른 글자임을 알 수 있다. 따라서 '帛愼土谷'을 '숙신토곡'으로 읽어서는 안 된다.

광개토왕 대에 점령한 영역의 범위 :

순암 안정복(1712~1791)은 "왕이 통치할 때 땅을 가장 넓게 개척한 까닭에 광개토왕으로 불렀다. 王之世拓地最廣 故號廣開土王"고 하면서, "광개토라는 시호 역시 땅을 개척했기에 얻은 것이다. 처음 백제와는 패수를 경계로 했다[지금 평산부 저탄]. 廣開土之號 亦以拓地而得矣 初與百濟以浿水爲界[今平山府猪灘]"고 하였다. 그런데 안정복은 광개토왕 대에 이룬 영역을 언급하지 않았다.

다산 정약용(1762~1836) 또한 고구려 영역 확장 과정을 "동천왕 때 이르러서는 패수 이북을 얻었고, 광개토왕 때 이르러 저수 이북을 얻었고, 장수왕 때 이르러서는 한수 이북을 얻었다. 至東川王時 得浿水以北 至開土王時 得瀦水以北 至長壽王時 得漢水以北(『다산시문집』 권8, 대책, 지리책)"고 했다. 이에 따르면 광개토왕 대에 확보한 한반도 내 영역은 대동강(패수)~평산 저탄(저수)까지에 불과하다. 광개토왕 대의 고구려 영역은 예성강 이남으로 내려오지 못한 게 된다.

이 정도 점령 구간을 놓고 '광개토'나 '광개토경廣開土境' 혹은 '대개토지大開土地'라는 시호를 부여하기는 어렵다. 차라리 아산만~영일만까지 내려온 장수왕에게 '광개토왕' 시호를 부여하는 게 합당할 것 같다. 광개토왕릉비의 존재를 인지하지 못한데다 전적으로 문헌에만 의존한 데서 빚어진 현상이었다.

문제는 광개토왕릉비를 활용하는 현재도 이 범위에서 크게 벗어나지는 못했다. 임진강~한강 이북까지를 광개토왕의 점령 구간으로 비정하는 견해가 현재 통설 행세를 하고 있다. 여기서 한강은 한강 하류 북안까지를 가리킨다. 이러한 주장은 「광개토왕릉비문」과는 상관없이 『삼국사기』에서 "왕이 담덕이 용병에 능하다는 말을 듣고 나가서 막지 않아, 한수 북쪽의 많은 부락을 빼앗겼다. 王聞談德能用兵 不得出拒 漢水北諸部落多沒焉(진사왕 8년)"는 기사에

함몰된 듯한 느낌을 받게 한다.

이를 반전시키기 위해 '땅을 가장 넓게 개척한'에 맞추려고 한 까닭에, 현행 교과서에서는 만주 지역 동·서·북으로 힘차게 뻗어나가는 화살표를 그려 놓았다. 그러나 분명한 것은 '광개토'는 단순한 진출이 아니라 영토 개척을 가리켜야 한다.

「광개토왕릉비문」에 적혀 있는, 총결산 격인 64성 점령은, 오로지 백제로부터의 전과였다. 응당 점령지 역시 한반도 중남부 지역일 것은 자명하다. 그런데 임진강~한강 하류 이북까지를 파주 장단~서울 아차산성까지로 잡았을 때 직선거리 45km, 112리에 불과하다. 이 정도의 협소한 공간을 '광개토'라고 한다면, 고구려사에서 '광개토왕'은 여러 명이 등장해야 한다. 반면 예성강(개성 북)~남한강 상류(충주)까지는 직선거리 150km, 375리에 이른다. 광개토왕 대에 점령한 지역에 관한 논의 중 후자의 설을 취한다면, 그래도 '광개토왕'으로 일컬을 수는 있지 않을까? 물론 이때 요동·요서 진출도 염두에 두어야 한다.

(이도학, 「永樂 6年 廣開土王의 南征과 國原城」『孫寶基博士停年紀念 韓國史學論叢』지식산업사, 1988.)

2개의 아단성 :

「광개토왕릉비문」에서 영락 6년 광개토왕이 백제로부터 빼앗은 58성 가운데 아단성阿旦城이 보인다. 이 아단성을 서울 광진구 아차산성으로 비정해 왔다. 아차산성이 아단성이라면 한강을 격해 백제 왕성인 풍납동토성과 맞대치한 형국이다. 이러한 상황이라면 왕성 기능을 할 수 없으므로 백제는 천도해야만 한다. 그러나 천도했다는 명증은 그 어디에도 없다. 그랬기에 이병도(1896~1989)는 "어떻든 광개토왕의 정복한 백제의 58성은 대개 한강과 임진강 유역에 불과하였던 것으로, 그 중의 대부분은 다시 (백제에) 돌려주고, 아마

방위상 필요로 임진 이북의 성읍만을 소유하였던 것 같다(이병도, 『한국 고대사연구』 박영사, 1976, 382쪽)"고 했다. 만약 '다시 (백제에) 돌려주고 했다면, 광개토왕 대의 총 전과總戰果, 그것도 64성은 무슨 의미가 있는 것일까? 그리고 「광개토왕릉비문」에서 "이에 58성·촌 700을 얻었다. 於是得五十八城村七百"고 한 '득得'은 또 무엇인가?

고구려 장군 온달이 전사한 아단성과 「광개토왕릉비문」의 아단성은 서로 다른 곳으로 보아야 한다. 온달의 전사처인 을아단성乙阿旦城(단양 영춘)과 서울의 아단성, 2곳으로 구분해야 문제가 풀린다. 을아단성은 한강 상류에 소재했기에 '웃 아단성'을 가리키는 것이다. 평양성도 서울 북부 지역의 남평양성이 존재하였다. 2곳의 평양성인데, 남평양성도 '평양성'으로 표기해 왔다. 이와 마찬가지로 을아단성도 '아단성'으로 표기한 것이다. 「광개토왕릉비문」의 아단성은 고구려군의 남한강 상류 지역 진출을 웅변하는 증좌였다.

■ 참고문헌

이도학, 『새롭게 해석한 광개토왕릉비문』 서경문화사, 2020.

16. 「광개토왕릉비문」에 광개토왕 부·조父祖가
보이지 않은 이유?

「광개토왕릉비문」에는 광개토왕릉을 수묘守墓하는 묘지기에 관한 규정과 이들을 차출한 출신 지역이 낱낱이 기재되어 있다. 수묘인에 관한 내용은 비석이라는 공간적 제약에도 불구하고 총 44행 가운데 16행을 차지했으니 36.3%에 해당한다. 이로 볼 때 본 비석은 광개토왕릉과 연계된 능비가 분명하다.

능비의 범주에 속한 신도비나 묘비·묘지에는 주인공 부조父祖에 대한 언급이 있다. 그러나 「능비문」에는 고구려 시조부터 3대 왕까지만 언급되었을 뿐이다. 정작 광개토왕의 부조에 관한 기술이 없다. 이 점에 대해서는 의아하게 생각해야 마땅하다.

광개토왕은 부왕과 조왕祖王이 존재하지 않았다면 즉위할 수도 없었다. 광개토왕은 왕실을 교체한 건국자도 아니고 어디까지나 세습 왕이었다. 능력을 떠나 혈통 즉 혈연에 힘입어 즉위한 것이다. 그렇지만 「능비문」에는 부조에 관한 언급이 없다. 그 이유는 광개토왕의 부조를 살핌으로써 해답을 유추할 수 있다.

광개토왕의 부왕은 고국양왕이다. 고국양왕 3년에 광개토왕은 태자로 책봉되었다. 「능비문」에 따르면 이때 광개토왕은 12세였다. 광개토왕이 즉위할 때 18세였으므로 고국양왕은 장년에 사망한 듯하다. 그리고 광개토왕의 조왕은 고국원왕이다. 고국원왕은 평양성까지 쳐들어온 백제군과 교전 중 순국하였다. 그럼에도 고국원왕의 두 아들 소수림왕과 고국양왕은 백제에 대한 복수를 못 했다.

644년 당 태종은 신하로서 시역弑逆을 한 연개소문에 복수하지 않은 고구려 사신들을 꾸짖었다. 555년 왜에서 온 백제 왕자 혜惠는 부왕 성왕에 대한 복수를 다짐했다. 『구당서』에 보면 "이에 앞서 백제가 고구려를 정벌하려고 신라에 가서 구원을 요청했는데, 신라가 군대를 일으켜 백제국을 크게 격파하였기에 이로써 원한이 만들어졌다. 매번 서로 공벌攻伐했는데, 신라가 백제 왕을 붙잡아 그를 살해하자 원한이 이로 말미암아 비롯했다(동이전, 신라)"고 하였다.

태왕릉에서 광개토왕릉비, 그리고 장군총에 이르는 동선(齋藤忠, 『古代朝鮮文化と日本』東京大學出版會, 1981, 15쪽).

동맹 관계였던 백제와 신라가 100여 년에 걸친 구수仇讎 관계가 된 것은 성왕의 피살에서 비롯했다. 그러면 백제에 대한 고구려의 복수는 어땠을까? 고구려는 소수림왕 재위 5년째에 백제 수곡성을 공격했다. 그 6년째에도 고구려는 백제 북변을 공격했지만 7년째 되는 해에는 백제가 도리어 평양성까지 쳐들어왔다. 고국양왕 3년에도 백제를 정벌했지만, 전과가 분명하지 않았다. 도리어 고국양왕 6년

「광개토왕릉비문」 영락 6년 조의 백제 왕 항복 기사 부분.

과 7년에는 백제의 공격을 받아 고구려가 궁지에 몰리기까지 했다.

분명한 사실은 고국원왕의 두 아들, 소수림왕과 고국양왕은 부왕에 대한 복수를 못했다. 자식으로서 도리를 못한 명백한 불효였다. 순암 안정복도 두 아들을 호되게 질타했다. 반면 「능비문」에는 고국원왕 손자인 광개토왕이 백제 왕의 항복을 받아낸 사실이 똑똑히 적혀 있다. 통쾌하게 복수를 한 것이다. 게다가 「능비문」의 전과는 오로지 백제와의 전승에만 한정되었다. 광개토왕 대 총 전과인 64성 1,400촌은 백제로부터 빼앗은 성·촌城村 숫자만이었다.

「능비문」에는 부왕에 대한 복수를 하지 못한 두 왕에 대한 언급이 없다. 대신 시조왕부터 3대까지를 언급한 후, 그 성스러운 혈통이 17세손 광개토왕에게 그대로 꽂혔음을 천명했다. 이러한 관념은 광개토왕릉에 대한 참배 參拜 동선에서도 확인된다. 환도성이든 국내성이든 서쪽에서 동쪽으로 이동하는 동선에 따르면, 먼저 고국원왕릉인 태왕릉에 이르게 된다. 고국원왕릉 앞에서 순국한 임금에 대한 추모와 더불어, 백제에 대한 복수 다짐을 하게 마련이다. 이어 동쪽으로 나가면 능비에 이른다. 능비의 문장을 읽으면 광개토왕의 통쾌한 복수를 확인할 수 있다. 그리고 멀리 떨어진 장군총인 광개토왕릉으로 나가면서 호태왕에 대한 흠모의 정이 배가되기 마련이다. 고국원왕릉과 광개토왕릉 사이에 능비를 세운 것은, 이러한 감성을 헤아린 지극히 정치적인 동선 배치였다. 그러나 속 깊은 의도를 몰랐기에 능비 곁에 있는 태왕릉을 오랫동안 광개토왕릉으로 오판했었다.

■ **참고문헌**

이도학, 『고구려 광개토왕릉비문 연구』 서경문화사, 2006.

이도학, 「高句麗史에서의 國難과 故國原王像」 『高句麗研究』 23, 2006.

17. 「광개토왕릉비문」에 보이는 주적主敵은?

　「광개토왕릉비문」에는 광개토왕 대의 정복 활동이 적혀 있다. 응당 정복당한 세력이 보인다. 그러면 광개토왕이 가장 주력했던 방향은 어느 곳이고, 또 주적은 누구였을까? 교과서에는 광개토왕의 북진 정책을 운위하기도 한다. 그러나 상식적으로 보더라도 고구려의 북방은 인구도 적을 뿐 아니라 기후도 춥고 경제적 효용성마저 떨어지는 곳이다. 인간이 보편적으로 갈구하는 곳은 따뜻한 기후에, 물산이 풍요로운 지역이 아니겠는가?

　「능비문」을 보면 백제나 신라보다 위도가 높은 지역에 소재한 동부여는 선선히 항복했다. 반면 고구려 서쪽에 소재한 후연後燕은 사나웠다. 고구려가 서쪽으로 신출한다면 많은 병력이 묶여야 했다. 점령지 유지가 보통 일이 아니었다. 게다가 진출도 쉽지 않은 곳이었다. 이와는 달리 온난하고 물산이 풍부한 남쪽은 백제와 신라 그리고 임나가 있었다. 임나는 통일되지 못한 제국諸國 연합체로 존립했다. 고구려는 마음만 먹으면 신라를 지렛대로 얼마든지 임나에 진출할 수 있었다.

　「능비문」에 보면 광개토왕의 군대가 평양에서 출발하는 일이 포착된다. 선단의 발진도 그렇거니와 왕 스스로 평양에 내려와 있었다. 광개토왕이 작심하고 남진 경영에 매달렸음을 알 수 있다. 그러한 광개토왕이 자신의 의지대로 몰고 갈 수 없었던 대상이 백제와 왜였다. 「능비문」에서 멸칭과 비칭으로 일컫는 대상은 백제와 왜뿐이었다. 광개토왕이 악惡의 양대 축軸으로 설정했을 법한 동반자 관계가 양국이었다. 실제 백제와 왜가 보조를 함께한 혐의점도 드러난다.

해양력 :

광개토왕 대 이래 추진된 고구려 남진 정책 배경은, 여러 측면에서 찾고 있다. 이 중 주안점은 해양력Maritime Power 확보에 있었다고 본다. 해양력은 자원의 보고인 바다 장악, 인적·물자 수송로 확보, 인접국에 대한 접근성 강화 차원에서 정치적 영향력 증대가 가능한 요인이었다. 한반도 남부 지역이나 중국 연안 지역, 그리고 일본열도에 이르는 광활한 공간에서 해양 거점 없는 영향력 행사는 항구적일 수 없기 때문이다. 영락 14년 고구려 수군과 대방계까지 침공한 왜군과의 충돌은 해양력 확보전이었다고 본다. 실제 한성을 함락시킨 이듬해인 476년 3월, 웅진성의 백제는 "사신을 보내 송에 조공하려고 했는데 고구려가 길을 막아서 이르지 못하고 돌아왔다. 遣使朝宋 髙句麗塞路 不達而還(『삼국사기』 권26, 문주왕 2년)"고 했다.

남중국의 유송劉宋에 가는 항로마저 고구려가 차단한 것이다. 고구려의 해양력을 실감하는 기사가 아닐 수 없다. 알프레드 세이어 마한Alfred Thayer Mahan(1840~1914)이 말하는 '해상 통제Control of the Sea'였다.

그러면 광개토왕은 백제와 왜 가운데 어느 세력을 보다 버거운 세력으로 여겼을까? 당시 고구려인들의 호칭을 통해 엿볼 수 있다. 「능비문」에 보면 맹자의 왕도정치 사상을 빌어와 두 세력을 '잔·적殘賊'으로 설정했다. 그런데 왜의 경우는 '왜' 혹은 '왜인'으로 불리다가 도발 상황이 펼쳐졌을 때만 '왜적倭賊'이나 '왜구倭寇'로 일컬었다. 반면 백제는 시종 '백잔百殘'으로 불리었다.

이 같은 「능비문」의 필법을 보면, 왜보다는 백제에 대한 증오감이 더 컸음을 알 수 있다. 실제 고구려의 주된 관심사는 백제 영역의 장악이었다. 「능비문」에서 유일하게 집계한 광개토왕

「광개토왕릉비문」 탑본(청명본)에 보이는 백제에 대한 멸칭 '백잔百殘'.

당대의 총 전과는 백제 영역에만 국한되었다. 고구려가 「능비문」에서 시종 백제를 멸칭으로 일컬었다는 것은, 「능비문」의 일방적인 승리 기록과는 달리 여전히 백제는 버거운 상대였음을 반증한다. 광개토왕은 오히려 백제와의 전쟁에 국가적인 명운을 걸었던 것이다.

■ 참고문헌

이도학, 「永樂 6年 廣開土王의 南征과 國原城」『孫寶基博士停年紀念韓國史學論叢』지식산업사, 1988.

이도학, 「廣開土王陵碑文의 思想的 背景」『韓國學報』106, 一志社, 2002.

이도학, 「廣開土王陵碑의 建立 背景」『白山學報』65, 2003.

이도학, 「廣開土王 代 南方 政策과 韓半島 諸國 및 倭의 動向」『고구려 광개토왕과 동아시아』한국고대사학회, 2012.2.;『한국 고대사 연구』67, 2012.

18. 「광개토왕릉비문」에서 발견한 질서관은?

　「광개토왕릉비문」을 통해 흔하게 운위하는 구절이 천하관이다. '영락'이라는 독자 연호 사용, '해와 달의 아들'·'황천의 아들'과 같은 시조에 대한 최고·최상의 찬사와 찬미를 거론한다. 그런데 천하관은 백제는 물론이고 신라 그리고 바다 건너 왜에서도 확인되고 있다. 국력의 성장을 바탕으로 지배층이 자의식에 눈을 떴을 때 천하관은 표출됐다. 따라서 고구려 광개토왕 대의 천하관 타령은 진부한 인상마저 준다.

가까이서 본 광개토왕릉비.

　그러면 「능비문」에서 천하관 너머의 사고 체계는 발견할 수 없을까? 삼국과 통일신라 생활 유적에서 발견되는 옹기와 토기, 가령 홍련봉 2보루 고구려 '관옹官瓮' 명을 비롯해, 기와에 보이는 '관官' 자의 조형祖形이 「능비문」이었다. 「능비문」에 여러 차례 등장하는 '관'과 예하 무력 수단인 '관군官軍'이다. 여기서 '관청' 뜻을 지닌 '관'과 대척한 세력이 '적賊'이나 '구寇'

「광개토왕릉비문」 영락 20년 조 동부여 정벌 기사에 보이는 '官'(청명본).

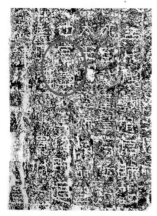

「광개토왕릉비문」 영락 10년 조 신라 구원 기사에 보이는 '官軍'(청명본).

였다. 모두 '도둑'의 뜻이니 불법의 표상들이다. 반면 '관'에는 합법성이 담겨 있다.

이렇듯 '관'에 의해 유지하는 질서를 '관적 질서'라고 해 보자. 「능비문」 영락 10년에 신라를 침공한 왜를 정벌하러 출병한 고구려 군대를 "관군이 바야흐로 이르자 왜적은 물러났는데, … 왜구가 대궤大潰하였고"라고 했다. 정당한 무력 관군에게 대적하는 불의한 세력을 '적'과 '구'로 일컬었다. 『삼국연의』에 등장하는 관군과 황건적 관계를 연상하면 이해가 쉬워진다.

그러면 고구려 중심의 관적 질서에 속한 세력의 범주는 어디까지일까? 「능비문」에서 예로부터 고구려 속민이라고 단언했던 백제와 신라 그리고 동부여가 이에 해당한다. 왜의 경우는 「능비문」에서 "14년 갑진甲辰에 왜가 불궤不軌하여 대방계帶方界를 침입하자"라는 구절이 실마리가 된다. 이 구절의 '불궤'는 진통 시대 사서에 무수히 등장하는 '반역'을 가리킨다. 영락 14년 조는 왜가 반역을 도모해 고구려 땅 대방계를 침공했다는 것이다. 이 구절은 고구려가 왜의 존재를 자국 질서 안에 설정했음을 알려준다. 그렇지 않고 외국이었다면 '침侵'으로 기재했을 것이다. 고구려 국법에서 가장 무섭게 처리하는 죄罪가 모반 즉 반역이었다. 그랬기에 「능비문」 14년 조에서 왜군에 대해 "끊어버리고, 흔들어서 절단하여要截盪刺"라는 표현을 구사한 것이다. 「능비문」에서 이렇게까지 섬찟할 정도로 매섭게 적군을 섬멸한 표현은 없었다. 고구려에서 모반죄에 대한 혹독한 처벌과 결부지어 본다면 이해가 쉽다.

결국 광개토왕 대에 고구려가 설정한 관적 질서는, 백제와 동부여 그리고 임나가라·신라와 왜까지 포괄한 것이다. 당시 고구려는 고구려 태왕 한 명만 왕으로 받아들였다. 태왕의 국토 안에 하나의 관官 즉 정부만 존재한 것이다. 그랬기에 백제와 신라 왕은 '주主'나 '매금寐錦'으로 각각 일컬었다. 고구려를 중심에 둔 하나의 관적 질서 속에 조공 의무를 이행하는 다수의 '속민屬民'이 포진한 구조였다. 당시 고구려는 백제나 신라 그리고 동부여 등을 국가로 인정하지 않았다. 이들은 '어디에 딸린 백성'을 가리키는 '속 민'에 불과했다. 고구려에 부속된 주민 집단으로 간주했을 뿐이다. 이와는 달리 후연과의 전쟁 기사나 전과戰果는 「능비문」에 기재되지 않았다. 고구 려와 후연은 서로 다른 세계와 질서에 각각 속했기 때문이었다.

■ 참고문헌

이도학, 「廣開土王陵碑文의 思想的 背景」 『韓國學報』 106, 一志社, 2002.

19. 「광개토왕릉비문」의 신묘년辛卯年 조 논의

    4면에 총 1,775자가 새겨진 「광개토왕릉비문」은 잘 짜여진 구조문이었다. 「능비문」은 "옛적에 시조 추모왕이 기업基業을 시작했다. 惟昔始祖鄒牟王之創基也"를 필두로 "그 영令을 어기고 파는 자에게는 형刑이 가해지고, 사는 자는 수묘하게 하라. 其有違令 賣者刑之 買人制令守墓之"는 문구로 종결지었다. 「능비문」의 시작과 끝을 장식하는 문자는 발어사 '惟'와 종결사 '之'였다. 한 칸의 여백도 없이 4면 맨 끝의 마지막 글자는 종결사로 마무리했다. 치밀하게 짜인 구조문임을 알 수 있다.

「광개토왕릉비문」의 4면 최하단에 종결사 '之'가 보인다. 영남대학교 박물관 탑본.

    이러한 「능비문」에서 오랫동안 쟁론이 된 구절이 "百殘新羅 舊是屬民由來朝貢 而倭以辛卯年 來渡△破百殘△△[新]羅以爲臣民"라고 적힌 이른바 신묘년 조였다. 이 구절은 일반적으로 "백잔과 신라는 옛적부터 속민이

었기에 와서 조공하였다. 그런데 왜가 신
묘년(391)에 건너와서 백잔과 △△신라[新
羅]를 격파하여 신민臣民으로 삼았다"로 해
석해 왔다. 이 구절은 정벌의 동기를 앞에
서 밝힌 전치문前置文이다. 「능비문」에서는
광개토왕의 정벌 동기 즉 정치적 수사修辭
인 명분을 적어놓았다.

청명본의 동일한 부분 하단.

정벌의 명분을 적어놓은 신묘년 조는,
잇대어 적힌 영락 6년 조 백제 정벌과 연
계되었다. 즉 "6년 병신丙申에 왕은 몸소 △군軍을 이끌고 잔국殘國을 토벌
하였다. 군軍이 ⋯ 먼저 영팔성寧八城·구모로성臼模盧城 ⋯을 공취하고 以六
年丙申 王躬率△軍討伐殘國 軍△△[首]攻取寧八城 臼模盧城 ⋯"라는 문
구이다. 이러한 영락 6년 광개토왕의 백제 출병 동기가 적힌 구절이 신묘
년 조였다. 응당 신묘년 조에는 고구려에 거역하는 백제의 능동적인 역할이
보여야 한다. 이에 따라 영락 6년에 광개토왕의 백제 응징전이 펼쳐진 것이
다. 그런데 앞에서 적시한 바 있는 일반적인 신묘년 조 해석에 따른다면, 고
구려는 자국의 속민인 백제를 격파해 신민으로 삼은 왜倭를 응징해야 한다.
그럼에도 광개토왕은 왜가 아니라 백제를 공격했다. 그리고 신라는 여전히
고구려의 속민으로 남아 있었다. 그랬기에 신라는 영락 9년 왜의 침공을 받
자, 고구려에 구원 요청을 했다. 광개토왕은 즉각 출병을 단행해 신라를 구
원하였다.

신라가 왜의 신민이라면 도저히 상정할 수 없는 정황이다. 왜의 신민이
라는 신라가, 그것도 왜의 침공을 받아 고구려에 구원을 요청한다는 자체가
어불성설이다. 고구려가 왜를 공격하지 않고 백제를 정벌한 것도 사리에 맞
지 않는다. 따라서 결락 자가 많은 신묘년 조는 재해석이 불가피해졌다.

이와 관련해 원석 탑본으로 밝혀진 혜정본의
신묘년 조를 살펴보았다. 먼저 '[新]羅'의 '斤' 방
변方邊은 판독 불능인 '△'에 가깝다. 이 구절은 문
맥상 '新羅'보다는 '任那加羅'일 가능성이 더 높
다. 그리고 '海' 자字는 혜정본을 면밀히 검토한
결과 '是' 자로 새롭게 판독할 수 있다. 그렇다면
이 구절은 "百殘新羅 舊是屬民由來朝貢 而倭以
辛卯年來渡 是破 百殘任那加羅以爲臣民"로 판
독된다. 신묘년 조에는 그 앞의 구절에서 백제와
신라가 조공해 왔던 상황이 반전되는 계기가 적
혀야 한다. 그렇다면 "백잔·임나가라를 신민으로
삼았다. 百殘任那加羅以爲臣民"는 해석이 가능
하다. 그렇다고 고구려가 백제와 임나가라를 실
제 신민으로 삼았다는 결과를 뜻하지 않는다. 영

청명본의 신묘년 조 부분.

락 9년 조에서 고구려의 노객奴客인 신라를, 왜가
자국의 '민民'으로 삼으려고 한다는 미래형 가정이 등장한다. 즉 "而新羅遣
使白王云 倭人滿其國境 潰破城池 以奴客爲民"라는 구절이다. 따라서 "백
잔·임나가라 …" 구절도 동일한 맥락에서 해석할 수 있다.

더불어 「능비문」에 보이는 '是'의 용례는 "나는 황천의 아들이다. 我是
皇天之子(건국설화)"·"백잔과 신라는 옛적부터 속민이었다. 百殘新羅 舊是
屬民(신묘년)"·"동부여는 옛적에 추모왕 속민이었다. 東夫餘舊是鄒牟王屬
民(영락 20년)"고 보인다. 여기서 '是'는 자전적字典的 의미가, '그 때문에/
이 까닭으로 … 是以君子不爲也(『논어』)'·'그러므로 … 是故惡夫佞者(『논
어』)'·'이에 의해서 … 由是觀之(『맹자』)' 등으로 나타난다.

'是'에 대한 이러한 의미를 적용하면, 신묘년 조는 "그런데 왜가 신묘년

이래로 건너왔기 때문에 격파했고, 백제와 임나가라를 신민으로 삼고자 했다"로 해석된다. 왜와 연계된 백제를 속민보다 구속력이 강한 신민으로 삼고자 한 것이다. 영락 10년 왜군의 퇴주로가 된 임나가라도 이들과 한통속으로 간주했다. 자율권이 보장되지 않은 '신민', 단계로 지배력을 강화하려는 의도가 비친 것이다. 이것이 바로 광개토왕이 영락 6년에 백제를 침공한 동기였다. 따라서 신묘년 조는 "백잔과 신라는 옛적부터 속민이었기에 와서 조공하였다.

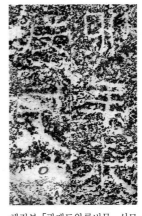

혜정본 「광개토왕릉비문」 신묘년 조 탑본 '卯年來渡△△' 부분.

그런데 왜가 신묘년 이래로 건너왔기 때문에 격파했고, (왜와 연계된) 백잔과 임나가라를 신민으로 삼고자 했다"로 해석된다. 광개토왕의 백제 출병 단행은 백제와 왜에 대한 대응으로 보아야 전체 논리에 맞다.

『삼국사기』에서 빈출한 왜군의 신라 침공은, 고구려 영유領有 속민에 대한 침공이었다. 반면 신라의 왜군 퇴출은, 곧 종주국인 고구려의 승리를 뜻했다. 고구려인들의 이러한 정서가 「능비문」 신묘년 조에 투영된 것이다.

■ **참고문헌**

이도학, 「'광개토왕릉비문'의 역사적 성격과 특징」『광개토태왕릉비 원석정탑본 공개와 박물관학적 활용 방안』제27회 박물관학 학술대회, 2012.12.18.;『博物館學報』 23, 한국박물관학회, 2012.

20. 고구려는 과연 내분으로 한강 유역을 상실했는가?

    고구려는 551년 백제와 신라 동맹군에게 한강 유역을 빼앗겼다. 고구려가 한강 유역을 상실한 요인으로 내분을 운위해 왔다. 근거한 사료는 『주서周書』였다. 『주서』는 북주北周 5세世(557~581) 25년 간의 역사를 담고 있다. 특히 6세기 중엽 고구려의 내정을 잘 반영하는 사료로 주목해 왔는데, "그 대대로는 강하고 약함으로 서로 빼앗아 스스로 그것을 하는 것이지, 왕이 임명하여 둘 수는 없다. 其大對盧 則以彊弱相陵奪 而自爲之 不由王之署置也"는 기사였다.

    이 기사의 증거력은 545년 12월~546년 1월 사이에 발생한 대규모 고구려 내분이 수록된 『일본서기』와 결부 짓는 데서 힘을 얻었다. 내분의 소용돌이 속에서 안원왕은 사망했고, 8세 양원왕이 즉위했다고 한다. 그러나 『삼국사기』에 따르면 양원왕은 533년에 태자로 책봉되었기에 『일본서기』에서 546년 당시 8세 즉위 기록과는 맞지 않는다. 물론 이는 지엽적인 사안에 불과하다고 치자. 그렇더라도, 문제는 『주서』의 대대로 취임 기사처럼 고구려 왕의 무기력함이 드러나야 한다. 그러나 『삼국사기』에 적힌 이 무렵 고구려 왕들은 강용强勇하고 총혜聰慧하였다. 귀족들을 통제 못하는 허약한 군왕의 모습과는 전혀 다른 면모였다.

게다가 『주서』의 대대로 기사는 애초 『주서』에 수록된 내용도 아니었다. 『주서』 고구려 조의 기사가 일실逸失된 관계로 후대 사서에서 소급·보충한 내용이었다. 본 기사는 6세기 중엽 고구려 내정을 반영하지 않은 것이다. 지목한다면 7세기 초엽에나 해당한다. 그리고 『일본서기』의 고구려 내분 기사도 백제 측 자료인 「백제본기」를 인용한 형식을 취했다. 마치 백제 개로왕이 북위에 보낸 국서에 보면 고구려가 금방 무너질 것처럼 묘사한 대목을 연상시킨다. 북위의 참전을 유도하기 위해 거짓말을 한 것이다. 이와 마찬가지로 백제는 신라와 임나 제국을 동원하기 위해 고구려의 위태함을 지어낸 것으로 보인다. 승리에 대한 자신감을 고취해 이들 제국의 동참을 적극 유인하고자 한 의도로 판단된다. 거칠부가 죽령을 넘어 북진할 때 만난 옛 스승 혜량의 "우리나라는 정치가 어지러워 망할 날이 머지않았다"는 발언 역시, 투항에 대한 자기 합리화 성격의 귀화변歸化辯에 불과했다.

내분 기사를 곧이곧대로 믿는다고 하자. 그렇더라도 승패는 곧 결정되었다. 몇 달 몇 년간 내분이 지속한 것도 아니었다. 설령 내분이 빚어졌다고 하더라도 외침이 발생하면 금방 내부 결속이 이루어져 공동 대응하게 마련이다. 고구려의 한강 유역 상실은 내분 발생에서 5~6년이나 지났다. 한강 유역 상실 원인을 내분에서 찾기에는 시간이 흘렀다.

그러면 고구려는 어떠한 요인으로 한강 유역을 상실했을까? 551년 9월 돌궐이 고구려의 신성과 백암성을 공격했으나 패퇴하였다. 그럼에도 돌궐의 위협을 한강 유역 상실 원인으로 지목해 왔다. 이 무렵 신라 진흥왕은 551년 3월에 낭성(충주)에 행차하고 있다. 이를 '순수巡守'라고 기록했다. 이로 볼 때 신라는 551년 3월 이전에 충주를 비롯한 남한강 상류 지역을 안정적으로 확보한 것이다. 신라는 돌궐 침공 이전에 소백산맥을 넘어 고구려 남부 영역을 장악했다.

물론 547년 7월에 고구려는 백암성을 개축하거나 신성을 수리했다. 그로부터 4년 후에 돌궐이 이 두 성을 공격하였다. 이로 볼 때 고구려는 서북 지역의 전운이 고조되자 군사력을 이곳으로 재배치하는 통에 남부 전선이 비어 한강 유역을 빼앗겼다는 주장은 나올 수 있다. 그러나 548년 1월 독산성에서 고구려는 백제와 신라 동맹군에게 패하였다. 550년 1월에 고구려는 백제에 도살성을 빼앗겼다. 고구려는 서북보다 남부 전선에서 전운이 아니라 전장이 형성되었다. 3월에 고구려는 백제 금현성을 공격하였다. 그 직후 신라는 금현성과 도살성을 모두 빼앗았다. 돌궐의 침공 1년여 전에 고구려는 남부 전선에서 백제·신라군과 격전을 치르고 있었다. 고구려가 550년 시점에서 서북쪽의 전운을 운운할 상황은 아니었다. 결국 551년 고구려는 10군郡을 신라에 잃어버렸다.

돌궐군이 침공해 왔던 타이츠하太子河 곁에 소재한 고구려 백암성.

문제는 단양신라적성비의 건립 시점이 550년이나 그 이전으로 소급된다는 사실이다. 그렇다면 신라 진흥왕이 낭성에 행차한 551년 3월 이전에 신라는 고구려의 10군을 점령했다고 보는 게 자연스럽다. 이러한 흐름에서 볼 때 고구려는 서북 지역의 전운이 문제가 아니었다. 당장 발등에 불이 떨어진 남부 전선의 전장이 현안이었다. 그러므로 고구려

살짝 언 타이츠하와 백암성 원경.

의 한강 유역 상실 원인을 돌궐에서 찾는 주장은 설득력이 떨어진다. 돌궐의 고구려 침공이 감행된 551년 9월 이전에 백제와 신라는 한강 유역을 분점했다고 본다. 백제와 신라 동맹군에게 고구려가 밀리는 틈을 타서 오히려 돌궐이 기습적으로 신성과 백암성을 공격한 상황일 수 있다.

고구려가 한강 유역을 상실하게 된 근본적인 요인을, 건국 이래 최대 토목공사인 장안성 축조와 관련지을 수도 있다. 『삼국사기』에는 552년에 "장안성을 쌓았다. 築長安城"고 했다. 이어 586년에 "도읍을 장안성으로 옮겼다. 移都長安城"고 하였다. 이 두 기록에 근거해 34년 소요된 대토목공사로 지목했다. 그런데 "본성은 42년에야 공사를 마쳤다. 本城四十二年畢役(『평양속지』)"는 명문 성돌에 근거해 593년에 완공되었다는 주장도 제기되었다. 그러나 『삼국사기』에

「기성도箕城圖」에 보이는 장안성 일부.

적힌 '축성築城'은, 남산신성이나 삼년산성의 경우 착공이 아니라 '완공' 시점을 뜻한다. 실제 "8월 가림성을 쌓고 위사좌평 백가로 이곳을 지키게 했다. 八月 築加林城 以衛士佐平苩加鎭之"는 것도, 가림성 축조 즉 완공 시점을 뜻한다. 그랬기에 즉시 백가를 성주로 파견할 수 있었다.

따라서 '장안성을 쌓았다'는 552년은 완공 시점을 가리키므로, '42년 필역畢役'에

장안성 내성 남벽 명문 성돌(석각 5) 탑본.

서 소급한 511년이 착공 시점이 될 수 있다. 고구려가 한강 유역을 상실하는 551년은 장안성 완공 1년 전에 불과하다. 고구려가 국력을 기울여 축조한 대규모 도성의 완공 직전이다. 물론 이러한 추론은, 552년 장안성 완공에서부터 무려 34년이 지난 586년에야 도읍을 옮긴 이유를 해명해야 한다.

이와 관련해 경복궁 중건 과정에서 빚어진 연이은 화재와 같은 재난이라는 변수도 상정할 수 있다. 그리고 568년에 신라 진흥왕이 황초령과 마운령 너머까지 진출하는 상황 등을 함께 고려해야 할 것 같다. 신라는 556~568년까지 지금의 함경남도 안변에 비열홀주를 설치했다. 비열홀주에서는 지금의 평양까지 이어진 교통로를 따라 고구려 수도를 위협할 수 있었다. 장안성으로의 '이도移都'라는 거국적인 사업이 지닌 안보상의 취약점을 간과할 수 없다. '이도'의 직접적인 저해 요인일 수 있다. 도읍을 옮긴 586년은 신라로부터의 긴장이 어느 정도 해소된 시점으로 보인다. 따라서 차후 좀 더 개연성 높은 한강 유역 상실 배경에 대한 탐구가 필요하다.

'신공황후 정벌' 판 고구려 버전 :

"… 위의 기사는(흠명 23년 8월) 왜군이 고구려 왕궁을 습격하였고, 고구려 왕은 담을 넘어 달아났고, 궁중의 진보珍寶와 미녀를 노획해서 개선했다는 내용이다. 이 기사는 고구려에 대한 적개감이 드러나 있는 허구로 보인다. 그러면 무슨 이유로 이러한 허구가 만들어졌을까? 553년 백제가 신라에 한성漢城을 상실하게 된 원인을 "고려가 신라와 더불어 통화通和하여 세력을 합쳤다(『일본서기』 권19, 欽明 13년)"고 했듯이 신라보다 고구려에서 찾을 수 있었다.

왜로서는 고구려와 신라의 통화로 인해 백제가 한성을 빼앗긴 것에 대한 증오가 컸을 것이다. 그러한 차원에서 창작된 '고구려판 신공황후 정벌'이라고 하겠다. 더욱이 대가라가 멸망하는 시점에 고구려 궁성을 습격하고 고구려 왕이 달아나는 허구를 창작한 것이다.

대가라 멸망으로 인한 뼈저린 패배에 대한 보상 심리를 만족시켰다고 본다. 이러한 기조는 백합야새百合野塞 전투에서 백제군이 고구려군을 격파하자, 고구려 왕이 동성산 위東聖山之上로 달아났다는 기사와(『일본서기』권19, 欽明 14년 10월) 맥을 같이 한다. 문학적으로도 빼어난 장면으로 평가받고 있는 백합야새 전투는 사실 그 현장도 분명하지 않다. 그뿐 아니라 고구려 왕이 참전하지도 않았다. 이 기사 역시 고구려에 대한 보복심리의 발로 이상은 아니라고 본다(이도학, 「高句麗와 倭의 關係 分析」『東아시아古代學會 第66回 定期學術大會 및 國際學術大會와 文化 探訪』동아시아고대학회, 2017.7.6, 22~23쪽)."

■ 참고문헌

이도학, 『쉽고도 어려운 한국 고대사』학연문화사, 2022.

이도학, 「新羅의 北進經略에 관한 新考察」『慶州史學』6, 1987.

이도학, 「고구려의 漢江 流域 喪失 原因과 長安城 축조 배경」『東아시아古代學』47, 2017.

21. 천리장성을 축조한 목적은?

　『삼국사기』에 따르면 고구려는 631년(영류왕 14)에 천리장성을 축조했다. 즉 "봄 2월 왕이 백성을 동원해 장성을 쌓았다. 동북은 부여성부터 시작해 동남은 바다에 이르렀는데 천여 리였고, 무릇 16년 만에 공사를 마쳤다. 春二月 王動衆 築長城 東北自扶餘城 東南至海 千有餘里 凡一十六年畢功"고 적혀 있다. 짧지만 구체적인 기록을 남겼다. 부여성(눙안)~비사성卑沙城(다롄) 구간으로 지목되고, 631~646년까지의 공사였다.

　642년 1월 영류왕은 연개소문에게 천리장성 축조를 감찰하게 하였다. 연개소문은 천리장성 공사 종반부에 파견된 것이나. 642년 10월 연개소문은 영류왕을 살해했으므로 정변과 천리장성 축조 투입과는 관련 있는 듯하다. 문제는 천리에 이른 장성의 축조 배경과 동기였다. 국력을 기울인 대

천리장성의 남쪽 종점으로 알려진 뽀하이만의 비사성.

토목 공사가 분명했기 때문
이다. 그러면 장성 축조 직
전의 상황을 살펴볼 필요가
있다. 장성 축조 직전인 631
년, 당은 사신을 보내 전몰
한 수군隋軍의 해골을 묻은
곳에 와서 제사 지내고 당시
에 세운 경관京觀을 헐어버

영주와 천리장성 지도.

렸다. 큰 구경거리라는 뜻을 지닌 경관은, 무공武功을 후세에 과시하기 위해
적의 시체를 한데 높게 쌓아 봉한 무덤이다. 권덕규(1891~1950)는 "을지乙支
장군은 이렇듯 큰 전쟁에 큰 승리를 얻고 수병隋兵의 각골을 모아 쌓아 승
전의 기념탑을 반공半空에 둥 두렷이 올리어 경관이라 하였다(『삼천리』 7-7,
1935)"고 평가한 바 있다.

그러자 건무建武 즉 영류왕이 두려워서 장성을 축조했다고 『구당서』와
『신당서』에는 적혀 있다. 그러나 이러한 서술은 중국적인 관점에서의 자의
적인 해석에 불과하다. 왜냐하면 천리장성은 방어벽으로서의 군사적 기능
은 어려웠기 때문이다. 한漢이 소위 위만조선을 공격한 때처럼 당은, 바다
를 이용한 침공이 얼마든지 가능했다. 그러면 방벽은 무용지물이 되고 만
다. 게다가 고구려와 당과의 전쟁 시기에 천리장성의 존재는 단 한 번도 드
러난 바 없다. 존재감이 전혀 없는 군사 시설이었다. 따라서 천리장성의 성
격과 기능에 대한 전면적인 재검토가 요망된다.

우선 『구당서』와 『신당서』에서는 당의 사신이 고구려 영역 내 경관을 헐
문 월月이 적혀 있지 않다. 이와는 달리 『책부원구』에서는 631년 7월에 경
관을 헐문 기사가 보인다. 중요한 사안이므로 원문을 다음과 같이 함께 전
재轉載하였다.

7월 갑진에 광주도독부 사마 장손사를 보내 수隋 때 전쟁에서 죽은 해골을 거두어 묻어주고, 고구려가 세운 경관을 헐었다. 8월에 사신을 고구려에 보내 수 때 전쟁에서 죽은 해골을 거두어 제사를 지내고 이들을 장례 지냈다(『冊府元龜』권42, 제왕부, 仁慈, 정관 5년. "七月 甲辰 遣廣州都督府司馬長孫師往 收瘞隋 日戰亡骸骨 毁高麗所立京觀 八月遣使於高麗 收隋戰亡骸骨 設祭而葬之").

이와 관련해 『삼국사기』에서는 장성 축조 시점을 631년 2월로 적었다. 『책부원구』에서는 경관을 허문 시점이 631년 7월이다. 경관을 허물기 이전에 장성을 축조했다. 그러므로 경관을 허문 사건은 장성 축조의 원인이 될 수 없다. 양자 간의 계기적 연관성이 없기에 당에서 경관을 헐어버린 조치에 반발해 고구려가 장성을 축조했다는 주장은 성립되지 않는다.

그러면 이 사안을 좀 더 구체적으로 살펴본다. 동일한 『책부원구』에 보면, 631년 2월 당의 여러 주州 가운데 경관이 있는 곳은, 신구新舊를 묻지 말고 모두 없애버리고, 흙을 덮어 무덤을 만들어 마르고 썩은 시신을 가리어 숨기고, 술과 안주를 준비해 제사를 올리라고 했다. 그 선상에서 같은 해 7월 고구려 영역의 경관을 허물고 있다. 그러므로 당의 사신이 갑자기 경관을 허물고 달아나는 식의 해석은 당치 않다. 고구려와 당 간에 어떤 약정이 있었다고 보아야 한다. 그 선상에서 장성을 축조했고, 또 임무를 띠고 고구려에 온 당의 사신이 경관을 허문 셋이다. 이렇게 해석해야 선후 사성이 살 연결된다.

그러면 631년 이전 고구려와 당의 관계를 살펴보자. 먼저 629년 9월 고구려는 당에 조공했다. 그에 앞서 628년 9월 고구려는 당이 돌궐의 힐리 합한 생포를 축하하며 봉역도封域圖를 바쳤다. 626년에는 당의 사신으로부터 화평 요청을 받고, 사죄하면서 신라·백제와 화평하겠다고 했다. 625년 고구려는 당에 불교와 도교의 가르침을 요청하였다. 전 해인 624년 12월 고구

〈7세기 대의 고구려 영역〉

출전	동계	서계	남계	북계	영역
북사	동은 신라에 이름 東至新羅	서는 요수를 건넘 西度遼(水)	남은 백제와 접함 南接百濟	북은 말갈과 이웃함 北隣靺鞨	동서 2천리 남북 1천여 리 (東西)二千里 (南北)一千餘里
주서	동은 신라에 이름 東至新羅	서는 요수를 건넘 西度遼水	남은 백제와 접함 南接百濟	북은 말갈과 이웃함 北隣靺鞨	동서 2천리 남북 천여 리 (東西)二千里 (南北)千餘里
수서					동서 2천리 남북 천여 리 東西二千里 南北千餘里
통전					수에 이르러 점점 커져 동서 6천 리 至隋漸大 東西六千里
구당서	동은 바다를 건너 신라에 이름 東渡海至於新羅	서북은 요수를 건너 영주에 이름 西北渡遼水至于營州	남은 바다를 건너 백제에 이름 南渡海至于百濟	북은 말갈에 이름 北至靺鞨	동서 3,100리 남북 2천 리 東西三千一百里 南北二千里
신당서	동은 바다를 건너 신라에 도달함 東跨海距新羅	서북은 요수를 건너 영주와 접함 西北度遼水與營州接	남으로 역시 바다를 건너 백제에 도달함 南亦跨海距百濟	북은 말갈 北靺鞨	
구오대사	동으로는 바다를 건너 신라에 이름 東渡海至于新羅	서북은 요수를 건너 영주에 이름 西北渡遼水至于營州	남은 바다를 건너 백제에 이름 南渡海至于百濟	북은 말갈에 이름 北至靺鞨	동서 3,100리 남북 2천 리 東西三千一百里 南北二千里
오대회요	동은 바다를 건너 신라에 이름 東渡海至於新羅	서북은 요수를 건너 영주에 이름 西北渡遼水至于營州	남은 바다를 건너 백제에 이름 南渡海至于百濟	북은 말갈에 이름 北至靺鞨	동서 3,100리 남북 2천 리 東西三千一百里 南北二千里
태평환우기					수에 이르러 점점 커져 동서 6천 리 至隋漸大 東西六千里

려는 당에 사신을 보낸 바 있다.

우호 관계는 624년 2월 당의 책봉과 도사 파견, 『도덕경』 강의, 624년 당에 역서曆書 반포 요청, 623년 12월 당에 사신 파견, 622년 당에 수군 전쟁 포로 송환 등, 양국은 아주 우호적이었다. 고구려는 당 제국 등장 이래 우호적인 친선 관계를 유지했다.

이러한 우호적 환경과는 달리 631년 전후해 당은 돌연히 고구려 경내 경관을 허물었다고 한다. 고구려는 이에 대응해 장성을 축조하여 대립 관계가 조성되었다는 주장이다. 그러나 장성 축조 시작 후 경관을 허물었다. 따라서 장성 축조에는 어떤 의도가 깔려 있었고, 그 연장선상에서 경관을 허무는 일이 발생한 것이다.

영류왕 이전에 고구려는 수를 침공한 적이 있었다. 고구려의 서쪽 경계는 요하를 넘어 요서 지역인 지금의 자오양인 영주營州에 이르렀다. 『통전』에 따르면 수 대隋代에 고구려 영토는 가장 넓어졌다. 동서 길이가 이전의 3배인 6천 리였다. 그런데 천리장성의 축조 구간을 놓고 볼 때 고구려는 당과 화호하여 요하 서쪽을 넘겨주고 요하 이동으로 후퇴한 것이다. 연개소문의 정변에는 이에 대한 반발이 포함되었다고 본다.

정리해 보면, 천리장성 축조로 고구려의 서쪽 경계는 요하 동쪽으로 후퇴하였다. 천리장성은 고구려의 새로운 서쪽 경계선을 나타낸 것이다. 중국을 넘보지 않겠다는 지표물로서의 의미였다. 그랬기에 일종의 선승 기념탑인 경관을 헐어 화해를 도모한 것이다. 그러나 정변을 통한 연개소문의 집권으로 화해 분위기는 무산되었다. 급속히 긴장과 대립 국면으로 치달았다.

■ 참고문헌

이도학, 「「廣開土王陵碑文」에 보이는 '南方'」 『영남학』 24, 2013.

신라총 = 경관? :

이덕무(1741~1793)가 지금의 경상남도 합천 삼가 지역에서 목격한 바를 "삼가현 유린역 흙산 꼭대기에 더러 큰 무덤이 있는데 광주의 왜총 같기에, 현지 여러 사람에게 물어보니, 이것을 신라총이라고 했다. 만약 신라 때 장사 지내는 예가 이와 같았다면, 모든 고을의 장례도 의당 모두 이와 같아야 하지만, 오직 이곳에만 그러는 것을 생각하니, 삼국이 전쟁할 때 경관이다. 三嘉有磷驛土山頂 往往有大塚 如廣州倭塚 問諸土人 則曰此新羅塚也 假使新羅時葬禮如此 則諸州郡宜皆如此 而獨此爲然 意者 三韓戰伐時京觀也"고 해석했다. 백제와 신라가 격돌한 현장에 조성된 무덤인 듯한데, 백제 의자왕 때 크게 패몰한 신라군들의 시신이 묻힌 장소일 가능성이 높다.

국동대혈國東大穴과 기린굴 :

지안의 국동대혈.

고구려에서는 매년 10월의 동맹제 때 도성 동쪽의 대혈大穴 속에 안치된 나무로 만든 수혈신을 맞아다가 이를 도성에 연한 하천 동쪽의 높은 지대 위의 신좌神坐에 올려놓고 국왕이 직접 제사하였다. 이러한 대혈제례大穴祭禮는 그 비중에 비추어 볼 때 평양성 천도 이후에도 지속되었을 것이다. 평양성에서의 새로운 대혈은 기린굴麒麟窟로 보인다. 기린굴에 봉안된 수혈신을 맞아 대동강 연안의 높은 지대인 모란봉 근처의 신좌에 올려놓고 국왕이 제사를 집전했을 것이다. 수혈신을 신좌에 봉안하는 사당이 기린굴 위에 소재한, 영명사 자리의 구제궁九梯宮이었다.

(이도학, 「平壤 九梯宮의 性格과 그 認識」『國學研究』3, 1990, 229~234쪽.)

22. 고구려어와 신라어는 같았을까, 달랐을까?

고구려와 백제의 언어적 상관성

고구려와 백제 그리고 신라, 이 삼국의 언어에 대해서는 모르는 게 많다. 그런 관계로 속 시원한 답을 마련하기는 쉽지 않다. 3세기 후반에 집필된 『삼국지』 동이전에 따르면, 고구려는 "언어와 모든 일에 있어서는 부여와 같은 게 많다. 言語諸事 多與夫餘同"고 했다. 고구려어는 부여와 동족어임을 알려준다. 부여어가 고구려어의 정체성임을 알 수 있다. 이 점은 몹시 중요한 사안이다. 부여에서 내려온 백제 왕족들도 부여어를 구사한 게 된다. 이와 관련해 『주서』에서 "왕의 성은 부여씨인데, 어라하라고 부르며, 백성들은 건길지라고 불렀다. 중국 말에서 모두 왕이다. 아내는 어륙이라고 부르는데 중국 말에서 왕비이다. 王姓夫餘氏 號於羅瑕 民呼爲鞬吉支 夏言竝王也 妻號於陸 夏言妃也"고 했다. 백제 왕호에 대해 어라하와 건길지라는 이중 호칭이 등장하였다. 이 기록을 근거로 부여어와 마한어라는 백제 언어 체계의 이원성을 운위하고 있다.

건길지와 어라하 :

백성들의 호칭이라고 해 토착어로 단정하기는 어렵다. 건길지의 마한어 여부는 불분명한 측면이 있다. 부여와 마한이라는 종족에 따른 언어의 이원성 외에도, '수라'와 '진지' 혹은 '밥'처럼 신분에 따른 호칭 가능성도 제기되었다. 그러나 후자는 신분이 아니라 대상에 따라 달라지는 호칭이다. 예시를 든다면 "밥이 나랏님 밥상에 오르면 수라요, 양반이 잡수시면 진지라"고 하지 않았던가? 그러므로 언어의 2중성 근거로 예시한 어라하와 건길지는 적합하지 않은 것 같다.

『일본서기』에 붙어 있는 훈독에 따르면 백제 왕을 '코키시コキシ' 혹은 '코니키시コニキシ'로 읽었다. 코키시는 건길지를 가리킨다. 관련한 '백성들은 건길지라고 불렀다'는 구절은, "나라 사람들이 성왕이라고 일컬었다. 國人稱為聖王(『삼국사기』 권26, 성왕 즉위년)"와 견주어 볼 수 있다. 후자의 '성왕'은 존칭이 분명하다. 건길지 역시 백제 왕에 대한 백성들의 존칭일 수 있다. 그렇다면 어라하에는 백제 왕실의 부여 출원을 과시하는 정체성 표출이고, 건길지는 존호 성격이 강하다고 본다. 더욱이 돌궐에서 천자를 일컬음 '쾩키시'는, 건길지·코키시와 어원이 닿는다.

따라서 백성들이 백제 왕을 일컬었던 건길지는, 자존성이 높은 호칭으로 귀결된다. 건길지의 '건'을 '큰'으로 해석하기 때문이다.

어라하에서 존칭 어미 '하'를 뺀 '어라'와 유사한 이름은 부여 왕호에서 보인다. 285년과 286년 당시 두 명의 부여 왕 이름으로 의려依慮·의라依羅가 있다. 백제 왕비 호칭인 어륙은 '오루쿠'로 일컬었다. 이러한 호칭은 요遼 태조가 멸망시킨 발해의 왕 대인선大諲譔과 그 처妻(왕비)에게 각각 하사한 거란어 이름인 오로고烏魯古나 아리기阿里只와 관련 있어 보인다. 오로고는 옛 튀르크어·몽골어에서 '크다'는 의미를 지닌 '울룩'이란 어음語音과 같다고 한다. 실제 '오로'·'아리'는, 위례성·아리수·욱리하의 '위례'·'아리'·'욱리'와 마찬가지로 '대大'의 뜻을 지녔다. 백제 왕비 호칭 오루쿠는 '대부인大夫人'의 뜻으로 보인다. 주지하듯이 삼국시대 왕비는 '부인' 또는 '대부인'으로 일컬었다. 이로 볼 때 어라하와 어륙은 북방 부여어가 분명하다. 『양서梁書』 백제 조에서 "지금 언어와 복장은 대략 고구려와 같다. 今言語·服章 略與高驪同"고 했다. 모두 부여에 연원을 두었기에 백제와 고구려는 언어가 동일했음을 알려준다.

부여-고구려어는 동옥저에도 미쳤다. 『삼국지』에서 동옥저를 "그 언어는 고구려와 대체로 같지만, 때때로는 조금 다르다. 其言語與句麗大同 時時小異"고 했다. 그리고 예濊와 관련해 "언어와 법속은 대체로 고구려와 같다. 言語法俗 大抵與句麗同"고 하였다. 이렇게 보면 부여-고구려어는 동해안 방면까지 미친 것이다. 변진과 진한은 "언어와 법속은 서로 닮았다. 言語法俗相似"고 했다. 반면 진한에 대해 "그 언어는 마한과 같지 않다. 其言語不與馬韓同(『삼국지』 권30, 동이전 한 조, 진한)"고 하였다. 『수서』에서는 "(백제의) 의복은 고구려와 대략 같다"고 했다. 『구당서』에서는 백제를 가리켜 "무릇 여러 부세와 풍토에서 나오는 것은 고구려와 동일한 게 많다. 凡諸賦稅及風土所産 多與高麗同"고 했지만, 언어에 관한 언급이 없다. 6세기 대와는 달리 7세기 대에 백제와 고구려 간의 언어적 동질성에 관한 기록은 보이지 않는다. 따라서 백제 지배층의 부여-고구려어는, 다수 언어인 마한어로 전환되었음을 알 수 있다.

고구려어와 신라어의 상관성

『삼국사기』 지리지의 지명을 토대로 고구려어와 신라어의 상관성을 유추하고는 했다. 가령 481년 고구려와 말갈은 신라로 쳐들어와 호명성狐鳴城을 함락시키고 미질부彌秩夫까지 진격해 왔다. 여기서 미질부는 포항의 흥해로 비정할 수 있다. 호명성은 흥해 북쪽에 소재했다고 판단된다. 관련해 경상 북도 영덕을 고구려가 지배했을 때 야시홀也尸忽이라고 했다. 야시홀은 고 구려 지명이었다. 야시와 홀을 번역한 게 호명성의 '호'와 '성'이다. 즉 '야 시'와 '여우 호狐', 그리고 '홀'과 '성'은 대응하고 있다. 이렇듯 야시를 여우 에 대한 고구려어 표기로 간주해 왔다. 따라서 고구려어와 신라어는 동질 한 면이 보인다는 것이다. 그러나 이 사안은 냉정한 검증이 필요하다. 우선 다음과 같은 몇몇 지명 사례를 놓고 살펴보도록 한다.

	현 지명	고구려	신라
a	강원도 정선군 임계면	죽현현竹峴縣	죽령현竹嶺縣
b	강원도 양양군 양양읍	익현현翼峴縣	익령현翼嶺縣
c	강원도 고성	달홀達忽	고성高城
d	강원도 통천군 벽양면	토상현吐上縣	제상현隄上縣
e	충청북도 진천	금물노군今勿奴郡	흑양군黑壤郡
f	경기도 수원	매홀군買忽郡	수성군水城郡
g	서울시 강서구	제차파의현濟次巴衣縣	공암현孔巖縣

『삼국사기』 지리지에 수록된 고구려와 신라의 행정 지명은 대응 관계를 이룬다. 이를 근거로 고구려어를 발굴하는 경향이 지배적이었다. 가령 충북 진천 지역 고구려 때 행정 지명인 금물노今勿奴와 신라 때 지명 흑양黑壤은 대응하고 있다(e). 즉 '금물'과 '흑', 그리고 '노'와 '양'이다. 여기서 '금물'은 '검을 흑'으로, '노'를 '땅 양壤'으로 번역하였다. '노'는 '땅'이나 '토지' 의미 로 받아들일 수 있다. 이 밖에 제차파의濟次巴衣와 공암孔巖(g)의 경우 '파의' 와 '바위 암'의 대응 관계가 발견된다.

그럼에 따라 고구려어인 금물
(검을)이나 파의(바위)가 신라어
전통을 이어받은 현재 한국어와
다르지 않다고 판단했다. 그 결
과 고구려어와 신라어는 방언
정도 차이밖에 없는 동원同源 언
어로 단정하였다. 그러나 고구
려 통치기에 부여한 행정 지명
이라고 해서 고구려어로 단정할
수는 없다. 점령지의 토착 지명
에 고구려 행정 단위인 홀忽을
붙인 경우를 상정할 수 있기 때
문이다.

가령 토상吐上과 제상隄上의
대응 관계에서 알 수 있듯이(d),

내토군(내제군) 지명 기원이 된 겨울의 제천 의림지. 의림지는 호서와 호남의 기준점으로 운위되고 있다. 미수 허목의 1662년(현종 3) 정월 기행문에서 "신림 남쪽은 횡령인데, 호서 제천현의 경계이다. 횡령 바깥은 가령이고, 그 남쪽이 의림지이다. 원래 영서와 호서의 애초 경계는 큰 못이었다. 제천 바깥을 호서라고 이름하는데, 이 못에서 연유하였다. 新林南橫嶺 湖西 堤川縣境 橫嶺外假嶺 其南義林池 自嶺西·湖西初境 大 澤 堤川以外 有湖西之名 以此澤故也(『記言』 권24, 中篇, 記行)"고 했다. 그 밖에 "일설에 제천에 의림지 호수가 있는 까닭에 (충청도를) 호서로 일컫는다. 一說 堤川 有義林池湖 故稱湖西(『燃藜室記述 別集』 권16, 地理典 故, 總地理)"고 하였다.

'토吐'는 우리 말의 '뚝'을 표기한 것이다. 충북 제천을 가리키는 내토군柰吐
郡과 내제군柰堤郡의 관계와 같다. 모두 '내뚝川堤'을 가리키고 있다. 야시홀
의 '야시'도 여우를 가리키는 우리 말이었다. 경상도 지역 방언으로 여우는
'야시'였다. '야시'를 고구려어로 착각해서는 안될 것 같다. 실제 고구려 긴
국자들은 위만의 사례와 마찬가지로 국호와 묘제를 비롯한 정복지의 기존
제도와 풍속을 이어받았다. 고구려는 소노부 전 왕족의 종묘와 사직도 보전
해 주었다. 따라서 고구려는 정복한 지역의 지명에다가 행정 단위 '홀'만 붙
였다고 본다. 고구려 지명으로 착각하면 안되는 것이다.

이렇게 보면 고구려어와 신라어가 동일했다는 근거는 없어진다. 그리고
옥저와 동예가 소재한 함경남도와 강원도 지역은 애초 고구려어계였다. 그

러므로 고구려 지명이 남겨진
것은 당연한 일이었다. 그렇
다고 모두에 해당하는 규범성
을 지닌 것도 아니다. 가령 춘
천과 접한 강원도 낭천현狼川
縣은 "본래 고구려 성천군[또
는 야시매라고도 한다]이었고,
신라가 지금 이름으로 고쳤다.

벽골군碧骨郡 지명의 기원이 된 김제 벽골제 수문 기둥.
"김제의 벽골제 … 호로부터 아래를 호남이라고 일컫
고, 오른편은 호서로 일컫는다. 金堤之碧骨堤 … 自湖以
下稱湖南以右稱湖西(『星湖僿說』 권8, 人事門, 生財)"

本高句麗狌川郡[一云也尸買]新羅改今名(『신증동국여지승람』 권47, 강원도 성
천현, 건치연혁)"고 했다. 여기서 '천川'과 '매買'는 주지하듯이 '물'의 뜻이다.
그리고 성狌 = 야시也尸 = 낭狼의 대응 관계를 보면, 각각 성성이 = 여우 = 이
리의 뜻을 담고 있다. 고구려 때 '야시매'와, 신라가 한역漢譯한 '낭천'은 본
질적으로 동일한 지명이다. 신라 경덕왕 때 우리 말 지명을 한역한 한화 정
책의 산물일 뿐 고구려어의 한역은 아니었다. 그간 고구려로 간주했던
'야시'가 신라어임을 다시금 확인할 수 있다.

지금까지 고구려가 한반도 중부와 남부 지역으로 진출한 이후 남겨진 '고
구려 지명' 정체성 문제를 검증했다. 그 결과 고구려어와는 무관한 것으로 드
러났다. 지명도 기존 토착어를 그대로 사용했고, 언어 대체도 못한 것이다.

■ 참고문헌

이도학,「'廣開土王陵碑文'에 보이는 征服의 法則」『제37회 동아시아고대학회 학술발표
대회』 동아시아고대학회·한국전통문화대학교, 2009.5.23.;『東아시아古代學』
20, 2009.

V

백제

23. 백제 건국자들은 어디서 왔는가?

백제 시조라면 누구나 온조를 연상한다. 온조는 고구려 시조의 아들로 적혀 있다. 이 기록만 본다면 백제 건국자는 고구려에서 내려온 것이다. 그러나 백제 시조는 온조만 존재하지 않았다. 동일한 『삼국사기』에는 비류왕도 시조로 적혀 있다. 계통을 달리하는 두 명의 시조가 같은 역사서에 함께 적혀 있었다. 그럼에도 온조만 백제 시조로 대접받고 있다. 비류왕의 존재는 별반 관심을 두지 않고 있다. 두 명의 시조에 대해 『삼국사기』를 지은 김부식도 "어느 것이 옳은지 모르겠다"고 했다. 그럼에도 두 명의 시조 가운데 앞에 적혀 있는 온조를 시조로 받아들였다. 그 결과 백제 건국자들은 고구려에서 분파된 세력으로 인식됐다. 성리학적 종법 사고에 사로잡혀 있는 이들이 보았을 때, 백제는 아들의 나라임에도 아버지의 나라와 수백 년간 싸운 게 된다.

이에 따라 부지불식간 고구려 중심의 잣대로 백제사를 해석하는 일이 일상화되었다. 그러나 백제 시조 건

『삼국사기』에 보이는 백제 시조 관련 기록.

에 대해서는 냉정하게 살펴야 한다. 그러면 몇 개의 원칙을 세워놓고 기록을 살펴보자. 백제 건국자들의 정체성은 당시 백제인들의 목소리를 우선시하는 게 상식이다. 그리고 백제 당대의 기록을 놓고 살펴야 한다. 일단 시조 온조 기록은 백제 멸망 후 대략 500년이 지난 역사 기록물에서 처음 등장하였다. 그러한 온조가 신빙성을 담보 받는 일은 쉽지 않다. 왜냐하면 백제 시조는 온조 외에도 비류·구태·동명왕·도모대왕이 존재했기 때문이다.

백제 건국자들의 기원 :

다산 정약용은 "부여는 4개가 있는데, 그 하나인 북부여는 곧 고구려와 백제의 종국이다. 扶餘有四者 其一曰北扶餘 卽句麗百濟之宗國也(『다산시문집』 권8, 대책, 지리책)"고 했다. 백제와 고구려 모두 북부여에서 연원을 찾았다.

백제 시조에 관한 2가지 기록 가운데 순암 안정복은 "지금 보건대 백제가 고구려의 고씨 성을 따르지 않고 부여씨라 하였으며, 또한 개로왕이 위魏에 올린 표表를 고찰하건대 '신臣은 고구려와 함께 근원이 부여에서 나왔습니다' 라고 하였으니, 이 말이 증거가 되고, 따라서 우태의 후손이 분명하다"고 명쾌하게 설파했다. 백제 시조는 추모가 아니라 부여계 우태의 후손임을 논증한 것이다. 한치윤도 "그러나 부여는 구려句麗와 백제가 스스로 일어난 곳인 까닭에"라고 하였고, 또 "백제 선조는 부여 동명왕의 후손이다"고 했다.

한치윤은 백제의 기원을 고구려가 아니라 부여에서 찾았다. 단재 신채호(1880~1936)도 안정복과 동일한 근거를 제시한 후에 "본기에는 비류·온조를 추모鄒牟의 자子라 함이 두 번째 잘못[二誤]이다"고 했다. 사회경제주의 사학자인 이청원도 백제 건국 세력을 부여 종족이라고 하였다. 신민족주의 사학자인 남창 손진태(1900~?)는 백제 기원을 다음과 같이 적었다.

… 백제 왕실의 조선祖先이 부여로부터 남하하였다는 것이니, … 이것은 다분히 사실성을 가진 전승인 듯하다. 만일 이것이 사실이라면 원주原住 마한민馬韓民 이외에 부여로부터 남하한 일 부족이 한강 하류 지역에 원주原住하던 백제부족伯濟部族을 정복한 다음, …

위에서 인용한 남창의 백제 기원설은 부여족의 일파가 남하하여 마한의 백제국을 정복한 데서 출발했다. 이러한 서술의 요체는 백남운의 저술에서도 이미 보인다. 즉 "… 부여 종족의 한 집단이 한족韓族과 서로 섞여 생활하면서 '백제'의 주민이 되고 혹은 지도자가 되어 정력적으로 발전을 거듭한 끝에, 결국 정복 국가로서의 백제국을 형성했을 것이다"고 하였다. 신민족주의 사학자인 이인영도 다음에서 보듯이 백제 건국 세력의 기원을 부여에서 찾았다.

진한 마한 오십여 국 중에 백제국伯濟國(지금 廣州)이 있으니 원래 부여 계통의 이민 부락으로 시조를 온조 혹은 비류라 한다. 처음에 지금 서울 부근인 위례에 근거를 두고 살면서 세력을 길러 후에 광주로 옮겼다. 백제의 세력이 커짐에 따라 마한의 중심 세력은 지금 직산에서 익산 지방으로 몰려 내려가고 말았지만 …

위에서 보듯이 이인영(1911~?)은 백제의 기원을 부여족의 남하에서 찾았다. 그는 지금의 한국사 교과서 서술과는 달리 백제 시조로 온조와 비류를 모두 언급하였다. 비류 전승을 존중한 것이다. 그리고 백제의 성장에 맞물려 힘이 축소되어 간 마한이 직산에서 익산으로 남하한 것으로 인식했다.

백제 건국 세력의 기원을 부여에서 찾는 신민족주의자들의 견해는 그 연원이 1910년 황의돈이 출간한 교과서 『대동청사』에서 한민족사를 부여족이 창립했다는 데 두고 있는지도 모르겠다. 더 중요한 사실은 신민족주의 사학의 창시자라고 할 수 있는 안재홍(1891~1965)이 비류와 온조는 부여의 왕손이며,

신앙상으로 부여신을 제사하고 국호도 부여라고 했으므로 백제는 본질적으로 부여국의 하나라고 파악했다. 이러한 백제 시조 인식은 현재 남북한에서 백제 건국 세력을 고구려와 결부 짓는 일반적인 서술과는 사뭇 다르다.

(이도학, 「신민족주의 역사학의 서술과 역사 인식의 교과서 반영 검증--백제 건국 세력의 계통과 요서경략을 중심으로」『단군학회 가을 학술세미나』단군학회, 2020.11.7.)

백제가 사비성에 도읍하던 무렵 백제 시조는 구태였다. 그를 제사 지내는 사당이 구태묘仇台廟였었다. 구태묘와 백제 시조 구태는 중국 사서에서 등장하고 있다. 중국 사신들이 도성에서 목격한 백제 당시의 시조가 구태였다. 백제가 건재했을 때 당唐에서 저술된 『한원』에 보면 "구태의 제사를 받들고, 부여의 후예를 이었다. 奉仇台之祠 纂夫餘之胄"고 했다. 『전운옥편』에 보면 '주胄'에는 '후손裔·이을系·상속자嗣'의 뜻이 담겨있다. 그리고 '찬纂'에는 '잇다'는 뜻이 담겼다. 문맥에 따르면 "구태의 제사를 받들고, 부여의 상속자를 계승했다"는 의미이다. 부여 왕 구태의 제사를 지내는 백제의, 부여 적통 계승 천명이었다. 구태 제사와 부여 계승을 결부시켜 의미를 부여한 것이다. 백제는 사비성 도읍기에도 구태 제사로써 부여 계승을 표방했다. 어디 고구려 시조 아들이라는 온조가 비집고 들어설 틈이 있던가?

중국 문헌은 구태의 계통을 부여 왕 위구태에서 찾았다. 그리고 일본 문헌에서는 백제 시조를 도모대왕이라고 했다. 도모대왕

충북 청주 신봉동에서 출토된 유목민 사회의 이동식 솥인 철복鐵鍑. 백제에는 유목국가인 흉노와 돌궐의 직제인 좌·우현왕제가 존재하였다.

역시 부여와 연관 짓고 있을
뿐 아니라, 고구려 추모鄒牟(朱
蒙)와는 다른 인물이었다. 게다
가 백제 왕실에서는 도모대왕
을 기점으로 왕대王代를 기록
하였다. 관념을 넘어선 실체적
존재로 받아들인 것이다. 그리
고 『삼국사기』에서는 백제 시
조 동명왕을 제사하는 동명왕
묘 건립을 기록했다. 동명왕은

암각화에도 보이지만 몽골 풍속화에 보이는 동복(철복)
의 사용 모습.

부여 시조를 가리키고 있을 뿐 아니라, 도모대왕과도 연결되는 듯하다.

그런데 여기서 가장 중요한 사실은 백제인들의 목소리가 아닐까? 472년
백제 개로왕은 북위에 보낸 국서에서 자국의 기원을 고구려와 나란히 부여
에서 찾았다. 이 기록은 일국의 최고 통수권자가, 그것도 외교 문서에서 기
록한 당대의 목소리였다. 이 기록을 상쇄할 만한 증거는 없다고 해도 과언
이 아니다. 그리고 백제 왕실의 성씨는 부여에 연원을 두었기에 부여씨였
다. 의자왕의 풀네임 '부여 의자'는 왕실의 출원지가 부여임을 웅변한다. 왕
실의 이름표에 붙은 부여씨는, 개로왕의 부여 출원설과 부합하고 있다.

이 밖에도 명백하고 구체적인 증거가 보인다. 372년 동진에 책봉 받은 근
초고왕의 이름은 여구餘句로 나타난다. 여구의 '여'는 '부여'의 약기略記였
다. 370년 부여 왕자 여울餘蔚의 '여' 또한 부여씨를 약기한 것이다. 동일한
시점에서 백제 왕과 부여 왕자 성씨가 모두 부여씨였다. 백제 건국자들이
부여에서 내려온 것을 넘어, 백제와 부여 왕실이 동일한 성씨인 것이다. 이
보다 명백한 증거가 어디에 있을까?

백제와 접촉한 중국 사서에 보면 한결같이 '부여 별종'이라고 했다. '별

종’은 지파·갈래를 가리킨다. 백제를 고려 즉 고구려 별종이라는 기록은 그 어디에도 없었다. 백제인들 스스로가 ‘부여 별종’이라고 언명했기에 그렇게 알려진 것이다. 이뿐이 아니었다. 국력을 회복해 사비성으로 천도한 성왕은 국호를 남부여로 고쳤다. 부여로부터 내려오는 역사적 법통을 백제가 승계했음을 천명한 것이다. 그랬기에 국호 자체를 부여로 바꾸었다. 이보다 분명한 근거가 또 어디에 있을까?

왕실의 이름표에 부여씨가 붙었고, 국호가 부여였다. 백제 건국자들이 부여에서 내려왔기에 일관되게 부여 기원설을 천명한 것이다. 이러한 맥락에서 볼 때 온조를 시조로 운위하면서 고구려 시조의 아들 운운하는 기록은 느닷없다. 정작 백제인들은 알지 못한 온조가 500년 후에 등장해 지금까지 시조 행세를 하고 있다. 반면 온조와 함께 『삼국사기』에 등장한 비류왕은 부여 계통이다. 북부여 해부루 왕의 서손庶孫인 우태의 아들이라고 했다. 우태는 구태와의 연관성을 운위할 수 있을 뿐만 아니라, 애초 해씨였던 왕실의 부여씨로의 교체를 상정하게 한다.

분명한 사실은, 어떻게 해석하든 백제 왕실은 부여 왕실과 연결된다. 그러므로 고구려계 ‘백제 시조 온조’는 디디고 설 곳이 없었다. 온조가 고구려 시조 아들이라면 고씨高氏여야만 했다. 그러나 백제 왕실에 고씨는 존재하지 않았다. 그럼에도 교과서에 버젓이 게재되어 정설 행세를 하고 있다. 백제사의 첫 단추를 바로 끼우는 일이 시급하다.

‘해부루 설화’에 대한 검증 :

백제 건국 설화는 해부루 설화가 ‘먼저 주류였다’가 이후 동명 설화로 변하면서 두 종류가 전해졌다는 주장이 제기되었다. 백제 왕실의 성씨는 해씨에서

부여씨로 바뀌었다는 전제에서 출발한다. 이와 관련해 372년에는 부여씨 백제 왕실이 등장하므로, 그 이전에 해씨 왕실의 존재를 상정할 수 있다. 그리고 부여씨 왕실과 부여 시조 동명왕을 결부 짓다 보니까, 그 이전 해씨 왕실의 연원은 해부루 왕에서 찾을 수밖에 없었다. 이렇게 전제하면 동명 설화보다 해부루 설화가 선행했어야 마땅하다.

이 사안을 검증하기 위해 소위 해부루 설화를 살펴본다. 먼저 북부여를 건국한 해모수의 아들 해부루는 천제의 명으로 동쪽으로 이동해 동부여를 세웠다고 한다. 해부루 설화는 국가 이동 설화가 전부였다. 물론 해부루 왕이 후사後嗣로 금와를 얻는 이야기가 덧붙여져 있다. 그러나 이러한 해부루 설화를 백제 건국 설화와 결부 지을 수는 없다. 더욱이 이를 '신화'로 일컫는 게 정당한지도 의문이다. 그럼에도 혹자는 "백제의 건국 신화 이야기는 해부루 신화가 먼저 주류였다가 이후 동명 신화로 변하면서 두 종류가 전해졌던 것 같다"고 했다.

그러나 해부루는, 설화가 아닌 백제 건국자의 기원과 관련해 계보 상에 등장할 뿐이다. 백제 건국 설화는 분명 아니었다. 만약 해부루의 존재를, 굳이 백제 건국 설화와 결부 짓는다면, 『삼국사기』에 수록된 2명의 백제 시조 가운데 비류왕과 연관 지을 수는 있다. 즉 "혹은 말하기를, 시조는 비류왕인데 그 아버지 우태는 북부여 왕 해부루의 서손이다. 一云 始祖沸流王 其父優台 北扶餘王解扶婁庶孫"고 했기 때문이다.

그럼에도 혹자는 "『삼국사기』 온조왕 조 세주에는 해모수가 등장하지 않고, 시조인 온조는 북부여 왕 해부루의 핏줄임을 명시하고 있다"고 단정했다. 온조와 비류가 형제로 등장하므로 아버지도 동일하다는 착각을 한 듯하다. 이에 대한 사실 여부 확인은 어렵지 않다. 『삼국사기』에서 "백제 시조 온조왕은 그 아버지가 추모 혹은 주몽이라고 한다. 百濟始祖溫祚王 其父鄒牟 或云朱蒙"고 하였다. 온조를 '북부여 왕 해부루의 핏줄'로 명시한 기록은 보이지 않는다.

추모왕이 북부여에서 내려왔다고 해 온조가 '북부여 왕 해부루의 핏줄'이 되는 것은 아니다. 추모왕은 해부루가 아닌 해모수의 아들로 적혀 있기 때문이다. 반면 '북부여 왕 해부루의 핏줄'은 비류왕이었다. 게다가 어머니도 온조는 졸본부여왕의 둘째 딸이나 월군越郡의 여자로 보인다. 반면 비류의 어머니는 연타발의 딸 소서노로 적혀 있다. 이렇듯 온조와 비류는 부계와 모계 모두 서로 관련이 없다. 그러므로 '시조인 온조는 북부여 왕 해부루의 핏줄'이라는 혹자의 주장은 명백한 사실 왜곡이 아닐까?

이와 관련해 해모수—해부루 설화에 관한 간단한 검증을 해 본다. 첫째, 해부루 '설화'가 백제 건국 설화와 어떻게 연결되는지 소명이 필요하다. 이에 대한 소명이 없다. 둘째, 해부루 설화의 모태인 북부여 건국 시점을 기원전 59년(神爵 3)으로 잡은 해모수 설화 자체가, 채록 시점이 1세기인 동명 설화의 부여 건국보다 선행하기 어렵다. 셋째, 해모수가 도읍했다고 한 흘승골성訖升骨城은, 『위서魏書』에서 고구려 건국지인 흘승골성紇升骨城과 동일한 지역이다. 북부여와 고구려의 건국지가 겹치고 있다. 따라서 해모수와 연계된 해부루 설화의 독보성을 보장하기 어렵다. 그것도 기원전 59년과 기원전 38년이라는 20여 년의 짧은 기간에 2개국이 한 장소에서 건국한 것이다. 무엇보다 「광개토왕릉비문」에서 고구려 건국자가 북부여에서 남하했다는 공간 이동 사실과 맞지 않는다.

넷째, 해부루 설화가 '먼저 주류였다'면, 동명 설화 유형의 「광개토왕릉비문」이 만들어지는 5세기 이전에 대세를 이루었어야 한다. 그러나 4세기 대나 그 이전부터 해모수(해부루) 설화가 존재했다는 근거 제시도 없을뿐더러, 근거가 있을 리도 없다. 오히려 『삼국유사』에서 「단군기壇君記」를 인용한 서술에서는 단군이 낳은 아들로 북부여 왕 부루夫婁가 등장한다. 의제적 단군 대가족주의가 구축된 고려 때 관념을 상정할 수 있다.

다섯째, 『삼국사기』에서는 해모수의 아들로 추모를 설정했다. 그런데 이 설화를 함께 수록한 『삼국유사』에서는 「고기」를 인용해 해모수의 아들을 부루로 적었다. 여기서 「고기」가 『삼국사기』보다 선행 사서일 가능성이 높은 만큼, 해모수 → 해부루로 설정할 수 있다. 그렇다면 고구려 시조 추모와 해부루 설화의 연결고리가 끊어진다.

백제 왕실은 해씨에서 부여씨로 교체되었다고 본다. 그렇다고 해부루 '설화'가 동명 설화보다 먼저 나왔다는 증거는 찾을 수 없다. 다만 '설화'가 아닌 족조族祖 전승은 백제 초기 이래로 전승되어 왔을 것이다.

■ 참고문헌

이도학, 「'『삼국사기』온조왕본기'의 主體에 대한 再解釋」『21세기의 한국고고학 Ⅴ』주류성, 2012.

이도학, 「신민족주의 역사학의 서술과 역사 인식의 교과서 반영 검증—백제 건국 세력의 계통과 요서경략을 중심으로」『단군학회 가을 학술세미나』단군학회, 2020.11.7.

24. 백제의 첫 근거지와 부여 유물

『삼국사기』에는 두 명의 백제 시조가 등장한다. 이 중 부여계인 비류왕은 백제인들의 부여 정체성과 부합하는 인물이다. 그는 북부여 해부루 왕의 서손庶孫인 우태의 아들이라고 한다. 졸본인 연타발의 딸인 비류왕 어머니 소서노는, 과부로 있던 중 부여에서 내려온 추모(주몽)와 재혼했다. 그런데 추모 전처의 아들이 내려오자, 왕위 계승 구도가 바뀌었다. 터전을 버리고 비류왕 일행은 패수(예성강)와 대수(임진강)를 건너 미추홀에 터전을 잡았다. 남하할 때 비류왕은 소서노를 모시고 내려왔다.

이와는 달리 '시조 온조왕'의 어머니는, 졸본부여 왕의 딸이나 월군越郡의 여자로 적혀 있다. 소서노와는 아무런 관련이 없다. 비류왕과는 달리 온조왕 일행의 남하 동선은 기록에도 없다. 두 기록 가운데 비류왕 남하 배경과 과정만 구체적으로 적혀 있다. 비류와 온조는 형제 간이므로, 소서노는 두 사람의 어머니가 될 수 있지 않겠냐는 생각도 나온다. 그러나 두 사람은 아버지와 어머니가 모두 판이하다. 서로 관련지어서는 안 된다.

비류왕은 미추홀인 지금의 인천에 터전을 마련했다. 그러므로 해로를 통해 항구 도시에 접근하지 않았을까 추측한다. 그러나 『삼국사기』에서 비류왕 일행은 육로로 남하했다.
특히, 마한 왕이 백제 시조
왕을 꾸짖는 기록을 보면,
앞서 언급한 두 개의 강을
건넌 사실을 언급했다. 강
을 건너온 집단은 비류왕 일

인천 문학산성 전시관에 게시된 백제 유적 소개.

행이었다. 온조 집단은 기록 자체가 없으므로 알 길이 없다. 따라서 마한 왕
이 지적한 대상은 비류왕을 염두에 둔 사실로 보인다. 이렇듯 온조 집단과
는 달리 비류왕 집단의 건국 과정은 구체적일 뿐 아니라 교차 확인까지 되
었다.

단재 신채호는 마한 왕이 백제 왕을 꾸짖으며 처음 발붙일 때 떼어줬다는
'동북 백여리'는 '서북 백여리'의 잘못이라고 했다(丹齋申采浩先生紀念事業會,
「朝鮮史研究艸」『改訂版 丹齋申采浩全集(中)』螢雪出版社, 1987, 90쪽). 그렇다
면 백제의 처음 터전이 인천이었음은 더욱 분명해진다.

그뿐 아니다. 백제 시조 왕의 어머니가 환갑에 사망한 기록이 보인다(시
조 왕 13년). 이 기록에 따르면 시조 왕의 어머니는 고구려 시조보다 8세 연
상이다. 이 사실은 두 명의 아들과 살다 개가한 소서노가 20세 추모보다 연
상인 게 지극히 자연스럽다. 그러므로 『삼국사기』 상 백제 시조는 비류왕
외에는 달리 나올 수 없다.

비류와 온조, 두 사람의 내력을 비교해 보더라도 부여계 비류왕이 시조일
수밖에 없다. 이 사실은 전승이나 고고학적 물증을 통해서도 입증이 된다.

일단 인천 지역에서는 문학산성을
중심으로 '미추왕릉(비류왕릉)'을 비
롯해 '백제 우물' 등 백제 관련 전승
과 물증이 나타난다. 게다가 이곳은
백제 초기 토기편들의 대량 산포 지
이기도 하다. 반면 서울 지역에서는
온조왕 관련 전설이 존재하던가? 축
조 시기가 분명하지 않은 서울 풍납
동토성의 선행 유구는 환호취락이었
다. 그 밖에 백제의 가장 오래된 토
기·기와 생산 유적이 3~4세기 대의
인천 불로동 겸용 가마이다(한국문화
재보호재단, 『인천 불로동유적』 2007,
438쪽). 이곳은 김포 운양동 유적과
는 직선거리로 3.8km에 불과하다.
양자 간의 깊은 관련을 확인할 수 있
다. 아울러 백제와 결부 지을 수 있
는 가장 오래된 세력이 소재했음을
알려준다.

인천 검단 지구 분구묘에서 출토된 이른 시기
백제 토기. 이곳 분구묘는 김포 운양동과의 연
관성을 시사한다. 마한 분구묘에서 백제 토기가
출토되었다고 했다 그러나 정확히 말하면 콩 심
은데 콩 나듯이 백제 분구묘에서 백제 토기가
출토된 것이다.

문학산성 밑에 소재했던 '백제 우물'.

김포 운양동 분구묘 출토 부여계 금제 귀고리.

미추홀 세력권인 김포 운양동 분
구묘에서는 부여계 금제 귀고리가
확인되었다. 서울의 풍납동토성 경
당 지구에서 확인된 마두갱馬頭坑 매납은 중국 지린성 위수현 부여계 라오
허선老河深 유적에서도 확인된다. 몽촌토성에서 출토된 장방현 골갑편骨甲
片 갑옷은, 부여 관련 유적인 중국 헤이룽장성 빈현賓縣 칭화성지慶華城址에

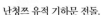
난청쯔 유적 기하문 전돌.

몽촌토성의 기하문 전돌.

서 출토된 바 있다. 부여와 관련한 유물은 충북 오송 지구를 비롯해 유독 백제 지역에서 확인되었다.

그리고 몽촌토성에서 출토된 기하문 전돌 역시 지린시 퉁딴산 난청쯔에서 출토된 바 있다. 이러한 물증들은 부여계 집단의 남래와 결부 지어 볼 때 지극히 자연스럽다. 반면 고구려계 유물은 동일한 시기에 출토된 바 없다. 물론 석촌동 3호분은 고구려계 적석총이지만 무령왕릉에서 보듯이 묘제 채용에 불과하다. 석촌동 3호분 이전의 고구려계 적석총은 서울 지역에서 확인된 바 없다. 과거에 무기단식 적석총으로 간주했던 분묘는 즙석봉토분이었다.

기록과 물증, 어디를 보더라도 백제 건국자들은 고구려가 아니라 부여에서 내려왔다. 이 사안은 가능성이 아니라 확정적이다. 너무 오랜 기간 근거 없는 온조왕 시조설을 맹신했었다.

4세기 중엽 정복 국가의 등장 :

4세기 중엽 경 만주 지역의 백제가 한반도로 남하해 기존의 백제국伯濟國을 제압하고 마한 지역을 장악한 동시에, 고구려와의 격돌에서 승리했다는 것이다. 이 설은 문헌과 고고학적 물증을 제시하고 있는 왕실 교체론이다. 이 학설의 주된 논거는 다음 3가지 문헌에서 출발했다.

『자치통감』 영화 2년(346) 조에 등장하는 백제를 고구려의 오기誤記로 간주해 왔다. 즉 "처음 부여는 녹산에 거주했는데, 백제에 침략받아 부락이 쇠산해져 서쪽으로 연燕 근처로 옮겼으나 방비하지 않았다"는 기사에서, 백제가 북쪽의 고구려를 뛰어넘어 부여를 공격할 수 없다는 것이다. 이러한 발상은 자신이 지닌 정보와 지식으로는 이해할 수 없기 때문에 일찍부터 제기되어 왔었다. 얼마든지 이러한 주장을 제기할 수는 있다. 그러나 이와 상충하는 다음과 같은 몇 가지 사안에 대해서는, 대안 제시는 못하더라도 반드시 짚고 넘어가야 한다.

첫째, 부여가 백제의 공격을 받은 시점은 확인되지 않았지만, 346년에 모용선비의 공격을 받았다는 것이다. 후자는 틈새를 노린 기습 공격으로 보인다. 부여에 대한 백제와 모용선비 공격 간에는 시차가 크지 않았던 것 같다. 이와 관련해 선비의 모용외는 285에는 부여를 공파하였을 뿐 아니라, 293년(봉상왕 2)과 296년(봉상왕 5년) 그리고 319년(미천왕 20)에는 고구려를 침공해 연신 압박하였다. 고구려는 시종 모용외에게 몰리는 상황이었다. 그러므로 고구려가 적어도 285년 이후에 부여를 침공할 만한 여력은 없다.

285년 이전의 부여는 "그 나라는 은부해서 선세 이래로부터 일찍이 파괴당하지 않았다. 其國殷富 自先世以來 未嘗破壞"고 했다. 따라서 고구려는 적어도 중국에서 인지한 부여를 공격한 일도 없었다. 게다가 3세기 후반 이래 고구려와 부여 사이에는 선비가 내려와 있어서 고구려가 부여를 직접 공격하는 일은 가능하지 않다. 『진서晉書』에 따르면 "부여국은 현도 북쪽 천여 리에 있다. 남쪽은 선비와 접하고 북쪽에는 약수가 있다"고 했다. 부여의 남쪽은 선비와 접하였다.

둘째, 『송서』 백제국 조에 따르면 "백제는 고구려와 함께 본래 요동의 동쪽 천여 리에 소재하였다"고 했다. 488년 『송서』 편찬 당시에는 백제가 한반도 서남부에 소재한 사실을 인지했기에 '본래本'라고 하였다. 이동하기 전 백제는 만주에 소재했다는 것이다. 백제의 공격을 받은 부여가 '서쪽으로 옮겨 연에 가까워졌다. 西徙近燕'는 지리적 환경이 조성되었다.

셋째, 『진서』 모용황재기에 보면, 345년 모용황의 기실참군 봉유封裕의 상서에, 전연과 교전해 포로를 발생한 세력 가운데 고구려와 함께 백제가 보인다. 그러나 이 역시 이해가 가지 않는다고 여겨 '부여'의 오기誤記로 간주하고도 있다. 이렇듯 요동 방면의 백제라 하면 고구려 혹은 부여의 오기로 치부하였다. 기존의 관념에서 이해가 되지 않으면 근거 없이 방향을 고치거나 오기로 돌리면 아주 쉽다. 그렇지만 이것이 실증일 수는 없다.

■ 참고문헌

이도학, 『백제 고대국가 연구』一志社, 1995.

이도학, 『고대문화 산책』 서문문화사, 1999.

이도학, 「백제 건국 세력의 계통과 한성기 묘제」『한성지역 백제 고분의 새로운 인식과 해석』제13회 백제학회정기발표회, 2013.3.2.;「百濟 建國勢力의 系統과 漢城期 墓制」『百濟學報』10, 2013.

이도학, 「백제 건국 세력은 어디서 와서, 어디에 정착했는가?」『백제, 그 시작을 보다』하남역사박물관, 2016.

한강 유역 즙석봉토분 :

" … 그러나 보고서의 연대 관을 받아들여 석촌동 1호분 북분과 2호분의 편년을 3세기 중반에서 말엽으로 설정하더라도 그 계통은 고구려 지역에서도 4세기 대에나 등장하는 기단식 석실 적석총과는 성격이 구분되는 것이다. 왜냐하면 이들 고분은 점토 충전식粘土充塡式이므로 4세기 후반경에 축조된 석실 적석총인 3호분과는 구조상 차이가 나기 때문이다. 점토 충전식 적석총은 토 광 분구묘에 즙석葺石을 가한 즙석봉토분葺石封土墳의 발전된 양식인데, 이를 테면 즙석을 할석화하는 동시에 그것의 유동화를 막기 위하여 계단식으로 구 조화한 것이다. 이러한 추정은 석촌동에 점토 충전식 적석총보다 이른 시기에 조영된 3세기 중반의 즙석봉토분이 확인될 뿐 아니라, 즙석봉토분의 발전 양 식인 기단식 즙석봉토분이 남한강 유역의 도화리와 문호리에 나타나고 있는 데서 뒷받침되지 않을까 한다. 이 문제는 뒤에서 다시 거론하고자 한다. …

또 과거 무기단식 적석총으로 불렸던 남·북한강 유역의 고분들이 기실 즙 석봉토분에 불과하다는 점을 생각한다면 서울 일원에 무기단식 적석총이 출 현하지 않았다고 하여 대세론적인 측면에서 하등 이상할 게 없다. 그러면 즙 석봉토분은 어떠한 배경에서 출현하였을까? …

즙석봉토분은 제천군 양평리·교리·도화리, 양평군 문호리, 춘천의 중도, 연천군 삼곶리·학곡리 등지에서도 확인되었다. 양평리 고분(1·2호분)은 자연 사구自然砂丘에 대형 천석川石을 입혀서 축조하였으므로 일종의 즙석봉토분 이다. 그리고 도화리의 고분은 3단의 계단식으로서 그 '평면도'에서 분명하게 드러나고 있지만 자연 퇴적된 구릉에 적석을 얇게 덮고 있는 형식이므로 즙석 봉토분이 분명하다. 문호리의 고분은 계단식으로 축조된 3단축段築의 방형인 데 점토층 위에 냇돌을 올려놓은 구조로서 적석총 양식에 가깝기는 하지만 역 시 즙석봉토분이다. 중도 고분은 모래층 위에 냇돌 적석층위積石層位가 올려 진 구조로서 문호리 고분과 흡사한데 즙석봉토분으로 분류된다. 최근 발굴된 삼곶리 고분 또한 2~3단 정도의 계단식으로 적석을 덮었지만, 내부는 모래층 이므로, 앞의 고분들과 같은 구조로서 즙석봉토분에 해당한다 …

즙석봉토분은 토광묘보다 외적 규모가 크거니와 부장품의 질도 결코 뒤지 지 않는다. 즙석봉토분은 토광 분구묘와는 내부 구조가 동일하지만, 봉토의 유실을 막기 위해 강돌로 즙석하고 있는 차이 밖에는 없다고 하겠다. 그러므로 즙석봉토분은 본질적으로 토광묘와 동일한 묘제로 간주되지만, 그 축조에는 토광묘보다 더욱 많은 노동력이 요구되는 권력 집중화의 산물이다. 그러므로 즙석봉토분은 오히려 격상된 신분의 피장자가 묻힐 뿐 아니라 발전된 묘제로 파악된다.

이러한 맥락에서 볼 때 점토 충전식 적석총인 석촌동 4호분은, 그 3호분과 같은 전형적인 적석총 양식과는 성격이 구분된다. 석촌동 4호분은 토광 분구묘에서 발전된 즙석봉토분의 완성된 형태에 해당한다. 요컨대 석촌동 일원의 토광묘 계열의 묘제는 백제국 지배층 분묘로서의 전통을 지니고 있지만, 기단식 석실 적석총은 4세기 중반 이후에나 조영되는 백제 왕실의 묘제로 볼 수 있게 된다. 이 같은 서울 지역 주묘제의 변천은 백제의 왕실 교체를 시사하는 현상으로 받아들여진다(이도학, 『백제고대국가연구』一志社, 1995, 77~85쪽)."

25. 한성 도읍기 왕성

풍납동토성 = 사성설의 잔재

백제가 지금의 서울 지역인 한성에 도읍하던 시기의 왕성에 대한 탐색이다. 당시 백제 왕성은 위례성으로 일컬었다. 위례성의 어원에 대해서는 여러 설이 있다. 먼저 한강을 가리키는 당시 이름, 욱리하 혹은 아리수와 연결하여 살펴볼 필요가 있다. 위례·욱리·아리는 동일한 어근에서 출발한 것이다. 왕성 이름과 강 이름 간의 선후 관계를 살필 때 웅진성과 사비성을 원용하는 게 좋다. 웅진성과 웅천·웅수, 사비성과 사비하·백강의 관계이다. 사비는 '백白'의 훈독에 해당한다. 그러므로 사비하와 백강은 동일한 강을 가리킨다. 이로써 도성 이름에서 강 이름이 연유했음을 알 수 있다. 역시 위례성에서 욱리하와 아리수, 강 이름이 생겨난 것이다.

백제에서 왕호인 어라하의 '어라', 그리고 『일본서기』의 한성 함락 기사에서 '대성大城'과 '위례'가 함께 등장한다. 위례성의 '위례'는, 어라하의 '어라'처럼 '큰'의 뜻을 지녔다. 어라하인 왕이 거처하는 위례성은 '대성'이었다. 한성에서 연유한 한강이나 한수의 '한'도 '큰'의 뜻이다. 이렇듯 위례성의 '위례'에는 으뜸이나 최고의 뜻이 담겨있었다.

백제는 시조 왕 13년에 '한수의 남쪽'으로 왕성을 옮겼다고 한다. 이때 '위례성 민호'를 옮긴 기사도 보인다. 한수 이북에서 이남으로 천도한 것이다. 이로써 한수 이북의 왕성은 하북 위례성, 그 이남은 하남 위례성으로 구분할 수 있다. 하남의 위례성은 풍납동토성으로 비정하여 무방하다. 풍납동토성은 100여 년 전에 이미 이마니시 류今西龍(1875~1932)가 왕성으로 비정했다. 이후 1925년 을축년 대홍수 때 드러난 유물을 읽고 왕성으로 비정한 견해도 제기되었다.

풍납동토성 출토 대형 항아리. 1925년 대홍수 때 풍납동토성에서 발견된 초두鐎斗도 대형 항아리에 들어 있었다.

그럼에도 풍납동토성을 순전히 군사적 용도의 진성鎭城인 사성蛇城으로 간주하는 견해가 제기되었다. 논거는 왕성이 강가에 입지한다는 것은 위험하다는 발상과 더불어, 사성의 사蛇의 훈독인 '뱀' 즉 방언 '배암'과, 풍납동의 풍납風納 즉 '바람드리'의 '바람'과 음이 닮았다는 데 있다. 한번 돌아볼 가치도 없는 주장이지만 의외로 한국 학계에는 절대적 영향을 미쳤다. 소위 전문가니 대가라는 이들이 이 주장을 수용했지만, 자신이 발굴하고 나서 '전향 선언' 없이 슬그머니 왕성설로 선회하고는 했다. 1964년에 풍납동토성을 시굴까지 했지만, 사성설을 지지하고는 마무리하였다. 천재일우나 천우신조의 기회를 놓친 통탄 그 자체였다.

사적 제11호인 풍납동토성의 법적 호칭은 '서울 풍납동토성'이다. 그럼에도 '풍납토성'으로 불리었다. 풍납토성 즉 '바람드리 토성'은 사성설의 논거이기도 했다. 왕성으로 밝혀졌음에도 여전히 사성설의 망령이 얼씬거린 것이다. '풍납동토성'은, 애초 풍납동에 소재한, 이름을 잃어버린 성이라는 의미였다. 그럼에도 명칭도 정확하게 사용하지 않고 호도한 것이다.

그러한 풍납동토성은 사성이 될 수 없다. 단 한 번의 삽질할 것도 없이 다음의 도면을 통해 드러난다. 한강의 범람으로 도성 내의 민가를 비롯한 건조물들이 침수됨에 따라 개로왕은 사성의 동쪽에서부터 숭산의 북쪽에 이르는 구간에 제방을 쌓았다. 여기서 숭산을 경기도 하남시 검단산으로 지목하는 데는 이견이 없다. 문제는 사성이다. 사성을 풍납동토성으로 비정하면 성의 서쪽 연안과 그 이남은 범람 때 속수무책이 된다. 바로 이곳에는 가락동과 석촌동의 지배층 분묘 구역이 소재한 동시에 몽촌토성도 입지

개간된 풍납동토성.

'풍납동(리)토성'은 사적으로 1963년에 지정된 유적의 법적 공식 이름이다. 그럼에도 많은 이들이 '풍납토성'으로 일컫고 있다. 그러나 '바람드리(배암드리)' 즉 '사성蛇城' 설의 입론을 연상시키는 '풍납토성' 호칭은 왜 손절하지 못하는지 모르겠다.

하였다. 이렇게 된다면 제방 축조는 아무런 의미가 없어진다. 도성 구간이 한강 범람에서 결코 벗어나 있지 않기 때문이다.

『風納里土城(京電 하이킹 코스 第3輯)』에 수록된 풍납동토성 모습. 지금은 성안과 성 바깥으로 건물들이 빽빽이 들어차 있어서 사진과 같은 토성의 모습은 상상할 수 없다.

풍납동토성 주변을 비롯한 한강 남안南岸 유적 분포도.

KBS 1호 헬기에서 바라본 풍납동토성 전경(2008.8.17).　　『風納里土城(京電 하이킹 코스 第3輯)』팸플릿의
한강변 도면.

　　도성을 안전하게 지키려면 제방은 풍납동토성 서쪽 구간으로 계속 이어져야 한다. 일제 때 도면을 보면 한강 연변에는 제방으로 보이는 흔적들이 드문드문 남아 있다. 계속 연변을 따라 서쪽으로 가면 삼성동토성이 나타난다. 서울 강남구에 소재했던 삼성동토성은 뱀처럼 구부러져 있다. 이러한 형상으로 인해 사성으로 일컬어졌는지는 알 수 없다. 어쨌든 삼성동토성에서 동쪽으로 제방을 축조해 검단산에 이른다면, 홍수로부터 도성 전체의 안전은 담보할 수 있다.

북성과 남성 그리고 한산

　　한성 도읍기 왕성은 2곳인 듯하다. 하북 위례성과 하남 위례성을 운위할 수 있다. 그러나 도성 개념이 조성된 시점에서 (북·남)한산과 연계된 (북·남)한성과 더불어, '한성 별궁'도 있다. 그리고 『일본서기』의 한성 함락 기사에서는 북성과 남성이 등장한다. 관련한 북성을 풍납동토성, 남성을 몽촌토성으로 지목하지만 당치 않다. 고구려군이 7일 낮과 밤을 포위해 북성을 함락시킨 후 남성도 함락시켰다. 풍납동토성과 몽촌토성은 650m에 불과하다. 고구려군이 풍납동토성을 7일 동안 포위했다면, 몽촌토성의 백제군이 수수

방관하지는 않았을 것이다. 되려 백제군이 고구려군을 역포위할 수 있다. 이는 너무나 자명한 상황이다. 만약 북성과 남성이 풍납동토성과 몽촌토성이라면 2성을 한꺼번에 포위해야만 한다. 이러한 추론이 상식이 아닐까? 그러나 고구려군의 북성과 남성 공격 상황을 보면 2성은 서로 인접하지 않았다. 고구려군의 북성 함락에는 꼬박 7일 낮과 밤을 소진했었다.

그러면 북성과 남성은 각각 어디에 소재했을까? 일단 왕성 함락 기사에서 북성과 남성이 모두 등장하고 있다. 이 2성은 동질성을 바탕에 둔 동급의 성임을 알려준다. 2성 모두 왕성일 가능성을 지닌 것이다. 그렇다면 2곳의 한성을 상기할 수 있다. 한성과 더불어 한강 이북의 북한성이다. 실제 『삼국사기』에는 '북한성' 혹은 '북한산성'이 등장한다. 고구려군이 북한성을 7일 만에 함락시킨 후에 강을 건너 한성을 포위한 것이다. 개로왕은 남성에 있다가 탈출 직후 생포되었다. 남성(남한성)이 곧 풍납동토성이 아니겠는가?

이와 관련해 근초고왕 대 한산 이도移都는 백제가 고구려를 꺾은 직후인 371년이다. 혹자는 고구려의 보복을 두려워해 한강 이남 하남시 일대로 옮겼다고 했다. 그러나 이러한 주장은 지극히 자의적이다. 고구려 우위의 관념에서 백제사를 내려다본 데서 나온 발상이었다. 근초고왕이 '이도'한 '한

몽촌토성 문터와 지금은 사라진 무문비. 비좌까지 갖춘 무문비는 지금 어디에 있는지?

경작지였던 몽촌토성 성안(1984.5.8).

조선 숙종 대에 축조한 북한산성 이전에 존재했던 성벽. 중흥동고성이요, 백제 북한성 유구로 보인다.

산'을 『삼국유사』에서는 '북한산'이라고 적었다. 북진의 승세를 타고 근초고왕은 한강 이북의 북한성으로 도읍을 옮긴 것이다. 조선 숙종 대의 북한산성 축조는 백제 때 북한성(중흥동고성)을 기초로 했기에 6개월 단기간에 공사를 마칠 수 있었다.

■ 참고문헌

이도학, 「백제 왕궁과 풍납동토성--사료를 통해 본 한성백제 왕성」『한성백제의 왕궁은 어디에 있었나?』 한성백제박물관 백제학연구소, 2013.9.27.; 「백제 왕궁과 풍납동토성—사료를 통해 본 한성백제 왕성」『한성백제의 왕궁은 어디에 있었나?』 한성백제박물관, 2014.

이도학, 「삼국의 국도(國都)·별도(別都)·주치(州治)였던 고양시 북한산성의 내력 바로 알기」『季刊한국의 고고학』 41, 2018.10.; 「삼국의 國都·別都·州治였던 북한산성」『행주얼』 59, 고양문화원, 2018.

백제의 서해안 장악과 한강을 통한 소금 독점 분배 :

"… 이는 곧 권력 범위의 확대를 뜻하기도 하는데, 소금을 매개로 한 교역 또한 점차 사여와 공납의 형식을 띠면서 정치 조직화되어 간 것으로 보인다.

백제국은 안산을 비롯한 서해 연안을 따라 계속 잠식해 가면서 소금 산지의 독점뿐 아니라 중국과의 교통로까지 장악하는 성과까지 올릴 수 있었다. 그럼에 따라 백제국은 노령산맥 이북의 마한 제국이 개별적으로 누리고 있던 중국과의 교역 창구에 대한 독점까지 가능하게 되었다. 이것이 지금의 경기도 전역과 충청도 그리고 강원도 일부 지역에까지 무력의 직접적인 수반없이, 백제국이 비교적 용이하게 세력을 미칠 수 있었던 요인이다. 백제국의 세력 확장비결은 여기에서 찾을 수 있으며, 소금을 자체 조달할 수 없었던 중부 내륙 지역에 대한 장악 배경은 이 같은 선상에서 보아 크게 틀리지 않으리라고 본다. 요컨대 백제국을 중심으로 한 정치적 통합의 규모는, 소금 루트를 통한 그 교역체제의 범위에 의해서도 규정된다.

백제국의 소금 생산은 국가 규모의 조직적인 대량생산 체계의 확립과 분업화를 촉진하는 요인이 되었다(이도학, 「伯濟國의 성장과 소금 交易網의 확보」『百濟研究』23, 1992, 19~20쪽)."

26. 근초고왕 대의 정복, 어디까지인가?

영역화 공간

백제 근초고왕은 왜倭와의 역사적 교섭을 열었다. 그리고 마한 정벌을 비롯해 기념비적인 업적을 남겼다. 그런데 이러한 기록은 『삼국사기』에는 전혀 보이지 않았다. 오로지 『일본서기』에서 얻게 된 정보였다. 『삼국사기』에 적힌 마한 정벌은, 8년(시조왕 26)에 시작해 9년(시조왕 27)에 "마한을 드디어 멸했다. 馬韓遂滅"가 전부였다. 시조왕 대에 백제가 마한을 병합한 연대가 서기 9년이었다. 이후 『삼국사기』에서 마한 관련 기사는 전혀 보이지 않는다. 그렇지만 마한 제국은 3세기 후반까지 중국 역대 왕조와 교섭한 기록이 꾸준히 보인다. 『삼국사기』 기록과는 달리, 마한 제국은 여전히 존재한다. 그것도 중국과 교섭할 정도의 운동력을 지니고 있었다. 마한 제국은 최소한 그때까지는 건재한 것이다.

그러면 4세기 대에 마한은 어떠하였을까? 369년에 해당하는 『일본서기』 신공 49년 조의 다음 백제 정복 활동 기사를 살펴본다.

그리고 비자발·남가라·훼국·안라·다라·탁순·가라의 7국을 평정하였다.

이에 군대를 옮겨 서쪽으로 돌아 고해진古奚津에 이르러 남만南蠻의 침미다례忱彌多禮를 도륙屠戮하여 백제에 내려주었다. 이에 그 왕 초고肖古 및 왕자 귀수貴須 역시 군대를 이끌고 와서 모였다. 그때 比利辟中布彌支半古四邑이 자연 항복하였다.

위의 기사에 보이는 지명 '比利辟中布彌支半古四邑'을, '比利·辟中·布彌支·半古'로 떼어 읽었다. 글귀 맨 끝의 '4개 읍'이라는 '四邑'에 묶인 해석이었다. 그러나 이러한 경우는 "… 今桑原·佐糜·高宮·忍海 凡四邑漢人

정읍 고사부리성 출토 '上部'·'上巷' 명 기와.

等之始祖也(『일본서기』 권9, 신공 5년)"에서 보듯이 '무릇 4읍凡四邑'으로 표기해야 맞다. 따라서 '四邑'은, '4개 읍'이 아니라 지명 일부임을 알 수 있다. 그리고 이들 지명은 『삼국지』 한 조의 마한 제국인 '不彌國·支半國·狗素國'을 염두에 두고 떼어 읽으면, '布彌·支半·古四'가 된다. 그러면 불미 = 포미, 지반 = 지반, 구소 = 고사와 연결되는 것이다. 순서대로 살피면 비리는 부안의 보안, 벽중은 김제, 포미는 정읍, 지반은 부안, 고사는 고부로 새롭게 비정되었다. 따라서 근초고왕이 남하해 정복한 영역은 지금의 전라남도가 아니라 전라북도 지역에 국한된다.

거점 지배 지역

백제는 이때 영역 지배와 동시에 거점 지배를 단행했다. 위에서 인용한 고해진과 침미다례가 그곳이다. 고해진은 지금의 전라남도 강진을 가리킨

해남 현산초등학교 소장 신라·가야 등 토기 일부. 당시 한양대학교 문화인류학과 4학년생이었던 유병린 군(현 경기주택도시공사 처장)과 김충배 군(현 허준박물관 관장)의 도움으로 토기 15개와 주조철부 1개를 1박 2일에 걸쳐 실측했다(1993년 12월 16~17일). 실측 도면과 제원은 이도학, 『백제고대국가연구』一志社, 1995, 341~344쪽에 수록되었다.

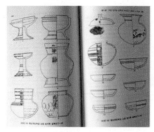

현산초등학교 소장 토기 도면.

현산초등학교 소장 주조철부 도면.

다. 제주도와 연결된 주요 항로를 낀 기항지였다. 침미다례는 지금의 해남 지역이었다. 그리고 백제의 침미다례 정벌을 '도륙'이라고 했다. 무자비하게 학살했음을 뜻한다. 이러한 표현은 침미다례가 강대한 세력이었음을 반증해 준다. 실제 해남 지역에 소재한 거대분巨大墳의 존재는 무시 못할 힘을 웅변하고 있다.

　서해안에서 남해안으로 꺾어지는 모서리에 소재한 침미다례였다. 기항지로서의 경제적 이점을 군사적으로 적극 활용했기에 정치적으로 성장한 것 같다. 해남 현산초등학교 교장실에 소장되었던 신라·가야 토기가 웅변하였다.

침미다례가 해남인 근거 :

"침미다례의 소재지는 낙동강 유역에서부터 서진해 온 백제군의 공격 방향을 놓고 볼 때, 강진의 서쪽이 분명하므로 그와 인접한 해남 일원을 지목할 수 있다. 이러한 추정은 통일신라 때 해남 지역에 설치된 3개 현縣 가운데 침명현浸溟縣의 '침명'이 침미다례의 '침미'와도 음상사로 연결되거니와 그 아화雅化된 표기인 데서 뒷받침되지 않을까 한다. 『일본서기』 응신 8년 조에는 '침미'를 '침미枕彌'로 표기하고 있어 그 음흡이 '침'인 것이 분명하기 때문이다.

영산강 유역의 영도 세력인 신미국(침미다례)의 거점은 해남 지역 내에서도 고총고분의 밀집지대인 북일면 일대로 간주할 수도 있다. 그렇다면 북일면 세력은 적어도 3세기 후반 이후에는 영산강 유역의 지역 연맹체인 20개 제국諸國의 맹주로 군림한 것이 된다. …

그러나 이와는 다른 측면에서 생각해 볼 수 있다. 북일면 지역은 두륜산맥 우편에 위치하여 있는 지리적인 편재성으로 인하여 영산강 유역 제국의 중심적인 역할을 하기는 어렵다고 판단된다. … 침미다례의 위치는 첫째 침미다례를 침명현과 결부 지어 해남으로 비정한 만큼, 그러한 근거가 되었던 침명현 구역에서 찾는 게 온당하다. 침명현은 백제 때 새금현이었는데, 현산면과 화산면을 중심으로 한 대둔산록 좌편 지역이었다. 둘째는 4세기 중반 무렵까지의 유적과 유물이 현저하게 확인되는 지역이어야 한다. 셋째는 369년에 백제의 공격을 받아 극심한 타격을 받은 결과 이후 고분의 성장이 중단되는 양상이 확인되어야만 한다.

침미다례의 후보지로는 이러한 세 가지 조건에 맞아야만 하는데 앞에서 언급한 바 있는 삼산면의 옥녀봉 토성 지역으로 비정된다. 물론 아직까지 면밀한 조사가 되어 있지 않은 관계로 이 지역에서 4세기 후반 이후의 고분 성장이 중단되거나 위축된 현상은 확인할 수 없는 한계가 있다. 그리고 옥녀봉토성 일원은 비록 침명현 중심지 북쪽에 잇대어 있는 삼산면에 속하여 있지만, 동일한 침명현 구역에 해당했을 가능성이 클 뿐 아니라, 고분의 성장이 계속되고 있는 현산면의 죽금성 지역과는 대조되기 때문에 일단 침미다례로 비정하는 게 가능해진다(이도학,『백제고대국가연구』一志社, 1995, 350~352쪽)."

나주 반남면 신촌리 세력 :

반남 세력은 마한 54국 가운데 불미국不彌國으로 비정되어 왔다. 그러나 불미국은 음절 상으로도 반내부리半奈夫里로 불렸던 이곳 지명과의 연결이 자연스럽지 않다. 이 경우는 발라發羅와 연결 짓더라도 마찬가지이다. 특히『일본서기』신공 49년 조에 따르면 백제가 점령한 지역에 보이는 포미布彌는 불미국과 연결할 수 있다. 더욱이 이때 점령한 포미 등은 금강 이남 ~ 노령산맥 이북 사이에서 정읍으로 비정한다. 따라서 불미국은 영산강 유역의 나주 지역과는 연결이 어렵다. 비록 편린에 불과하지만 반남면 청송리 출토 동검이 암시하듯이 나주 반남 세력은 마한 54국 가운데 1개국은 분명하다고 본다. 이 중에서 찾는다면 오히려 내비리국內卑離國으로 지목하는 게 타당할 것 같다.

자미산성 내부 건물지에서 출토된 백제 명문 와瓦에서 이곳을 '반내부半乃夫(里)'라고 하였다. 여기서 접두어격인 '반半'을 떼어버린 '내부乃夫(里)'와 '내부리奈夫里'는 내비리內卑離와 쉽게 연결된다. 그리고 반내부리의 '반'은 백제가 이 지역을 접수한 후에 내비리국을 '반쪽 냈다'라는 의미

나주 반남면 신촌리 고분 출토 금동관.

로 붙인 정치적 지명으로 보인다. 백제가 369년에 강대한 해남의 침미다례를 공격할 때 '도屠'라는 거친 표현을 구사하였다. 게다가 침미다례에는 '남만'이라는 멸칭까지 구사했다. 역으로 이는 침미다례의 강성을 읽을 수 있게 한다. 백제는 강성한 반남 세력을 제압한 후 끝장내려는 의미로 '반쪽 낼' '반半' 자字를 붙인 것으로 해석된다. 이 사실은 역으로 반남 지역 내비리국의 정치적 위상과 강대한 힘을 함께 반증해 준다.

(이도학, 「榮山江流域 馬韓諸國의 推移와 百濟」『百濟文化』49, 2013, 116쪽. 126쪽.)

영암 내동면 쌍무덤 세력 :

영암군 홈페이지 역사와 연혁, 삼한시대 편 "마한 중심 나라 목지국의 최후 중심권이 이곳으로 54국 중 월지국으로 추정됨"이라고 적혀 있다. 『삼국지』 판본에 따라 마한의 맹주는 목지국目支國 혹은 월지국月支國으로 표기되었다. 월지국을 영암과 연관 짓는 것은 백제 때 월나군月奈郡 지명에서였다. 그러나 애초 표기는 목지국이므로, 월나군과 결부 짓는 견해는 성립되지 않는다.

영암 지역에 소재한 소국 이름의 추정과 관련해, 백제 때 아로곡현阿老谷縣 (영암군 금정면 안로리)의 아로곡은 마한 제국 가운데 염로국冉路國이나 아림국兒林國과 연관 지을 수 있다.

(이도학, 「백제의 마한 병합 과정과 영암 내동리 쌍무덤」『영암 내동리 쌍무덤 사적 지정 학술대회』영암군·전남문화재연구소, 2023.9.15, 58~59쪽.)

근초고왕 대에 점령한 지역은 금강 이남~노령산맥 이북이었다. 백제의 표지 토기인 삼족토기의 남한계선과 대략 부합하고 있다. 그리고 『삼국사기』에서 시조왕 대의 남방 경계를 웅천 즉 금강으로 한 기록과 맞아떨어진다. 이후 시조왕 대의 기사에 따르면 백제는 고사부리성을 축조하였다. 여기까지가 시조왕 대의 남방 영역이었다. 고사부리성은 전라북도 고부(정읍)를 가리킨다. 이 사실은 369년에 점령한 '고사'가 고사부리성인 사실과 연결된다.

고흥 길두리 안동 고분 발굴 장면.

『삼국사기』만 본다면 백제의 마한 통합에 관한 기사는 시조왕 대에만 국한되었다. 백제의 다른 어느 시대에도 마한 관련 기사는 전혀 보이지 않는다. 백제가 마한 제국을 정복한 것은 시조왕 대에 완결된 것으로 했다. 그러나 역사적 사실에 부합할 리는 없었다. 다만 어떤 메시지는 던져 놓았다고 본다. 백제가 북으로 패하(예성강)에서, 남으로 웅천(금강) 나아가 고사부리성(고부)까지 진출한 시기를 시조왕 대로 구상한 것이다. 마한 제국에서 출발한 백제의 국토 완정完整 시기를 시조왕 대로 설정했다. 영산강 유역의 마한 세력은 백제의 기본 영역에 포함되지 않았다. 백제는 이곳을 '남만'이라는 '황역荒域'으로 간주했다.

고흥 길두리 안동 고분 출토 철제 투구와 갑옷. 5세기 중엽에 제작된 이러한 투구와 갑옷은 왜에서 흔히 찾아볼 수 있다고 한다.

백제의 기본 영역은 기실 근초고왕 대의 성과였다. 더욱이 시조왕이 마한을 멸망시켰다는 서기 9년은, 근초고왕이 남정한 369년과 6갑자甲子 꼭 360년 차이가 난다. 시조왕과 근초고왕은 서로 대응 관계였던 듯하다.

그러고 보면『삼국사기』시조왕 대의 영역 획정 기사는, 백제는 처음부터 단일 정치체로 출발했다는 메시지였다.『일본서기』도 왜의 시조왕 대에 일본열도 통합을 천명했다. 국토에 대한 태생적 소유권을 선포한 것이다. 물론 백제가 영산강 유역을 포함하지 않았듯이, 왜도 에미시蝦夷가 거주하는 혼슈의 동북 지방은 남겨 놓았다. 백제의 기본 영역은 예성강 이남~노령산맥 이북이었다. 백제 멸망 후 국가 회복을 위한 항쟁 때도 주로 노령산맥 이북 지역이 중심이었던 점도 직시해야 한다.

다만 백제는 지금의 전라남도 지역 가운데, 남해안 해로와 관련한 주요 통로인 고흥반도, 그리고 양질의 철광 산지인 욕나谷邪, 섬진강 하구의 다사진(하동), 항로상 제주도와 연결된 고해진(강진) 등은 직접 장악했다.

백제의 천하관 :

"그런데 백제가 영역적 지배가 아니라 공납적 지배의 대상으로 설정한 영산강 유역의 침미다례를 '남만南蠻'으로 일컫고 있음은 주목되는 사실이다. '남만'이라는 표현은 사서 편찬 시의 인식이 일차적으로 반영된 것이지만, 그와 같이 불린 세력이 백제에 복속되지 않은 채 마한 경략 이후에도 존속한 것을 생각할 때, 사이四夷의 중심에 자리 잡았다는 천하관과 관련짓는 게 가능하다. 즉 백제는 중화적인 천하관을 빌어 노령산맥 이남의 마한 잔여 세력을 남만이라는 멸칭으로 일컫은 것이다. 이러한 사실은 백제가 남만뿐 아니라 여타의 사방적四方的 이명夷名도 설정하여 그 중심에 군림한다는 인식을 지녔음을 알려주는 동시에 자국 중심의 사방관념에서 주변 국가를 저급하게 취급함으로써 우월성을 내세우는 천하관의 발로라고 하겠다(이도학, 『백제고대국가연구』一志社, 1995, 244~245쪽)."

근초고왕 대의 역사서 편찬? :

『삼국사기』 근초고왕 말년인 30년(375) 11월 조에 "古記云 百濟開國已來 未有以文字記事 至是得博士高興 始有書記 …"라는 구절이 있다. 이와 관련해 『이칭일본전』의 "… 백제에서 처음으로 중국 문자를 얻었다. 應神天皇 甲辰歲 始於百濟得中國文字"는 구절은, "백제는 개국 이래 문자로 일을 기록하지 못했는데, 이에 박사 고흥을 얻어 비로서 서기 함이 있었다"라는 문구와 대응한다. 전자의 응신 갑진년인 284년에 2주갑周甲 120년을 하향시키면, 아화왕 말년인 404년(재위 13)이다.

『삼국사기』 해당 기사는, 연대가 분명하지 않았기에 근초고왕 말년 조에 붙여 놓은 것이다. 그런 데 반해 『이칭일본전』 해당 기사의 출전은 알 수 없지만, 구체적인 연대를 명시하였다. 여러 면에서 차분히 반추할 가치가 있다.

참고로 '서기書記'를 역사서로 처음 지목한 이는 성호 이익李瀷(1681~1763)이었다. 물론 축적된 기록물이 역사서의 바탕이 되겠지만, 이 문장 자체는 특정 역사서 이름이나 역사 편찬을 뜻하지는 않는다.

■ 참고문헌

이도학, 「百濟 初期史에 관한 文獻 資料의 檢討」『韓國學論集』 23, 漢陽大學校 韓國學
　　　研究所, 1993.

이도학, 『백제 고대국가 연구』 一志社, 1995.

이도학, 「榮山江 流域 馬韓諸國의 推移와 百濟」『百濟文化』 49, 2013.

이도학, 「나주 반남면 신촌리 9호분 금동관의 제작 주체」『나주 신촌리 금동관의 재조명
　　　국제학술대회』 국립나주박물관, 2017.11.17.; 「나주 반남면 신촌리 9호분 금동
　　　관의 제작 주체」『나주신촌리 금동관의 재조명』 국립나주박물관, 2019.

이도학, 「백제의 마한 병합 과정과 영암 내동리 쌍무덤」『영암 내동리 쌍무덤 사적 지정
　　　학술대회』 영암군·전남문화재연구소, 2023.9.15.

27. 욕나谷那 철산은 어디에 소재했는가?

상인 군주 근초고왕

상인商人 군주였던 근초고왕은 왜와의 교류를 시도했다. 탁순국(창원)을 방문한 왜 사신을 자국으로 불렀다. 그에게 근초고왕은 철정 40매와 오색 채견綵絹, 그리고 각궁전角弓箭을 선물했다. 왜인들의 소유 욕구가 지대한 양질의 철 소재, 지배층 기호에 맞는 호사품인 오색 비단, 인장 강도가 높아 관통력이 큰 기마전용 무소뿔로 만든 활과 화살을 선보인 것이다. 그리고 근초고왕은 보물창고를 열어 보이면서 "우리나라에는 이러한 진보들이 많다"고 하면서 왜 사신 편에 진물珍物을 딸려 보냈다.

왜왕의 반응은 "완호진물玩好珍物들은 일찍이 없던 것이다"고 했다. 왜왕은 휘황한 백제 물산의 진귀함에 매혹된 것이다. 이후 백제와 왜는 공급·수요처 관계가 설정되었다. 양국은 경제 공동체가 된 것이다. 이러한 선상에서 백제는 372년 칠지도와 각종 중보重寶를 보내면서 "저희 나라 서쪽에 물이 있는데, 근원은 욕나 철산으로부터 나오는데, 멀기는 7일을 가도 이르지 못할 정도인데, 마땅히 이 물을 마시면 곧바로 그 산철을 얻을 수 있다. 臣國以西有水 源出自谷那鐵山 其邈七日行之不及 當飲是水 便取是山鐵(『일본서기』권9, 신공 52년)"고 했다.

신비하게 채색한 욕나 철산

자신들이 확보한 철산에 대한 신비감을 높일 목적에서 나온 이야기였다. 특히 왜인들이 탐내는 곳인 만큼 소재지를 정직하게 드러냈을 것 같지도 않다. 그러므로 백제 서쪽의 강줄기를 탐색하는 일은 도로에 불과할 수 있다. 임진강과 예성강을 지목하기도 하지만, 모두 백제의 국도 북쪽이므로 방향이 맞지 않는다. 더 근원적인 문제는 '강'이 아니라 '물'이라고 했다는 것이다. 그것도 한 문장에 2곳에서나 동일한 곳을 가리켜 '물水'이라고 했다. 이러한 용례는 "물이 있으면 마시게 하고, 없으면 가다가 물이 있는 곳에 이르러 마시게 한다. 有水則飮 無則行到有水處飮之(「庚子燕行雜識」(下))"는 구절을 연상시킨다. 강이 아니라는 것이다. 아주 먼 곳에 소재한 욕나 철산의 산철을 얻으려면 먼저 나라 서쪽에 소재한 물을 마셔야 한다고 했다. 왜인들이 도저히 접근할 수 없는 허구의 샘물을 만들어 놓은 것이다. 이 점을 똑똑히 직시해야 한다.

그리고 일각에서는 욕나(곡나)를 황해도 곡산으로 추정하고 있다. 그러나 고구려 때 이곳은 십곡성현十谷城縣이었고, 통일신라 때는 진단현鎭湍縣이었다. 곡나든 욕나든 황해도 곡성 지역과는 연결되지 않는다. 차라리 평안북도 철산군鐵山郡을 연결하는 게 낫겠다.

앞서 제기했듯이 소재지가 불분명한 샘물이 등장하지만, 이 구절의 키워드는 '욕나'와 '철산'이다. 철산에서 채취한 철광은 현지 제련소에서 철을 뽑아내기도 했겠지만, 강을 이용해 도시의 제련소로도 향했을 것이다. 현지에서 추출한 철 제품도 선편을 이용해 도성으로 공급하였을 게 분명하다. 제련소 중에는 응당 소비 수요가 높은 도회에 소재한 경우가 많았을 것이다. 당시 백제 최고의 도회는 도성인 한성이었다. 욕나 철산에서 채굴한 철

광이든 제련된 제철이든 한
성으로 부단한 공급이 이어
졌을 것이다.

수로를 끼고 있을 양질의
산철山鐵 생산지인 욕나는,
전라남도 일원에서 찾을 수
있다. 397년 상황에서 '동한
의 땅東韓之地'과 결부되어

욕나군 치소인 곡성 당동리 산성에서 바라본 보성강. 보성
강은 섬진강으로 이어진다.

침미다례와 욕나가 등장한다(『일본서기』 권10, 응신 8년 3월). 여기서 함께 적
힌 침미다례는 해남을 가리킨다. 욕나의 경우도 이와 인접한 지역 반경에서
찾을 수 있다. 그런데 황해도 곡산은 '동한의 땅'이라기 보다는 '북한北韓의
땅'에 걸맞다. 반면 곡성을 백제 때 욕내군欲乃郡이라고 했다. 곡나의 '곡'
은, 토욕혼土谷渾의 예에서 보듯이 '욕'으로도 발음이 난다. 욕내와 욕나는
음이 근사하다.

그뿐 아니라 곡성군 온수1·2리에는 "쇠가 나왔다는 철철 바위도 있다"고
했다. 이와 동일한 대상에 대해 온수 마을(온수 1리)에 소재한 금강-모랭이
에서 쇠가 나왔다고 하여 현재 '철 바위'로 불리는 바위가 있다. 더욱이 이
곳 지명은 철점鐵店이었다.
욕내군 치소로 전해지는 죽
곡면에는 수철점리水鐵店里
라는 지명이 전하고 있다.
무쇠 산출을 암시해 주는 지
명이다. 곡성 지역에 철광이
소재했음을 알려준다. 석곡
면에 가까운 금산부곡金山部

일본 나라현 덴리시 이소노가미 신궁에 봉안된 칠지도(복
제) 봉영 장면.

曲(『輿地圖書』玉果縣, 古跡)의 '금산' 또한 철산의 존재를 뜻한다. 그리고 일제 때 간행한 『조선광구일람』에서는 곡성군 관내에서 철광 대신 금·은광이 20개소 이상 확인되었다. 이렇듯 광맥의 풍부함을 주목한다면 애초 철 매장 가능성도 배제하기 어렵다. 실제로 고대의 야철 작업과 사철층砂鐵層이 확인된 곳이 경기도 가평과 양평 지역이었다. 그러나 이곳에서 현재 철광은 확인되지 않는다. 반면 금·은광은 40개소와 90개소 이상 각각 확인되었다. 이 같은 철광맥의 단절을 염두에 두어야 한다.

무엇보다 판로와 관련해 가장 중요한 통로인 물길 섬진강과 연결된다. 게다가 곡성 방송리에서는 한성 도읍기 금제 귀고리가 출토되었다. 백제의 힘이 이곳까지 깊숙이 미쳤다는 방증이었다. 욕나 철산을 곡성으로 비정할 수 있는 근거였다.

칠지도의 모티브였을 세계수의 일종인 천계天鷄가 앉아 있는 후한 대에 제작한 도도수陶都樹(河南省 濟源市 泗澗沟 漢墓 출토).

■ 참고문헌

이도학, 『가야는 철의 왕국인가 ―가야·신라·백제의 鐵』학연문화사, 2019.

이도학, 「谷那 鐵山과 百濟」『東아시아古代學』25, 2011.

28. 백제의 요서경략은 '설'인가? '사실'인가?

우리 문헌에 보이지 않으므로 믿기 어렵다?

백제의 요서경략은 중·고등학교 교과서에 수록될 정도로 유명한 역사적 사건이었다. 그러나 쟁점화했다가 현재는 슬그머니 자취를 감추고 있다. '설說'이라는 꼬리표가 붙었던 학설 아닌 학설이 요서경략 기사였다. 고등학교 한국사 교과서 중에는 "백제의 요서 진출은 중국 역사서 『송서』, 『양서』 등에는 기록되어 있으나 우리나라 역사서에는 기록이 없어 사실 여부에 대해 논란이 있다"고 하였다.

이러한 주장대로라면 근초고왕 대의 마한 경략도 '우리나라 역사서에는 기록이 없어 사실 여부에 대해 논란이 있다'고 해야만 한다. 근초고왕 대의 마한 경략은 일본 역사서에서만 확인되었다. 그리고 해상왕 장보고의 활약상이나 을지문덕의 대공大功도 당초 일본이나 중국 문헌을 통해 확인했거나 옮겨온 것이다. 따라서 '우리나라 역사서에는 기록이 없어' 운운은 어불성설이었다. 황초령과 마운령 진흥왕순수비도 『삼국사기』에 적힌 신라 경역보다 훨씬 북쪽에 세워진 것이다. 이 역시 '우리나라 역사서에는 기록이 없어'라는 것에 해당하므로 부정해야 마땅하다. 이케우치 히로시池內宏

(1878~1952)가 제기한 고려 윤관尹瓘의 순수비 이치설移置說도 이러한 정서를 파고든 것이다. 언제부터 기사 누락이 극심한 『삼국사기』를 기록의 보고寶庫로 여겼는지?

「광개토왕릉비문」에 적힌 전쟁 기사 또한 우리 역사서인 『삼국사기』와 부합하는 내용이 없었다. 광개토왕 대의 영역 확장도 광개토왕릉비를 통해 확인되었다. 이병도 역시 "광개토왕의 정복한 백제의 58성은 … 이러한 대사건에 관한 기사가 『삼국사기』에는 단 한 줄도 비추지 아니한 것은 사료의 결핍에서 초래된 큰 유루遺漏라고 보지 아니할 수 없다"며 개탄했다. 『삼국사기』에만 의존할 수밖에 없는 다산 정약용은, 광개토왕 때 대동강~예성강(평산 저탄)까지만 영역을 확장한 것으로 파악했다. 그러면 「광개토왕릉비문」의 정복 기사도 우리 역사서에 보이지 않으므로 부정해야 하는 것일까?

우리나라 역사서에는 왜 기록이 없는가? :

"(고구려의) 고조高肇가 어떠한 경위로 북위北魏에 들어갔는지는 이미 상고할 수 없다. 대체로 우리나라 옛일마저 인멸되어 상고할 자료가 없어 흑치상지·장보고·정연鄭年과 같은 사람들은 모두 중국 기록에 근거하여 전해져 왔다. 이처럼 문헌이 빈약한 것은 무엇 때문인가?

…

사적을 상고하기 어려운 것은 고조만이 그러한 것은 아닙니다. 안시성의 장수나 백결 노인 같은 두드러진 인물 또한 인멸된 채 전해 오지 않았습니다. 흑치상지 같은 사람들이 중국 기록으로 전해져 내려온 것보다도 도리어 못한 것입니다. 이것은 대개 고려 이전에 습속習俗이 경박하여 문헌의 중요성을 인식하지 못했기 때문입니다. 또는 혹여 삼국의 분열로 명산名山에 보관해 오던 자

백제가 랴오허의 서쪽 요서 지역을 '경략' 즉 차지하여 다스렸다는 기사는 중국 사서에서 찾아진다. 488년에 찬술한 『송서』를 필두로 사서에서는 요서경략 기사가 이어졌다. 그런데 요서경략 기사는 전사前史를 그대로 옮겨적은 것은 아니었다. 시점과 내용이 보태지거나 위치에 대한 구체적인 진술까지 덧붙여졌다. 이 사실은 요서경략이 지나간 관념의 산물이 아니라 생생한 사실이었음을 반증한다.

요서경략이 남조에 알려진 계기

백제 개로왕은 5세기 중엽 유송劉宋에 사신을 보내 자신과 신하들의 관작官爵 제수除授를 요청했다. 당시 백제는 고구려의 남진 압박에 시달리고 있었다. 게다가 개로왕은 피의 숙청을 통한 왕족 중심의 강고한 친위체제를 구축하고자 했다. 개로왕은 자국의 위상을 올려 높은 품계를 제수받음으로써 자신의 정치적 위상을 높이고자 하였다. 이때 개로왕은 유송과 연대해 북적北敵인 북위와 고구려에 공동 대응할 수 있는 소재를 찾았다. 개로왕은 유송의 현안인 북위의 위협 타개와 더불어, 북벌北伐을 함께 해 운명공동체가 될 수 있는 근거를 제시했다.

개로왕은, 동진 말의 혼란기에 북위와 접한 요서 지역에 진출, 군郡을 설치해 통치하고 있음을 알렸다. 북위는 백제와 유송의 공적共敵인 것이다. 백제와 유송이 연대할 수 있는 명분과 근거가 마련되었다. 백제의 요서경략이 중국 사서로는 최초로 『송서』에 수록된 배경이다.

요서경략 기사

백제의 요서경략은 정치적 목적에서 창출된 것은 아니었다. 실체가 없는 '만들어진 역사'였다면, 후대 사서는 『송서』의 기사를 답습만 했을 것이다. 『송서』에서는 "그 후 고려가 요동을 차지하자 백제는 요서를 차지하였다. 백제가 다스리는 곳을 진평군 진평현이라고 했다"고 하였다. 여기서는 고려 즉 고구려가 차지한 요동의 구체적인 지역 명시가 없다. 『송서』에 이어 두 번째로 요서경략을 게재한 「양직공도」에서는

「양직공도」의 요서경략 기사.

고구려가 요동에서 공격한 대상을 '낙랑'이라고 했다. 고구려는 평양에서 요동으로 이동한 낙랑을 차지한 것이다. 「양직공도」는 『송서』의 빈 부분인 고구려의 경략 대상을 '낙랑'으로 채워주었다. 백제가 요서에서 차지한 곳은 『송서』와 달라지지 않았다. 그랬기에 「양직공도」에서는 진평현을 그대로 기록하였다.

그런데 대다수는 「양직공도」의 "晋末駒麗略有遼東樂浪亦有遼西晋平縣" 구절에서 처음 보이는 '낙랑'을 주어로 삼았다. 낙랑을 요서 진평현 설치의 주체로 간주하였다. 그러면 "진말晋末에 고구려가 요동을 차지하자, 낙랑 역시 요서의 진평현을 차지했다"는 해석이 도출된다. 그러나 본지本地에서 쫓겨나 그것도, 요동도 아니고 상징성만 있는 요서에서 페이퍼 컴퍼니 교군僑郡에 불과한 낙랑이 요서 일부 지역을 쳐서 점령한다는 것은 꿈결 속에서나 가능하다. 이 기록을 담은 「양직공도」 백제국사百濟國使 조에는 백제와 낙랑이 등치等値라는 전제가 없다. 오히려 '역亦'이라고 하여 고구려와 등치임을 밝혔으니 주어가 바뀌지 않은 것이다. 그러니 요서경략 주체는 이

구절의 주어요. 표제標題인 '백제'를 가리킨다고 보아야 맞다. 따라서 본 구절은, 북한의 김세익이 처음 언급한 대로 "晋末駒麗略有遼東樂浪 亦有遼西晋平縣"로 떼어 읽어야 한다. 이렇게 하면 "진말에 고구려가 요동의 낙랑을 차지하자, (백제) 역시 요서의 진평현을 차지했다"는 해석이 도출된다.

「양직공도」 해당 구절은 고구

「서울신문」 시론(2010.10.22. 31면)의 요서경략 칼럼.

려 = 요동 = 낙랑, 백제 = 요서 = 진평의 대응 관계를 보여주었다. 이와는 달리 『양서』에서는 "진晋의 치세에 고구려가 이미 요동을 차지하자, 백제 역시 요서와 진평 2군郡의 땅을 차지하고 스스로 백제군을 두었다"고 했다. 고구려는 『양서』와 『송서』 이전 단계에 이미 요동 전체를 석권하였다. 그랬기에 고구려가 차지한 특정 군을 적시하지 않았다. 반면 백제는 요서 전역이 아니라 그 일부 지배였기에 진평군을 적시한 것이다. 설령 「양직공도」 필자의 의도와는 달리 낙랑이 백제와 등치라고 하자. 그렇더라도 백제의 요서경략을 부인하는 기록은 될 수 없다. 교군에 불과한, 그것도 요동도 아닌 요서의 낙랑이 진평현을 경략할 수는 없기 때문이다.

요서경략 소재지 확인

백제가 차지하여 다스렸다는 요서의 거점인 진평군의 위치에 대한 정보는 당 대唐代에 지은 『통전』과 청 대淸代의 국가 기록에서도 덧붙여졌다. 각각 "유성柳城과 북평北平의 사이"나 "금주錦州·영원寧遠·광녕廣寧의 땅"이라고 했다. 이 같은 구체적인 위치 명시는 백제의 요서경략이 와전이나 허구가 아님을 반증한다. 복수의 전승 자료가 존재했음을 뜻하고 있다. 백제가 해당 지역을 지배하지 않고서는 생성되기 어려운 기록들이었기 때문이다.

진평군이 설치되었다는 유성은 지금의 랴오닝성 차오양朝陽에, 북평은 베이징北京 부근으로 지목되었다. 최근 차오양 일원에 대한 북조기北朝期의 분묘를 발굴 조사한 결과, 북위의 행정력이 3연燕의 수도였던 지금의 랴오닝성 베이퍄오北票 일원은 물론이고 차오양에도 미치지 못한 것으로 드러났다. 그럼에 따라 진평군의 소재지를 지금의 차오양~베이징 부근으로 기록한 『통전』의 신뢰성은 높아졌다. 이곳은 북위와 고구려 사이의 공백지였기 때문이다. 그런데 이와는 달리 청 대의 "(唐의) 마단림馬端臨이 진평晉平은 당唐 때 유성과 북평 사이에 있었다고 말했는데, 실은 지금의 금주·영원·광녕의 땅이다"는 기록 또한 의미를 갖게 한다. 이곳은 차오양 동편이나 동남편이기에, 북위 영역 바깥인 동시에 랴오허 서편이다. 백제가 설치한 진평군이 소재할 수 있는 입지로서는 하자가 없다.

물론 백제의 진평군은 북위 후기에 차오양 이서以西 방면으로 이동했을 수 있다. 차오양 근방 북조 분묘들이 후기에 조영되지 않은 사실은, 북위의 철수를 뜻하기 때문이다. 어떻게 보든 『통전』의 위치 기록은 여전히 유효하다. 이와 연계해 중국 사서에서 고구려의 서계西界를 영주營州 즉 차오양이라고 한 기록이 주목된다. 앞서 제기한 고고학적 물증과 결부 지을 때, 북위 후기의 분열을 틈타 고구려가 차오양까지 진출한 근거로 해석할

요서경략 지역.

수 있기 때문이다. 사서 기록과 물증의 일치로 평가할 수 있다.

북조계 사서에 보이지 않은 이유

백제의 요서경략을 부정하는 논자들은 북조계 사서에 보이지 않는다는 점을 거론하였다. 그러나 이 사안은 형편 좋게 속단할 성질은 아니다. 금석문을 통해 고구려가 평주平州(灤河流域)를 점령한 사실이 확인되었다. 그렇지만 『위서魏書』 지형지地形志 등 북조계 사서에서는 전혀 수록하지 않았다. 중국과 일본의 연구자들은 평주 함락을 기록하지 않은 이유를 단순 오류가 아니라 고의적인 누락으로 간주했다. 이와 마찬가지로 요서경략도 북조 인들의 고의적 누락에 혐의를 두어야 하지 않을까? 더욱이 『위서』는 사료 증거 능력이 현저히 떨어진 관계로 '예사穢史'로 불리기도 했다. 즉 '더러운 역사서'라는 뜻이다. 이러한 북조계 사서에 요서경략이 비치지 않는다고 해 그 실체가 없었던 양 속단해서는 안 된다.

더 중요한 사실은 백제의 요서경략은 백제 역사라는 점이다. 응당 백제사에 수록할 내용이었다. 북조에서 백제 영역인 진평군을 자국사自國史 지형지에 수록할 일은 아니었다. 게다가 당시 남조와 북조는 격렬하게 대립하였다. 상대 국가에 대한 비칭과 멸칭이 일상화되었다. 게다가 양조兩朝는 상대국 영역으로 지방관을 임명하는 요령遙領과 허봉虛封을 통해 자국이 마치 전 중국을 통치하여 정통성을 지닌 양 과시했다. 이러한 상황과 정서이니 요서의 진평군도 기록과 문서상으로 은폐돼 버렸다고 해도 하등 이상할 게 없다. 어쩌면 지극히 자연스러운 일이었다.

백제와 북위의 격돌 기사가 의미하는 것

백제는 고구려와는 달리 이상할 정도로 남조 일변도의 교류를 했다. 다만 고구려의 압박이 임계점에 이른 472년 개로왕은 북위에 처음으로 사신을 파견하였다. 남·북조 등거리 외교를 한 고구려와는 달리 백제가 남조 일변도의 교류를 가진 이유는, 북위와 대치한 요서 진평군 때문일 때 수긍이 간다. 실제 백제는 488년과 490년에 북위와 격돌한 바 있다. 비록 과장이 있다고 치더라도 북위 기병騎兵 수십만數十萬이 백제 경내로 진입한 기사는, 요서 진평군을 고려하지 않고서는 상정하기 어렵다.

물론 백제의 해상 능력을 의심하는 논자들도 있다. 그러나 「광개토왕릉비문」에 따르면 404년 왜군은 선단을 이용해 대방계帶方界까지 쳐들어왔었다. 해로를 통한 왜군의 고구려 원정이 가능했음을 알 수 있다. 그럼에도 이보다 거리가 짧은 백제의 요서 상륙은 불가하다고 했다. 백제에 대한 편견이 깊은 것이다.

요서경략 이해의 요체는 기록의 불비不備가 아니었다. 가슴 속에 깊이 박힌 편견의 장벽 때문이었다. 마음으로 높이 쌓은 신기루 같은 만리장성벽을 허물어야만 진실과 만날 수 있지 않을까?

백제의 해외 거점

일각의 편견과는 달리 백제의 해외 거점을 웅변해 주는 물증이 보인다. 중국 장쑤성 롄윈강連雲港 산지대에서는 애초 1천여 기基에 이르는 백제 석실분이 산재해 있었다. 19세기 후반의 산둥성 지진 이전에는 도서島嶼였던 곳에 백제 분묘가 조성된 것이다. 중국 동부 연안과 도서 지역은 국가 멸망 후 백제인들이 사민徙民된 곳은 아니었다. 백제인들의 진출일 수밖에

장쑤성 롄윈강 백제 석실분 내부.

없다. 실제 『구당서』에는 백제의 사방 영역을 언급하면서 "서로는 바다를 건너 월주에 이르렀다 西渡海至越州"고 했다. 월주는 중국의 저장성 샤오싱紹興 일대를 가리킨다. 정사에서의 구체적인 기록이다. 백제의 요서경략 이래 중국 동부 연안 진출 사례였다.

광시좡족자치구 백제허에서의 '백제' 관련 지명 모음.

중국의 최남단이요 베트남과의 접경 지역인 광시좡족자치구廣西壯族自治區에는 '백제향百濟鄕'과 '백제허百濟墟' 지명이 백제의 존재를 환기하게 한다. 문화는 발상지보다 변두리에서 잘 보전된다는 말을 실감시켜 준다.

기록이 절대로 적지 않은 요서경략

백제의 요서경략 기사는 직간접 사료만 추려도 13종種에 이른다. 절대로 적지 않은 사료들이었다. 그것도 백제에 영토를 빼앗긴 중국인들의 기록이 주종을 이룬다. 그럼에도 요서경략 부정론자들은, 더 많은 자료를 요구하고 있다. 완벽한 자료가 남아 있다면 한국 고대사 연구는 일도 아닐 것이다. 그러니 생떼를 쓴다는 인상을 지울 수 없었다.

아무리 곱게 받아들이려 해도 근자에 '요서 진출설을 강변하는 사이비 역사학'이라는 글귀는 도를 넘었다. 요서경략은 공론의 장場에서 치열한 논의를 한다면 바랄 나위 없다. 그럼에도 믿고 싶은 것만 믿는 확증편향 성향에, 대롱 구멍으로 하늘을 보는 줄도 모르고 기고만장한 모습에는 연민마저 든다.

백제의 요서 진출 동기

백제는 요서의 후연과 연계하여 고구려를 견제해 왔었다. 400년 고구려 군 보기步騎 5만의 낙동강 유역 출병도, 허실을 틈탄 후연의 고구려 후방인 서방西方 급습으로 실패하고 말았다. 백제와 후연의 연계를 의심할 수 있는 사안이었다. 그런데 이제는 고구려의 반격을 받아 후연이 위태롭게 되었다. 후연의 구원 요청을 받아 백제군이 요서에 급거 출병하였다. 그 직후 후연 은 붕괴되고 고구려 왕족 출신 고운高雲의 북연 정권이 들어섰다. 북연과 고 구려는 즉각 우호 관계를 유지했다. 그러자 출병했던 백제군은 상황이 모호 해졌지만, 주둔한 지역을 실효 지배했다. 요서경략의 기원을 새롭게 추정한 것이다.

■ 참고문헌

이도학, 『한국 고대사 최대 쟁점, 백제요서경략』서경문화사, 2021.

이도학, 「백제의 요서경략과 중·고등학교 한국사 교과서의 기술」『한국전통문화연구』
      15, 한국전통문화대학교, 2015.

이도학, 「백제의 遼西經略에 관한 논의」『단군학연구』43, 2020.

29. 한국 내 전방후원분에는 누가 묻혔나?

한반도 내 전방후원분을 장고분으로 호칭하기도 한다. 분묘의 형태가 우리 전통악기 장고를 닮아서였다. 그러나 외형에 앞서 묘제와 부장품을 비롯한 속성이 일본열도 고훈시대 분묘와 닿고 있다. 따라서 전방후원분이라는 고고학 용어를 사용하는 게 온당하다.

일본에서 기원한 한반도 내 전방후원분의 조성 배경과 성격에 대해서는 논의가 분분하다. 그런데 전방후원분은 임나일본부 물증을 연상시켰다. 그렇지만 한반도 내 전방후원분은 5세기 말~6세기 전반이라는 제한된 시점에 조성되었다. 그것도 대부분 한 지역에서 단독분 혹은 많아야 2기에 그치고 있다. 그러므로 권력의 세습을 말하기는 어렵다. 정치적 지배와 관련한 물증으로는 더 이상 유효하지 않다.

현재까지 확인된 한국 내 전방후원분은 총 14기이다. 전방후원분이 소재한 지역은 북으로는 전라북도 고창~전라남도 영암·영광·광주·함평·담양·해남 등이다. 그런데 한국 내 전방후원분의 분포권을 일괄적으로 '영산강 유역'으로 규정하였지만 맞지 않는다. 노령산맥 이북과 영산강 유역, 그리고 화원반도의 3개 권역으로 나누어진다. 그러면 왜? 하필 이 같은 제한된

해남 용두리 전방후원분.

광주광역시 월계동 소재 2기의 전방후원분 가운데 1기 내부.

공간에서만 전방후원분이 조성되었을까?

이곳은 369년 근초고왕의 남정 기록에 등장하는 구간이다. 백제가 도륙한 침미다례(해남) 범위의 용두리고분과 방산리고분, 고사산(고부)·벽지산(김제) 서맹과 관련지을 수 있는 고창 칠암리고분과 영광 월계고분이 있다. 백제와 왜가 첫 군사 활동을 함께 했던 구간과 절대 무관하지 않은 곳에 전방후원분이 소재했다. 그리고 전방후원분이 조성된 5세기 말~6세기 전반은, 백제로서는 국가적 간난기였다. 고구려의 급습으로 한성 함락에 따른 개로왕 포살과 웅진성 천도로 이어졌다. 웅진성 도읍기에도 국왕들의 피살과 귀족들의 반란이 거듭되었다.

이러한 시대 배경 속에서 전방후원분이 조성된 것이다. 그것도 100여 년 전, 백제와 왜가 처음 손을 잡고 움직인 구간에서였다. 백제와 왜의 결속 선상에서 이들 분묘가 조성된 것으로 보인다. 당시 백제는 고구려의 남진을 막고 국토와 왕권의 회복이 현안이었다. 고구려에 대한 대응은 백제의 동맹 신라만으로는 역부족이었다.

동맹은 많을수록 힘이 배가 되지만, 무엇보다 공통의 적에 대한 깊은 적개심과 강한 결속을 공유할 대상이어야만 했다. 이때 백제가 손을 내밀 수 있는 대상은 왜였다. 고구려에 대한 왜의 공포는 상상 이상이었기 때문이다. 왜왕 무武는 고구려에 대한 맹비난을 유송劉宋에 보낸 국서에서 쏟아냈

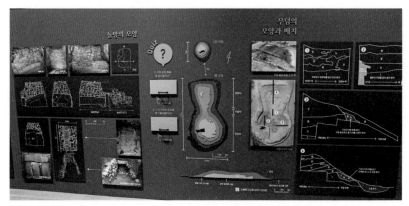

국립 광주박물관 특별전에서 게시된 함평 신덕1호분에 대한 제원.

다. 즉 "구려句驪가 무도無道하여 (우리를) 집어삼키려 하고, 변예邊隷를 노략
질하여 살육을 그치지 않으니 …"라고 했다. 국서를 올린 시점은 한성 함락
불과 3년 후인 478년이었다.

고구려에 공동 대응하는 백제와 왜 간의 결속과 관련해 연합적 군사 체제
운용 가능성이다. 일시적이지만 백제-왜 간의 군정적軍政的 연합정권 결성
도 상정해 볼 수 있다. 6세기 중엽 백제와 왜 조정에는 상대국 출신들이 관
인으로 활약했었다. 이를 일러 양속兩屬 체제로 일컫는다. 369년 근초고왕
의 남정에 왜병이 차출된 직후였다. 백제 유학자와 기술자들이 왜로 파견된
맥락에서 해석된다.

왜계 백제 관인들은 백제의 마한 평정에 참여했던 왜장倭將들의 후손이
라고 한다. 왜장들의 후손에게 연고권을 심어주는 형식으로 분봉했던 게 전
방후원분 피장자들일 가능성이 있다. 당시 백제는 고구려의 남진에 대처하
면서 지방 세력을 제압하고 왕권을 강화해야 하는 절박한 상황이었다. 그러
한 백제는 왜 세력을 끌어들이려는 방편으로써 연고권을 내세웠을 수 있다.
실제 이들 전방후원분 가운데 함평 신덕 고분에서는 관모와 갑주를 비롯해
하니와埴輪에 이르기까지 왜계 문물이 부장되었다.

백제는 중국어에 능통한 중국계 관인들을 대중국對中國 외교 일선에 투입 시킨 바 있다(이도학, 「漢城末·熊津時代 百濟 王位繼承과 王權의 性格」『韓國史研究』50·51, 1985, 25쪽). 마찬가지로 백제는 일본어에 능통한 데다가 백제와 친연관계에

일본 구마모도현 야스시로시 구다라키 지장당百濟來地藏堂 경내에 소재한 일라 무덤.

있는 왜계 백제인들을 대왜對倭 관계에 투입했다. 당시는 백제의 대왜 외교가 가장 절실하고 긴박했을 때였다. 이들은 백제의 기대를 짊어지고 기용되어 정치와 군사 양면에서 교량 역橋梁役을 했다. 그러한 백제와 왜 간의 양속 체제의 시초이자 교량 역이 되는 상징적 구간에 조성된 분묘가 전방후원분이었던 것 같다. 그런데 성왕 대에 모노노베物部 출신의 왜인들이 백제의 관등을 지니거나 5방方의 하나인 동방의 장관인 동방령東方領에 기용되었다. 백제와 왜에 모두 속한 일라日羅의 존재는 그 대칭적인 상황을 연상시킨다. 따라서 이러한 현상은 백제와 왜 간의 양속 체제 이상의 의미를 상정하지 않고서는 생각하기 어렵다.

이후 왜왕의 거처에 '백제궁'이 등장하고 빈궁을 '백제대빈'이라 했다.

구다라노 오호데라百濟大寺로 비정하는 기비이케 폐사吉備廢寺(나라현 사쿠라이시) 현장 안내문.

우에다 마사아키 교수(2009.9.4).

그리고 '백제대사' 등 국호 백제를 빌린 지명들이 숱하게 나타난다. 게다가 『신찬성씨록』에도 백제 왕실과 왜왕과의 관계를 암시하는 구절이 보인다. 일본 교토대 사학과 교수였던 우에다 마사아키上田正昭(1927~2016)도 이 구절과 관련해 "비타쓰敏達 천황이 백제 왕족 출신임을 말해주고 있다"고 갈파했다. 사실 왜왕이 거처했던 최고의 공간인 궁궐의 이름이 인접 국가 국호 '백제'였다. 단순한 관심이나 영향이기보다는 양자 간에 깊은 연결고리 없이는 고려하기 어려운 측면이 보인다.

『신찬성씨록』 左京皇別. "오호하라노마히토大原眞人: 비다쓰 천황敏達天皇의 손孫인 백제 왕에서 나왔다. 『속일본기』의 내용과 부합한다. 大原眞人出自謚敏達孫百濟王也 續日本紀合"

『신찬성씨록』 未定雜姓 左京. "이케노헤노구라히토池上椋人: … 비다쓰 천황의 손자인 백제 왕의 후손이다. 池上椋人 淳中倉太珠敷天皇[謚敏達]孫百濟王之後也"

　　백제 서남부 지역 전방후원분은 대부분 단독분으로 1대에 그쳤다. 백제 위기의 순간에 반짝한, 우군 왜를 연상시키는, 시효를 다한 일회성 발자취였다.

■ 참고문헌

이도학, 「馬韓 殘餘 故地 前方後圓墳의 造成 背景」 『東아시아古代學』 28, 2012.
이도학, 「倭의 佛敎 受容과 백제계 사찰의 건립 배경 및 성격」 『충청학과 충청문화』 19, 2014.

30. 무녕왕의 계보와 출생담

지석(묘지)인가, 매지권인가?

백제 제25대 무녕왕은 중흥의 군주였다. 더욱이 1971년 왕릉이 기적처럼 발굴됨에 따라 풍부한 정보를 얻었다. 그 가운데 가장 값진 정보는 매지권買地券에 적힌 글귀였다. 본 매지권을 지석誌石으로 운위하고 있지만 당치 않다. 묘지墓誌를 가리키는 지석에는 주인공 가계家系를 비롯해 생애가 적시되어야 한다. 그러나 매지권에는 이러한 구절이 없다. 무녕왕이 62세에 붕어한 기록은 사망 시점부터 묘터 구매 효력이 발효되기 때문이었다. 지석의 요건을 갖추기 위한 표기는 아니었다.

본 매지권은 전錢 1만 문文을 지급하고 묘터를 구매한 사실을 명시한 계약 문권이었다. 묘지인 지석에는 토지 매매 기록이 없다. 그런데도 '지석'으로 읽고 있다. 잘못이니 즉각 시정해야 마땅하다. 혹은 이러한 문제점을 알고서 지석과 매지권 두 가지 요소를 모두 지녔다는 주장도 있다. 그러나 두 가지 요소를 모두 지닌 예는 없다. 매지권과 묘지의 사례는 다음 고려시대 사례에서 확인된다. 세현과 현응은 모두 승려였지만 전자는 매지권이었고, 후자는 지석이었다. 비교해 보면 「무령왕릉 매지권」은 「세현 매지권」과 동일한 성격임을 알 수 있다. 참고로 부여융 묘지도 덧붙인다.

명칭	세현 매지권	현응 묘지	무녕왕 매지권	부여융 묘지
이름	세현世賢	현응玄應	사마斯麻	부여융扶餘隆
지위	송천사 주지, 묘능삼중대사	귀법사 주지, 견성적소	영동대장군 백제왕	사지절웅진도독 대방군왕
가계		고려 숙종 아들		백제 의자왕 아들
사망년	황통 3년(1143) 5월 7일	하원 기미년(1139) 2월 13일	계묘년(523) 5월 7일	682년
장례		21일 화장, 3월 을유일 사리 수습, 팔덕산 양지바른 곳 안장	을사년(525) 8월 12일 대묘大墓 안장	영순 원년 12월 24일 북망北芒 청선리 장사
땅값	19,990 문		전錢 1만 문 문권으로 증명立券爲明	
매주 賣主	황천皇天의 부후父后, 토모土母인 사직社稷, 천지신명 보증인 : 장육張陸· 이정도李定度 지견인知見人 : 동왕공東王公· 서왕묘西王母 서계인書契人 : 석절조石切曹 독계인讀契人 : 김주부金主簿		토왕土王·토백土伯·토부모土父母·상하중관 上下衆官 2천석二千石	
매입 토지	묘전墓田 : 둘레 1경頃. 동쪽 청룡, 남쪽 주작, 서쪽 백호, 북쪽 현무. 위는 창천蒼天, 밑은 황천黃泉.		남서 방향 땅 매입해 묘 만듦買申地爲墓	
주문 呪文	서계인은 하늘로 오르고, 독계인은 황천으로 들어가, 율령에 따라 빨리 빨리 시행하라!		율령에 따르지 않는다 不從律令.	

무녕왕의 계보와 출생담 배경

「무령왕릉 매지권」을 통해 무녕왕의 사망 연월일이 523년 5월 7일로 밝혀졌다. 『삼국사기』에는 523년 5월에 사망한 사실이 적혀 있다. 그랬기에 『삼국사기』의 정확성이 입증되었다고 환호했다. 무녕왕의 사망 기록은 『일본서기』에도 523년 5월로 적혀 있다(繼體 17). 그렇다면 『일본서기』의 정확성도 입증된 것이다.

그러나 사료로서 『삼국사기』의 증거 능력이 떨어진다는 사실이 드러난다. 가령 『삼국사기』에는 무녕왕이 동성왕의 둘째 아들로 적혀 있지만 타당하지 않다. 왜냐하면 523년에 62세로 사망한 무녕왕은 우리 나이로 환산할 때 462년 출생이다. 무녕왕에 앞서 즉위한 동성왕은 479년 즉위 당시 '유년幼年'이라고 했다(『일본서기』 권14, 雄略 23년 4월). 이때 무녕왕은 18세였다. 즉위할 때 유년인 동성왕이 18세 무녕왕의 둘째 아들로 존재할 수는 없다.

반면 『일본서기』와 『일본서기』에 인용된 「백제신찬」에 따르면, 무녕왕은 개로왕의 아들이거나 개로왕의 아우인 곤지의 아들이었다. 분명한 사실은 『삼국사기』 계보가 오류라는 점이다. 그런데 다른 사안도 아니고 왕위 계승의 1차 지표인 혈통 기록이 오류였다. 틀릴 수 없는 계보에 대한 오류는 상상할 수 없는 일인데, 그것도 5세기 대 중엽에 출생한 백제 왕이었다. 따라서 증거 능력이 몹시 취약한 사서가 다름이 아닌 『삼국사기』임을 반증하고 있다. 틀릴 수 없는, 도저히 틀려서도 안 되는, 그것도 5세기 대의 왕실 계보 오류였기 때문이다.

그러한 무녕왕의 출생담은 『일본서기』에 적혀 있다. 개로왕의 아우인 곤지가 왜로 파견될 때 한 가지 조건을 제시했다. 임금의 부인을 자신에게 내려달라고 한 것이다. 그러자 개로왕은 임신한 부인을 곤지에게 시집 보내면서嫁與 "나의 임신한 부인이 해산달이 되었는데 만약 도중에 낳게 되면, 바라건대 한 척의 배에 실어, 어느 곳에 이르든 뒤따라 이르러 속히 나라로 보내달라"고 당부했다.

『일본서기』에 따르면 만삭의 여인은 461년 6월 1일 가카라시마에서 해산했다. 무녕왕은 섬에서 태어났기에 '도군嶋君'이라 하였고, 개로왕이 요청한 대로 한 척

가카라시마 원경.

의 배로 본국에 돌아갔다. 백제인들은 무녕왕이 출생한 섬을 '니리무 세마主嶋'로 불렀다고 한다. 무녕왕의 이름 사마斯麻의 연원을 섬 출생에서 찾았다. 일본어에서 지금도 섬을 '시마'로 읽고, 신라도 사라斯羅로 표기하고 있지만, 기실 음은 '시라'였을 수 있다. 삼 캐는 삼마니를 '심마니'로 일컫는 사례도 있는 등, 당시에는 사마가 아니고 '시마'로 읽었던 듯하다.

무녕왕의 출생 연도 :

『일본서기』에 따르면 461년이지만, 「무녕왕 매지권」에 의하면 462년이다. 475년 겨울 한성 함락 시점도, 『일본서기』는 476년이지만, 『삼국사기』와 「백제기百濟記」는 475년이다. 이 경우 475년이 맞다. 「무녕왕 매지권」에서 62세로 사망한 523년에서 역산하면 462년 출생이다. 후자의 우리 기록을 좇는 게 합당할 것 같다.

문제는 무녕왕 출생담의 사실 여부가 된다. 가카라시마에는 무녕왕 출생과 관련한 오비야 동굴이 남아 있다. 그리고 극적인 이야깃거리일 뿐 아니

라 한일韓日을 잇는 가교 같은 소재인 관계로 사실로 받아들이려는 경향이 없지 않았다. 그러나 냉정히 살펴보자. 만삭의 여인이 항해 중에 해산해 아들을 백제로 보내고 있다. 보통 성가시고 번거로운 일이 아닐 수 없

무녕왕이 출생했다는 오비야 동굴.

다. 그 이전에 만삭의 여인이 50톤 정도의 선박에 몸을 맡기고 대한해협의 험한 파고를 헤치고 나갈 수 있었을지? 어머니와 뱃속의 아들 모두 위험한 상황에 부닥칠 수 있다. 2만 3천 톤급 현대 동력선에 탑승한 건강한 이들도 대한해협을 지날 때 멀미하였기 때문이다. 게다가 야반도주도 아닌데 만삭의 여인을 태우고 갈 게 아니다. 백제에서 해산한 후 함께 왜로 항진하면 되지 않을까?

그러면 이러한 무녕왕 출생담이 생겨난 배경은 무엇일까? 역사는 기본적으로 이긴 자의 기록인데, 무녕왕은 백제 왕실에서 중시조 격의 위상을 지녔다. 의자왕과 풍왕에 이르기까지 모두 무녕왕의 후손들이었다. 그렇지만 무녕왕은 개로왕 직계 단절 이후 문주왕 – 삼근왕계 단절, 곤지 아들인 이복동생 동성왕 피살 후 극적으로 즉위했다. 방계 → 방계에서 정변이라는 변수를 타고 무녕왕이 즉위한 것이다. 정상적인 시국에서는 도저히 즉위할 수도 없을뿐더러 왕위에 근접할 수도 없었다. 그러나 분명한 사실은 무녕왕은 최종 승자였다.

필자의 대학 졸업(1982.2) 논문이 수록된 교지의 관련 부분 첫 장.

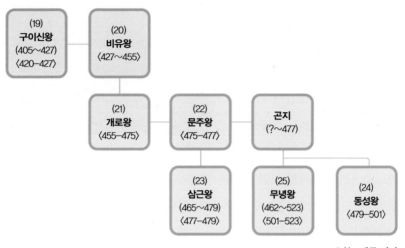

〈백제 왕계의 정상적인 재구성도〉

```
(19)                (20)
구이신왕             비유왕
〈405~427〉          〈427~455〉
〈420-427〉
                     │
         (21)       (22)        곤지
         개로왕      문주왕      (?~477)
         〈455-475〉 〈475-477〉
                     │
              (23)       (25)        (24)
              삼근왕      무녕왕      동성왕
              〈465~479〉 〈462~523〉  〈479-501〉
              〈477-479〉 〈501-523〉
```

* ( ) : 생몰 기간
<> : 재위 기간

　무녕왕의 최대 약점은 혈통에 있었다. 그것도 배다른 동생 동성왕이 피살된 후에 즉위했다. 이 사실은 혈통의 순도 여부를 떠나 무녕왕의 크나큰 콤플렉스로 자리 잡았을 것이다. 앞서 소개한 출생담은 무녕왕에게 따라붙는 혈통 상의 하자를 만회하기 위해 만들었다고 본다. 곤지의 아들로 알려진 무녕왕은, 기실 개로왕의 아들이었다는 암시를 전달하고자 한 것이다. 무녕왕의 혈통을, 한성 도읍기 마지막 왕으로서 권위가 높은 개로왕에게 붙였다. 그럼으로써 일거에 혈통 상의 결점을 반전시키려고 한 것 같다. 그렇지 않고서는 아우가 왜에 가는 조건으로 국왕이자 형의 여인을 요구한 것도 사리에 맞지 않는다. 그것도 만삭의 여인을 얻어, 거친 항해를 하다가 급히 섬에 정박해 해산한 후 돌려보낸 이야기는 누가 보더라도 부자연스럽다. 신숙주가 일본에서 귀국할 때 일화처럼 전통적으로 임산부의 승선은 기피 요인이었다. 무녕왕 출생담은 이러한 기존의 모든 상식과 정서를 뒤집은 것이다.

■ 참고문헌

이도학, 「百濟 王 系에 對한 異說의 檢討」『東國』18, 東國大學校 校誌編輯委員會,
    1982.

이도학, 「漢城 末·熊津 時代 百濟 王 系의 檢討」『韓國史研究』45, 1984.

이도학, 「漢城 末·熊津 時代 百濟 王位繼承과 王權의 性格」『韓國史研究』50·51,
    1985.

31. 무녕왕과 무령왕릉 부장품에 대한 재해석

무녕왕의 용모

무녕왕의 용모를 『삼국사기』에는 "신장은 8척이요, 얼굴은 그림 같았고, 인자 관후하여 민심이 귀부했다. 身長八尺 眉目如畫 仁慈寬厚 民心歸附"고 했다. 8척 장신과 수려한 용모에 인자하며 너그럽고 후덕한 성정의 소유자였다. 중국 남조 양梁의 왕족으로서 550년에 무녕군왕武寧郡王에 봉封해졌으며, 13세 어린 나이에 살해된 나머지 한 사람에 대한 인물 묘사를 『양서梁書』는 "무녕왕 … 풍채가 아름답고, 얼굴이 그림 같았다. 眉目如畫"고 기록하였다. 이 구절은 『삼국사기』에서 무녕왕을 묘사한 기록과 상응한다. 특히 "얼굴이 그림 같았다"는 문구는 정확히 부합하고 있다. 백제와 양은 무령왕릉 구조와 부장품이 웅변해 주듯이 빈번하게 교섭을 가졌다. 게다가 두 인물은 모두 6세기 대에 활동했기에 공교롭다.

무녕왕의 용모는 강인한 근육질이 아니었을 것이다. 신윤복의 미인도에 보이는 바처럼 아름답게 묘사해야 한다. 꽃미남을 연상할 수 있다.

은팔찌 명문銀釧銘

　무령왕릉에 부장된 은팔찌 2개의 바깥지름外徑 8cm, 안지름內徑 6cm로 적혀 있다. 팔찌 안에는 다음과 같은 명문이 새겨져 있다.

　庚子年二月 多利作 大夫人分二百卅主耳

　경자년(520년, 무령왕 20) 2월에 다리가 만들었으며, 대부인 것으로 230주가 사용되었다.

　위의 명문 판독에서 '二百卅主'의 '주主'를 무게 단위로 해석해 왔다. 그런데 근자에 부여 동남리에서 출토된 백제 목간에서 '8중八重'·'3중三重'처럼 무게를 나

은팔찌.

타내는 '중重' 자가 보인다. 특히 '作八重'이라고 했다. 그러므로 '중'은 만드는 데 소요된 무게를 가리킨다. 이 사실은 은팔찌의 '主' 자가 무게 단위가 아님을 반증한다.

　아울러 위의 해석에서는 은팔찌를 제작한 다리를 장인으로 추정해 왔다. 그러나 진시황릉 병마용 갱에서 출토된 과戈에는, 진시황의 생부인 상방(국)벼슬의 여불위가 만들었다고 새겨져 있었다. 여불위가 제작했다지만 장인일 리는 없다. 다리도 장인 여부는 확인이 어렵다.

　그리고 '주이主耳'는 "오직 임금을 위하여 자기 몸을 잊고 있다. 主耳忘身(『고려사』 권124, 반복해전)"는 용례가 보인다. 여기서 '百卅'을 '百世'로 판독한 견해를 취하였다. 그러면 "대부인께서 두 개 몫으로, 백 세가 되도록 오직 임금을 위하고자 했다"로 해석해 본다. 따라서 은팔찌 명문은 "경자년 2

월에 다리가 만들었는데, 대부인께서 두 개 몫으로, 백세가 되도록 임금을 위하고자 했다"는 해석이 가능하다.

은팔찌는 똑같은 크기로 모두 2개였다. 그리고 은팔찌의 구경은 직접 실측해 보니 보고서의 수치와는 달리 5.2cm에 불과했다. 팔뚝에 실제 착장할 수 없다. 순전히 부장용으로 제작했음을 알 수 있다. 실제 고려에서 제작한 은제 새 무늬 팔찌打出花鳥文釧는 지름이 9.3cm였다. 그리고 경산 임당동 고분에서 출토된 금동제 팔찌의 경우 지름이 7.8cm였다. 이들 팔찌는 모두 손목에 착용할 수 있다. 따라서 무녕왕비인 대부인이, 무녕왕이 58세 되던 해인 경자년에 왕릉 부장용으로 은팔찌 2개를 만든 것이다. 그리고 "백세가 되도록 임금을 위하고자 했다"는 글귀는 부장용임을 암시해 준다. 곧 '다른 사람의 죽은 뒤를 높여 이르는' '백세지후百世之後'를 연상시킨다. '백세'는 영원한 세상을 가리키기 때문이다.

무녕왕비 모형 은팔찌를 손에 끼워 보려고 했지만, 손가락 마디를 넘지 못하였다. 팔목에 낄 수 없었다. 무녕왕비가 착용한 것으로 믿고 있었던 팔찌는 부장용임을 알았다. 은팔찌뿐 아니라 왕과 왕비의 못 달린 금동신발도 부장용이었다. 금동신발은 치수도 크지만, 백제 왕은 평소에 검은 가죽 신을 신었기 때문이다. 이렇듯 무령왕릉에는 부장용으로 제작한 물품 수가 적지 않았다.

새롭게 판독된 명문 전돌.

'梁宣以爲師矣' 명 전돌

초서로 쓴 '양선이위사의梁宣以爲師矣'라는 글귀가 적힌 송산리 6호분 연화문 전돌은 유명하다. 이 구절은 오랫동안 '양관와위사의梁官瓦爲師矣'로 판독되었다. 명문 가운데 '관官' 대신 새롭게 판독된 '선宣'에는 '쓰다(사용한다)'의 뜻이 담겼다. 『춘추좌씨전』에 "열국(제후)의 권세가 있었으니 감히 쓰지 않았다. 有列國之權 而不(弗)敢宣也(魯 昭公 27년)"는 용례가 있다. 그리고 '사師'에는 『서경書經』의 "百僚師師"라는 구절에서 보듯이 '기준으로 삼고 따른다'는 뜻이 담겼다. 따라서 전돌의 명문은 "양이 쓰는 것으로써 기준으로 삼고 따랐다"는 뜻이다. 송산리 6호분은 양의 전축분을 본으로 했음을 밝혔다.

「무녕왕·왕비 매지권」

「무녕왕 매지권」을 '지석'으로 운위하고 있다. 그러나 지석의 요건을 갖추지 않았다. 왕의 이름과 몰년은 묘터의 주인을 고지하고, 묘터의 효력 발효 시점을 가리킬 뿐이다. 묘터 매입 문권인 매지권이 분명하다.

왕과 왕비의 합장을 알리는 「무령왕릉 매지권」은 중요한 의미를 지녔다. 첫째, 피장자가 분명한 최초의 백제 왕릉이었다. 고구려 왕릉들은 어디까지나 추정에 불과했다. 삼국기 신라 왕릉으로는 태종 무열왕릉이 존재하지만 발굴하지는 않았다. 둘째, 출생과 사망 연·월·일이 모두 확인된 유일한 삼국시대 왕이었다. 생몰 연대는 462년 6월 1일~523년 5월 7일이다. 『일본서기』의 출생 연대 461년을 462년으로 바꾸었다. 「무령왕 매지권」의 62세 사망 시점을 역산한 연대이다. 셋째, 『삼국사기』에 적혀 있는 한성 말기~웅진성 도읍기 백제 왕실 계보의 오류를 발견하게 해 주었다. 넷째, 절대 연대를 지닌 무령왕릉 부장품은, 제반 백제 때 각 유물의 연대를 가늠할 수 있는 준거가 되었다. 다섯째, 백제 최고급 문물을 접함으로써 타국의 동급 문물과의 비교가 가능해졌다. 여

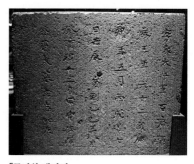

「무녕왕 매지권」.

섯째, 백제 왕실의 장례 문화와 내세관을 살필 수 있었다. 일곱째, 부장품과
역사 기록을 접목해 적극 활용할 수 있는 풍부한 문화 콘텐츠 자산을 확보
하였다.

「무녕왕 매지권」 표면과 뒷면 명문 해석은 각각 다음과 같다.

「무녕왕 매지권」 표면

영동대장군인 백제 사마왕은 나이가 62세 되는 계묘년(523) 5월 임진일 7일
에 돌아가셨다. 을사년(525) 8월 갑신일 12일에 뽑혀서 대묘大墓에 나아가 안
장했으니, 다음과 같이 기록하였다.

寧東大將軍百濟斯麻王 年六十二歲癸卯年五月丙戌朔七日壬辰崩 到乙
巳年八月癸酉朔十二日 甲申 安厝登冠大墓 立志如左

「무녕왕 매지권」 뒷면

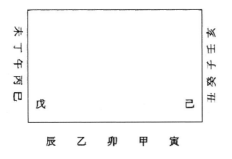

뒷면은 방위표 또는 방위도 겸 능역도陵域圖였다. 3면만 기재하고 위쪽의
서쪽 방위는 기재하지 않았다. 중앙에 뚫린 구멍을 사방의 중앙으로 정하면
석재 자체가 정방형이 아닐뿐더러 구멍을 위쪽으로 치우쳐서 뚫었기 때문

에 서쪽의 방위 표시는 비워두었다. 혹은 복서卜筮나 음양 방위 사상에 따라 일부가 절단되었다고 한다.

그런데 '해산할 때와 태반을 버리는 데 좋은 방향安産藏胎衣吉方'에서도 방위도가 보인다. 「무녕왕 매지권」 뒷면의 간지는 방위표이다. 역시 방향을 나타내는 게 분명하다. 방위표 상에서 표시가 비어 있는 서쪽은 해가 지는 쪽이므로 음陰의 영역이요, 「무녕왕비 매지권」에 적혀 있듯이 거상居喪 공간이다. 능묘 조성에서 가장 중요한 일은 길방吉方을 정하는 것이 된다. 무령왕릉이 소재한 유지酉地는 길방이요, 선영이 소재한 공간이었기에 피기避忌한 것으로 보인다. 그리고 「무녕왕비 매지권」 표면과 뒷면의 명문 해석은 각각 다음과 같다.

「무녕왕비 매지권」 표면

병오년(526) 12월 백제국 왕태비가 돌아가시자, 정서방正西方 땅酉地에서 상喪을 치르고, 기유년(529) 2월 갑오일인 12일에 개장改葬하여 대묘大墓로 돌아왔으니, 다음과 같이 기록한다.

丙午年十二月 百濟國王太妃壽終 居喪在酉地 己酉年二月癸未朔十二日 甲午改葬還大墓 立志如左

「무녕왕비 매지권」 뒷면

돈 1만 문은 오른쪽 1건임. 을사년 8월 12일 영동대장군 백제 사마주는 앞 건의 돈으로, 토왕·토백·토부모·천상천하의 2천석 질의 여러 관리들에게 물어서 남서南西 방향의 땅申地을 매입해 묘墓를 쓰려고 한 까닭에, 문권으로 밝히니 율령에 따르지 않는다.

錢一万文 右一件 乙巳年八月十二日 寧東大將軍 百
濟斯麻主 以前件錢 詢土王土伯土父母上下衆官二千石
買申地爲墓 故立券爲明 不從律令

「무녕왕비 매지권」 뒷면의 문권은 무녕왕의 왕릉 부
지 매입과 관련한 용도였다. 애초 「무녕왕 매지권」 표
면과 짝을 이룬 것이다. 한 장의 돌판 앞 뒷면에 적혀
있지만, 당초에는 두 장의 돌판이 나란히 놓여 있었다.

「무녕왕비 매지권」 뒷
면의 '斯麻主'. '斯麻
王' 판독은 오류이다.

'壬辰年作' 명銘 전돌

　무령왕릉은 왕 생전에 조영된 수릉壽陵이라는 주장이 제기되었다. 근거
로서는 명문 전돌 '임진년작王辰年作'을 제시해 왔다. 임진년은 512년이므로
무녕왕(462~523) 생전의 능묘 조영을 상정한 것이다. 그러나 '임진년작' 명
전돌은 현실 내부가 아니라 연도 바깥 폐쇄부에서 나왔다. 무령왕릉이 최
종 폐쇄되는 시점에 쌓은 전돌이었다. 무령왕릉에는 3년상을 마치고 525년
에 무녕왕 시신이 안장되었다. 이어 529년 2월에 왕비 시신도 탈상脫喪하고
합장했다. 이때가 무령왕릉이 최종 폐쇄되는 시점이었다. 그런데 연도 최
종 폐쇄부에서는 529년보다 17년이나 앞선 '임진년작' 명 전돌이 꽂혀 있었
다. 그렇다고 왕 생전인 임진년(512)에 무령왕릉 축조를 시작한 지표는 될
수 없다. 무령왕릉 연도부 입구 바깥을 마무리하는 단계에서 전돌이 모자라
자, 이전에 제작했던 전돌을 구하여 막은 것으로 해석되었기 때문이다. 실
제 '임진년작' 명 전돌은 부러진 상태였다.

　이러한 추론은 무령왕릉 입구인 연도 바깥의 전돌 문양이 내부의 현실과
는 다르다는 점에서도 방증된다. 전축분을 조영할 때 관을 안치하는 현실
을 먼저 만든 후에 무덤 입구인 연도를 조성했을 것이다. 따라서 전돌 문양

의 차이는 분묘 조영 공사와 관련 있다고 볼 수밖에 없다.
즉 연도 바깥쪽 벽돌은 무령왕릉을 처음 조영할 때 제작
한 전돌이 아니었다. 현실을 조성한 후 전돌이 모자라자,
연도부는 그 이전에 제작했던 잉여분을 이용한 것으로 보
인다. 유독 '임진년작' 명 전돌 1개만 무령왕릉 전돌 제작
이전으로 보기는 어렵기 때문이다. 상당수 잉여분 전돌을
이용해 연도부를 조성하고 끝마무리인 폐쇄부에 쓰인 것
으로 해석된다.

'士 壬辰年作' 명
문 전돌.

　부연하자면 무령왕릉 연도 바깥벽에 오수전 문양 전돌
이 다수 나타나는 점을 다시금 주목해야 한다. 오수전 문양 전돌은 송산리
6호분 현실벽에 가득 나타났다. 무령왕릉 조영의 마무리 단계에 쓰였던 오
수전 문양 전돌은, 송산리 6호분 조영 후 남은 잉여분을 이용했을 개연성을
높여준다. 이 사안은 송산리 6호분과 무령왕릉 조영 시점의 선후 관계를 결
정짓는 유력한 준거가 될 수 있다.

　무령왕릉 조영의 마무리 단계에 나타난 오
수전 문양 전돌은, 송산리 6호분 조영 때 중
심 문양전으로 승계되었을 소지도 고려해야
한다. 그러나 송산리 6호분 조영 후 나머지
오수전 문양 전돌을 무령왕릉 조영에 이용했
을 개연성이 더 크다. 이러한 추정은 무령왕
릉 조영의 최종 단계에 사용된 전돌이 '임진
년작' 명 1개에 불과했을 여지는 거의 없다는
전제에서이다. 분명한 사실은 무령왕릉 이전
인 512년 무렵 왕릉급 전축분이 조성되었다.
그러므로 오수전 문양 전돌은 '임진년작' 명

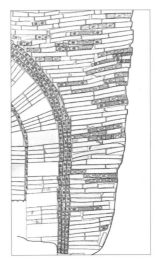

『武寧王陵』 보고서에 수록된 연도
바깥 전돌 도면 일부. 연화문 전돌
과 오수전 전돌이 함께 보인다.

전돌과 마찬가지로 무령왕릉 조영 이전에 제작된 것으로 볼 수 있다. 게다가 무령왕릉 전돌은 문양의 일관성에서 어긋난다. 그러므로 외부 전돌 이용을 상정할 수 있다. 대상은 오수전 문양 전돌이 사용된 송산리 6호분을 지목할 수밖에 없다. 왕릉급 전축분은 그 밖에는 더 이상 존재하지 않았기 때문이다. 결국 송산리 6호분은 무령왕릉보다 앞선 시기에 조영된 분묘로 밝혀진다.

외부 충격을 받은 듯한 무령왕릉 관목.

처녀분으로 발굴된 무령왕릉은 많은 정보를 제공해 주었다. 그럼에도 풀리지 않은 수수께끼를 남겼다. 묵중한 관목이 모두 빠개져서 뒹굴고 있었고, 부장품은 죄다 헝클어져 있었기 때문이다. 여전히 무령왕릉은 풀리지 않은 비밀을 품고 있었다.

1997년 11월 영구 폐쇄 직전 무령왕릉 내부 모습.

■ **참고문헌**

이도학, 『무녕왕과 무령왕릉』 학연문화사, 2020.

32. 누가 동성왕을 살해했는가?

 백제에서는 국왕이 피살된 사례가 몇 건 있다. 웅진성 도읍기 제24대 동성왕의 경우는 겨울에 사비로 사냥 갔다가 빚어졌다. 동성왕은 10월에 사비 동쪽 벌판에서 사냥한 후 11월에는 웅천 북쪽 벌판에서 사냥했다. 또 사비 서쪽 벌판에서 사냥했는데, 큰 눈에 막혀 마포촌에 묵었다. 동성왕은 백마강가의 촌락에서 숙박했던 것 같다. 이 틈을 노리고 가림성주 백가가 사람을 시켜 찔렀다. 501년 11월 칼에 찔린 동성왕은 12월에 사망했다.

 백가의 범행 동기는 501년 8월 가림성의 완공과 관련 있다. 동성왕은 자신의 최측근인 위사좌평 백가를 가림성에 보내려고 했다. 그러자 백가는 병을 핑계로 가지 않으려고 했지만 허락하지 않았기 때문이다. 동성왕을 살해한 이듬해 정월 백가는 가림성을 근거지로 반란을 일으켰다. 무녕왕

부여군 임천면에 소재한 가림성.

은 병마를 이끌고 우두성에 이르러 한솔 해명을 시켜 토벌하게 했다. 백가가 나와 항복하자 무녕왕은 그를 베어 백강에 던져버렸다.

『삼국사기』에 수록된 동성왕 암살 사건의 시말이다. 이 사건은 암살 배경과 결과까지 명료하게 적혀 있다. 그럼에도 의문이 제기되었다. 백가의 항복 배경에 대해 "백가는 정변 후에 자신의 단독 범행으로 굳어지자 이에 불만을 품고 반란을 일으켰고, 무녕왕이 출동하자 억울함을 호소하러 항복했다"는 것이다. 그러나 백가의 동성왕 암살 배경은 분명하게 적시되어 있다. 게다가 '단독 범행'이 아니라는 근거는 어디에도 없다. 항복했는데도 살해당한 데는 저의가 있을 것으로 판단한다. 이러한 감상적 추측과는 달리 항복했지만, 살해당한 경우는 허다하다. 궁지에 몰린 백가의 항복 배경은 단순한 목숨 구걸이 아니라면 처자식 보전 정도였을 것이다. 아니면 평소 안면 있는 무녕왕에게 "당신이 수혜자인데, 굳이 나를 죽일 필요까지 있겠는가?"라고 호소하려는 측면도 상정된다. 또는 동성왕의 폭정을 막기 위해 불가피했다는 정도일 것이다. 막다른 골목에 처한 백가가 너그러운 성정을 지닌 무녕왕의 감성에 매달렸을 수는 있다.

백가가 반란을 일으킨 후 '억울함을 호소하러 항복'할 게 아니다. 돌아올 수 없는 강을 건넌 격인, 돌이킬 수 없는 반란을 일으킬 게 아니라, 동성왕 피습 직후부터 무관함이나 '억울함을 호소'하는 게 낫다. 앞서 소개한 소설 같은 상상은, 『일본서기』에 인용된 「백제신찬」에서 "말다왕(동성왕)이 포학무도하여 국인이 공히 제거했다"는 구절에 매인 것이다. 동성왕의

무녕왕에게 항복하는 백가 모습 재현 장면.

피살은 국인의 의사가 반영된 것이므로, 백가 단독 범행으로 간주하기는 어렵다고 보았다. 「백제신찬」은 동성왕이 암살된 배경을, 백가 일개인의 사감私感이 아니라 공분公憤에 의한 제거로 받아들이게 했다.

무녕왕 정권의 정당성을 알리기 위한 차원에서 만들어진 동성왕 제거와 즉위 명분이었다. 관련해 동성왕 피살 후 최대의 수혜자인 무녕왕을 배후로 지목하기도 한다. 그렇다면 '인자 관후 하여 민심이 귀부했다'는 무녕왕의 이중성을 보여주지만, 사실일 리 없는 허구에 불과하다. 이런 논리라면 소련 KGB가 미국 케네디 대통령 암살 배경으로 승계자인 존슨 부통령을 의심한 것과 진배없다. 모두 결과론적인 해석에 불과하다. 무녕왕의 즉위는, 일본의 도요토미 히데요시가 주군인 오다 노부나가의 암살자를 토벌하고 정국의 주도권을 장악한 사실과 맥을 같이 하는 면이 있다.

동성왕과는 정반대 성정의 소유자가 무녕왕이었다. 오랜 간난의 시기를 헤쳐 나가면서 백제인들은 인자하며 너그럽고 후덕한 성정의 소유자를 군왕으로 바랐다. 이러한 시대 흐름에 맞는 왕족이 무녕왕이었다. 그는 백가의 반란을 말끔하게 토벌했다. 무녕왕의 깔끔한 뒷수습 처리 능력과 포용력 있는 너그러운 성정이 즉위 배경이었을 것이다.

■ 참고문헌

이도학, 「東城王의 卽位 過程에 대한 再檢證」『白山學報』91, 2011.

이도학, 「스토리텔링 소재로서 백제 東城王」『동아시아의 전통문화와 스토리텔링』서경문화사, 2017.

33. 사비도성 그리고 서나성의 존재

538년 성왕은 사비성(충남 부여군 부여읍)으로 천도했다. 사비성 천도 준비는 고구려와의 전투를 통해 북방 영토를 어느 정도 회복했고, 남방 영역에 대한 적극적인 개척으로 경제력이 증대되고 왕권이 안정된 무녕왕 대 후반기였다. '다시 강국이 되었다更爲强國'는, 무녕왕의 강국 선언은, 그에 걸맞은 새로운 수도 건설의 명분으로 충분했다. 무녕왕 대 후반기에야 사비성 조성 작업이 추진된 것으로 보인다.

사비성 천도 배경 :

사비성으로 천도한 배경은 금강의 수심이었다. 『택리지』에 적혀 있듯이 공주 쪽 금강은 수심이 얕아서 바닷배가 들어올 수 없었다. 웅진성에서 중국이나 일본열도에 나갈 때는 부여 쪽 금강에서 큰 배로 환선換船해야 하는 불편이 따랐다. 백마강으로 일컫는 금강의 부여 쪽 구간은 백제대교 곁의 수북정과 부소산 일원까지는 바닷물이 들어왔다. 조수가 빠져나갈 때를 이용해 일사

천리로 서해로 항진할 수 있었다. 글로벌 국가를 지향한 백제가 웅진성의 한계를 벗어나고자 한 것이다.

(이도학, 「百濟 泗沘 遷都의 再檢討」『東國史學』39, 2003, 48쪽.)

이와 관련해 부소산에서 출토된 '대통大通' 명 인각와의 '대통'을 연호로 받아들였다. 양梁의 대통 연호는 527~528년 간 사용되었다. 그랬기에 천도 10년 전, 사비성을 조성한 징표로 간주한 것이다. 그러나 '대통' 명 인각와의 '대통'은 연호가 아니다. 사찰 이름 '대통사'로 보아야 한다. 공주 대통사지에서도 '대통' 명 백제 인각와

'대통大通' 명 인각와.

편이 출토되었기 때문이다. 게다가 연호의 경우는 반드시 숫자가 적혀 있다. 같은 부소산에서 출토된 '회창7년會昌七年'(847) 명 기와가 대표적이다.

사찰 이름의 표기에서는 '사寺'를 생략하고 이름만 기재한 경우가 많다. 일례로 부여에서 출토된 '천왕天王'·'왕흥王興' 명 기와는 천왕사터와 왕흥사터에서 각각 출토되었다. 그리고 공주 반죽동 대통사지에서 출토된 '대통' 명 기와도 물론이다. 이 '대통'이 사찰 이름이듯이 부소산 출토 '대통' 명 기와의 '대통'도 사찰 이름이었다. 연대 표시도 없는 '대통'을 연호로 해석한 것은 어불성설이었다. 게다가 백제는 웅진성·사비성 도읍기에 연호를 사용한 바 없다. 따라서 더 이상 연호로서 '대통'을 운위하기는 어렵다.

사비도성은 우리나라 역사상 최초로 도시 전체를 성벽이 에워싼 구조였다. 그러한 나성羅城은 현재 북벽과 동벽만 남아 있다. 백마강과 접해 있는 서벽과 남벽 구간에는 성벽이 남아 있지 않다. 이를 놓고 애초부터 서벽과

남벽에는 성을 쌓지 않았다는 주장이 제기되었다. 백마강이 천연의 해자 역할을 하기에 굳이 성을 축조할 필요가 없었다는 것이다. 그러나 이러한 주장은 당치 않다.

첫째, 백마강 범람으로부터 사비도성의 안전을 지키려면 강변에 축성해야 한다. 강변 나성은 제방 역할까지 겸하는 것이다. 백제는 한성 도읍기 말부터 한강 범람 때문에 강변에 제방을 축조한 바 있다. 웅진성 도읍기에도 금강 범람으로 민가 유실과 같은 막대한 피해를 보았다. 기획 도시인 사비도성 건설에서 홍수 대비가 없었을 리 없다.

둘째, 540여 년 전의 기록에서 서나성의 존재가 확인되었다. 『동국여지승람』에 따르면 "반월성半月城 : 석축으로 성의 둘레가 1만 3천 6척이니, 곧 옛 백제의 도성이다. 부소산을 껴안은 두 머리가 백마강에 이르렀는데, 형태가 반월과 같은 까닭에 이름이 생겼다. 현치縣治가 그 안에 있다"고 하였다. 여기서 부소산 좌우로 성벽이 이어져야만 '껴안은抱' 형태가 된다. 그리고 '두 머리가 백마강에 이르렀다'라는 것은, 부소산 좌우에서 시작한 동·서 나성의 축조 구간을 가리킨다. 아울러 언급이 없는 남나성의 존재는, 침식 지대에 입지한 관계로 그 이전에 이미 훼손되었음을 뜻한다.

부소산 반월루에서 바라보면 백마강이 휘어져 돌아가고 있다. 백마강 변을 따라 축조된 성벽은 마치 반달처럼 휘어졌다. 사비도성을 반월성으로 일

반월루에서 바라본 백마강변 반월성 즉 서나성 구간.

컬은 연유이다. 서나성의 존재를 입증한다. 지형 변화로 현재는 확인되지 않지만 540여 년 전에는 서나성이 존재했다. 따라서 현재 확인되지 않는다는 이유로 존재하지 않았다는 주장은 단견이다.

셋째, 「주행기」에서, 1349년 이곡李穀 일행은 금강을 타고 서천 화양면과 부여 임천면 일대를 지나다가 날이 저물어 배를 댔던 곳을 '고성'이라고 했고, 이튿날 부여성 낙화암 밑에 이르렀다(晚泊古城 明日至扶餘城落花巖下)고 한 구절이다. 여기서 '고성'은 이곡이 자연스럽게 접한 백마강변 서나성을 염두에 두었을 수 있다. 반면 '부여성'은 부소산성만을 가리키는 것 같다. 구봉령具鳳齡(1526~1586)이 백마강을 유람하면서 지은 칠언절구七言絕句에서도 천정대 다음에 지은 시로 '반월성'을 읊조렸다. 백마강변 나성 즉 서나성의 존재를 포착한 것이다.

넷째, 서나성이나 남나성과 연결 지을 수 있는 '성말城末'이라는 지명은 서나성의 존재만을 암시하지 않는다. 이미 오래전에 서나성벽이 많이 훼실毀室되어 '성끝城末'이 아닌 구간이 '성말'이 된 것이다. 저습지를 통과했을 남나성은, 『동국여지승람』 편찬 훨씬 이전에 죄다 훼실되었음을 뜻한다.

다섯째, 612년(무왕 13) 5월에 "큰물이 나서 인가人家가 표몰漂没되었다(『삼국사기』)"는 기사는, 사비도성의 홍수를 가리킨다. 서나성이 존재하지 않았고, 구아리에 왕궁이 소재했다고 하자. 그렇다면 '인가가 표몰되었다'

수북정에서 바라본 반달 모양으로 휘어진 오른편 서나성 구간.

가 아니다. 담장과 서나성도 없다고 단정한 왕궁 표몰 기록이 나타나야 한
다. 612년 인가 표몰 기록을 통해서도 관북리와 그 남쪽 구아리 왕궁설은
설득력을 잃었다.

제방 역할을 하는 서나성이 엄존했음에도 '큰 물大水'로 인해 성벽을 훼실
하고 물난리가 난 것이다. 서나성의 필요와 존재 가능성은, 사비도성 홍수
사태를 통해서도 반증된다. 더욱이 서나성 구간은 홍수가 나면 물에 잠기는
'포인트 바'에 해당한다. 이에 따라 서나성은 일찍 훼실된 관계로 현재 남아
있지 않을 뿐이다.

여섯째, 사비도성의 서쪽과 남쪽은 백마강이 흘러가므로 굳이 나성을 축
조하지 않았다는 주장이다. 그러나 서해를 가로질러 온 당군 일부는 어귀에
서부터 금강을 따라 들어왔다. 즉 "당군은 밀물을 타고 배의 꼬리에 꼬리를
물고 나아가며 북을 두드리고 떠들었다. 王師乘潮 舳艫銜尾進鼓而譟"고
했다. 조수는 지금의 부여 수북정과 부소산 일원까지 밀려들어 왔었다. 그
러므로 나성을 축조하지 않았다면, 금강을 고속도로처럼 이용해 일사천리
로 밀려 들어온 당군이 상륙했을 것이다. 백마강 연변에 나성벽이 없었다고
하자. 마치 집안 대문을 활짝 열어놓고 당군을 맞아들이는 격이다.

일곱째, 사비도성 나성보다 뒤에 축조된 고구려 장안성도 남쪽 대동강변
에 성벽을 축조했다. 대동강의 해자 역할로 성벽 축조를 하지 않은 게 아니
었다.

여덟째, 강이나 바다를 끼고 있는 세계 도성 역사상 강해江海와 접한 이
유로 성벽을 축조하지 않은 사례는 없었다. 나성은 도성 체제의 완결성 차
원에서도 필수 요소였다. 사비도성이 동벽과 북벽만 존재한다면 'ㄱ'자 형
의 도성 구조이다. 이처럼 쌓다가 만 도성 구조는 존재한 적이 없었다. 나성
도 아니다. 그랬기에 '나곽羅郭'이라고 호칭하지만 당치 않다. 612년에 수장
隋將 내호아가 선단을 거느리고 대동강으로 진입해 장안성의 남벽을 넘어

부여 관북리 상수관 시설.

상륙했다. 이때 등장한 '나곽'은 빈틈없이 성벽으로 에워싼 장안성 남나성을 가리킨다. 그러므로 'ㄱ'자 형의 도성 성벽으로 오도한 후 만들어 낸 '나곽' 호칭은 맞지 않는다.

사비도성은 5개의 부部와 바둑판 모양의 방坊으로 정연하게 짜인 도시였다. 도성에는 배수로는 물론이고, 부여 관북리에서는 상수관의 가설까지 확인되었다. 익산 왕궁평성에서도 상수관 시설이 확인된 바 있다. 이 점 눈여겨보아야 할 것이다. 로마와 견주어 생각할 수 있는 높은 문명 수준을 헤아려야 한다. 게다가 최근 익산에서는 오늘날 냉장고와 같은 기능을 했던, 외부 공기가 드나드는 통기구通氣口까지 갖춘 저온 저장 시설이 확인되었다. 이곳에서는 참외·들깨·딸기 속·다래·포도 속·산뽕나무·밀·조·팥 등의 작물이 보관되어 있었다. 부여 관북리 유적에서 확인된 과일 목곽보다 진일보한 저장 시설이었다.

익산 왕궁평성 유적 상수관 시설.

최근 백마강에 근접한 부여 구교리에서는 백제 때 목빙고木氷庫 유

익산 서동 생가터 부지의 저온 저장 시설.

적이 확인되었다. 발굴 결과 겨울에 채빙한 얼음을 무더운 여름까지 보존하기 위한 목적의, 공기 순환과 얼음 처리를 위한 배수로까지 마련되어 있었다.

■ 참고문헌

이도학, 『백제 도성 연구』 서경문화사, 2018.

이도학, 「百濟 泗沘都城과 '定林寺'」 『白山學報』 94, 2012.

이도학, 「百濟 泗沘都城의 編制와 海外 交流」 『동아시아의 고대 도시와 문화』 동아시아 고대학회, 2012.11.16.; 『東아시아古代學』 30, 2013.

34. 사비성 도읍기는 2개의 도성 체제였는가?

과거에 '미완의 수도'로 일컬었던 곳이 있다. 문면대로라면 완성되지 못한 수도라는 의미이다. 그렇다고 공사가 완결되지 못했다는 의미는 아니다. 천도하려고 했지만 단행하지 못했다는 것이다. 이유를 귀족들의 반발과 왕권의 미약에서 찾았다. 전라북도 익산시 왕궁면의 왕궁리 유적을 가리킨다. 그러면 이를 검증해 본다.

예로부터 지명은 정직하였다. '왕궁면'이나 '왕궁리'라는 지명은 왕궁이 소재했음을 뜻한다. 지금은 존재하지 않지만, 왕궁이 자리 잡았음을 알린다. 이곳에서 출토된 '왕궁사王宮寺' 명 기와에서도 왕궁의 존재가 유추된다.

오랜 기간 발굴 결과 왕궁리유적에서는 청자·백자와 같은 중국제 도자기는 물론이고 금사金絲 등 귀공품을 생산한 공방까지 드러났다. 천도하지 못한, 완성되지 못한 수도라면 이러한 귀공품은 누가 사용한 것인가? 최고의 귀공품은 왕

왕궁평성 출토 '王宮寺' 명 기와.

이나 왕족과 같은 최고 지배층이 거주하면서 남긴 것이다.

왕궁평성은 백제 최고위층이 거주했던 왕궁이 분명해졌다. 이 점은 부인할 수 없게 되었다. 그러자 제기된 주장이 행궁설이다. 행궁은 왕이 상주하던 궁궐을 나와 임시로 머물던 곳을 일컫는다. 그러한 행궁은 사냥터인 백제의 구원 행궁을 비롯해 산재했다. 그럼에도 조선 정조 대의 화성 행궁 이미지가 너무 컸던지 한 곳으로 특정한 듯하다. 그리고 별궁설이 있다. 고구려 태조왕이 사망한 곳을 '별궁'이라 하였고, 백제 아화왕이 태어난 곳을 '한성 별궁'이라고 했다. 후백제군의 기습을 받은 신라 경애왕이 피신한 곳이 '별궁'이었다. 이렇듯 왕이 상주하는 본궁에서 격절하지 않은 곳에 별궁이 소재하였다. 이와는 달리 왕궁리 유적은 사비도성과는 지역권을 달리했다. 따라서 별궁설을 받아들이기는 어렵다.

아신왕이 아니고 아화왕인 이유 :

백제 제17대 왕을 『삼국사기』 정덕본에는 '阿莘王[或云 阿芳]'이라고 적었다. 이에 따라 '아신왕'으로 표기하고 있다. 그런데 『일본서기』에는 '阿花'로 적혀 있다(神功 65년·應神 3년). 그리고 『삼국사기』에서 이칭異稱으로 '阿芳'이라고 하였다. 여기서 '방芳'의 훈독은 '꽃다울'이다. 이로 볼 때 '아방阿芳'과 '아화阿花'는 같은 의미였다. 따라서 '阿莘'의 '莘'은 '꽃 화華'의 오각誤刻으로 판단된다. 그러면 '阿華'와 '阿花' 또한 부합한다.

『삼국사기』 정덕본의 '阿莘王' 표기.

그밖에 이궁설도 제기되었지만, 요체는 천도 기록이 보인다는 것이다. 관세음보살의 응험을 알리기 위한 「육조고일 관세음응험기」에서 백제 무광왕 대의 지모밀지 천도 기사가 포착된다. 무광왕은 무왕을, 지모밀지는 익산 금마를 가리킨다. 『대동지지』에서는 별도別都 기록을 남겼다. 익산이 수도에 준하는 도시였다는 것이다. 이 기록은 행궁설이나 별궁·이궁설과는 결이 다르다. 왕이 잠시 머무는 공간 차원이 아니었다. 고산자 김정호는 익산 지역을 도성 개념으로 인식한 것이다.

부여 부소산성에서 출토된 수도의 존재를 뜻하는 '首府' 명 기와.

익산토성 출토 '首府' 명 기와.

『구당서』에 따르면 사비성 도읍기에 "그 왕이 거처하는 곳은 동·서 양성兩城이다"고 했다. 동성은 금마저성이요, 서성은 사비도성을 가리킨다. 이러한 사례는 중국 한漢과 당唐에서 서도西都(長安)와 동도東都(洛陽), 2개 도성 체제에서 보인다. 수도를 가리키는 '수부首府' 명 기와도 부여와 익산에서만 출토되었다. 후백제 진훤 왕의 백제 금마 개국설도 익산이 수도였기에 가능한 언사였다.

일반적인 백제 원형 인각와와는 달리 '首府' 명 기와는 장방형 인곽印廓 안에 적혀 있다. 이를 놓고 '수부' 명 기와의 당唐 제작설이 제기되었다. 그러나 청주 부모산성 출토 '後△' 명 기와를 비롯해 논산 황화산성·금산 백령산성·정읍 고부 구읍성 등 백제 인각와에서 이러한 유형은 많다.

복도설複都說 :

"무왕은 즉위 전반기에 자신의 세력 근거지였던 익산을 왕도로 삼았다. 그렇다고 사비성을 구도舊都로 만든 것은 아니었다. 익산의 금마저와 부여의 사비성, 이 2개의 도회를 모두 왕도로 하는 도성 체제를 유지한 것으로 보인다. 전통적으로 백제의 왕성은 양성兩城 체제였다. 한성 도읍기에는 남南·북성 체제北城體制였고, 사비성 도읍기에는 "其王所居有東西兩城"이라고 하였듯이 동·서 양성 체제兩城體制였다. 여기서 동·서 양성은 구도인 웅진성과 신도新都인 사비성으로 지목되고 있다. 그런데 웅진성은 성왕 대에 방方-군郡-성제城制가 시행됨에 따라 북방성으로 기능하였다. 웅진성은 5방 가운데 북방의 행정 거점성이 된 것이다. 그럼에 따라 웅진성은 사비성 도읍기 백제 왕성의 한 단위에서는 벗어나게 되었다고 본다. 대신 웅진성에 이어 왕성의 기능을 담당했던 곳이 별도別都로 기록된 익산이었던 것 같다(李道學, 「百濟 武王代 益山 遷都說의 檢討」『益山文化圈 研究의 成果와 課題』마한백제문화연구소 설립 30주년 기념 제16회 국제학술회의, 2003.5.23, 91쪽)."

사비의 궁을 중수하였고 왕이 웅진성에 행차했다. 重修泗沘之宮 王幸熊津城 :

2월에 사비의 궁宮을 중수하였고, 왕이 웅진성에 행차했다. 여름에 한발이 들어 사비의 역역을 정지停止하고 7월에 왕은 웅진으로부터 돌아왔다(『삼국사기』권27, 무왕 31년).

종전에는 무왕이 익산 천도를 추진했다면 위의 기사처럼 사비궁 중수가 필요했겠냐며 반문했다. 위의 기사를 익산 천도 의사가 없었다는 논거로 이용하였다. 그러나 이 기사는 왕이 웅진성으로 행차한 후 사비궁을 중수한 게 아니었다. 사비궁을 중수하고 있을 때 웅진성에 행차한 것이다. 이 점을 주목해야 한다. 왜냐하면 집을 수리하려면 먼저 이사하는 게 순리이기 때문이다. 이 사실은 사비성과 웅진성 간에는 국왕 거소로서 공간상의 계기적인 연관이 없었음을 뜻한다. 그러므로 무왕은 사비궁 중수 이전에 제3의 장소에 있다가 웅진성에 행차한 것으로 볼 수 있다. 사비성의 왕궁을 중수하다가 정지한 상태에서 다시 사비성으로 돌아올 수는 없기 때문이다. 그렇다면 무왕이 사비泗沘의 역역役役을 정지하고 웅진성에서 돌아온 제3의 장소는 익산이 될 수밖에 없다.

이러한 추측을 무왕 전기에 익산으로 천도했으리라는 추정과 결부 지어 다시금 음미해 보자. 그러면 위의 기사는 환도 작업의 일환으로 사비궁 중수가 이루어졌다고 보아야 한다. 이때 무왕은 익산에서 사비궁 중수 작업 독려차 사비성에서 가까운 웅진성으로 행차한 것이다. 즉위 전반기에 익산으로 천도한 무왕은 630년에 사비궁을 중수한 후 환도하려고 했다. 그런데 한발로 인해 사비의 역을 정지한 상황, 즉 사비궁 중수가 완료되지도 않았는데 무왕이 사비성으로 환도할 수는 없었을 것이다. 그러므로 7월에 무왕이 "웅진으로부터 돌아왔다"고 한 곳은 사비성이 될 수 없다. 무왕이 돌아온 곳은 애초의 출발지였던 익산으로 간주하는 게 온당하다.

(이도학, 「百濟 武王代 益山 遷都說의 檢討」『益山文化圈研究의 成果와 課題』원광대학교 마한백제문화연구소, 2003.;『백제 사비성 시대 연구』일지사, 2010, 149쪽.)

이와 더불어 왕도 이름을 굳이 붙이지 않아도 됨에도 불구하고 '사비지궁泗沘之宮'이나 '사비지역泗沘之役'으로 표현하였다. 이 사실은 역으로 무왕 31년 당시 백제 왕도는 사비가 아니라는 반증이 된다(최완규, 「고대 익산과 왕궁성」『익산 왕궁리유적, 발굴 20년 성과와 의의』주류성, 2009, 291~292쪽). 당시 무왕은 사비성이 아닌 익산 지역에 도읍했음을 알 수 있다. 그리고 무왕이 사비성으로 환도한 시기는 사비궁 중수가 완료되는 630년 7월 이후부터 631년 사이로 지목된다.

무왕이 익산에 또 하나의 도성을 건설하게 된 동기는 다음과 같다. 첫째, 둘레 8km의 나성으로 둘러싸인 사비도성의 인구압에서 벗어나야 했다. 도성 인구의 포화 상태에 대한 타개책을 고려해야 한다. 둘째, 자신의 성장지요 정치적 근거지인 익산으로 천도하고자 했지만, 현실적으로 난관이 많았다. 이를 타개하는 절충안으로 익산에 또 하나의 도성을 건설해 2도都 체제를 운용하는 게 현실적 대안이었다.

무왕은 익산에 상주하는 일이 많았지만, 만년에는 사비도성에서 소요하는 일이 잦았던 것 같다. 무왕은 강과 접한 사비도성을 휴식처로 이용한 흔적이 보인다.

왕흥사 행차 백마강 물길 주변 :

"봄 2월, 왕흥사가 낙성되었다. 그 절은 물에 임했기에 채색과 장식이 장려했다. 왕은 매번 배를 타고 절에 들어가 행향行香을 하였다(『삼국사기』권27, 무왕 35년)."

자온대自溫臺 위치 :

현재 자온대는 규암 나루터 곁 수북정 정자 밑의 바위에는 우암 송시열의 필적으로 전하는 '自溫臺' 글씨가 횡으로 적혀 있다. 엿바위窺巖에 새겨져 있는 것이다. 이곳을 다음과 같은 역사적 현장으로 인식했다.

자온대는 현 서쪽 5리에 있는데, 낙화암에서 순탄하게 흘러 서쪽으로 가면 괴암이 물가에 걸터앉아 있는데 10여 명이 앉을만하다. 세상에서는 백제 왕이 이 바위에서 놀앉았다고 전하는데, 바위가 저절로 따뜻해지는 까닭에 (자온대) 이름이 생겼다. 自溫臺 在縣西五里 自落花巖順流而西 有怪巖跨于水渚 可坐十餘人 諺傳百濟王遊于此巖 則巖自溫 故名(『신증동국여지승람』 권18, 충청도 부여현, 古跡).

그러나 수북정 옛바위는 겉모습과는 달리, 위가 뾰족할 뿐 아니라 편편하지도 않다. 10여 명은커녕 한 명도 좌정하기 어렵다. 게다가 수북정에서 내려가려면 낭떠러지라서 위험하기까지 하다. 그러면 최초로 언급한 『삼국유사』의 다음 기사를 살펴본다.

또 사비의 벼랑에, 또 돌 하나가 있는데 10여 명이 앉을 수 있다. 백제 왕이 왕흥사에 예불하러 가려고 할 때는 먼저 이 돌에서 부처를 바라보며 절을 한다. 그 돌은 저절로 따뜻해졌으므로 구들 돌이라고 이름한다. 又泗沘崖 又有一石 坐十餘人 百濟王欲幸王興寺禮佛 先扵此石望拜佛 其石自煖因名煖石(『삼국유사』 권2, 紀異, 南扶餘·前百濟·北扶餘).

위의 기사와는 달리, 수북정 옛바위에서 왕흥사는 너무 멀어 예불 자체가 어렵다. 반면 고란사 뒤편 삼성각 앞 바위는 10여 명이 좌정할 수 있는 편편한 암반이다. 게다가 이곳에서는 강 건너 왕흥사가

구글 지도에 보이는 '자온대'와 왕흥사지 위치.

바로 보이므로 예불할 수 있다. 아울러 수북정 옛바위는 백제 왕의 왕흥사 행차 동선으로서는 부자연스럽다. 이와는 달리 고란사 바위는 백제 왕이 예불한 후 배를 타고 행차하는 동선으로는 자연스럽다. 그러므로 고란사 바위를

자온대로 지목하는 게 합당하다.

　사족을 덧붙인다면 백제 왕은 왕궁 후원(부소산)을 통해, 백마강에 접한 대왕포에서 왕흥사로 행차하는 동선을 짰을 것이다. 백제 왕이 구드래 나루 지점에 일부러 가야 할 이유가 없는 관계로, 이 지점에서 자온대를 찾는 것은 적절하지 않다.

수북정 밑의 소위 '자온대' 바위인 엿바위.

엿바위 위에서 바라본 왕흥사지.

고란사 바위.

삼성각 쪽에서 바라본 고란사 바위.

왕흥사지에서 지호지간으로 잡히는 낙화암과 고란사 바위 일대.

고란사 바위에서 바라본 왕흥사지.

■ 참고문헌

이도학, 「백제 무왕대 익산 천도설의 검토」 『익산 문화권 연구의 성과와 과제』 마한백제
　　　문화연구소 설립 30주년 기념 제16회 국제학술회의, 2003.5.23.; 「백제 무왕대
　　　익산천도설의 재해석」 『마한백제문화연구』 16, 2004.
이도학, 「益山 遷都 物證 '首府' 銘瓦에 대한 反論 檢證」 『東아시아古代學』 35, 2014.
이도학, 「백제인들의 체감 이상향, 익산 왕도」 『미르』 35, 익산시·전북문화재연구원,
　　　2023.

35. 궁남지는 어디에 소재했는가?

　궁남지宮南池는 '궁 남쪽에 소재한 못'이라는 뜻이다. 634년(무왕 35)에 "3월, 궁 남쪽에 못을 뚫고 물을 20여 리에서 끌어당겼다. 사방 물가에는 버드나무를 심었고, 물 복판에는 섬을 쌓았는데 방장선산을 흉내 냈다. 三月 穿池於宮南 引水二十餘里 四岸植以楊柳 水中築島嶼 擬方丈仙山"고 해, 인공 못 조성 기사가 보인다. 이 기사에 대한 국가 기관의 해당 주석은 다음과 같다.

　궁궐 남쪽에 못을 파고 : 이때 만들어진 못이 별궁의 원지苑池로서, 현재의 충남 부여군 부여읍 동남리에 있는 궁남지로 추정된다. 옛날에는 수면이 3만여 평이 되었다고 한다. 이러한 규모 때문에 궁남지가 풍류의 장소뿐 아니라 적을 막기 위한 외호外濠 역할을 했을 것이라는 지적도 있다. 궁남지 동편에는 화지산이 있고, 그 서쪽 기슭의 완만한 경사지에는 대리석으로 바닥으로부터 8각형으로 쌓아 올린 우물이 남아 있으며, 주변에는 기와 조각이 많이 흩어져 있어 사비정궁의 남쪽에 설치되었다고 하는 이궁터로 추정되고 있다. 따라서 궁남지는 이궁의 궁원지로 꾸며진 것으로 보인다(양기석, 2008, 225쪽). 현재 궁남지는 사적 제135호로 지정되어 있다.

'부여 궁남지'를 무왕 대에 조성한 궁남지로 단정했다. 그러나 인용한 화지산 유적을 "사비정궁의 남쪽에 설치되었다고 하는 이궁터"라고 했지만, 아무런 근거가 없다. 그러므로 '부여 궁남지'를 '이궁의 궁원지'라고 한 주장은 어불성설이다. 더욱이 '부여 궁남지'는 이궁터라는 화지산 유적의 남쪽이 아니라 서쪽에 소재했다. 그러므로 더욱 성립되지 않는 억설이다.

게다가 이러한 주장에 앞서 선결했어야 할 검증이 있다. 궁남지 위치 검증이다. 왕궁 남쪽에 소재한 못이라면 천도한 538년에서 대략 100년 가까운 세월이 흘렀다. 그럼에도 사비도성의 노른자위인 왕궁 남쪽에 과연 못을 조성할 만한 공지가 남아 있었는지, 여부이다. 그렇다고 멀쩡한 건물, 그것도 관부에 해당할 비중 높은 건물을 부수고 배를 띄울 정도의 거대한 못을 조성할 수는 없다. 그리고 부소산 남쪽 부지를 궁터로 비정하게 한다고 할 때 그 사이 1.5km 구간에 '정림사'를 비롯해 숱한 백제 당시 건조물들을 지나야만 '부여 궁남지'에 이른다. 따라서 지금의 '부여 궁남지'는 '궁 남쪽'이 될 수도 없고, 또 그렇게 불릴 수도 없었다.

이보다 근원적인 문제점이 있다. 궁남지를 조성하기 위해 20여 리 밖에서 물을 끌어당겼다는 것이다. 혹자는 능산리 산골짜기의 물을 받아서 연결하면 20리가 나온다고 했다. 그러나 이러한 주장은 현재의 궁남지가 맞는다는 자기 확신을 넘어선 자기 최면에서 나온 발상이었다. 현재의 궁남지

부여 '궁남지'.

에서 근접한 불과 1km 지점에 큰 강인 백마강이 흘러가고 있다. 그럼에도 굳이 능산리 산골의 물을 끌어당긴다는 주장은 어불성설이다. 따라서 사적 제135호로 지정된 유적은, 백제 때 궁남지는 아니라고 보아야 한다.

더욱이 현재의 궁남지는 "발굴조사 결과 궁남지로 확정할 만한 근거가 발견되지 않았다"고 한다. 실제 현재 궁남지는 갈수기 때 파 보아서 알겠지만, 농경 유적과 더불어 우물과 같은 생활 유적이 근방에서 확인되지 않았던가? 게다가 남아 있는 수레바퀴 자국을 통해 조성 당시 폭 10m 안팎에 이르는 도로의 존재가 확인되었다. 이 도로의 폭과 방향에 비추어 볼 때 관북리 유적의 도로와 같은 계획하에 조성된 시설로 밝혀졌다(국립 부여문화재연구소, 『宮南池』 2001, 412쪽). 그리고 백제 때 농경 유적인 논(수전) 유구와 굴립주 건물지도 확인되었다.

그 밖에 "현재의 궁남지에서는 기록에 보이는 연지 조성 근거가 확인되지 않았다. 우선 인공적으로 연못을 팠던 흔적이 확인되지 않았고, 물을 끌어들이기 위한 도수시설과 물을 연못 내부로 유입하는 입수구, 물을 연못 바깥으로 빼내는 출수구 등의 여부도 미지수이다. 또한 연못 내부의 섬과 사방의 언덕 등도 확인해야 할 과제로 남아 있다. … 물을 끌어들이지 않고서도 이 지역은 지형이 낮아 항시 물이 고이는 저습지인 관계로 자연적인 연못에 가까우며 인공적인 연못과는 거리가 먼 것을 알 수 있다. … (궁남지는) 생활지구가 아닌 관아 지역 및 궁성 내부 등 그 주변에서 찾아야 할 것으로 판단된다(국립 부여문화재연구소, 『宮南池Ⅲ』 2007, 145~148쪽)"고 결론 지었다.

실제 현재의 궁남지는 범람원 지형에 속한다. 백제 때 이래 인공 못이 소재했을 가능성은 없다. 게다가 조선 후기 지도 「광여도」에는 현재 부여 읍내에는 신지新池와 만광지萬光池만 보인다. 지금의 소위 궁남지 위치에는 못이 없다. 더욱이 만광지는 부여향교 동쪽, 의열사 남쪽에 소재했다. 현재 정림사지 박물관 동북에 소재하였다. 이곳은 현재의 '궁남지'와는 관련이 없다. 물론 입지로만 본다면 만광지는 백제 당시 '궁남지'일 가능성은 존재하지만, 이 역시 '물을 20여 리에서 끌어당겼다'라는 구절 앞에서는 대안이 없다.

「광여도」에 보이는 지금의 부여 읍내.

이렇듯 634년에 조성한 인공 못 궁남지가 부여에 소재한 근거는 문헌이나 물증 그 어디에서도 확인되지 않았다. 현재의 궁남지는 일제 때 사진 자료가 남아 있다. 동서로 길쭉한 부정형을 이루고 있었으며, 수면적水面積은 대략 3만여 평에 달했던 것으로 전한다. 그럼에도 조선시대 문헌이나 고지도 등에서 그 존재가 확인되지 않았다. 저습지에 소재한 '궁남지'의 성립 시기가 늦었음을 뜻한다.

게다가 무왕의 출생담과 결부 지은 이야기는 성립할 수 없다. 궁남지는 무왕 재위 시에 조성한 인공 못이기 때문이다. 무왕이 태어나기도 전의 출생담이 궁남지와 연계해 생성될 수는 없지 않은가? 순전히 창작이요 어설픈 발명품에 불과하다. 오히려 익산 왕궁평성은 만경강에서 8km 떨어져 있다. 이 경우 만경강의 강수江水에서 물을 끌어들여 왕궁평성 남쪽에 인공 못을 조성했다면 기록과 어긋나지 않는다. 명실상부한 궁남지이다.

■ 참고문헌

이도학, 「백제사 속의 익산에 대한 재조명」『마한백제문화』25, 2015.

36. 쌍릉의 피장자는 누구인가?

대왕묘 출토 여성 치아 4개

현재 익산 석왕동에는 대왕묘와 소왕묘 즉 쌍릉이라는 이름의 왕릉급 분묘 2기가 소재한다. 양자는 직선거리로 200m가량 떨어져 있을 뿐 아니라 합장이 아니라 단장單葬이었다. 대왕묘 유골에서는 DNA가 추출되지 않아 성별을 확정할 수 없었다. 다만 골격 특징과 더불어 신장이 161~170cm에 해당하므로 장신의 남자로 상정했다. 그러나 설령 최대치인 170cm라고 하더라도 장신은 아니다. 부여씨 왕족 출신인 흑치상지의 경우 당척唐尺으로

7척이 넘은 대략 2m가량의 거구였다. 실제 20세기 현장에서 미라가 된 그의 시신을 확인한 이는 9척을 운위했다. 무녕왕도 8척 장신이었다. 그러므로 부여씨 왕족 가운데 170cm를 장신으로 거론하기는 어렵다.

발굴 중인 대왕묘.

설령 170cm를 장신으로 간주하더라도 남자로 단정할 수는 없다. 선화 왕후를 염두에 둘 요인도 있다. 그녀의 아버지 진평왕은 11척이요, 밟았던 섬돌이 부러졌던 일화와 더불어, 허리띠인 천사옥대가 너무 거대했다고 한다. 선화 왕후의 사촌 여동생 진덕여왕은 7척에 손이 무릎까지 내려오는 기형이었다. 선화 왕후 겨레붙이들은 남녀 불문하고 신장이 장대하였다. 이렇듯 남성적인 골격에 장신의 여성도 존재했다. 따라서 신장만으로는 대왕묘 유골의 성별을 속단하기는 어렵다.

이와 관련해 국립 전주박물관은, 대왕묘 목관 안에서 발견된 4점의 치아를 분석한 결과 "성별은 견치와 소구치의 계측치에서 여성으로 추정할 수 있다."·"연령은 … 치아의 맹출 상태와 교모에서 21~35세로 추정된다(국립 전주박물관,『益山 雙陵』2015, 139쪽.)"고 했다. 그리고 대왕묘에서 출토된 토기는 7세기 대의 신라 토기와 관련지었다. 게다가 대왕묘 목관에 관한 가속기 질량분석법(AMS) 연대 측정 결과 '382 AD~616 AD(95.45 probability)'가 나왔다(국립 전주박물관,『益山 雙陵』2015, 230쪽). 따라서 이러한 요인들은, 대왕묘의 피장자를 641년에 사망한 무왕과 결부 짓기 어렵게 한다.

설령 관재棺材가 일본열도의 금송金松인 관계로 미리 관을 제작했으리라는 추측은 나올 수 있다. 그렇더라도 최대 하한인 616년을 잡더라도 무왕 사망 무려 25년 전에 벌목해서 관을 만든 것이라야 한다. 그러나 3년 빈상殯喪 기간에 관을 짜면 되는 것이다.

대왕묘 관목.

스모킹 건 대왕묘 출토 치아 4개 :

치아에 대해 논자는 "특히 보고서의 「사진 49의 2」와 「사진 53」의 치아는 동일 치아임에도 불구하고 우하악 제2대구치와 우하악 제3대구치로 각각 다르게 파악하고 있어 대왕릉 출토 치아분석의 신빙성에 의문을 품게 한다"고 했다. 이를 본문 서술과 결부 지어 보니 「사진 49의 2」의 우하악 제2대구치 표기와 위치는 우하악 제3대구치의 오기誤記였다.

게다가 보고서에서는 "제3대구치는 변이가 심하므로 계측치가 의미 있는 경우가 적다"고 했다. 계측 자료로 사용하지 않았음을 밝혔다. 반면 "따라서 본 검토에서는 견치와 소구치 두 치아에 대해서 근원 심경과 협설경에 관해 계측하였으며 …(국립 전주박물관, 『益山 雙陵』 2015, 138쪽)"라고 했다. 나머지 3개의 치아만을 계측했음을 밝혔다. 따라서 제3대구치 건은 '치아분석의 신빙성' 여부와는 관련이 없다.

그 밖에 대왕묘 부장 완盌에 대해서 "… 소형 완은 7세기 대의 익산 지역의 지방색이 반영된 토기이거나 혹은 백제 멸망 이후 통일신라시대의 토기가 추가 장追加葬된 것으로 보는 것이 가장 합리적인 것이 아닐지 생각한다"고 주장했지만, 성정용은 "신라 토기인 것만은 부정하기 어렵다"고 단언했다.

추가장설을 비롯해 이러한 주장들은, 대왕묘을 무왕릉으로 결론 내려놓고, 이와 배치되는 자료들에 대해 무리하게 부정하는 듯한 인상을 준다. 국립 부여문화재연구소, 『익산 쌍릉』 2019에서는 법의학 교수 2명의 자문을 얻어 "치아로 성별을 판단하기는 매우 어렵고, 연령 추정 역시 관련된

쌍릉(대왕묘·소왕묘) 부장 유물. 고려 때 이미 도굴당한 능묘였다.

다른 자료와 비교해 그 개연성을 제고하는 수준에서 효용이 있다고 한다(31쪽)"고 했다. 2015년 국립 전주박물관 보고서의 결론을 뒤집은 것이다.

사망 원인을 밝히는 게 아닌데 왜 법의학 교수에게 의뢰했는지? 치과의사에게는 왜 전문가 소견을 받지 않았는지? 그리고 인골의 연대도 보정 연대 620~670년(신뢰수준 68%)을 얻었다고 했다(33쪽). 무왕의 사망 연대 641년에 접근시켰다. 그런데 68% 신뢰수준이라는 말은 표본의 개수가 100개라면, 100번 중 32번은 전체 평균에서 벗어날 수 있다는 것을 의미한다. 대략 ⅓이 벗어날 수 있다는 것이다. 오차 폭이 크기 때문에 단정은 어렵다고 보아야 하지 않을까?

왜 부부 합장이 아니었을까?

무왕 사망 후 유택의 입지는 익산일 가능성이 높다. 그런데 왕릉으로 지목되는 쌍릉 2기는 모두 합장묘가 아니었다. 단장의 쌍릉에 각각 묻힐 수 있는 대상은 선화 왕후·무왕·사탁씨 왕후, 이 3명이었다. 이 가운데 616년 이전에, 35세를 넘기지 못하고 사망한 여성 치아의 주인공은 정황상 선화 왕후로 보인다. 655년 정월에 사망한, 사탁씨 왕후의 권력 독주는 선화 왕후의 부존에 힘입었을 소지가 컸기 때문이다.

이러한 정황에서 선화 왕후 장례는, 무왕과 사탁씨 왕후 소관이었다. 35세 이전에 사망한 여성이 묻힌 대왕묘의 단장 조성은, 차후 무왕과의 합장을 차단하기 위한 사전 포석이었다.

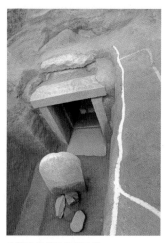

소왕묘 출입구인 연도부.

이후 641년 3월에 무왕이 사망했다. 무왕 장례에 대한 결정권은 의자 태자 위에 군림한 사탁씨 왕후였다. 사탁씨 왕후는 자신과 무왕과의 합장을 원했을 것이다. 그렇지만 642년 정월에 즉위한 의자왕은, 3년 탈상 후 무왕의 관을 소왕묘에 운구한 것으로 보인다. 소왕묘 역시 현실의 폭이 좁았기에 애초부터 합장이 불가하게 조성한 것이다. 이러한 능묘 조성에는 의자왕과 사탁씨 왕후 사이의 우여곡절을 연상시킨다.

이 경우는 조선의 왕릉 조성 사례와 결부 지어 살피는 게 좋다. 조선 중종의 첫 번째 계비 장경왕후 사후 조성된 능 오른쪽에, 중종릉靖陵이 동원이강 형식으로 조성되었다. 그런데 장경왕후 소생 인종이 8개월 만에 요절하고 두 번째 계비 문정왕후 소생 명종이 즉위하였다. 그러자 중종릉을, 선릉(성종·정현왕후릉) 구역인 봉은사 옆으로 천장했다. 장경왕후릉과 중종릉이 멀리 분리된 것이다. 중종릉 구역에 묻히고자 한 문정왕후의 의도가 드러난다. 그러나 의지와는 달리 그녀 자신은 태릉에 묻혔다.

문정왕후는 중종 사후 장경왕후 소생 인종을 몰아세웠다. 그녀는 조정의 제일 실력자가 되었다. 그녀는 재위 8개월 만에 사망한 인종을 이어 즉위한 친아들 명종을 대신해 8년간 수렴청정하였다. 문정왕후의 행태는 사탁씨 왕후를 연상시키는 면이 있다. 이와 관련해 대왕묘와 소왕묘는 백제 말경의 능묘가 분명하다. 여기서 사망 순서는 선화 왕후 → 무왕 → 사탁씨 왕후로 상정할 수 있다. 그리고 두 능묘의 조성 시기는 피장자의 시차가 크지 않으므로 단정하기 어렵다. 더욱이 빈약한 부장품으로는 비교 자체가 쉽지 않다.

그런데 대왕묘는 합장릉이 아닌 단릉뿐

소왕묘 내부와 관대.

陵이었다. 그리고 가까운 거리에 역시 단릉인 소왕묘가 조성되었다. 사탁씨 왕후로 인해 애초부터 선화 왕후와 무왕은 합장할 수 없었다. 그랬기에 처음부터 단릉으로 대왕묘가 조성된 것으로 보인다. 물론 사탁씨 왕후는 사후 무왕이 묻힌 능 구역에 자신이 묻히거나 능묘에 합장을 바랐을 것이다. 그러나 사탁씨 왕후 사후 그녀는 자신의 바람과는 달리 무왕의 능 구역에 묻힐 수는 없었다. 사탁씨 왕후 사망 직후, 친위 정변을 통해 권력을 장악한 의자왕은, 어머니인 선화 왕후나 아버지 무왕의 능 구역에 발을 딛지 못하게 했다고 본다. 권력은 이런 것이 아닐까? 이렇듯 쌍릉에는 복잡한 정치적 이해가 얽혀 있다. 따라서 쌍릉의 피장자를 특정하기는 어렵다. 다만 '말통대왕릉'으로 전해 온 것을 볼 때, 쌍릉 중 소왕묘가 무왕릉일 가능성을 상정해 본다.

의자왕 대의 대좌평 사택지적의 출신지를 부여군 은산면 내지리로 지목하는 견해도 있다. 그러나 내지리 지명은 일제가 1914년에 행정 구역을 통폐합할 때 내대리와 지경리에서 한 글자씩 취해서 정한 지명에 불과하다(李道學, 「方位名 夫餘國의 성립에 관한 檢討」 『白山學報』 38, 1991, 16~17쪽). 따라서 사택지적의 출신지인 내지성을 내지리와 관련짓는 것은 어불성설이다.

■ 참고문헌

마한·백제문화연구소, 『익산 쌍릉의 정체성 규명과 향후 과제』 2016.

이도학, 『분석 고대 한국사』 학연문화사, 2019.

이도학, 「日本書紀의 百濟 義慈王代 政變 記事의 檢討」 『韓國古代史研究』 11, 1997.

이도학, 「쌍릉 대왕묘 = 무왕릉 주장의 맹점(盲點)」 『季刊 한국의 고고학』 43, 주류성, 2019.

37. 대항해의 산물, 없는 게 없는 글로벌 백제

백제와 왜

'글로벌'은 '세계적인'이나 '광범위한'의 뜻을 지닌 형용사이다. '광범위한'은 '대상으로 하는 범위가 아주 넓다'라는 뜻을 지녔다. 국호 백제 앞에 글로벌을 붙였다면, 외적으로는 아주 넓은 범위를 대상으로 한 국제 국가요 내적으로는 세계화한 국가를 뜻한다.

글로벌 백제는 교류한 국가의 범위가 광활했음을 가리킨다. 일반적으로 백제라고 하면, 중국과 일본열도와 교류한 국가 정도로 치부하고 있다. 이 정도를 가리켜 '글로벌'이라고 할 수는 없다. 조선왕조만 하더라도 지금의 오키나와인 유구국과의 교류는 너무나 잘 알려져 있다. 개국 2년째인 1393년에 지금의 태국인 섬라곡국暹羅斛國에서 방물과 더불어 사신을 보내왔다. 태조는 이들이 바친 토인 2명으로 하여금 대궐 문을 지키게 했다. 조선과 태국 간에는 바닷길이 열려 있었다.

그런데 고작 중국과 일본열도와의 교류를 놓고 글로벌 백제로 일컬을 수는 없다. 차라리 조선왕조에 글로벌이라는 관형어를 붙이는 게 나을 법하다. 그러나 백제는 예상을 뛰어넘는 광활한 세계를 누비고 다녔다. 모두 기록에 보이는 내용들이었다. 그렇지만 받아들이지 않았다. 마치 그러한 소극적 행태를 신중하고 학구적인 양 한 위선이 지배했다.

주지하듯이 백제 국가의 입지는 대외교류에 유리한 조건을 지녔다. 백제 이전의 마한 제국들은 3세기 대까지도 중국과 교류했다. 백제 역시 4세기 대부터 동진을 비롯한 중국 역대 왕조들과 지속해서 교류했다. 백제의 요서 경략은 동아시아 세계에서 입지의 국제성을 웅변했다. 한반도 서남 모서리에 국한되지 않고 밖으로 진출하는 열기와 역량을 읽을 수 있게 한다. 이 무렵 백제는 고구려에 몰리고 있었던 후연과 교류했다. 그랬기에 백제 지배층에 후연계 풍씨馮氏가 등장한 것이다.

탄금대토성 출토 철정 40매 묶음. 40매가 한 단위였음을 알려준다.

상인왕商人王이었던 근초고왕의 노력으로 백제는 왜와 수교하였다. 이후 300년에 걸친 혈맹의 관계로 이어졌다. 백제와 왜의 유대는 사족을 불허할 정도로 널리 알려졌다. 백제는 이후 왜의 지배층에 놀랄 만한 물품과 진귀한 물산을 지속해서 보내주었다. 가령 근초고왕은 지금의 창원인 탁순국에 들른 왜 사신을 백제로 데려온 후 그들이 열망하던 물품을 내려주었다. 무소의 뿔로 만든 기마용 활과 화살인 각궁전角弓箭, 호사품인 휘황한 오색 비단 五色綵絹, 그리고 농경에 필요한 철제 농기구와 무력의 소재인 철정鐵鋌이었다. 사용해 본 후 품질 좋은 자국 물품을 구매하라는 메시지였다. 선진 문물의 구매 창구를

중국 난징박물원에서 전시했던 채색 비단.

백제로 바꾸게 하려는 의도가 깔린 것
이다. 창원 현동 유적에서 제철 유물과
더불어 출토된 생소한 낙타 모양 토기
는 백제와의 연관성을 시사해 준다.

귀국한 왜 사신을 접한 왜왕의 반응
은 놀랍고 또 뜨거웠다. 일찍이 본 적
이 없던 우월한 선진 물품에 눈이 휘둥
그레진 것이다. 근초고왕은 왜 사신에
게 보물 창고를 열어 보인 후 "우리나

일본 구마모도현 야스시로시에 소재한 '구다
라키百濟來' 지역 초등학교 이름. '백제에서 왔
다'는 우월감과 당당함이 지명으로까지 남겨
진 것이다. 이렇듯 한류의 원조는 백제였다.

라에는 진보가 많다!"고 하였다. 근초고왕의 의도가 정곡을 맞힌 것이다.

백제는 중국과의 교류를 통해 확보한 선진 문물을 왕실 등 지배층에 공급
했다. 백제 왕은 대외 교류의 창구와 공급에 대한 독점을 통해 권위를 강화
했고, 권력 범위를 확대했다. 이러한 백제 왕의 의도는 바다 건너 일본열도
에까지 미쳤다. 생필품인 철소재류는 물론이고 사치품에 이르기까지 광범
위했다.

백제, 동남아시아에 이르다

백제가 왜에게 보내준 물산 중에는 흰 꿩, 말하는 새인 앵무鸚鵡, 장기간
음식을 섭취하지 않아도 버티는 사막의 배인 쌍봉낙타, 지금의 캄보디아인
부남국에서 확보한 재물과 노비, 북인도에서 산출되는 양모를 주성분으로
해서 만든 양탄자 등이었다. 그 밖에 말보다 몸집은 작지만, 체질이 강인한
운송 수단 나귀도 포함되었다. 왜로서는 신기할 수밖에 없는 대상들이 아닐
수 없었다.

그러면 백제는 이러한 물산을 어떻게 확보할 수 있었을까? 혹자는 중국
통해 얻은 것으로 말한다. 그러나 아무런 근거가 없는 축소지향의 왜곡에

불과하다. 가령 백제와 부남국의 교류는 543
년(성왕 21)이었다. 이에 반해 부남국이 양梁
에 마지막으로 조공한 시점은 539년이었기
때문이다. 물론 539년에 부남국이 양에 진상
한 물품은 기록에는 보이지 않지만, 토산물
이나 불교 관련 물품이었을 가능성은 있다.
그러나 부남국이 양에 노奴 즉 생구生口를 진
상한 기록은 어디에도 없다. 따라서 백제가
541년 양으로부터 부남국의 재물과 노비를
얻었다고 보기는 어렵다. 더욱이 중국 역대
왕조에서 자신들이 받은 외국 물산을 다시
금 백제에 내려준 사례는 보이지 않는다. 오
히려 백제와 부남국 간 독자 교류의 산물이
었다. 백제는 부남국뿐 아니라 여타 동남아
시아 제국과도 교류했기 때문이다.

흰꿩.

창원 현동 유적에서 출토된 낙타 모
양 토기. 366년 근초고왕 대 백제 사
신이 파견된 창원에 소재한 탁순국과
접촉한 이래 백제 문물의 전파로 보
인다.

백제는, 양모를 주성분으로 하는 페르시
아 직물로서 북인도 지방에서 산출되는 카펫(양탄자)인 탑등㲪毲을 왜에게 선
물한 바 있다. 그리고 성왕 대의 승려 겸익은 뱃길을 이용해 중인도에서 불
경을 가져왔다. 이 사실은 구도의 열정만으로 해석할 수 있는 사안이 아니었
다. 누구나 마음만 먹는다고 인도에 다녀올 수 있는 형편은 되지 않았다. 백
제에서 인도에 이르는 거대한 해상 네트워크가 조성되었을 때만이 가능했
다. 뱃길과 조선술 그리고 항해 능력이 구비되었을 때 다녀올 수 있었다.

642년 백제 사신은 곤륜崑崙 사신을 바닷속에 수장시켰다. 『구당서』 남만
전에 "임읍林邑 이남부터는 모두 곱슬머리에 신체는 새카만데 통상적으로
곤륜이라고 부른다"고 하였다. 곤륜은 지금의 남베트남·캄보디아·타이·미

얀마·남부 말레이반도 등을 일괄한 동남아시아 지역에 대한 범칭이었다. 그리고 곤륜 사신 수장 사건은 백제 선박이 미치는 공간에서 발생한 게 분명하다. 더욱이 곤륜 사신들을 수장한 곳을 '바닷속海裏'이라고 한 데서 항해 분위기를 느낄 수 있다. 백제와 곤륜 즉 동남아시아 제국과의 교류 없이는 발생할 수 없는 사건이었다.

그 밖에 '정림사지'에서 출토된 소조상 가운데 곱슬머리 두상이 2기나 확인되었다. 그리고 부여에서 출토된 목간에는 몸이 검은 사람을 만난 기록이 보인다(능산리 025목간). 즉 "△道辵△△次如逢使猪耳其身者如黑也 …"라는 구절이다. 이 구절은 "… 어디에 갔다가 걱정이 되는 커다란 돼지 귀에, 몸은 흑색인 사람을 만났다"는 내용으로 받아들여진다. '정림사지'에서 출토된 곱슬머리에 이국적 용모인 소조 인물상 역시 귀가 엄청나게 크다(38절 사진 참조). 뜻밖의 이방인과의 조우를 뜻하는 듯하다. 그리고 백제금동대향로에 보이는 코끼리상은 아프리카가 아니라 동남아시아산과 같았다. 실물을 접하지 않고서는 재현할 수 없는 모습으로 판단된다. 부소산 절터에서 출토된 발톱 하나까지 섬세하게 묘사한 소조 코끼리상 역시 실물을 목도했기에 가능했을 것이다. 의자왕이 왜의 중신 후지와라노 카마다리에게 선물한 상아로 만든 바둑돌도 이를 뒷받침한다.

백제에서 바둑돌과 함께 후지와라노 카마다리에게 선물한 목화자단기국木畵紫檀碁局의 재료인 자단紫檀은 스리랑카가 원산지였다. 고가

백제금동대향로에 등장하는 봇짐 짊어진 사내가 올라탄 코끼리는 동남아시아산으로 밝혀졌다. 상상의 코끼리가 아니라 실제 접한 코끼리였음을 반증한다.

부소산 절터에서 출토된 코끼리 소조 두상. 백제 때 만든 코끼리 소조상 가운데는 발톱까지 섬세하게 묘사하였다.

에 귀한 사치품인 자단목은, 신안 앞바다에 침몰한 송宋의 선박에도 실려 있었다. 그리고 백제금동대향로에 주조된 악어의 존재 또한 동남아시아 제국과의 교류를 실감하게 한다. 그 밖에 무령왕릉에 부장된 인도-퍼시픽 유리를 비롯해 미륵사지 서탑에 공양된 진주 역시 동남아시아산이었다.

혹자는 앵무 역시 중국을 통해 백제로 전해진 것으로 추측하기도 한다. 그러나 세계 최대의 영역을 자랑하는 원제국元帝國의 관리가 14세기 전반에 작성한 견문에서도 "새 가운데 공작과 비취새와 앵무새는 중국에 없는 것이다(『진랍풍토기』)"고 단언했다. 그러니 6~7세기 상황에서 백제가 중국을 통해 앵무를 얻었을 가능성은 없다.

흑치黑齒의 위치 :

백제 장군 흑치상지의 묘지석에 따르면, 부여씨 왕족이었던 조상들이 흑치에 분봉 됨에 따라 흑치씨가 되었다고 한다. 담로 제도의 일면을 엿볼 수 있다. 흑치의 위치에 대해서는, 타이완의 량자빈梁嘉彬(1910~1995)은 일찍이 필리핀으로 비정한 바 있다(梁嘉彬, 「魏志朱儒國(今琉球) 裸國(今台灣)黑齒國(今菲律賓)考」『大陸雜誌』特刊 第2輯, 1962, 337~344쪽.;『琉球及東南諸海島與中國』私立東海大學, 1979, 278~279쪽).

그러면 충청남도 예산의 '검은산'을 흑치와 관련지을 수 있다는 주장을 검토해 본다. 그런데 검은산黑山은 당 대唐代의 요서 지역이나 몽골을 비롯해 경기도 안성·경남 거창·강원도 평창·전남 영광 등지를 비롯해서 무수히 확인되고 있다. 그러므로 검은산은 흑치 지명과 관련한 고유명사로서 변별력은 없다.

지금의 예산군 예산읍은 백제 때 오산烏山이라고 했다. 오산은 통일신라 경덕왕 대를 전후해 고산孤山으로 지명이 바뀌었다. 그리고 고려 초에 현재의 예산례산山 지명이 생겼다. 경덕왕 대를 전후해 행정 지명을 바꿀 때는 종전에 사용한 지명의 음音을 한역漢譯하는 형식이 많았다.

오산烏山이 고산孤山으로 바뀐 배경은, '오산'을 '외산山'으로 읽었기에 '외로울' '고孤' 자字를 넣어 고산孤山으로 지명을 바꾼 것이다. 오산을 결코 '검은산'과 관련짓지 않았음을 알 수 있다. 오산을 '검은산'과 관련지었다면 '흑산黑山'으로 고쳤어야 마땅하다.

그리고 필리핀의 박물관에서는 신라·가야 토기가 전시되어 있었다. 이들 토기에 날개가 달려서 날아왔을 리는 없다. 고대 한국인들의 필리핀 진출을 알리는 물증이 아니던가(이도학, 「百濟의 海外活動 記錄에 관한 檢證」『충청학과 충청문화』11, 충청남도역사문화연구원, 2010, 297~314쪽)?

이밖에 "이와 관련해 TJB TV 백제기획에서 푸켓박물관 타와치이 학예관이 '비록 작은 수이지만 태국 일부 지역에서는 한국식 도자기가 발견되고 있습니다(2012.11.12. 오후 8시 뉴스)'는 증언이 중요한 참고 자료가 된다. '한국식 도자기가'가 청자나 백자일 리 없다. 거듭 말하지만 필리핀 박물관에서는 우리나라 삼국시대 토기가 전시된 바 있다(이도학, 『百濟 都城研究』서경문화사, 2018, 164쪽 각주30)"는 사실을 환기하고 싶다.

■ 참고문헌

이도학, 「百濟의 交易 網과 그 體系의 變遷」『韓國學報』63, 一志社, 1991.

이도학, 「百濟의 海外 活動 記錄에 관한 檢證」『2010세계대백제전 국제학술회의』2010세계대백제전조직위원회, 2010.10.1;『충청학과 충청문화』11, 충청남도역사문화연구원, 2010.

이도학, 「百濟 泗沘都城의 編制와 海外交流」『東아시아古代學』30, 2013.

이도학, 「백제와 인도와의 교류에 대한 접근」『동아시아불교문화연구』29, 2017.

38. 백제인들은 면직물 옷을 입었다!

백제는 인도를 비롯한 동
남아시아 제국과의 교류를
통해 독점적인 교역체계를
구축하였다. 그럼으로써 희
소성과 경제적 가치를 지닌
물산을 확보할 수 있었다.
이와 관련해 부여 능산리 절

능산리 절터.

터에서 확인된 면직물의 유입 경로를 검토해 본다. 국립 부여박물관에서 절
터 유물을 분석·정리하는 과정에서 목화를 원료로 만든 면직물이 보였다.
면직물은 폭 2㎝, 길이 12㎝ 크기로 1999년 능산리 절터 6차 발굴 때 대나무
편 사이에 끼인 채 수습되었다. 국립 부여박물관은 이 면직물이 나온 유적
층에서 함께 출토된 창왕명사리감의 제작 연도가 567년이므로 면직물의 연
대도 그때쯤일 것으로 밝혔다.

주지하듯이 면직물은 면사로 짠 직물의 총칭이다. 면사는 식물성 섬유의
하나로 아욱과에 속하는 목화속 식물의 종자를 덮어싼 백색 섬유질의 솜털

에서 얻는다. 능산리 면직물은 꼬
임을 아주 많이 써서 만든 위사緯
絲를 사용한 직조 방식으로 드러
났다. 이러한 솜씨는 우리나라 특
유의 직조 기술로 알려졌다. 백제
인들은 목화를 원료로 한 면직물
을 착용한 것이다. 능산리 절터 면

능산리 절터 출토 면직물.

직물이 수입품이 아니라는 사실도 밝혔다.

　그러면 능산리 절터에서 출토된 면직물의 연원은 어떻게 되는가? 이와
관련해 우리나라 사람들이 사용한 누에고치 솜으로 만든 면포綿布가 3세기
대의 문헌에서 보인다. 그리고 야생 초면草綿으로 만든 백첩포白氎布·白疊布
의 존재가 고구려와 통일신라 그리고 고려까지 이어져 왔다. 이러한 초면은
주로 중국 신장新疆의 고창高昌 일대에서 서식하였다. 일각에서는 능산리
절터에서 드러난 면직도 백첩포로 단정했다. 그러나 백제 영역에서는 능산
리 절터 외에는 면직이 발견된 바 없었고, 백첩포 생산 기록도 없다. 게다가
초면의 유입 루트에 대한 구명도 없었다. 따라서 막연한 면직물 = 초면설은
근거가 부족하다.

　오히려 능산리 절터의 면직물은 인도면印度綿과 결부 지을 수 있다. 백제

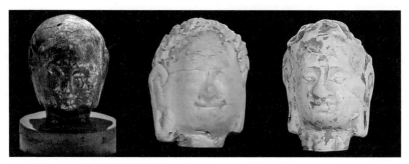

'정림사지'에서 출토된 흑인과 곱슬머리 소조 두상.

가 곤륜 등과의 교류를 통해 면종綿種을 입수했을 개연성이 크다. 중국 본
토에서는 송 대宋代 이후에야 면화가 인도에서 유입되었다. 일본열도에서
는 800년에 와서야 곤륜을 통해 면종을 수입하였다. 백제는 이보다 앞서 목
화를 재배한 곤륜이나 목면의 원산지인 인도와도 교류했다. 따라서 능산리
절터에서 확인된 면직물은 백제와 인도 간 교류를 뜻하는 증좌였다. 백제는
인도와의 교류를 통해 면종 수입에 성공했다고 보아야 한다.

  백제의 의복 재료로 확인된 면직물은 교류의 현저한 성과였다. 인도나 곤
륜과의 교류를 통해 확보한 면종은 백제 상류층의 직물로만 소용되었기에
확산에 한계가 있었던 것 같다. 복색服色에 대한 신분적 규제로 인해서였을
것이다. 더욱이 백제는 면종을 왜에게는 전파하지 않았던 것 같다. 마치 고
려 말 문익점이 원에서 구한 목화씨를 붓두껍에 숨겨 왔다는 만들어진 이야
기를 연상시킨다. 마찬가지로 백제 역시 엄격하게 면종을 통제했다고 본다.
청淸에서 차종茶種을 훔쳐 온 영국인 로버트 포춘Robert Fortune(1812~1880)
의 사례에서 보듯이 면종이나 차종 모두 엄격한 금수품이었다. 전략적 가치
가 크면서 일회성 소모품이 아닌 면종은 금수시켰던 것 같다.

  백제는 선진 물품과 남방산 진물珍物을 왜에게 선물하였다. 그럼으로써
물산의 풍요로움과 더불어, 모든 세계와 통하는 중원국가라는 인식을 심어
줄 수 있었다. 해가 지지 않은 대영제국의 수도 런던에서 제1회 만국박람회
가 개최되었을 때였다. 식민지에서 가져온 특산물을 전시함으로써 제국의
우월성을 피부로 느끼게 하
였다. 백제가 왜에게 보낸
진귀한 물산 역시 그러한 의
식의 산물이었다. 599년(법
왕 1) 백제는 낙타와 나귀 각
1필과 양 2마리 그리고 흰꿩

국민 상식이 된 문익점의 목화 전래 기사.

백제금동대향로에 보이는 악어 모습과 실제 악어.

일본 나라현 호류사의 에덴繪殿을 장식했던 「성덕태자회전聖德太子繪傳」은 쇼토쿠 태자(574~622)의 전설을 바탕으로 1069년에 그려진 작품이다. 이를 초고화질 카메라로 촬영했는데, 599년 백제가 왜에게 선물한 동물에 관한 언급이 적혀 있다.

무거운 짐을 싣고 부여 왕국의 옛 터전 중국 지린시 서단산 유적을 지나가는 당나귀.

1마리를 왜에게 보냈다. 게다가 의자왕이 선물한 목화자단기국에는 백제가 2회에 걸쳐 왜로 선물한 낙타가 그려져 있었다.

종횡무진 백제인들의 발길은, 북으로는 몽골 사막 지대는 물론이고, 남으로는 동남아시아와 인도양까지 닿았다. 그러니 글로벌 백제가 아니겠는가?

■ 참고문헌

이도학, 「百濟의 交易 網과 그 體系의 變遷」『韓國學報』 63, 1991.

이도학, 「百濟의 海上 실크로드 探究」『東亞海洋文化國際學術會議 論文集』 浙江大學
　　　校, 2013.8.20.

이도학, 「百濟 泗沘都城의 編制와 海外交流」『東아시아古代學』 30, 2013.

이도학, 「백제와 인도와의 교류에 대한 접근」『동아시아불교문화연구』 29, 2017.

39. '정림사지' 오층탑은 백제탑인가, 백제계 탑인가?

　사비도성 기획과 관련해 부여 도심에 소재한 절터 '정림사지'를 거론한다. 그러나 이 사안은 세심한 검증이 필요하다. 우선 사찰 이름의 정합성 여부이다. 1942년 처음 발굴했을 때 강당터에서 출토된 '대평 8년 무진, 정림사 대장전에 올리는 기와 大平八年戊辰定林寺大藏當草'라는 명문 기와에 근거해 '정림사'로 산주하였다. '정림사'는 '大(太)平八年' 즉 1028년(고려 현종 19) 연대가 적힌 기와에 보이는 절 이름이었다.

　중국 남조南朝 수도 건강建康(난징)과 일본 아스카에도 동일한 이름의 정림사가 각각 존재했다. 그럼에 따라 백제 때도 '정림사' 일 가능성이 높아 보였다. 그런데 이와 동일한 명문 기와가 부여 부소산 군창터와 관북리, 그리고 석목리에서도 각각 출토되었다. 총 4 곳에서 동일한 명문 기와가

'정림사지'.

출토된 것이다. 근자에는 쌍북리에서도 '戊辰當△'라는 명문 기와가 출토되었다. 물론 실견하지는 못했지만 '정림사' 명 기와와 동일한 계통일 가능성이 높다. 그런데 '대장전에 이었던 기와'라는 명문과는 달리 현재 '정림사지'에서 대장전터는 확인되지 않았다. 분명한 사실

'정림사지'에서 발굴한 명문 기와.

은 '정림사' 명 기와의 출토지가 백제 때 정림사라는 근거는 얇아졌다.

현재 '정림사지'에서는 고려 때 2곳의 와요지가 확인되었지만, '정림사' 명 기와는 출토된 바 없다. 고려 때 부여 관내의 정림사에서 사용한 기와를 번와용燔瓦用으로 여기저기 공급한 것 같다. 이 가운데 한 곳이 현재의 '정림사지'로 보인다. 게다가 절터는 고고지자기考古地磁氣 측정 결과 7세기 대의 건물지로 드러났다. 절터 밑의 층위에서는 삼족토기를 비롯한 백제 때 문화층이 다시금 나왔다. 사비도성 기획과 관련해 본 사찰이 조성되지 않았음을 알 수 있다. 따라서 양 무제에게 '정림사' 사찰 이름을 재가받았다는 주장은 난센스가 되고 말았다.

'정림사지' 스모킹 건 :

"… 고고지자기 측정 결과 A.D. 625±20년으로 도출되어 … 빨라야 7세기 초, 늦게는 7세기 중반까지 내려가며, 정림사지의 창건 연대도 사비도성과 함께 계획하여 조영하였을 거라는 기존 학계의 인식보다 늦은 시기라는 결론이 나온다. 따라서 고고지자기 분석 자료와 가람 배치를 종합해 보면 정림사의 창건 연대는 7세기대로 추정할 수 있으며 …(國立扶餘文化財研究所, 『扶餘 定林

寺址』2011, 321쪽)."

　　현 '정림사지'의 탑·금당·강당은 고려시대 층위에 있다. 그 밑의 백제 층위에 7세기 초 조성된 절터 문화층이 형성되었다. 이 절터 밑에 백제 때 문화층이 다시금 나오고 있다.

　　문제는 현재 '정림사지' 탑지와 금당지, 그리고 강당지는 층위상으로 고려 때 해당한다. 그렇다면 오층석탑의 건립 시기가 초미의 관심일 수밖에 없다. 그간 오층석탑의 탑신에 당인唐人들이 새긴 660년 8월 15일 명문에 따라 그 이전부터 존재했던 백제탑으로 간주해 왔었다. 그러나 석탑에 전혀 맞지 않은 '8월 기사 일에 간지가 초하루인 15일 계미에 세웠다. 八月己巳朔十五日癸未建'고 적혀 있다. 즉 '건建'이라고 해 '(비를) 세웠다'고 했다.

　　석탑에 새겼다면 '각刻'이라고 했어야 맞다. 혹은 '기記'로 적어도 무방하다. 명문의 '건建'은, 탑을 세운 것일 수 있지만, 소정방이 '정림사탑'을 세운 것은 아니었다. 물론 부도浮屠와 짝을 이룬 탑비도 '탑명'으로 표기한다. 그러나 애초부터 탑에 새겼다면 '비명碑銘'이 아니라 '탑명塔銘'이라고 했어야 마땅하다. 대표적인 사례가 1021년(현종 12)의 「강한찬공양탑명姜邯瓚供養塔銘」이다. 이와 관련해 부여현 서쪽 2리 지점 백마강

정림사탑 탑신 1면　　'정림사지' 1층 탑신의 명문.
탑본.

강가에는 소정방비가 540여 년 전에는 존재했다는 사실이다. 그리고 같은 명문이 새겨진 석탑과 석조石槽(보물 제194호)에는 소정방이 주인공으로 짜여 있다. 그런 만큼 석탑과 석조 명문은 소정방 비문을 복각復刻했을 개연성이 높다. 복각설의 태동이다.

국립 부여박물관 1층 홀 복판에 전시된 석조.

「대당평백제국비명」 맨 끝 문장 :

다음 2개의 판독문 가운데 시기가 앞선 a의 판독이 양호해 보인다. 그런데 양자 모두 판독에 지장이 없다고 한 부분에서 큰 차이가 난다. 즉 '載建頑石(a)'와 '刊玆寶刹(b)'로 서로 다르다. a대로 한다면 '돌덩이를 세워 특별한 공을 적었다'이지만, b에 따르면 '보배로운 탑에 새겼다'는 뜻이다. 관련해 '刹'을 '사찰'의 '절'로 해석하는 이도 있는데, 문리상 맞지 않는다. 참고로 소개하는 바이다.

a. "花臺望月 貝闕浮空 疎鐘夜鏗 淸梵晨通 載建頑石 用記殊功 拒天關而永固 橫地軸而無窮"

(『研經齋全集』 권63, 고적, 平濟塔)

b. "花臺望月 貝殿△△ △△△△ △梵晨△ 刊玆寶刹 用紀殊功 拒天△△△固 橫地軸以無窮"

(국사편찬위원회, 『한국고대 금석문』)

복각설을 부정했던 이유 :

'정림사지' 탑이 소재한 층위를 백제 때 문화층으로 받아들였고, 그 누구도 의심하지 않았던 때였다. 당연히 백제탑으로 간주했기에 복각설을 부정하였다. 그러나 석탑 이전 목탑의 존재와 더불어, 고고지자기 측정 결과 백제 때 사찰의 층위가 7세기 초로 드러났다. 또 그 위의 고려 때 층위에 탑이 자리 잡은 사실을 알고 나서 복각설 지지로 돌아섰다.

복각으로 추정할 수 있는 근거는, 오층석탑 1층 옥개 받침돌楯石에도 글자가 새겨져 있다는 점이다. 서측과 북측에서 발견되고 있는데, 당인唐人들의 직명과 인명이었다. 이들 글은 애초 비문 뒷면 음기陰記였을 것이다. 그러나 1층 탑신 공간이 부족해지자 미석에까지 글자를 새긴 것으로 보인다. 처음부터 탑신에 새기려고 했다면 공간에 맞게 글자의 크기와 면面을 적절히 배정했을 것이다. 그러면 이처럼 어색한 일은 왜 빚어졌을까? 다른 곳에 있던 비문을 옮겨 새겼기에 빚어진 공간 부족으로 인해 미석에도 음기를 새겼다고 보아야 한다.

석조의 명문으로는 조선 후기에 새긴 경주 소재 신라 흥륜사 석조가 있다. 부여 석조도 공간 부족으로 비문 일부만 새긴 것이다. 어색한 이러한 면면은, '정림사' 탑신이나 석조 모두 애초의 서사書寫 대상이 아니었음을 반증한다.

복각 시점은 민란을 맞아 소정방 신앙이 창궐하던 고려 중기 이후로 상정된다. 소정방비는 황준량黃俊良(1517~1563)의 '반월성' 시에서 "부질없이 반달만이 쓰러진 비석 비추누나 空留半月照頹碑"고 한 그 '쓰러진 비석'으로 보인다. 소정방비의 존재는 구봉령具鳳齡(1526~1586)이 1575~1577년경 부여 현감 홍가신과 백마강 유람할 때 낙화암에 이은 시에서 읊조린 바 있다. 적어도 임진왜란 이전까지 소정방비는 백마강 연변에 남아 있었고, 또 인지되었음을 알려준다.

'정림사'는 7세기 초, 예를 들어 610년경에 조성된 사찰이요, 탑은 목탑인 것 같다. 이를 알 수 있는 근거가 있다. 탑지塔址의 확인과 더불어 이곳에서 출토된 소조 불상 등은 목탑 안의 안치용이었기 때문이다. 문제는 현재의 석탑이 백제탑이라면, 목탑 간의 시간 간격이 너무 짧다. 게다가 위치 역시 동일하므로 고려할 부분이 있다. 불과 50년도 되지 않은 짧은 기간에 목탑에서 석탑으로 바뀐 게 된다. 만약 석탑 = 백제탑 등식이 성립하려면, 목탑 설과 관련해 서로 부딪히는 사안에 대한 대안 제시가 필요하다. 분명한 것은 현재 석탑은 고려 때 층위에 세워져 있다. 백제탑인지, 백제계 탑인지는, 한 번도 열어보지 않았던 탑 안의 '사리 봉안기'가 말해줄 것이다.

처음이자 마지막인 종교전쟁 :

사적私的 주술呪術의 시대를 거쳐 고대국가는, 제의권의 독점과 국가 주도 종교로의 전환을 이루었다. 국가 주도 종교는 불교였다.

불교 수용 여부를 둘러싼 갈등에 군사력이 개입하여 충돌하면 종교전쟁이 된다. 주지하듯이 동아시아 세계의 불교는 모두 선선히 수용되지 만은 않았다. 신라와 왜倭에서는 커다란 진통을 겪었다. 특히 왜에서의 불교 수용 여부는 권력 핵심 세력 간의 갈등을 증폭시키는 기제가 되었다. 이때 백제는 왜 조정의 배불파排佛派를 제압하는 데 무력을 지원했다.

『조선왕조실록』의 관련 기사에 따르면 위덕왕은 배불파와 숭불파가 팽팽히 맞서는 과정에서 왜의 쇼토쿠 태자聖德太子를 지원할 목적으로 임성 태자琳聖

太子를 파견하였다. 종교전쟁 결과 백제의 지원을 받은 숭불파는 왜 조정의 실력자인 오무라치大連의 모노노베씨物部氏를 토멸했다. 이러한 진통을 겪고서 왜 조정에 불교가 뿌리를 내렸다.

(이도학,「고대 동아시아의 불교와 왕권」『충청학과 충청문화』13, 충청남도역사문화연구원, 2011, 45~66쪽.)

■ 참고문헌

이도학,「泗沘城 遷都와 都城 企劃, 그리고 ‘定林寺’」『정림사복원 국제학술심포지엄』부여군문화재보존센터, 2012.6.13.;「百濟 泗沘都城과 ‘定林寺’」『白山學報』94, 2012.

이도학,「‘定林寺址’ 五層石搭의 建立 時期에 대한 論議」『부여학』2, 2012.

부여 능산리 절터에서 출토된 사리감에는 "百濟昌王十三秊太歲在／ 丁亥妹兄公主供養舍利"라는 명문이 있다. 해석하면 "백제 창왕 13년은 태세가 정해인데, 누이인 형 공주가 공양한 사리"라는 뜻이다.

여기서 '兄公主'의 '兄' 자는 550년에 새겨진 북제北齊 「장백룡형제조상기」에 보이는 兄의 별자別字이다. 별자는 본 글자와 뜻은 같지만, 문자체가 다른 일종의 이자異字를 가리킨다. 문자체의 선후 관계에서 나온 고자古字와는 의미가 전혀 다르다. 동일한 문자에서 점이나 획수 혹은 편偏이나 방旁의 글자형을 달리한 것이다. 별자는 북조 계통의 여러 나라들에서 많이 출현하였다. 백제가 별자를 사용했음은, 그 서법 체계에 미친 중국 북조(317~581)의 영향과 더불어 문화의 세련도를 생각하게 한다.

그리고 '妹兄公主'로 적힌 그녀는 위덕왕의 딸인 공주들보다 항렬이 위였다. 국왕의 여동생이었기에 '형 공주'로 적혀 있었다. 고모도 왕고

창왕명사리감.

모(대고모)와 일반 고모의 두 종류가 아니던가? 문제는 '형'의 고유명사 여부가 되겠는데, 위덕왕의 여동생 이름으로 단정하기 쉽다. 그러나 유의할 점이 있다. 중국에서는 한 대漢代 이래 황제의 누이를 '장 공주長公主'라고 하였다. 당 대唐代에도 " … 공주전公主傳은 『송사』를 그대로 따라 진국秦國 장공주長公主를 맨 처음으로 기록하였으니, (장)공주는 태조의 누이동생이다(『정조실록』 정조 4년 10월 10일)"고 했다.

또 신라 말의 「지증대사비문」에서 사찰을 짓는 데 필요한 토지를 기진한 경문왕의 누이를 '장옹주長翁主'라고 하였다. 고려에서도 "봄 정월 정묘, 왕의 누이를 연경궁 장공주로 책봉했다. 春正月 丁卯 冊王姉 爲延慶宮長公主(덕종 3)"·"임신에 교를 내려 왕의 누이 승덕 궁주를 책봉해 장공주로 삼았다. 壬申 下敎 冊王妹承德宮主 爲長公主(인종 2년 8월)"고 하여 보인다. 이 '장'과 유사한 뜻이 '형兄'이었다. 앞의 '장공주(장옹주)' 사례에서 보듯이 형공주 역시 국왕의 자매에 대한 호칭일 수 있다. 고려 때 왕의 '매妹'인 누이를 '장공주'라고 했다. 이와 마찬가지로 위덕왕도 '매妹'를 '형공주'라고 했기 때문이다. 따라서 장공주 = 형공주 모두 왕의 누이에 대한 호칭으로 볼 수 있다.

물론 이와는 달리 '손위 누이의 남편을 가리키거나 부르는 말'로서 '매형妹兄'이 있다. 이대로 해석한다면 '丁亥妹兄公主供養舍利'는 '정해년에 매형과 공주가 공양한 사리'라는 해석도 가능하다. 그러나 고려 때까지 '손위 누이의 남편'을 '매형'으로 일컬은 사례가 없고, 모두에서 '百濟昌王十三季太歲在'라고 했듯이 국왕의 이름 '창왕'을 노출했다. 그럼에도 '매형과 공주'는 이름을 적기摘記하지 않았다. 그리고 공주는 매형보다 상위임에도 매형이 공주보다 앞에 기재된 것도 고려하기 어렵다. 따라서 '妹兄公主'를 '매형과 공주'로 해석한 견해는 취할 수 없다. '매형과 공주'로 해석되려면 '妹兄與公主'로 적혔어야 한다.

은화 관장식 :

특정 유물을 "관인은 모두 붉은 빛 옷을 입었고, 은화로 관을 장식했다. 官人盡緋爲衣 銀花飾冠(『구당서』권199(上), 동이전 백제)"에 근거해 은화 관장식으로 지목하였다. 그런데 현재까지 '은화 관장식'은 13개에 불과하다. 그리고 동일한 게 하나도 없다. 만약 신분의 표지로 관인들에게 내려준 것이라면 정형성을 지녀야 마땅하고, 규격성도 지녀야 한다. 동일한 게 하나도 없었다는 것은, 임의 제작 가능성을 높여준다. 아울러 사비성 도읍기(538~660) 관장식이라고 하더라도, 기간에 비해 발견된 숫자가 너무 적은 것이다.

게다가 '은화 관장식'은 무덤 입구 연도에서 발견된 예도 있고, 심지어는 익산 미륵사 서탑에 공양품으로 바쳐졌다. 공양하더라도 관직의 상징물을 공양이라는 이름으로 임의로 처분할 수 있을까? 그리고 끝이 뾰족한 이 물건은 착장 장치 없이는 가죽 관모에 세워질 수 없다. 반면 무령왕릉 관장식에는 밑의 뾰족한 부분에는 2~3개의 작은 구멍이 각각 뚫려 있다. 비단이나 가죽 모자테 등에 못이나 끈으로 고정한 용도였다. 그러나 '은화 관장식'에는 고정 장치가 없다.

무엇보다도 '은화 관장식'은 은으로 만든 꽃 모양은 아니다. 나뭇가지인 수지樹枝 형태에 가깝다. 아울러 칠곡 송림사 전탑에 부장된 통일신라 유물과 흡사하다. 이렇듯 형태와 용도 면에서도 '은화 관장식'으로 받아들이기는 어렵다.

(오은석, 「백제 '은화 관식'의 형상과 정치적 성격 검증」『동아시아고대학』35, 2014 참조)

'은화 관장식'.

송림사 전탑 부장
은제 유물.

분명한 사실은 왕의 누이인 '형 공주'가 사리를 공양했다는 것이다. 이 사실은 성·속적聖俗的 권리와 권위에 대한 구분 가능성을 제기해 준다. 어쩌면 위덕왕 대의 초기 지배 구조의 성격을 가늠해 주는 단서가 된다. 이와 관련해 신라의 시조묘始祖廟 제사를 왕매王妹가 주재했던 사례가 참조된다. 그렇다면 백제에서도 존속했던 그러한 전통의 불교적 전화轉化가 비록 일시적이더라도 형 공주의 불사리 장악과 관련 있을지도 모르겠다.

주지하듯이 위덕왕은 관산성 패전 직후 "만일 기로耆老들의 말을 잘 들었다면 오늘과 같은 처지에 이르지 않았을 것입니다. 청컨대 전과를 뉘우치고 …"라고 말했을 정도로 정치적으로 궁지에 몰려 있었다. 위덕왕의 출가 수도는 신하들의 반대로 좌절되었기에 결과적으로 없던 일이 되었다. 위덕왕은 즉위 대신 대속代贖 차원에서 도승度僧 100인과 많은 번개幡蓋 등을 공양하였다. 얼핏 이 기록만 본다면 위덕왕이 종교적인 불사佛事에 깊이 관여한 것처럼 비친다. 그러나 이 기사는 결과론적인 서술에 불과하므로, 위덕왕 즉위 당시의 면면을 모두 반영하는 것은 아니라고 본다. 그런 만큼 이때 백제 국왕이 지닌 정치권력과 더불어, 양대 권위의 하나인 불사리에 대한 지배권은 형 공주에게 넘어간 것으로 보인다. 귀족들은 위덕왕의 권력을 세속적 정치와 종교로 양분하였고, 후자를 왕매王妹에게 위임함으로써 위덕왕의 권위를 반감시켜 그의 권력 독점을 막고자 했던 것 같다. 바로 이러한 배경에서 형 공주의 불사리 공양이 이루어진 것으로 보인다.

단양신라적성비에 보이는 '公兄'의 '兄'은 이체자로 표기되었다. 명사에 '兄'의 이체자가 등장하고 있다.

그런데 한 가지 의문이 다시금 제기될 수 있다. 지금까지 제기한 논지와는 정반대가 되겠다. 우선 창왕명사리감의 "百

濟昌王十三秊太歲在/ 丁亥妹兄公主供養舍利"라는 구절에서 '형공주'가 단순히 '장공주'와 같은 보통명사였다고 하자. 만약 그렇다면 '형'을 굳이 이체자로 표기할 리 없을 것 같다. 익산 「미륵사지 서탑 사리봉안기」에서도 沙乇積德 즉 사탁씨의 '乇'도 이체자로 표기했다. 더욱이 백제 위덕왕의 실명인 '창왕'이 등장하는 상황에서 여동생 실명을 가릴 이유는 없었다. 따라서 이체자로 표기된 '兒'은 피휘避諱 의미가 담긴 공주 이름으로 간주하는 게 자연스럽다. 그렇다면 얼마든지 스토리텔링이 가능한 성왕의 큰딸 형 공주였다. 고유명사로서 형 공주의 발견이었다.

■ 참고문헌

이도학, 「부여 능산리 고분군 출토 사리감 銘文의 의의」『서울신문』 서울신문사, 1995.11.6.

이도학, 「계산 공주 설화에 대한 총합적 고찰」『백제 계산 공주 콘텐츠 활용 방안 학술세미나』(재)백제문화제재단, 2022.9.6.

41. 「창왕사리감 명문」을 통해 얻게 된 백제 기년법

『삼국사기』 기년법과 백제 기년법

창왕사리감 겉면에 적힌 "백제 창왕 13년은 태세가 정해인데, 누이인 형 공주가 공양한 사리 百濟昌王十三季太歲在/ 丁亥妹兄公主供養舍利"라 는 문구는 중요한 정보를 제공해 준다. 창왕은 위덕왕의 생전 이름인데, 재 위 13년째 간지를 '정해'라고 했다. 그런데 『삼국사기』에서 위덕왕 13년은 '병술丙戌'이었고, 566년이었다. 정해년은 567년이고, 위덕왕 14년이다. 역 산하면 백제 당시 위덕왕 즉위년(재위 원년)은 555년이었다. 관산성 패전으로 성왕이 사망한 554년 이듬해였다. 『삼국사기』 즉위년과는 달 리 그 이듬해가 백제 당시 위덕왕의 즉위년이 었다.

이 사실은 『일본서기』를 통해서도 확인된 다. 523년 5월 무령왕의 사망을 "17년 여름 5 월 백제 왕 무령이 죽었다. 十七年夏五月 百 濟王武寧薨(계체 17년 5월)"고 했다. 성왕의 즉

창왕명사리감 뒷면.

위를 524년 정월에 "18년 봄 정월 백제 태자 명이 즉위했다. 十八年春正月百濟太子明卽位(계체 18년 정월)"고 하였다. 『삼국사기』와는 달리 이듬해 정월부터가 신왕의 즉위 원년이었다. 기년법에 있어서 『일본서기』의 백제 왕 즉위년은 「창왕사리감 명문」과 이렇듯 서로 일치했다.

반면 『삼국사기』에서는 선왕의 사망년을, 신왕 즉위년으로 잡은 즉위년칭원법卽位年稱元法이었다. 그러나 백제 당시에는 선왕의 사망 이듬해를 신왕 즉위년으로 삼은 유년칭원법踰年稱元法을 사용했다. 고구려의 경우 『삼국사기』에서 광개토왕은 392년에 즉위하였다. 그러나 「광개토왕릉비문」에 따르면 391년이 즉위년이다. 그리고 『삼국사기』에서는 413년 10월에 광개토왕이 사망했지만, 「광개토왕릉비문」에 따르면 412년에 사망했다. 『삼국사기』에서 광개토왕 아버지 고국양왕의 사망은 392년 5월이지만, 광개토왕의 즉위는 391년이다. 그러므로 고국양왕의 사망은 391년 5월이거나 그 전년이 될 수 있다. 고국양왕의 사망이 391년 5월이라면 고구려는 당시 즉위년 칭원법을 사용한 것이다. 고국양왕의 사망년이 390년 5월이라면 유년칭원법을 사용한 것이다.

그리고 동일한 시점의 사건을 통해 백제와 고구려의 당시 기년을 확인할수 있다. 『삼국사기』에서 고구려 광개토왕은 즉위년 10월에 백제 관미성을 함락시켰다. 광개토왕 즉위년은 「광개토왕릉비문」을 통해 391년으로 밝혀졌다. 『삼국사기』는, 이와 같은 관미성 함락을 백제 진사왕 8년 조에 수록했다. 해당 기사의 진사왕 8년은, 392년이므로 진사왕 7년 조여야 391년이다.

여기서 가장 중요한 관건은 신라의 기년법이다. 두 가지 사례만 놓고 확인할 수 있다. 먼저 「장흥 보림사 철조 비로자나불 좌상 명문」에 따르면 "불상을 조성한 때는 석가여래가 입멸한 후 1808년이다. 이때는 정왕情王이 즉위한 지 3년째이다. 當成佛時 釋迦如來入滅後一千八百八年耳 時情王卽位第三年也"는 구절을 본다. 북방설에 따라 석가 입멸 시기를 계산하면 기원전 949년이고, 그로부터 1808년은 859년이다. 정왕은 헌안왕을 가리킨다. 헌안왕 재위 3년은 859년이고 즉위년은 857년이다. 857년은 선왕인 문성왕 사망년과 같다.

그리고 「장흥 보림사 북탑지長興寶林寺北塔誌」를 보면 "탑을 만든 것은 함통 11년 경인 5월이고 그때는 응왕 즉위 10년이다. 造塔時 咸通十一年庚寅五月日 時 凝王卽位十年矣"고 했다. 함통 11년은 870년이고, 응왕인 경문왕 재위 10년 역시 870년이다. 경문왕의 즉위년이 861년임을 알 수 있다. 선왕인 헌안왕이 사망한 861년이 바로 경문왕 즉위 원년이었다. 신라의 즉위년 칭원법 사용을 알 수 있다. 이 사실은 문무왕의 "종묘의 주인은 잠시도 비울수 없으니, 태자는 즉시 관 앞에서 왕위를 잇도록 하라! 宗廟之主 不可暫空太子卽於柩前 嗣立王位(『삼국사기』 권7, 문무왕 21년)"는 유조遺詔에서도 확인된다. 왕의 사망 해가 곧 새 왕의 즉위년임을 재차 확인할 수 있다.

지금까지 확인한 바에 따르면, 『삼국사기』는 신라 칭원법을 기준으로 백제 칭원법을 맞춘 것이다. 앞서 살핀 「창왕사리감 명문」을 통해 알 수 있었다. 『삼국사기』와 백제·고구려 당시의 칭원법 차이는, 삼국의 역사를 하나로 묶는 역사 편찬 과정에서 비롯하였다. 『삼국사기』 이전의 『구삼국사』에서부터 그러했다고 본다. 따라서 백제 연대는 백제 당시의 유년칭원법으로 모두 수정해 새로 구성해야 마땅하다. 『삼국사기』 백제본기 백제 왕들의 즉위 2년 동명묘 배알 기사도 기실 즉위년이었다. 신왕의 동명묘 배알은 즉위 의례로 밝혀진다.

그리고 「창왕사리감 명문」에 의하면 '연年' 다음에 '태세太歲'가 기재되어 있다. 태세는 목성木星이 하늘을 운행하는 기간이 12년이 소요되는 것을 이용해, 12지支의 순서에 따라 해를 표기하는 방법이다. 이러한 태세기년법은 삼국 관련 문헌에는 보이지 않았다. 그러나 금석문 자료를 통해 고구려와 신라에서는 이미 확인되었다. 「창왕사리감 명문」은 백제의 태세 기년법 사용을 알려준다.

그런데 「창왕사리감 명문」에는 연호年號가 보이지 않았다. 『한원翰苑』에는 백제에서 기년紀年을 표시하는데 연호 없이 6갑甲 간지만 사용했다고 하였다. 실제 「무령왕릉 매지권」이나 「사택지적비문」을 비롯한 백제 금석문 어디에도 연호 사용은 없었다. 일본 나라현奈良縣 텐리시天理市의 이소노가미신궁石上神宮에 봉안된 칠지도에 기재된 '태화泰和' 연호를 백제의 고유 연호로 간주한다거나 그 제작 시기를 무녕왕 대(501~523)나 그 이후로 간주하는 견해가 있었다. 그러나 모두 미몽迷夢에 불과하다. 백제는 처음 책봉된 근초고왕 대(346~375)에 동진의 연호를 채용한 적은 있었다. 그러나 이후 고구려나 신라와는 달리 고유 연호 없이 간지로써 기년紀年을 명시하였다. 누구에게도 매이지 않은 무한한 글로벌 백제다웠다.

창왕명사리감 모양이 의미하는 것?

중요한 정보를 담고 있는 「창왕사리감 명문」은 능산리 절터의 창건 내력도 밝혀주고 있다. 목탑 심초석에 사리를 공양했다는 사실은, 불사佛寺의 마무리를 뜻한다. 이 시점인 567년 능산리에 묻힌 왕자王者는 위덕왕의 아버지 성왕을 제외하고는 없었다. 성왕은 신라에 살해되었지만, 『일본서기』에 따르면 두골을 제외한 유체는 돌려받았다. 그러므로 성왕은 백제 땅에 묻힌 게 분명하다. 성왕의 장지葬地에 관해서는 공주 송산리 왕릉군 가운데 한 기基를 지목하기도 했었다. 그러나 능산리 절터가 위덕왕 때 창건된 능사陵寺로 밝혀짐에 따라 성왕의 능은 부여 능산리에 소재한 것으로 드러났다. 이는 중요한 시사를 던져 준다. 도읍지를 옮기면 천도를 단행한 국왕의 유택도 새 국도에 조영된다는 것이다.

그리고 사리감은 윗부분이 아치형의 특이한 형태이다. 능산리 백제 왕릉군 가운데 관棺을 안치해 두는 방房인 현실玄室의 형태가 이와 유사한 게 있다. 석실분인 능산리 제2호분의 현실이 바로 아치형이다. 전축분인 공주 무령왕릉의 형태를 계승한 제2호분의 조영 시기가 능산리에서는 가장 이르다는 데는 이견이 없다. 그렇다면 뜻 모를 사리감의 형태는, 성왕의 관을 안치한 현실 구조에서 따왔을 가능성을 시사한다. 성왕의 시신이 안치된 현실의 모양을, 성왕을 위한 원찰의 목탑 안

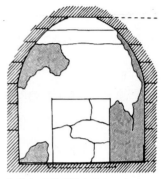

능산리 2호분 현실과 입구 도면.

에, 그것도 사리를 봉안하는 사리감의 형태로 재현시킨 것 같다. 그 이유는 '왕이 곧 부처이다'는 '왕즉불王卽佛' 사상의 발현이 아니었을까.

결론적으로 신라가 기준이 된 관계로 백제와 고구려의 기년법이 왜곡되었다. 문제는 백제문화의 정체성 타령을 하지만 정작 왜곡을 답습하고 있다는 데 심각성이 있다. 가령 "2023 대백제전은 매년 가을 개최되는 백제 문화제를 확대 발전시킨 역사 문화축제로, 무령왕 서거 1천500주기, 성왕 즉위 1천500주년, 백제금동대향로(국보 제287호) 발굴 30주년을 맞아 오는 9월 23일부터 10월 9일까지 공주시와 부여군 일원에서 개최된다(「연합뉴스」 2023.7.26)"고 했다. 물론 2023년은 '무령왕 서거 1천500주기'가 맞다. 그런데 신라의 즉위년칭원법을 따른 『삼국사기』와는 달리, 백제는 유년칭원법을 사용했다. 무녕왕 서거 이듬해가 백제 당시 성왕 즉위년이었다. '성왕 즉위 1천500주년'은 2023년이 아니라 그 이듬해인 2024년이 맞다.

백제인들의 전통과 법도에 맞추는 게 백제 문화제의 정체성 확립에 부응한다. 그럼에도 신라인들과 고려인들이 신라 기준으로 왜곡시킨 기년법에 장단을 맞춰 대상大喪 기간에 경축 의례인 즉위식을 함께 거행한다는 것은 어불성설이다. 성왕이 즉위하지도 않은 해에 즉위 기념을 한다는 것은, 희화적이기까지 한다. 정체성 타령은 이럴 때 하는 게 아닐까?

■ 참고문헌

이도학, 「부여 능산리 고분군 출토 사리감 銘文의 의의」『서울신문』 서울신문사,
　　　1995.11.6.

이도학, 『꿈이 담긴 한국 고대사 노트 (하)』 一志社, 1996.

능사 :

　왕릉을 관리하는 사찰을 뜻한다. 내세관과 관련해 장대한 분구묘와 부장품을 넣었던 무덤에서 벗어나, 불교 수용 이후 점진적으로 박장薄葬으로 바뀌었다. 이와 짝해 피장자의 명복을 기원하

경주 서악동 고분군. 사진에는 보이지 않지만, 맨 앞의 왕릉은 태종 무열왕릉이다. 그 위로 4기의 왕릉이 소재한 것이다. 무열왕 가문의 능원임을 알 수 있다.

기 위한 목적의, 왕릉과 연계된 원찰願刹을 가리킨다. 고구려에서는 소위 동명왕릉의 '정릉사定陵寺', 백제에서는 능산리 원찰, 신라에서는 법흥왕릉·진흥왕·진지왕·문흥대왕릉·태종 무열왕릉과 연계된 애공사哀公寺·영경사永敬寺를 지목할 수 있다. 고구려의 해당 절터에서 출토된 토기와 기와 명문을 통해 사찰 이름은 '정릉사'로 밝혀졌다. 그리고 애공사의 '공'은 『주례周禮』의 '임금의 묘소를 관장하는 掌公墓之地'에서 비롯했다. 애공사는 '임금의 묘소를 애도하며 관장하는 사찰'이라는 뜻이다. 영경사의 '영경'은 '길이 공경한다'는 뜻을 지녔다.

42. 글자와 용어를 바르게 사용하고 있는가?

고유명사 바로 읽고 표기하기

「미륵사지 서탑 사리봉안기」에서 서탑의 발원자로 보이는 왕후의 존재가 '我百濟王后 佐平沙乇積德女'라고 하여 드러났다. 권위 있는 국가 기관 포털에서 "왕후는 백제 귀족인 사택적덕沙乇積德의 딸로 나온다"고 했듯이, '沙乇'을 '사택'으로 읽었다. 그러나 '乇'의 음은 '탁'이고 뜻은 '잎. 풀잎. 꽃 모양. 부탁한다'이다. 그러니 '사택적덕'이 아니라 '사탁적덕'으로 읽어야 맞다. 사택지적비의 '사택지적砂宅智積'에 보이는 글자는 '집'의 뜻을 지닌

'택宅'이다. 게다가 「미륵사지 서탑 사리봉안기」의 '乇'자는 이체자로 씌어있다. 왕흥사 목탑터에서 출토된 사리 그릇에 새겨진 명문에도 이체자가 빈출頻出하였다. 백제인들은 한문 구사 능력이 빼어났음을 뜻한다. 이

2022년 9월 22일 국립 익산박물관에서 후백제 학술대회 기조강연 중에서 언급하는 장면.

창왕명 사리 그릇의 소위 '亡王子'의 '亡' 자.

가까이서 본 '亡'자

「미륵사지 서탑 사리봉안기」에 보이는 '沙乇積德'. 이체자 '乇'으로 적혀 있다.

사실은 『북사』에서 "아울러 전적과 사서를 애독하여 뛰어난 사람은 자못 문장을 지을 줄도 알며 관청 사무에도 능했다. 兼愛墳史 而秀異者頗解屬文 能史事"는 기사와 부합한다.

「미륵사지 서탑 사리봉안기」의 '乇' 자는 반듯하게 제대로 읽어야 그 글자가 지닌 본디의 의미를 새길 수 있다. 고유명사에 대한 오류는 적지 않다. 그러나 오류가 대세를 점하고 있다 보니 오자誤字가 정자正字로 행세하고 있다. 기막힌 일들이 많다.

가령 왕흥사 목탑터에서 출토된 창왕 명 사리 그릇에 새겨진 '亡王子'는 '三王子'가 맞다. '亡' 자는 동일한 사비성 도읍기 정지원명 불상에서도 확인된다. 사진에서 보듯이 창왕 명 사리 그릇 겉면에는 패진 부분이 많다. 소위 '亡' 자는 그 가운데 하나였다. 그리고 '百濟王昌' 의 '창왕昌王'은 필획상 '갈왕曷王'으로 읽어야 마땅하다.

창왕(위덕왕) 사후 계승자는 70세 고령으로 보

정지원명 불상 광배.

정지원명 불상 광배의 '亡妻'의 '亡' 자.　창왕명 사리 그릇의 소위 '昌王'의 '昌' 자.　북위北魏 고정비高貞碑의 '昌' 자.　당唐 도인법사비道因法師碑의 '曷' 자. 창왕명 사리 그릇의 글자는 필획 상 '昌'보다는 '曷' 자가 맞다.

이는 아우 혜왕이었다. 재위 1년 만에 사망한 혜왕에 이어 그 아들 법왕이 즉위했다. 이로 볼 때 위덕왕에게는 후사가 없었음을 알 수 있다. 왕자 3명이 모두 숨졌기에 형제상속이 된 것이다. 그렇지 않겠는가?

바른 역사 용어 표기

백제 관련 역사 용어로는 교과서에 등장하는 '백제부흥운동'이 있다. 백제인들이 나라를 회복하기 위한 항쟁을 '부흥운동'으로 일컬었다. 그러나 '부흥'의 사전적 의미는 '쇠퇴하였던 것이 다시 일어남. 또는 그렇게 되게 함'으로 쓰였다. 망한 나라를 되찾기 위한 항쟁이 '부흥'이 될 수는 없다. '경제부흥'이라면 맞다. 1955~1961년까지 존속했던 정부 부처 '부흥부'와 개신교에서의 '심령부흥회'를 연상할 수 있다.

백제인들이 나라를 회복하기 위한 항쟁은 쇠잔한 것을 회복하려는 '부흥'과는 거리가 있다. '부흥' 용어는 『일본서기』에서 "… 멸망한 후에 흥함을 생각한다면 과연 누가 미칠 수 있다고 하리오. 지금 너희가 나를 따라 천황의 명령을 들으면 임나를 세울 수 있으니, 어찌 이루지 못할 것을 걱정하겠는가. 만약 본토를 길이 보존하려고 하고 구민을 영원히 다스리려면, 그 계략이 여기에 있으니, 삼가지 않을 수 있겠는가 … 임나가 만약 망하면 너희는 의지할 데가 없어질 것이고, 임나가 만약 흥하면 … 滅後思興 孰云及矣

今汝遵余 聽天皇勅 可立任那 何患不成 若欲長存本土 永御舊民 其謨在 玆 可不愼也 … 任那若滅 汝則無資 任那若興 …(흠명 2)"·"짐은 마땅히 神의 모책을 도움이 되도록 바쳐 임나를 부흥시키고자 한다. 朕當奉助神謀 復興任那(민달 12)"는 구절이다. 여기서 583년(민달 12)은 임나 제국이 신라에 병합된 이후였다. 그럼에도 왜왕은 '임나부흥'을 운위하고 있다. 임나는 멸망한 게 아니고 잠시 쇠잔한 데 불과하므로 다시 일으켜 세워야 한다는 취지로 '부흥'이라고 했다.

이러한 서술은 백제와 신라 그리고 임나 제국은, 왜의 신속국臣屬國이라는 관념을 전제로 한 것이다. 왜에게 조공을 바치는 신라가 감히 임나 제국을 병합할 수 없다는 논리였다. 『일본서기』는 임나 제국이 신라에 병합된 사실을 인정할 수 없었다. 다만 신라의 공격을 받아 잠시 쇠잔해졌으므로 다시 일으켜 세워야 한다는 것이다. 『일본서기』 황국사관의 허구가 들통나는 것을 막기 위한 문자 농락이 '부흥'이었다.

바로 이러한 황국사관을 창출한 일본인들이 20세기에 접어들어 백제에도 적용한 용어가 '백제부흥운동'이었다. 그럼에도 이러한 저의를 깨닫지 못하고 개념 없이 맹종한 것이다. 남창 손진태가 주창한 '조국회복운동'을 비롯해 '복국운동復國運動' 등 대안 용어는 얼마든지 있다. 『삼국사기』와 『고려사』 등에서는 '흥복興復'을 사용했다. 가령 "검모잠이 국가를 흥복하고자 했다. 劍牟岑 欲興復國家"가 대표적이다.

거듭 말하지만 '부흥운동'은 문의상文義上 '나라를 부흥시키기 위한 운동'이라는

'부흥' 용어의 부당성을 알았기에 '복국운동'으로 기재한 임존성 기념비.

의미였다. 당시 백제인들의 항쟁은 국가의
독립과 생존을 위한 절박하고도 처절한 투쟁
이었다. 분발을 촉구하는 정서적 '부흥'과는
거리가 멀었다. 사실 부흥을 영어로 번역하
면 르네상스renaissance로도 나오는데, 문예
부흥을 연상시킨다. 더욱이 '부흥군'이라는
용어도 맞지 않는다. 당시 백제는 풍왕을 수
반으로 한 국가 체제를 구축한 상태였다. 그

자유당 때의 부흥부 책자.

러니 '나라를 부흥시키기 위한 군대'의 뜻이 아니라 '백제군'으로 일컬으면
된다. 실제 순암 안정복은 풍왕을 백제 제32대 마지막 왕으로 지목하지 않
았던가? 백제 국왕 풍왕의 군대를 '백제군'으로 호칭하면 된다. 달리 긴 설
명이 필요 없다.

풍왕이 즉위하기 전의 항쟁은 '회복운동'이었다. 이후 백제는 국가 체제
를 복구해 실지 회복에 전력투구하였다.

봉기蜂起 용어 :

사전적 의미는 '많은 사람이 벌떼처럼 떼 지어 세차게 들고 일어남'이라는,
가치 중립적 단어로 쓰인다. 그러나 전통적으로 '봉기'는 부정적인 의미로 사
용되었다. 우선 "미친 듯이 날뛰는 무리들을 불러 모아 임존任存이라는 작은
성에 의지해, 벌떼처럼 몰려 있고 고슴도치 털처럼 일어나 산을 메우고 골짜
기를 채웠다. 招集狂狡 堡據任存 蜂屯蝟起 彌山滿谷(「유인원기공비문」)"에서
보듯이, 백제인들이 국가를 회복하려는 결연한 항전을 부정적으로 묘사하면
서 등장했다.

『삼국사기』 진훤전에서 '군도봉기群盜蜂起', 『고려사』에서의 '도적봉기'·'남적봉기南賊蜂起'·'봉기선란蜂起扇亂'·'이에 노예들이 주인을 배반하고 봉기해 於是 奴隷背主者 蜂起' 등이 대표적이다. 근대에서도 '當國全羅, 忠淸兩道ニ於テ東學黨蜂起シ其勢猖獗ニシテ征討京軍ヲ(1894)'·'淸國四川省打箭爐通信에據ᄒ즉西藏에서 蜂起ᄒ反徒를征討ᄒ를爲ᄒ야(1896)'·'南部露西亞에서 農民暴動蜂起(1920)'·'各省에 土匪蜂起(1922)'·'端川に暴民蜂起し'·'鮮滿國境に赤色地帶 武裝蜂起により計畫' 등 부정적으로 규정한 사건에 사용한 경우가 많았다.

부흥이 아닌 복국 :

1941년 11월 대한민국 임시 정부가 발표한 새 민주국가 건설을 위한 강령인 「대한민국건국강령大韓民國建國綱領」 제2장 〈복국復國〉 8개 조의 '복국'은, 건국을 통해 국가를 회복한다는 개념이다. '부흥'은 타당하지 않은 용어였다.

1971년에 간행된 중학교 역사책 즉 국사 교과서에서는 '부흥군'이 아니라 '의병'으로 적혀 있었다. 그리고 민족주의 사학자나 신민족주의 사학자뿐만 아니라 북한에서도 '부흥운동' 용어를 전혀 사용하지 않았다. 유독 일본과 한국에서만 '부흥운동'이라는 용어를 사용하고 있다.

■ 참고문헌

이도학, 「'百濟復興運動'에 관한 몇 가지 검토」 『東國史學』 38, 2002.
이도학, 「미륵사지 서탑 사리 봉안기의 분석」 『白山學報』 83, 2009.

43. 담징은 일본 호류사 금당 벽화를 그렸는가?

초등학생부터 대학생과 일반인까지 한국인이라면 고대 삼국의 문화가 일본열도에 전파된 사실에 대해서는 일말의 긍지를 느끼고는 한다. 그러나 우리나라에서의 대표적인 역사 왜곡은 고구려 승려 담징이 일본 호류사 금당 벽화를 그렸다는 주장이다. 가령 50여 년 전 중학교 국사 교과서에서 "… 일본의 호오류우지의 유명한 금당 벽화도 고구려의 중 담징이 그린 것이

라고 한다(김성근·윤태림·이지호, 『중학교 사회Ⅱ』 교육출판사, 1971, 35쪽)"는 서술이 있다. 그로부터 30년 후의 고등학교 국사 교과서 에서도 "7세기 초에 담징은 종이 와 먹의 제조 방법을 전하였고, 호류사의 벽화를 그렸다고 전해 지고 있다. / 호류사 금당 벽화 복 원도 : 담징이 그렸다고 전해지는 데, 1949년 불타 버린 것을 복원

고구려도 일본 고대 문화에 큰 영향을 끼쳤다. 7세기 초에 담징은 종이와 먹의 제조 방법을 전하였고, 호류 사의 벽화를 그렸다고 전해지고 있다. 승려 혜자는 쇼토쿠 태자의 스승이 되었으며, 혜관은 불교 전파에 큰 공을 세웠 다. 일본 나라 시에서 발견된 다카마쓰 고분 벽화가 고구려 수산리 벽화 고분 과 흡사한 점에서 고구려의 영향력을 살펴볼 수 있다.

신라는 일본과 문화 교류는 적었지만, 배 만드는 기술과 제방 쌓는 기술을

삼국 문화의 일본 전파

호류 사(法隆寺) 금당 벽화(모사본) / 복원이 그렸다고 전해지는데, 1949년(쇼와 24년)에 불타 버린 것을 복원하였다

Ⅰ. 고대의 문화 **267**

고등학교 국정 국사 교과서에 수록된 호류사 금당 벽화(모사본). 본 벽화 사진은 사방 정토도 가운데 동 방 약사정토도이다. 이것과 서방 (아)미타정토도는 도리의 작품으로 알려져 있다.

하였다(교육인적자원부, 『고등학교 국사(초판본)』 2002, 260쪽)"는 기술은 거의 상식이 되었다. 그러나 이러한 기술은 근거 제시도 없을뿐더러 또 분명한 근거도 없다.

그러면 담징에 관한 기술을 처음 남긴 이는 누구일까? 1917년에 편집된 오세창의 『근역서화징』에서 "석담징釋曇徵/ 고구려승 : 추고천황 18년(고구려 영양왕 21년 경오 즉 신라 진평왕 27년) 고구려 중 담징이 건너왔는데 오경에 통달했고, 또 회화와 공예가 교묘하였고, 지묵·채색 및 맷돌을 만들었다. 호류사 벽화로 이름이 세상에 널려 알려졌다. 高麗僧曇徵渡來 通五經 且精繪畵工藝 造紙墨彩色及碾磑 以法隆寺壁畵著名(日本紀)"는 구절을 발견했다. 1920년 7월 7일 자 「동아일보」에서도 "조선불교와 근일의 소감 : 동경에 거주하는 주단엄在東京 朱檀嚴, … 현現에 법륭사法隆寺의 벽화를 볼지라도 담징의 천재를 상상할 수 잇스며"라고 적혀 있다. 담징이 호류사 벽화를 그렸다는 이야기가 암암리에 회자되었던 것 같다. 1923년 이병도의 「조선사개강」에서도 이와 대동한 내용이 다음에 보인다.

또 고구려 화가 담징(嬰陽王時人가)은 일본(推古天皇時)에 가서 유명한 일본 최고의 건축물인 법륭사의 벽화를 그리어 후인을 경탄케 할 뿐 아니라(日本事紀 推古天皇紀 十八年 庚午春 "曇徵知五經能作彩色及紙墨並造碾磑蓋造碾磑事始是時歟") 기타 중국 고전 및 지묵연애紙墨碾磑의 제법에까지 통효通曉함으로 더욱 당시 일본인의 숭경崇敬을 바덧다(李丙燾, 「朝鮮史槪講(二十六)--第八章 三國時代의 文化(續)」 『東亞日報』 1923, 10. 29).

위의 인용에서 '일본사기日本事紀'는 '일본서기日本書紀'의 오기誤記이다. 이병도가 인용한 원문에 연자衍字 1곳과 탈자脫字 2곳이 있다. 이를 바로잡아 띄어쓰기하여 원문을 소개하면 "曇徵知五經 且能作彩色及紙墨 幷造碾

磉 蓋造碾磑 始于是時歟"이다. 문제는 이병도가 담징이 호류사 벽화를 그렸다는 근거로 제시한 『일본서기』에는 이러한 내용이 없다. 오히려 「이카루카 고사편람斑鳩古事便覽」에는 유명한 장인匠人 도리 불사止利佛師를 가리켜 "금당 안 사방벽四方壁에 그려진 동방 약사정토東方藥師淨土·서방 미타정토도西方彌陀淨土圖은 오른쪽 도리 불자止利佛子가 그렸다(佛書刊行會, 「斑鳩古事便覽」『大日本佛敎全書』第一書房, 1978, 95쪽)"고 했다. 그 밖에 헤이안 시대平安時代에 편찬된 『칠대사일기七大寺日記』에서 호류사 금당 벽화를 그린 이를 도리 불사止利(鳥)佛師라고 하였다. 카마쿠라 시대鎌倉時代 저술인 『태자전사기太子傳私記』에서도 "(금당벽화의) 불정토佛淨土를 그린 도리鳥라는 회사繪師가 이것을 그렸다고 한다(李弘植, 『韓國古代史의 硏究』 신구문화사, 1971, 230쪽)"고 했다.

반면 담징이 호류사 금당 벽화를 그렸다는 기록은 그 어느 문헌에서도 보이지 않는다. 그럼에도 후인들이 이병도의 서술을 맹신했기에 확정된 사실로 굳어졌다. 가령 저명한 한국 고대사 개설서에서도 "고구려의 승려 담징은 채색과 지묵을 만들고 또한 연애碾磑(맷돌)도 만들 줄 알았는데, 일본으로 가서는 법륭사의 금당 벽화를 그렸다고 전한다(이기백·이기동, 『한국사강좌 I (고대편)』 일조각, 1982, 256쪽)"고 단언했다. 비록 이병도가 바라던 바는 아니었겠지만, 그의 실수를 검증 없이 맹종하는 바람에 오도된 역사 지식을 전파한 격이 되었다. 그랬기에 "현행 국사 교과서에는 모두가 이것을(이병도, 『신수국사대관』; 필자) 그대로 옮기고 있는 상태다(이홍직, 『한국 고대사

호류사 경내에 게시된 유리 원판 사진 아미타 정토도(제6호 벽).

의 연구』 신구문화사, 1971, 230쪽)"고 개
탄했다.

도리 작으로 알려진 호류사 석가삼존상.

이와 관련해 670년 호류사 금당의
재건과 관련해 파생된 문제는 논의하
지 않는다. 호류사 금당벽화를 그린 이
는 담징이 아니라 도리止利임을 밝히
고자 한 데 주안점을 두었기 때문이다.
자칫 논지가 흐려질 수 있어서였다.

앞서 언급한 도리 불사止利(鳥)佛師는
아스카사飛鳥寺의 석가여래상과 호류
사의 석가삼존상을 제작하였다(上原和,『法隆寺を歩く』岩波書店, 2009, 115
쪽). 호류사의 금당 벽화까지 그린 도리止利는 불사佛師(불상 조각가)이자 회
사繪師(부처를 그리는 화가)였다. 그러한 도리는 백제계 인물로 밝혀졌다(金
達壽,『日本の中の朝鮮文化 3(近江·大和)』講談社, 1972, 149~151쪽.; 김달수,『일
본 속의 한국문화 유적을 찾아서 2』대원사, 1997, 258~259쪽). 그 유명한 호류사
금당 벽화를 그린 이는 고구려 승려 담징이 아니었다. 백제계 도리로 새롭
게 구명되었다. 실증과 진실의 힘은 이런 게 아닐까?

호암사虎巖寺 위치 :

"또 호암사에는 정사암政事嵓이 있다. 又虎嵓寺有政事嵓(『삼국유사』)"·"조
룡대釣龍臺라 한다. 이 대로부터 서쪽으로 5리쯤 가면 강 남쪽 언덕에 절이
있는데 호암虎嵒이라고 한다. 바윗돌이 벽처럼 서 있고 절은 바위 앞에 있
다. 바위에 호랑이의 발자국이 있는데 마치 잡고서 올라온 것 같다. 바위 서

쪽에 천 자나 되는 낭떠러지 언덕이 있고, 벼랑 꼭대기를 천정대天政臺라

하는데 … 호암으로부터 걸어서 그 대에 이르면 謂之釣龍臺 自臺而西五里

許 江之南岸 有僧舍曰虎巖 巖石壁立 寺負巖 巖有虎迹 宛然若挐而上者 巖

之西 有斷崖千尺 崖頭曰天政臺 …自虎巖步至其臺(『가정선생문집稼亭先生文

集』)"·"천정대 : 현 북쪽 10리쯤에 있다. 강 북쪽에 절벽으로 된 봉우리에 큰

암석이 대臺같이 되어 강물을 굽어보고 있다. … 혹은 정사암으로도 일컫는

다. 天政臺 縣北十里許 江北絶巘有巖如臺 … 或稱政事巖(『신증동국여지승

람』)"·"" … 천정대라 하였다' 한다. 아래

에 호암사가 있는데, 돌 위에 지었다. …

호암사로부터 물을 따라 남쪽으로 내려

가 부소산扶蘇山에 이르면 故謂之天政

臺 下有虎巖寺 營于石上 … 自虎巖順流

而南 至于扶蘇山(『세종실록』 지리지)"

백마강변의 천정대.

위의 기록을 토대로 할 때 호암사는 다음과 같은 입지였다.

① 호암사 관내에 정사암 소재(『삼국유사』).

② 천정대와 정사암은 동일한 곳(『신증동국여지승람』).

③ 천정대 밑에 호암사 소재(『세종실록』 지리지, 『신증동국여지승람』).

④ 천정대가 호암사 위치를 알려주는 관건. 천정대와 인접한 곳에 호암사 소재.

⑤ 천정대 밑 호암사에 범바위虎巖 소재.

호암사의 입지 조건

① 천정대 밑에 소재.

② "호암사로부터 물을 따라 남쪽으로 내려가 부소산(扶蘇山)에 이르면"

구절, 백마강변 소재.

③ 이곡(李穀. 1298~1351)의 기행문 「주행기」, 천정대 밑 백마강 기슭 호암사 입지.

④ '돌 위에 지었다'는 구절, 암반층 위 사찰 조영. 천정대 밑 벼랑 제비집 입지.

⑤ 구봉룡(具鳳齡. 1526~1586)이 지은 시詩, 백마강변 벼랑에 입지한 사찰로 호암사 등장(『백담집』권2,「백담선생속집」칠언절구).

'정산을 떠나 왕진에 도착하여 교수 강절군, 현감 홍가신군, 찰방 김흠군과 함께 배 타고 부여로 향하는 중의 기행'에 보면, 배 타고 유람한 노정이 다음과 같이 보임.

왕진汪津 송정松亭 → 몽도촌夢道村 → 석탄石灘 → 동쪽 벼랑 절벽 → 노암蘆巖 → 호암사 → 천정대 → 반월성半月城 → 고란사 → 자온당自溫堂 → 백마강 → 부소산(『백담집』권2,「백담선생속집」칠언절구).

왕진 나루에서 부소산에 이르는 뱃놀이 중에 보이는 좌우 풍광을 시로 옮조렸다. 이 중 호암사와 천정대가 함께 보이는데, 모두 강변에 입지했음을 뜻한다. 실제 천정대 바위는 백마강에서 보인다. 이 기록은 '천정대-현의 북쪽 절벽 봉우리 위에 있다. … 아래에 호암사가 있는데, 돌 위에 지었다(『세종실록』지리지)'는 호암사의 입지와 부합한다. 백마강변 암벽 사찰이 호암사였다. 「광여도」부여현도扶餘縣圖에도 천정대와 호암이 암벽에 나란히 입지했다.

특히 이동 방향이 왕진 나루 → 부소산 즉, 북(동)北 → 남(서)南이다. 이러한 동선을 보면 호암사 지나 천정대가 소재했다. 반면 현재 기념물 지정 호암사 지는 이 구간을 훨씬 벗어나 있다. 더욱 결정적인 증거는 '위는 노암蘆巖이다. 호암사 아래에 있다. 右 蘆巖 在虎巖寺下(5번째 詩)'고 했다. 호암사 밑에 노

암이라는 바위가 소재하였
다. 호암사는 평지가 아니라
암벽 벼랑에 입지한 것이다.

이상과 같이 문헌을 분석
한 결과, 구체적으로 입지가
「광여도」에 보이는 천정대와 호암. 이 지도에는 문헌 기
록과는 달리 호암이 왼편에 입지하였다.

묘사된 호암사는, 충청남도 기념물 제32호. 지정면적 19,605㎡ 호암사지와는
전혀 다른 장소로 밝혀졌다. 정리하면 다음과 같다.

① 고려~조선 전기에 이르는 문헌을 통해 호암사의 입지는 천정대와 연계
   되어 있고, 고란사처럼 백마강변 벼랑에 암반을 깎아 조성한 강변 사찰
   이었다. 이 사실은 복수의 문헌에서 구체적이면서 분명하게 적시하고 있
   기에 다른 대안 모색을 필요 없게 한다.
② 기념물 지정 호암사 부지에서는 3회에 걸친 발굴 결과, 사찰 관련 유구
   자체가 나타나지 않았다. 부지의 지정 근거는 하나같이 추상적이었을 뿐
   아니라, 사찰 건축물과 관련한 증거력도 전혀 갖추지 않았다.
③ 문헌검토와 현행 기념물 지정 부지에 대한 물증 검토를 통해 해당 지정
   면적 부지는 호암사지와 무관한 곳으로 밝혀졌다.

(이도학, 「虎巖寺址 위치에 관한 논의」『東아시아고대학』73, 2024)

■ 참고문헌

이도학, 「李丙燾 韓國 古代史 研究의 '實證性' 檢證」『白山學報』98, 2014.

이도학, 「倭의 佛敎 受容과 백제계 사찰의 건립 배경 및 성격」『백제와 고대 동아시아』
   충청남도역사문화연구원, 2014.

44. 백제는 언제까지 존재했는가?

'외번外藩 백제'와 웅진도독부

백제인들은 조국 회복을 위해 3년간 항쟁했지만, 실패로 돌아갔다. 풍왕을 수반으로 한 친왜정권의, 무력에 의한 국가 회복운동이었다. 마지막 백강 전투에서는 백제-왜 2개국 군대에 탐라·고구려의 가세와 신라-당의 군대가 격돌한 대전이 펼쳐졌다. 총 6개국이 직간접적으로 맞붙은 동아시아 대전이었다.

이후 백제 옛 땅에는 의자왕의 원자인 부여융을 수반으로 한 정권이 태동했다. 당영唐營에 있던 부여융이 웅진도독으로 역사의 전면에 등장하였다. 당은 친당정권이자 군정 기구인 웅진도독부를 설치한 것이다. 중국 사서에서는 부여융을 '백제 왕'으로 일컬었으니, 백제의 재건이었다. 당은 신라 문무왕을 계림주대도독으로 삼았다.

부여융 예하의 주州 자사를 비롯해 군·현郡縣의 지방관들은, 당으로 압송되었던 옛 백제 귀족들이었다. 의자왕의 아들을 수반으로 백제 귀족들은 조국 땅에 돌아와 나라를 통치하였다. 풍왕의 친왜정권과는 달리 이들은 친당정권이었다. 그럼에도 웅진도독부는 왜와의 관계 회복을 통해 국가의 활로를 트려고 부심했다. 그러나 웅진도독부는 672년 신라에 쫓겨나 당으로 옮겨갔다.

이러한 웅진도독부는 성격과 역사적 귀속 문제가 따른다. 현재 중국에서 간행한 역사 지도책(譚其驤)에 따르면, 이 무렵 한반도 서남부 지역을 당의 영토로 표시했다. 웅진도독부를 중국 역사에 포함한 것이다. 이에 호응하듯이 한국에서는 부여융을 '중국인'으로 호칭한 백제사 전문가도 나왔다. 그러나 부여융의 웅진도독부는 무력 항전을 통해 국권을 회복하려 했던 풍왕 정권과는 달리 친당책으로써 국가 회복을 모색했다. 만약 웅진도독부의 역사를 백제사에서 방기한

공주 공산성에서 출토된 갑옷에 보이는 당의 장군 '이조은李肇銀' 이름.

다면 7세기 후반 한반도의 역사 지형은 달라진다. 비록 짧은 기간이더라도 한때 한반도 서남부 지역은 당의 영토가 된다. 동북공정을 운위할 것도 없이 우리의 안방을 중국에 내 바친 것과 진배없다.

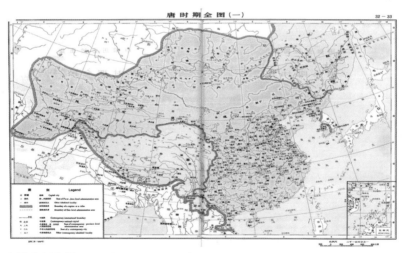

潭其驤 主編,『中國歷史地圖集』에 보이는 7세기 후반 중국의 당唐 영역과 한반도 지도.

'내번內藩 백제'

웅진도독부는 귀속처가 없는 역사의 미아가 아니다. 그렇다고 중국사가 될 수도 없었다. 이때 당이 부여한 계림주대독부가 신라였다. 웅진도독부 역시 백제와 다름없었다. 그러므로 웅진도독부는 한반도 백제사의 대미大尾로 평가해야 마땅하다. 웅진도독부까지의 백제사는 중국의 시각에서 본다면 '외번外藩 백제'였다. 중국 직할령 바깥에 소재한 백제를 가리킨다. 그런데 백제의 생명력은 여기서 그치지 않았다. 사서에는 "그(부여융)의 손자 경敬이 측천무후 때 대방군왕에 습봉되어 위위경을 제수받았다. 이로부터 그 땅은 신라 및 발해말갈이 나누어 차지하게 되었으며, 백제의 종족은 마침내 끊어졌다. 其孫敬 則天朝襲封帶方郡王 授衛尉卿 其地自此爲新羅及渤海靺鞨所分 百濟之種遂絶(『구당서』 권199상, 동이전 백제)"고 하며 다시금 등장한다.

내번 : 중국 황제가 직접 관할하여 다스리는 영역 안의 제후국
외번 : 중국 황제의 직접적인 통치가 미치지 못하는 영역 바깥의 책봉국

백제 땅을 신라가 차지한 것은 상식에 속한다. 그런데 발해말갈도 백제 땅을 차지했다는 기록은 생경하기 이를 데 없다. 발해말갈에 점령된 백제는, 당에서 재건한 요동의 '내번內藩 백제'였다. 중국 사서에서는 내번 백제의 장수들을 '번장蕃將'이라고 했다. 백제가 멸망한 지 무려 1백 년이 지났음에도 사타리沙吒利를 번장이라고 하였다. 이 사실은 그가 한족漢族 사회에 완전히 편제된 인물이 아니었음을 뜻한다. 당역唐域의 번蕃(藩)으로서 존재한 백제를 상정할 수 있다. 의자왕의 증손녀[扶餘太妃] 이야기도 내번 백제에서의 일이었다.

내번 백제는 발해의 요동 진출로 인해 9세기 초에는 소멸하였다. 사서에서 '백제의 종족이 마침내 끊기고 말았다'는, 이 사실을 가리킨다. 요동에 소재한 내번 백

의자왕의 증손녀 부여 태비 묘지석 탑본.

제의 소멸은 백제사의 궁극적인 마침표였다. 간과할 수 없는 사안이었다.

끝 모르는 백제

부정할 수 없는 또 하나의 사안은, 그 이후에도 등장하는 백제가 아닐까. 신라 진성여왕 대에 해적들이 뱃길과 섬을 가로막으면서 중국에 가는 사행使行들을 괴롭혔던 데서 보인다. 『삼국유사』에는 "백제 해적이 진도津島에서 가로막는다고 함을 듣고는 궁사弓士 50명을 뽑아서 따르게 했다"고 한다. 이 기사에 보이는 '백제 해적'의 정체는 미궁에 싸여 있다. 시기적으로 볼 때 후백제와는 연결되지 않는다. 백제 유민들이 해도海島에 할거하면서 망명정권이라도 세우지 않았나 상상하게끔 한다. 엔닌의 『입당구법순례행기』에서 백제 멸망 시 3명의 왕자가 흑산도로 피란했다고 한 사실이 상기된다. '백제 해적'은 어쩌면 이들이 건설했을지도 모르는 해상의 백제였을까?

983년(성종 2) 고려 성종이 송에서 받은 책봉 문에 고려 영역을 가리켜 "삼한의 옛 땅과 백제 옛터가 있다. 其有三韓舊域 百濟遺封(『고려사』 권3, 성종 2년 3월)"고 하였다. 이 구절에서 삼한과 백제가 별개로 언급되었다. '삼한의 옛 땅'은 지금의 한반도를 가리키는 대명사 격인 호칭이다. 반면 '백제 옛터'는 백제의 해외 경영지를 가리키는 게 아닐까? 985년 송宋 황제가 고려 성종에게 내린 조서에서 "항상 백제의 백성들을 편안하게 하고, 장회長淮의 족속을 길이 무성하게 하라. 常安百濟之民 永茂長淮之族"고 해

백제의 존재가 다시금 포착된다. 여기서 장회를 나누어 장강인 양쯔강과 회수인 화이수로 간주한다. 그러나 당 왕유王維 시詩와 송 장효상張孝祥의 사詞에서 한결같이 장회는 회수淮水를 가리킨다. 산둥반도 남쪽의 회수 유역에는 당초 '동이東夷'가 거주했기에 고려를 가리키는

화이수(2014.1.7).

관념적인 표현일 수도 있다. 그렇더라도 왜 '백제'가 다시금 등장하는 것인가? 분명한 사실은 이곳 '백제의 백성들'을 고려와 연결 지었다는 것이다.

백제의 존재는 이보다 후대 역사를 수록한 『원사元史』에서도 확인된다. 즉 "지원至元 4년(1267. 고려 원종 8) 춘정월 … 을사, 백제가 그 신하 양호梁浩를 보내 내조來朝하자 금수錦繡를 차등 있게 내려주었다. 乙巳百濟遣其臣梁浩來朝 賜以錦繡有差"고 했다. 백제가 사신을 원에 보내 조알朝謁하고 비단을 하사받은 기사이다. 물론 지속적인 교류가 아니라 단발성으로 끝났기에 그 존재를 의심할 수도 있다. 그러나 외교 사절이 직접 찾아왔기에 남겨진, 정사正史 기록이므로 백제의 실체를 간단히 부정하기는 어렵다. 『만주원류고』에서도 "지원 초에 아직도 사신을 보냈으니, 그 지서支庶들이 보전되어 바다의 한쪽 구석을 지키면서 오히려 옛 이름을 사용했으니, 국운이 아직도 남아 있었다"고 평가했다.

그런데 이때 등장한 양호는 "원종 8년 정묘에 초적 문행노文幸奴가 난을 꾸미자, 왕자 양호梁浩 등이 부사 최탁崔托과 더불어 거병하여 이들을 주살했으니 양씨梁氏가 왕자가 된 게 틀림없다. 元宗八年丁卯 草賊文幸奴搆亂 王子梁浩等 與副使崔托擧兵誅之 則梁氏之爲王子必矣(『여지도서』전라도 제주, 보유 고적)"고 하여 제주도에서 보인다. 양호는 원에 조공한 1267년 1

월 이후 제주도에 다시금 등장한 것이다. 그런데 '백제 신하 양호'가 원에 조공하기 불과 2개월 전인 1266년 11월, 탐라 성주를 고려 정언正言 벼슬의 현석玄錫과 함께 원에 파견하였다(『고려사』 권26, 원종 7년 11월). 전후 시간의 흐름 상 탐라 성주와 고려 사신 일행이 이듬해 정월 함께 원 조정에 이른 것이다. 그러므로 『원사』에 등장하는 '백제 신하 양호'는 탐라 성주를 가리킨다고 본다. 제주도 3대 토성土姓의 하나인 양씨였다.

『원사』에서 '백제가 그 신하 양호를 보내 내조했다'고 한 '백제 신하'의 정체는 '탐라 성주'였다. 이 경우는 탐라의 한 세력이 백제 국호를 거양했거나, 백제를 자부하는 세력이 탐라 성주를 움직였거나, 아니면 탐라 자체가 애초 백제의 신속국臣屬國인 데서 유래했는지는 알 수 없다. 다만 『원사』와 『고려사』 기록을 조합해 볼 때, '탐라 성주'는 '탐라 왕자 양호'와 동일 인물이었다. 그는 대외적으로 백제를 표방한 탐라 왕의 명을 받고 고려 사신을 따라 원조元朝에 조공한 것이다.

탐라국 성주의 기원 :

제주시 원도심에 탐라국 시기에 축조된 것으로 추정되는 '칠성대七星臺' 유적이 최근 발굴됐다. 칠성대는 도성 안 일곱 곳에 북두칠성 형태로 축조한 유적이었다. 탐라국의 수장을 성주星主로 일컬은 것은 천문天文에 대한 지배자 의미가 담긴 것으로 보인다.

실제 탐라 고사故事에서 "15대 손손孫에 이르러, 고후高厚 · 고청高淸의 형제 세 사람이 배를 만들어 타고 바다를 건너 탐진耽津에 이르렀는데, 대개 신라가 번성할 때였다. 그때 객성客星이 남방에 나타나니, 태사太史가 아뢰기를, '다른 나라 사람이 내조來朝할 징조입니다'고 하였다. 세 사람이 드디어 신라에

입조하므로, 왕이 가상히 여겨, 장자를 성주星主라고 했는데, 그 움직인 별을
상징한 것이요"라고 했다(『세종실록』권151, 지리지, 전라도 제주목).

　비록 관념적인 사안이지만 1593년(선조 26) 명明의 유황상劉黃裳과 원황
袁黃이 조선 조정에 보낸 자문咨文(중국과 왕복하던 외교 문서의 일종)에서 왜
군을 격파한 사실을 칭송하면서 "삼한 백제가 이미 태평을 되찾았다"고 하
였다. 여기서 '삼한 백제'는 조선의 대명사 격으로 사용되었다. 그러면 굳이
삼한 백제라고 한 이유는 무엇일까? '중원 백제'를 의식해 조선을 '삼한 백
제'라고 한 것인가?『역사강감보歷史綱鑑補』라는 서명에서 '역사'라는 용어
를 최초로 사용한 원황의 말인지라 의미를 곱씹게 한다. 또 한편으로는 983
년의 책봉문에서 "삼한의 옛 땅과 백제 옛터가 있다"고 한 문구에 보이는
'삼한'과 '백제'에서 기인한 것인가? 여하간 백제의 위상과 생명력을 반추하
게 한다.

■ 참고문헌

이도학,『꿈이 담긴 한국 고대사 노트 (하)』一志社, 1996.

이도학,「서평 : 노중국 著, 백제부흥운동사」『동아일보』2003.12.27.

이도학,「서평 : 노중국 저, 백제부흥운동사」『한국사연구』124, 2004.

이도학,「중국 속의 백제인들」『한민족 디아스포라의 역사(1)』한민족학회, 2009, 5.27.;
　　　「중국 속의 백제인들, 중국 바깥의 백제인들」『한민족연구』7, 2009.6.

이도학,「唐에서 재건된 백제」『整合·解體·通涉의 人文學』경성대학교 인문과학연구
　　　소, 2009년 추계국제학술대회, 2009.11.6.;『인문과학논총』15-1, 경성대학교,
　　　2010.

45. 백제 문화 콘텐츠 검증

왕인 박사

백제 문화 콘텐츠로 활용되었던 몇 가지 사례가 있다. 우선 전라남도 영암의 왕인 박사 축제가 유명하다. 왕인 박사 사당과 기념관을 설립해 성역화했고 해마다 축제도 개최한다. 영암 현지에는 왕인 박사 관련 지명과 전설이 보인다. 그러나 이 모든 건 우리나라 풍수지리의 비조로서 영암 출신인 도선道詵(827~898) 국사國師 이야기를 일제 때 환치한 것에 불과했다. 그리고 일본이 왕인을 추앙한 것은 내선일체를 위한 정략 차원이었다고 한다(金秉仁, 「王仁의 '지역 영웅화' 과정에 대한 문헌사적 검토」『韓國史硏究』 115, 2001, 177~206쪽).

왕인 박사묘를 비롯한 관련 유적은 일본에 소재하였다. 분명한 것은

영암 출신 도선 국사 진영(보물 제1506호).

왕인은 근초고왕~아화왕 대의 인물로서, 당시 영암 지역은 백제 영역이 아니었다. 왜국에 『천자문』과 『논어』를 전파한 왕인은 영암인이 될 수 없었다. 영암의 왕인 박사 이야기는 '만들어진 역사'였다.

영암 '왕인 박사 유적지'에 세워진 동상.

심청 축제

전라남도 곡성의 심청 축제는 지역 소재 관음사觀音寺의 사적事蹟(조선사찰사료)에 수록된 전설에 토대를 두었다. 충청도 대흥大興 땅에 사는 장님 아버지를 둔 효녀 원홍장元洪莊이 홍법사 불사佛事를 위해 성공 스님에게 시주되고, 진晉 사신을 만나 황후가 되었다. 그녀는 고국에 금동관음보살상을 돌배에 실어 보냈는데, 전라도 옥과玉果에 거주하는 처녀 성덕聖德이 발견해 모신 곳이 관음사였다. 이후 성공 스님의 불사도 완성되고, 아버지 원량은 눈을 떴다(朝鮮總督府內務部地方局, 「玉果縣聖德山觀音寺事蹟」『朝鮮寺刹史料(上)』 朝鮮總督府, 1911, 244~248쪽).

효녀 원홍장 이야기는 김태준(1905~1949)의 『조선소설사』에도 소개되었을 정도로 유명하다. 그리고 관음사연기 설화는 심청전의 원형 설화로 받아들여졌다. 심청 설화의 원형은 백제 때로 거슬러 올라간다는 것이다. 관련한 국제학술대회를 2001년 곡성에서 개최한 바 있었다. 그렇지만 설화 원

2001년 곡성 심청 축제 관련 국제학술대회 자료집.

형의 소급이라는 의미일 뿐, 원홍장과 심청은 동일하지는 않다. 실제 우리가 알고 있는 효녀 심청은 황해도 황주군 도화 마을 출신이다. 게다가 원홍장은 대흥 즉 지금의 예산군 대흥면 사람이므로, 설화의 발단은 예산 땅이었다. 그런데도 곡성군에서 축제를 진행하고 있을 뿐 아니라, 심청이 몸을 맡긴 대가로 얻게 된 '공양미 삼백석'은 노인 개안 수술에 쓰이는 등 긍정적인 기제로 적극 활용하고 있다.

도미 부인

충청남도 보령시에 따르면, 오천면 소성리에서 전해지는 설화를 토대로 1990년대 초 도미都彌설화의 근거지임을 선언하고, 각종 선양사업을 벌였다. '보령에 도미항과 도미 부인이 남편을 그리던 상사봉이 있다'는 향토 사학자들의 주장이 나온 뒤 소성리에 도미 부인 사당을 짓고 1995년 정부에서 공인한 도미 부인 표준 영정을 제작했다. 도씨 문중은 2003년 경남 진해시에서 도미 부부의 묘로 추정되는 무덤을 소성리로 이장하였다. 보령시는 매년 사당에서 제사를 지내고 있다.

그러나 2004년 서울시 강동구 천호1동 천일 어린이 공원에 도미 부인 동상이 건립되었다. 경기도 하남시에서는 도미 부인을 하남시 배알미동의 '도미나루'와 관련지었을 뿐 아니라, '도미나루의 아랑'을 공연하기도 했다. 지금까지 도미 부인의 거주지에 대해서는 서울시 강동구, 경기도 하남시, 충남 보령시가 정당성을 주장하고 있다. 이와 관련해 다음 견해는 차분히 음미할 필요가 있어 보인다.

보령에 소재한 도미 부인 사당 안의 영정.

대천문화원 사무국장 송하순은 "1983년 충청남도 보령군에서 발간한 『내 고장 보령』 이후 보령 지방의 '도미 설화'에 관한 이야기가 논의됐다. 1991년 소책자인 『보령의 도미설화』가 발간되고, 1992년 정절각이 만들어졌으며 1994년에 도미 부인 사당인 정절사貞節祠가 만들어지더니, 2003년에는 도미 부인과 남편 도미 공의 합장묘라는 거대한 묘까지 만들어졌다"고 했다. 그러나 도미 설화를 아는 지역 노인들은 없었고, 전국적으로 유명한 도미 바다 낚시터에 불과하였을 뿐이다. 이 설화는 1937년 박종화의 소설 '아랑의 정조' 영향을 받아 창작된 것으로 보인다고 판정했다(송하순, 「충남 보령 지방 '도미 설화'의 전개」『하남문화원 제1회 학술대회—2009 도미 설화 학술대회』 하남문화원, 2009.10.31, 47~53쪽).

실제 보령 지역에서 도미 설화는 1983년 이전으로 소급된 기록은 어디에도 없다. 1974년에 간행한 『한국지명총람』에서도 '보령시 오천면 교성리'에 대한 지명과 전설을 소개하면서 '道美港[마을]돼미망 : 참샛골 북쪽에 있는 마을'이라는 서술이 전부였다.

이와 관련해 고구려 간첩승 도림과 편호소민編戶小民 도미의 아내 이야기는 사료 비판의 중요성을 일깨워 준다. 『삼국사기』 개로왕 21년 조 말미에 적힌 도림 기사는 내용 분석 결과 『삼국사기』 도미전과 내용이 연결된다. 양자는 설화적인 내용일 뿐만 아니라, 개로왕 대와 한성 일원을 시·공간적 배경으로 공유하고 있다. 그리고 내용 전개는 개로왕이 간첩승과 아녀자의 꾐에 빠진 우둔한 군주라는 데로 모아진다. 또 그로 인해 국정을 파탄에 빠뜨리고 한성을 상실했으며, 자신도 패사했

'도미 부인 묘소'에서 바라본 오천면 일대.

다는 일종의 교훈적인 내용으로 귀결되고 있다. 간첩승 도림의 기사는 중국 전국시대戰國時代 소진蘇秦의 전고典故와 흡사하다. 그리고 도미전은 『데카메론』의 내용과 흡사한 구성이다. 이들 줄거리는 시공을 떠나 전고가 있는 흔한 사례들이었다. 그러므로 허구의 산물일 가능성이 높다. 양자의 내용은 8세기 대에 한산주도독으로 부임해 이 지역의 풍물과 지리·전설을 담았을 김대문의 「한산기」에 수록된 것으로 보였다(이도학, 「漢城末·熊津時代 百濟 王位繼承과 王權의 性格」『韓國史研究』50·51, 1985, 7쪽).

그럼에도 현재 도미 부인 이야기는 문화 콘텐츠로서 잘 활용되고 있다. 걷기 좋은 길 '도미 부인 솔바람 길'을 비롯해, 만화책 『도미 눈을 잃고 천년을 보다』(2013), 그리고 상설 공연 '도미 부인'이다. 문화 콘텐츠의 적극적인 활용 사례였다.

'계백 장군 묘'

논산시 부적면 신풍리에 소재한 계백 장군묘(충청남도 기념물 제74호)는, "불 마루 북쪽 산기슭에 있는 백제 의자왕 대의 명장 계백 장군의 묘소 … 전사하여 이곳에 묻었다 하는데, 그 증거를 알기 위하여 1966년 여름에 파 보았으나, 별 증거물이 없고, 다만 그 묘 속이 길이 12척, 넓이 6척의 석회로 되었는데, 천정을 다섯 층으로 다져서, 상고上古의 규모인 것을 알 수 있음(한글학회, 『한국지명총람 4(충남편 上)』 보진재, 1974, 192쪽)"라고 적혀 있다. 무덤은 조선시대 회곽묘였다. 조선 선조가 찾도록 명했던 계백 장군 묘소를 20세기에야 찾은 것인가? 즉 " … 비망기에 언급된 성충·계백·강한찬 같은 이를 각 도道에서 보고하지 않았습니다. 이는 필시 연대가 오래되어 알 수가 없어서 그런 것이니 …(『선조실록』 선조 36년 9월 9일)"라고 했다. 이후 계백 장군의 묘소를 찾았다는 명확한 기록은 그 어디에서도 확인되지 않았다. 그럼에도 현장의 "백제 충신 계백 장군께서 잠들어 계신 곳입니다"라는 안내문은 희극이다.

비석까지 세워졌던 도미
부부 산소는 진해 웅동 2동
청전 마을 뒷산에 소재한 직
경 10m, 높이 1.8m 규모의
봉분이었지만, 이장할 때 무
덤 안에서는 아무것도 나오
지 않았다. 영암 왕인 박사

논산 부적면에 소재한 '계백장군 묘소'.

유적, 곡성 심청 축제, 보령 도미 부인 유적, 논산 계백 장군묘, 모두 '만들
어진 역사'였다. 역사는 이렇게 만들어지는 것인가? 아니 만들어도 되는가?

백제 의자왕의 딸 계산 공주 이야기 :

[굿모닝 충청 김갑수 기자] '패망한 군주'로 기록된 백제 의자왕에게 검법이
뛰어나고 신술神術까지 능한 계산 공주가 있었던 만큼 새로운 문화 콘텐츠로
적극 활용해야 한다는 주장이 제기됐다.

이도학 한국전통문화대학교 융합고고학과 교수는 지난 6일 국립공주대학
교 국제대회의실에서 열린 학술 세미나에서 '계산 공주 설화에 대한 종합적
고찰'을 주제로 발제하며 이같이 강조했다.

이 교수에 따르면 계산 공주 설화에 대해 일찍이 주목한 인류학자이자 역사
학자 미시나 아키히데三品彰英는 무라야마 지준村山智順의 저술에 보이는 계
산 공주 설화를 1943년에 처음으로 언급했다는 것.

이도학 한국전통문화대 교수 '계산 공주 설화에 대한 총합적 고찰' 발제

1919년 동경제국대 사회학과를 졸업한 무라야마 지쥰은 조선 총독부 촉탁으로 조선 사회 사정 조사를 담당하면서 1941년 귀국할 때까지 한국의 민간 신앙에 대한 방대한 양의 자료를 남겼다. 그가 채록한 계산 공주 설화 전문은 다음과 같다.

"백제 말 의자왕의 왕녀 중에 계산이라는 미인이 있었다. 이 왕녀는 어려서부터 검법을 좋아하여 높은 수준에 이르렀다. 특히 남해의 여도사로부터 신술을 배워 능통하였을 뿐만 아니라 자용병기自勇兵器라는 무기를 만들어 스스로 천하무적이라 하였다.

이 무기는 철로 만든 활과 칼인데, 여기에 신장神將의 이름이 새겨져 있었다. 이 무기를 사용할 때는 공중을 향해 주문을 외우면, 갑자기 많은 군사가 나타나는 신비한 현상이 일어났다.

신라가 당나라의 소정방과 군을 합세하여 백제를 침공해 오자 그녀는 한 마리의 까치가 되어 신라의 진중을 정찰하러 왔다. 그런데 신술에 능통한 신라의 명장 김유신에게 발각되어 땅에 추락하고 말았다.

그녀가 유신으로부터 풀려나 귀국하여 부왕에게 신라와 화목하도록 권하여도 부왕이 듣지 않자, 자신이 만든 자용병기를 부수고 부소산으로 자취를 감추었다.",

계산 공주 설화는 『민간 신앙 제3부 조선의 무격巫覡(1932)』에 수록돼 있다. 또한 『삼국유사』와 『동경잡기』에도 관련 내용이 짧게나마 언급돼 있다고 한다.

'패망한 군주'로 기록된 백제 의자왕에게 검법이 뛰어나고 신술神術까지 능한 계산 공주가 있었던 만큼 새로운 문화 콘텐츠로 적극 활용해야 한다는 주장이 제기됐다(백제문화제재단 제공/ 굿모닝충청=김갑수 기자).

신라에 복수를 위해 검법 배운 계산 공주…"천하무적" 자처

이 교수는 발제문을 통해 "계산 공주 설화 구성 분류에서 공주가 검법을 배우려고 한 동기, 즉 욕망 설정이 기起에 보이지 않는다. 공주가 단순히 검법을 좋아했다는 것이 이야기 진행상 단조롭다"며 "생선에 명성이 자자했던 백제 성왕이 신라와의 전쟁에서 순국한 사실을 상기하는 게 좋다. 비천한 말먹이는 노비에게 참살당한 성왕의 머리는 신라의 북청 계단 밑에 묻혔다. 신라인들은 성왕의 머리를 밟고 다니는 꼴이 되었다. 이로 인해 백제와 신라는 구수(仇讎: 원한이 사무쳐 용서할 수 없는 사람이나 집단) 관계로 돌변했다. 성왕을 이은 위덕왕과 무왕 그리고 의자왕 때 백제의 숙원은 신라에 대한 복수였다"고 설명했다.

계산 공주 역시 비록 여자였지만 검법을 배워 신라에 복수해 선왕들의 원한을 갚겠다고 다짐했을 개연성이 크다는 것이다.

이 교수는 자용병기自勇兵器와 관련 "문자 그대로 '저절로 용맹해지는 병기'라는 뜻이다. 알아서 잘 싸워주는 무기였다"며 "자용병기는 낙랑의 소위 자명고自鳴鼓처럼 백제를 지켜주는 보물이었다. 백제의 강성을 웅변하는 상징이기도 하다. 그런데 찢어진 자명고와 부서진 자용병기는 낙랑과 백제의 멸망으로 각각 이어지게 했다. 이러한 점에서 양자는 공통점이 있다"고 분석했다.

이 교수는 또 "공중을 향해 주문을 외우면, 갑자기 많은 군사가 나타나는 신비한 현상이 일어났다"는 설화의 내용에 대해서도 "보편성을 띠고 있다"고 진단한 뒤 ▲톨스토이 단편선 '이반 일리치의 죽음' ▲애니메이션 '타란의 대모험' ▲문무왕릉비문 '군낙어천軍落於天' 등을 그 실례로 거론했다.

계산 공주가 "부소산으로 자취를 감추었다"는 기록에 대해서는 "백제 왕궁의 배후 산인 부소산이라기보다는 깊은 산중으로 보아야 맥락이 맞는다"고 주장했다.

계산 공주는 백제판 뮬란 … "소재 빈곤 벗어나 적극 활용 가능"

이 교수는 그러면서 미국 월트디즈니사가 1998년 애니메이션으로 제작해 크게 성공한 '뮬란Mulan'을 계산 공주 콘텐츠의 활용 방안 중 하나로 제시했다.

뮬란의 원 소재는 '목란시木蘭詩'로, 송 대宋代 곽무천郭茂倩이 지은 『악부시집樂府詩集』과 같은 시기 집성한 『문원영화文苑英華』에 수록돼 있다는 것. …

계속해서 이 교수는 "분명한 것은, 나라를 구하려고 했던 구국의 영웅으로서 계산 공주의 역할이 확실히 돋보이는 행적이었다"고 평가한 뒤 "실기와 패망에 따른 여한이 공주를 주체로 한 서사구조를 탄생시킨 배경으로 보인다"고 분석했다.

끝으로 이 교수는 "공주이지만 나라를 구하기 위해 몸소 무예를 배웠고, 전쟁에서 용전분투하는 장면은 통쾌함을 선사한다. 그러면서 평화의 아이콘이었던 계산 공주 이야기를 통해 백제에 대한 자긍심을 빠르게 배양할 수 있을 것"이라며 ▲백제에 대한 기존 이미지를 바꿀 수 있는 소재 ▲백제 문화제를 비롯한 관련 소재 발굴과 개발 차원에서도 큰 의미 ▲소재 빈곤에서 벗어나 적극적으로 활용 가능 등 기대감을 나타냈다.

출처 : 굿모닝 충청(http://www.goodmorningcc.com) 2022.9.11.

계산 공주 이야기는 구전인가? :

무라야마 지준村山智順(1891~1968)이 채집한 백제 의자왕의 딸 계산 공주 이야기를 구전 채록으로 간주할 수 있다. 그러나 『삼국유사』에 수록된 계산 공주 이야기 한 조각은, 분명한 문헌 인용이었다. 계산 공주 이야기가 문헌에 이미 수록되었음을 알 수 있다. 경주에서 조선 후기에 간행한 『동경잡기』에도 작원鵲院이라는 역원의 유래와 관련해 소개하였다. 무라야마 지준은 자신이 확인한 이야

계산 공주는 까치로 변신해 멀리 날아가 적정 탐지도 했다고 한다. 풍납동토성 위를 날아가는 아홉 마리의 까치.

2022년 제68회 백제 문화제 개·폐막식 때 계산 공주 쇼케이스 공연 장면.

기를 1932년에 출간한 『조선의 무격』에 수록했다. 조선 총독부 총서의 한 권이었다.

이후 모씨의 저서가 1958년에 출간되자 무대의 한 축을 이루었던 경주 일

원의 주민들도 인지하는 계기가 마련되었다. 그런데 모씨가 17세 된 1934년에 채록했다는 계산 공주 설화는, '청소년 민속학자'의 출현을 자초한 관계로 숱한 의혹을 유발했다.

의혹을 제기한 2018년 논문의 핵심 주제어는 '무단 전재, 내용 개작, 개작 명백, 채집 능력 의심, 모씨의 가공, 채집자로 대체, 그대로 전재, 은폐, 20살 이전에 채록, 과대 포장' 등이었다. 결론은 '모씨 의 전설집은 많은 문제를 내포한 텍스트'였다. 모씨의 '데이터 조작'을 폭로한 논문이다.

제68회 백제 문화제 때 만든 계산 공주 모습.

그가 우리 나이 17세에 채록했다는 작성鵲城 전설은 의혹이 제기된다. 소위 본 채록 전설은 앞서 출간된 무라야마 지쥰 저서에서 벗어나지 않았기 때문이다. 공주 이름을 계산에서 '계선

제69회 백제 문화제 때 다양하게 활용되는 계산 공주.

桂仙'으로 고친 차이 밖에는 없었다. 일본인들의 조사 자료를, 본인 채록으로 가공해 왔던 모씨의 과거 사례를 연상시키는 것이다. 그러나 계산 공주 설화의 구전 채록 가능성은 희박하다. 특히 '자용병기自勇兵器'는 구전만으로는 기재하기 어렵다. 게다가 이 설화는 이미 문헌자료인 『삼국유사』에서 편련이 보였다.

본인도 알지 못했던 설화를, 책을 읽고 현지 주민들에게 알려준 관계로 신종 구전이 되는 경우도 많았다. 『구비문학대계』에 수록된 소위 구전은, 모씨의 책을 읽은 경주 신선사 승려가 현지인들에게 들려준 이야기에 불과했다고 본다. 구전이 존재했다면, 현지인들이 몰랐을 리 없었고, 게다가 1970년대에 간행된 『한국지명총람』에 수록되지 않았을 리 없기 때문이다.

고구려의 두 자매 이야기 :

고구려와 관련한 콘텐츠의 적극적인 발굴과 활용이 요망된다. 이와 관련해 평양 대성 구역 아미산峨眉山 전설의 활용을 제기해 본다. 고구려 장수였던 아버지의 원수를 갚는 아축阿閦과 미륵彌勒, 두 자매에 얽힌 전설이 전해 온다. 아축과 미륵 이름에서 아미산 이름도 기원했다고 한다.

가라의 여전사 :

계산 공주와 같은 여전사는 김해 대성동 57호분에서도 확인되었다. 20~30 대로 추정되는 세 여인의 유골 머리맡에 투구가 각각 부장되었다. 게다가 여성에게는 드문, 발을 움직이는 근육인 가자미근이 발달했다. 이들 여성은 지속해서 훈련받았던 여전사로 밝혀졌다.

은산별신제恩山別神祭 :

중요 무형문화재 제9호로 지정된 은산별신제의 기원에 대해서는 다양한 견해가 제기된 바 있다. 백제가 멸망한 이후 국가를 회복하기 위해 항쟁했던 백제군의 원혼을 풀기 위한 목적에서 비롯되었다는 견해가 대세를 이루고 있다. 그러나 이와는 달리 조선시대의 산신당 제의에서 비롯하였다가 19세기 이후 은산 장시場市의 형성 및 발전과 관련해 생성되었을 것으로 추정하기도 한다. 1935년에 은산별신제에 대한 조사가 이루어진 이래 지금까지 축적된 자료를 토대로 그 생성 시기와 변개 과정을 정리했다

은산별신제는 질역 진압을 위한 목적에서 중국의 한신韓信이나 번쾌樊噲를 비롯한 '옛 명장古名將'들을 총동원했다. 그러다가 지역 정체성에 대한 강한

흡입력이 가세하면서 백제 회복운동 즉 복국운동의 영웅 복신 장군이 질역을 막아주는 역할을 부여받았다. 백제군 고혼孤魂에 대한 은산 주민들의 정서는 지금까지의 진압과 기피에서, 이제는 위로하고 접근하는 형식으로 바뀌었다. 그 결과 복신이 별신당의 주신主神이 되었다. 지금 전하는 별신제는 이러한 과정을 거쳐 생겨났다.

별신당에 모셔진 토진대사土進大師의 정체를 승장僧將 도침道琛으로 비정하는 견해가 통설을 이룬다. 토진과 도침이 음사音似하기 때문이다. 그렇다고 오랜 전승에 따른 와전은 전혀 아니었다. 이 경우는 당초 '복신장군 도침대사 신위'였을 것이다. 그러나 도침 대사는 복신 장군에게 피살된 원수인 관계로 신당에서 함께 제사를 받는다고 하자. 누가 보더라도 부자연스러운 일임은 분명했다. 그렇다고 도침 대사를 위한 별도의 신당이 있는 것도 아니었기에 위패를 퇴출시킬 수도 없었다. 결국 도침과 음이 닮은 '토진'으로 표기하여 별신당에 도침 대사를 존치시킨 것이다(李道學, 「恩山別神祭 主神의 變化 過程」『扶餘學』4, 2014, 11~39쪽).

■ 참고문헌

이도학, 『백제 계산 공주 이야기』 서경문화사, 2020.

이도학, 「원천 콘텐츠로서 백제 계산 공주 설화 탐색」『단군학연구』 42, 2020.

이도학, 「백제 설화의 콘텐츠와 활용 방안」『2021 대백제전 국내학술포럼Ⅱ』 (재)백제문화제재단, 공주대학교 공주학연구원, 2021.3.3.

이도학, 「기조 강연 : 백제 역사문화 콘텐츠와 대중화 방안」『백제의 테크놀로지(학술심포지엄자료집) 백제의 治石과 結構』 국립부여박물관, 2022.4.22.

이도학, 「계산 공주 설화에 대한 총합적 고찰」『백제 계산 공주 콘텐츠 활용 방안 학술세미나』 (재)백제문화제재단, 2022.9.6.

VI

신라

46. 잡종강세의 고대국가

천년왕국 신라는 3개의 왕실로 구성되었다. 박씨 → 석씨 → 김씨 → 박씨 → 김씨로 왕실이 교체된 바 있다. 김씨가 끝이 아니고 박씨 왕실이 다시금 부활한 것이다. 신라 말 신덕왕 → 경명왕 → 경애왕은 박씨였다. 신라의 마지막 임금 김부金傅(경순왕)는 김씨 왕이었다. 총 4회의 왕실 교체가 있었다. 모두 평화적 정권 교체였다. 세계사적으로 유례가 드문 경우에 속한다.

신라 왕실 기원 설화에 따르면 박·석·김씨는 외부에서 유입하였다. 조선의 유민들은 6촌을 이루었다는 데서도 유입 사실이 확인된다. 신라의 요람인 경주의 6촌은 조선 유민들이 조성했다. 혁거세부터 탈해까지는 요직에 있었던 호공瓠公은 왜인이었다. 그는 박을 허리에 묶고 바다를 건너왔기에 호공으로 불리었다고 한다. 그의 출신과 경주 정착 과정은 구체적으로 적혀 있다.

『수서』에는 신라의 기원과 주민 구성에 관한 기록을 남겼다.

경주 반월성 앞 계림 비각에서 21세기에 만난 서역인.

경주 월성로 고분에서 출토된 4세기 대의 왜계 토기.

신라의 기원에 대해서는 관구검의 침공을 받아 옥저로 피신했던 고구려인 중에서 귀환하지 않은 이들이 신라를 건국했다고 한다. 혹은 백제인이 뱃길로 도망 와 신라에서 왕이 되었다는 기록도 있다. 그러한 신라에는 "중국·고구려·백제의 족속들이 섞여 있다. 其人雜有華夏·高麗·百濟之屬"고 했다. 잇대어서 "옥저·불내·한·예의 땅을 아울렀다. 兼有沃沮·不耐·韓·濊之地"고 덧붙였다. 신라는 동예와 옥저 등의 주민까지 포함했다. 백제도 "그 나라 사람들은 신라·고구려·왜 등이 섞여 있으며, 역시 중국인이 있다. 其人雜有新羅·高麗·倭等 亦有中國人(『수서』)"고 하였다. 정복 활동이 가장 왕성했던 고구려는 흉노와 선비·거란족을 포괄했다. 이렇듯 삼국은 모두 다종족 국가였다.

백제 왕도 부여 용정리 절터에서 출토된 고구려계 와당.

경주에서 출토된 고구려 청동 사이호四耳壺. 고구려인이나 고구려 문화의 신라 유입을 뜻하는 증좌였다.

고구려 추모왕의 건국은 기실 왕실 교체였다. 700년 사직 계루부 고씨 왕실 이전에 소노부 왕실이 존재하였다. 백제는 왕실이 해씨에서 부여씨로 바뀌었다. 시조 비류는 해씨였지만 근초고왕부터는 부여씨였다. 4세기 중엽경에 왕실 교체가 단행된 증좌로 해석된다. 신라는 앞서 언급했듯이 3개 왕실의 4차례 교체가 있었다.

왕실 교체는 일종의 수혈에 해당한다. 게다가 다양한 종족을 포용했다. 삼국이 장구한 세월 동안 활력을 유지한 동인이었다.

■ **참고문헌**

이도학, 『분석 고대 한국사』 학연문화사, 2019.

이도학, 『쉽고도 어려운 한국 고대사』 학연문화사, 2022.

이도학, 「4세기 정복국가론에 대한 검토」 『韓國古代史論叢』 6, 1994.

47. 백색 숭상과 저녁 혼례 전통

흰옷 숭상

근대 국가 이래로 국기를 제작하였고, 국화 등과 같은 상징물도 만들었다. 국가를 상징하는 색깔도 있다. 이스라엘과 인도는 파란색, 이집트는 검은색이다. 부여에서는 흰색을 숭상했다. 3세기 후반에 쓰인『삼국지』에 따르면 "(부여인들은) 나라에 있을 적 옷은 흰색을 높이 여겼다. 在國衣尙白"고 했다. 그러면서 흰색 옷을 입은 사례를 적시하였다. 전통 시대 한국인들을 일러 '백의민족'이라고 했다. 흰옷을 즐겨 입었다. 그런데 백의白衣 전통을 부여로 지목하기는 어려울 듯하다. 시·공간적으로 부여와는 너무 격절되었기 때문이다. 오히려 신라와 연관 짓는 게 설득력 있다. 오행설에서 가을은 금金에 속하고 색으로는 흰색에 해당한다는 이유를 제시하지만, "금金(나라)의 풍속은 흰옷을 좋아한다(『만주원류고』)"고 했다. 여진이 세운 금은 신라와의 연관성이 보인다.

『수서』에 따르면 신라에서 "옷 색은 흰 것을 높이 여겼다. 服色尙素"고 했다.『구당서』에서도 신라의 "조복은 흰 것을 높이 여겼다. 而朝服尙白"고 하였다. 혁거세 탄생 설화에 등장하는 말도 백마였다(『삼국유사』 권1, 기이,

신라 시조 혁거세왕). 말다래障泥에도 천마는 백마로 그려졌다. 신라인들이 숭상한 흰색 사례들이다. 고구려·백제와의 차이점이기도 했다.

1411년 시점에서 "내가 상사喪事를 마친 이후부터 오늘 처음으로 조회朝會를 받았는데, 백관의 복색服色이 모두 흰빛에 가까우니, 이것을 보고 놀랐다. 옛사람이 이르기를, '성문星文이 도수度數를 잃는데 흰옷을 입는 것은 오랑캐의 조짐이라'고 하였다. 오늘부터 조회 때는 너희들이 먼저 채의彩衣(울긋불긋한 빛깔이나 또는 여러 가지 무늬가 있는 옷)를 입는 게 좋겠다(『태종실록』 태종 11년 4월 26일)"고 하였다. 이후 조복에 색깔 넣은 옷을 입게 했다. 신라 이래 흰색을 숭상하는 전통이 끈질기게 내려왔던 반증이다. 실제 "역시 일찍이 흰옷을 엄금하였다. 亦嘗嚴禁白衣(『정조실록』 정조 17년 10월 11일)"고 했지만 백의 풍속은 쉽게 사라지지 않았다.

저녁 혼례

혼례는 고구려 이래 조선 후기까지 저녁에 올렸던 것 같다. 고구려에서 혼인할 때는 "먼저 말로 약속을 한 후 여자 집에서는 본채 뒤에 작은 집을 짓고는 사위 집壻屋이라고 했다. 사위가 날이 저물었을 때 여자 집 문밖에 이르러 스스로 이름을 대고 무릎 꿇고 절을 올리면서 여자와 자게 해 달라고 애걸하였다. 이같이 두세 번 하면 여자 부모는 작은 집에서 자도록 허락한다. (작은 집) 곁에다가 전백錢帛을 가지런히 둔다(『삼국지』)"고 하였다.

고구려에서는 사위가 여자 집에 찾아와 합숙하였다. 결혼 시점은 날이 저물었을 때였다. 신라에서도 "신혼 저녁에 여자는 먼저 시부모에게 절을 올린다. 다음에는 남편에게 절한다. 新婚之夕 女先拜舅姑 次卽拜夫(『수서』)"

其俗作婚姻言語已定
女家作小屋於大屋後名壻屋暮至女家戶外自名
跪拜乞得就女宿如是者再三父母乃聽使就小屋
中宿傍頓錢帛至生子已長大乃將婦歸家其俗淫男
女已嫁娶便稍作送終之衣厚葬金銀財幣盡於送死
許議便殺之沒入妻子爲奴婢

『삼국지』 동이전 고구려 조의 혼인 풍속 기사.

고 했다. 신라에서도 고구려와 동일하게 저녁 무렵 결혼하였다. 풍속의 유사성은 『구당서』에서 "(신라의) 풍속·형법·의복은 고구려·백제와 더불어 대략 같다. 其風俗·刑法·衣服 與高麗·百濟略同"고 한 기록과 부합한다.

저녁 혼례는 조선까지 이어졌다. 즉 "예조에서 혼인의 사의事宜를 올리었다. … 신혼新婚 저녁에 모포氈와 이부자리를 깔고 심지어 자색紫色 능단綾段도 까는데, 아들·사위가 부모에게 절하는 예가 아니다. 단지 단석單席만 설치할 것. 新婚之夕 鋪氈及褥 至以紫綾鋪之 非子壻拜父母之禮也 只設單席(『태종실록』 태종 18년 5월 3일)"이라는 규정에도 '신혼 저녁'이 보인다. 그 밖에 "허조가 아뢰기를 '신혼新婚의 거화炬火 수는 3품 이하는 8자루이고, 2품 이상은 10자루이니, 왕세자의 가례嘉禮에는 납촉蠟燭 10자루와 횃불炬 40자루를 쓰기를 청합니다'고 하였다. 稱曰 新婚炬花數 三品以下八柄 二品以上十柄 請王世子嘉禮 用蠟燭十柄炬四十柄(『세종실록』 세종 9년 3월 25일)"고 했듯이 결혼식 때 '횃불'이 등장한다. 저녁부터 시작해 밤중으로 이어지는 결혼식을 상정할 수 있다.

고구려~조선 후기까지도 처가에서 사위를 맞아들이는 시점은 저녁이었다. 1825년 문경 지역 유사儒士 홍낙건의 일기를 보면 "오시午時에 초행醮行이 도착했다(『鑑誡錄』 乙酉 2월 27일)"고 했다. 초행은 혼례를 치르기 위해 신랑이 신붓집으로 가는 과정이다. 11시~1시 사이에 신랑 측 선발대가 신붓집에 도착했음을 말한다. 동일한 1826년 일기에는 "날이 저물자, 눈비가 잠시 개었다. 납폐納幣와 전안奠雁을 하고 초례醮禮를 마쳤다(『鑑誡錄』 丙戌 2월 27일)"고 했다. 저녁때 신랑 집에서 신붓집에 예물을 보내는 납폐가 있었다. 이어진 전안은 신랑이 나무 기러기상을 가지고 신붓집에 가서 상 위에 올려놓고 절하던 예를 가리킨다. 초례는 신랑 신부가 혼례복을 입고 초례상을 마주하여 절을 하고 술잔을 서로 나누는 예식이다.

이러한 기록을 놓고 볼 때 조선 후기의 결혼식은 다음과 같이 재현된다.

점심 무렵 신랑 일행이 신붓집에 도착한다. 이들은 신붓집에서 제공하는 공간에 머물면서 요기했다. 날이 저물 무렵 납폐를 한 후 본격적인 혼례를 뜻하는 전안과 초례를 한다. 결혼식 시점이 고구려·신라와 조선 후기 모두 동일한 저녁 무렵이었다. 백제는 기록이 남아 있지 않지만 같았을 것이다.

『신약성경』의 열 처녀 비유에서 보듯이 중동 지역에서도 저녁에 결혼식을 했다. 혼인할 '혼婚' 자를 구성하는 '昏' 역시 '저녁' 때의 뜻이다.

백제와 신라 그리고 왜의 관모 :

삼국의 문화와 관련해 "(신라의) 풍속과 형정 그리고 의복은 대략 고구려나 백제와 같다. 風俗·刑政·衣服 略與高麗·百濟同(『隋書』 권81, 동이전 신라)"고 했다. 이 가운데 광의의 의복인 두의頭衣 즉 모자도 동일했던 것 같다. 현재까지 확인한 바에 따르면 백제와 신라 그리고 왜의 모자도 동질한 면이 있었다.

① 경주 신선사 마애불의 공양상.
② 경주 재매정에서 출토된 관모를 쓴 토우.
③ 일본에 전해 온 백제 임성 태자의 관모.
④ 일본 TV 사극에서 두 사내의 관모. 2018년 4월 19일 아침, 나라현 소재 호텔. 자막의 내용은 "절도節刀를 받고 내려오셨다고요!"이다. 절도는 일본 왕이 '특명 대사로서 견당사遣唐使나 출정 장군에게 하사한 칼. 또는 그 임명의 표시로 삼았던 칼'을 가리킨다.

■ 참고문헌

이도학,『분석 고대 한국사』학연문화사, 2019.

48. '철의 왕국'은 가야가 아닌 신라

언제부터인가 상식화한 개념이 '철의 왕국 가야'였다. 근거는『삼국지』
위서魏書 동이전 한 조에서 "나라에서 철이 나오는데, 한·예·왜가 모두 이
곳에서 취하였다. 저자에서 살 때는 모두 철을 사용했는데, 중국에서 돈을
사용하는 것과 같았다. 또 2군에 공급했다. 國出鐵 韓·濊·倭 皆從取之 諸
市買皆用鐵 如中國用錢 又以供給二郡 … 兒生 便以石厭其頭 欲其褊 今
辰韓人皆褊頭"는 기사를, 변진 즉 변한과 결부 지은 데서 비롯했다. 게다가
근자에는 이 기사에 잇대어 있는 편두 기사도 영향을 미칠 수 있었다. 김해
예안리에서 편두 인골이 출토되었기 때문이다. 김해는 변한에 속하였다. 그
러므로 이 구절을 변한 기사로 단정할 수 있게 한다.

그러나 분명히 '지금 진한인은 모두 편두이다'고 했다. 편두 두개골의 김
해 지역 출토 사실이, 이 구절을 변한 관련 기사로 단정할 수 있는 근거는
아니다. 이는 "변진과 진한은 섞여 있다 弁辰與辰韓雜居(『삼국지』동이전)"
고 한 데서 기인한 현상이었다. 게다가 편두 기사는 문장의 흐름상 앞 구절
도 진한에 해당할 소지가 커졌다. 실제 경주 금령총 출토 기마인물형토기
두상頭像을 보면 진한의 후신인 신라에서도 편두가 포착된다고 한다. 이 보

다 중요한 사실은 경주 교동 94-3번지 유적의 목곽묘와 대구 화원 성산리 1
호분의 서3호묘에서도 편두인골이 출토되었다. 따라서 그 앞 구절인 '나라
에서 철이 나온다. 國出鐵' 기사의 주체는, 변한이 아니라 진한으로 지목해
야 맞다. 다음 표를 통해서도 확인이 된다.

삼국지	辰韓在馬韓之東 其耆老傳世 自言古之亡人避秦役 … 國出鐵 韓·濊·倭皆從取之 諸市買皆用鐵 如中國用錢 又以供給二郡 … 兒生 便以石厭其頭 欲其褊 今辰韓人皆褊頭 … 其俗 行者相逢 皆住讓路 弁辰與辰韓雜居 亦有城郭 衣服居處與辰韓同 言語法俗相似 祠祭鬼神有異 …
후한서	辰韓 耆老自言秦之亡人 避苦役 適韓國 馬韓割東 界地與之 其名國爲邦 弓爲弧 賊爲寇 行酒爲行觴 … 行者讓路 國出鐵 濊·倭·馬韓 並從市之 凡諸貿易 皆以鐵爲貨 俗意歌舞飲酒鼓瑟 兒生欲令其頭扁 皆押之以石 弁辰與辰韓雜居 城郭衣服皆同 言語風俗有異 …
통전	辰韓 耆老自言秦之亡人 避苦役來適韓國 馬韓割其東界地與之 … 國出鐵 韓·濊·倭皆從取之 諸市買皆用鐵 如中國用錢 又以供給二郡 … 兒生 便以石厭其頭 欲其扁 故辰韓人皆扁頭 … 弁辰與辰韓雜居 亦有城郭 衣服居處與辰韓同 言語法俗相似 祠祭鬼神有異 …
동사강목	辰韓 其俗名國爲邦 弓爲弧 … 國出鐵 韓·濊·倭皆從取之 諸市買皆用鐵 如中國用錢 又以供給二郡 … 弁辰 亦有城郭 衣服居處與辰韓同 …

〈여러 문헌에서의 '나라에서 철이 나온다. 國出鐵' 기사의 관련 구절〉

　　위의 표에서도 보듯이 중국의 후속 문헌들인 『후한서』나 『통전通典』은
물론이고, 『책부원구』 뿐 아니라 『한원』과 『태평어람』(권780, 四夷部 辰韓)
을 비롯해 『태평환우기太平寰宇記』 등에서도 진한과 결부지었다. 특히 『후한
서』의 경우 "辰韓 耆老自言秦之亡人 … 國出鐵 濊·倭·馬韓並從市之 …
弁辰與辰韓雜居 城郭衣服皆同 言語風俗有異 …"라고 서술했듯이 진한과
변한의 문장 시점始點이 명백히 구분된다.

　　진한의 철 수출은 조선 후기 실학자인 성호 이익李瀷이나 순암 안정복의
글에서도 확인되었다. 이 점은 20세기 연구자들의 인식에 앞서 존중했어야
할 사안이었다. 그러나 유감스럽게도 대부분 간과하고 말았다. 따라서 『삼

국지』, 이 구절을 토대로 많은 이들이 묵시적으로 추종했던 '철의 왕국 가야'는 성립되지 않는다. 반면 '황금의 나라' 혹은 철과 관련한 서라벌徐羅伐·서벌徐伐·사로斯盧·금성金城으로 일컬어졌던 진한의 신라를 가리켰다. 다음은 『삼국지』 진한과 변진 기사를 구분한 표이다.

a	辰韓在馬韓之東 其耆老傳世 自言古之亡人避秦役 來適 韓國 馬韓割其東界地與之 …	진한의 기원
b	弁辰亦十二國 又有諸小別邑 各有渠帥 大者名臣智 其次有險側 次有樊濊 次有殺奚 次有邑借 有已柢國·不斯國·弁辰彌離彌凍國 … 弁辰狗邪國·弁辰走漕馬國·弁辰安邪國·弁辰瀆盧國·斯盧國·優由國 大國四五千家 小國六七百家 總四五萬戶 其十二國屬辰王 辰王常用馬韓人作之 世世相繼 辰王不得自立爲王[魏略日 明其爲流移之人 故爲馬韓所制] …	진한과 변진 소국 열거 이 가운데 12국은 마한 진왕에 속함.
c	國出鐵 韓·濊·倭皆從取之 諸市買皆用鐵 如中國用錢 又以供給二郡 俗喜歌舞飮酒 有瑟其形似筑 彈之亦有音曲 兒生 便以石厭 其頭 欲其褊 今辰韓人皆褊頭 …	철 생산, 풍속, 진한 편두
d	弁辰與辰韓雜居 亦有城郭 衣服居處與辰韓同 言語法俗 相似 祠祭鬼神有異 施竈皆在戶西 其瀆盧國 與倭接界 十二國亦有王 其人形皆大 衣服絜淸 長髮 亦作廣幅細布 法俗特嚴峻	변진의 법속

〈진한과 변진 기사의 구분〉

변진 만의 기사는 "변진은 진한과 더불어 섞여 있는데, 역시 성곽이 있고 의복·거처는 진한과 동일하다. 弁辰與辰韓雜居 亦有城郭 衣服居處與辰韓同 … (d)"로 시작하는 문장부터이다. 실제 a의 진한 기원을 필두로 c까지의 문장은, 진한의 기원(a), 변진과 진한 각 12개 소국 명단(b), 12국이 진왕에 속한 내력으로 a에 적힌 진한의 기원과 연결(b), 나라에서의 철 생산 기록과 '지금 진한인들은 모두 편두(c)'라고 했다. 앞의 진한 기사의 연속으로 보아야 한다.

『태평어람太平御覽』 '국출철國出鐵' 기사 :

983년에 완성된 『태평어람』(권813, 진보부珍寶部12, 철鐵)에서는, "魏略曰 弁辰國出鐵 韓·穢皆從市之 諸市買皆用鐵 如中國用錢也"라고 하여, 「위략」의 글을 인용했다. 이에 따른다면 '변진국출철弁辰國出鐵'로 적혀 있으므로 변한에 해당하는 기사이다. 그러자 이 기사를 놓고 환호작약하는 이들이 있었다. 변한에서 철이 생산된다는 결정적 근거로 간주해서였다. 그러나 동일한 책 권780, 사이부四夷部, 진한辰韓 항목에서는 진한에 해당하는 기사로 소개했다. 즉 "後漢書曰 辰韓 … 國出鐵 濊·倭·馬韓並從市之 凡諸貿易 皆以鐵爲貨"라고 했는데, 『후한서』를 인용해 '국출철'의 주체를 진한으로 적었다.

동일한 책에서 서로 다른 서술이 보인다. 그런데 전자에서 「위략」을 인용한 기사는 『삼국지』에 "以大鳥羽送死 其意欲使死者飛揚 [魏略曰 其國作屋 橫累木爲之 有似牢獄也] 國出鐵 韓·濊·倭皆從取之 諸市買皆用鐵 如中國用錢 又以供給二郡"라고 적혀 있다. 양자를 대조해 보면 「위략」 인용문에 '국출철'은 포함되지 않았다. 『태평어람』 편집자가 「위략」 글을 확장 기재한 오류가 분명하다. 이렇게 단정할 수 있는 근거는 다음과 같이 추가할 수 있다.

첫째, 『태평어람』의 "魏志曰 辰王常用馬韓人作之 辰王不得自立爲王 明其爲流移之人 故爲馬韓所制也 其俗 男女有別 以犬馬鳥羽送死 其意欲使死者飛揚 其國作屋 橫累木爲之 有似牢獄"는 구절을 살펴보자. 이 구절에는 배송지裴松之의 「위략」이 2 구절이나 포함되었지만, 인용문을 밝히지 않았다. 다만 '위지왈魏志曰'라고 하여 『위지』 즉 『삼국지』로 출전을 밝혔다. 진수의 『삼국지』 글과 후대에 붙여진 배송지의 주注를 구분하지 않은 것이다. 이러한 사례는 『태평어람』 예濊 조 등에서도 보인다. 이 사실은 『태평어람』의 편집자들이 3세기대의 사서인 어환魚豢의 「위략」을 실견하지 못한 증거가 된다. 따라서 앞서 제기된 「위략」에 대한 인용 오류는, 원전 없이 재인용한 과정에서 빚어진 착오로 보인다.

둘째, 전자에 수록된 '국출철'은, 『삼국지』해당 기사와 대조해 볼 때 「위략」에는 존재하지 않았다. 『태평어람』이 유서類書인 관계로, '弁辰國出鐵'은 복수의 편집자들이 경사자집經史子集 여러 책들을 내용이나 항목별로 분류하고 편찬하는 과정에서 빚어진 착오로 보아야 한다.

셋째, 『태평어람』 편집자들의 사료 분별 능력은, 『삼국지』 동이전 예 조 첫머리의 "예는 남으로는 진한과 더불어 북으로는 고구려·옥저와 접했다. … 항상 시월이면 하늘에 제사를 지낸다. 濊南與辰韓 北與高句麗·沃沮接 … 常用十月節祭天 晝夜飮酒歌舞 名之爲舞天 又祭虎以爲神"는 구절을, "魏志曰 … 又曰 濊南國 常用十月祭氏 晝夜飮酒歌儛 名之爲舞天 又祭虎以爲神(권526, 예의부, 제례 하)"고 옮겼다. 여기서 '濊南與辰韓'의 '濊南'을 정치적 존재로 간주해 '예남국'이 탄생한 것이다. 이는 단순히 전사傳寫 과정에서의 오류가 아니라 편집자들의 기본 소양 부재를 뜻한다.

이 같은 『태평어람』의 오류를 인지했지만, 변한과 결부지은 유일한 기록이 '弁辰國出鐵'이었다. 이 기록을 사장死藏하기에는 너무 아까웠는지 변한과 진한 모두에 해당한다는, '너도 맞고 나도 맞다'는 식의 주장은, 끝까지 '변한 철 = 가야 철'에 대한 집착 외에는 달리 고려하기 어렵다. 게다가 경상도 지역의 철산지를 줄줄이 열거하고 있지만, 중요한 것은 3세기 중엽 이전에 한정되는 것이요, 그 이후 시점의 철산지나 철정鐵鋌 등은 해당되지 않는다. 함정에 현혹되어서는 안될 것 같다.

결국 이러한 주장들은 오랫동안 정설 지위를 누렸던 '변한 철 = 가야 철' 주장이 붕괴 위기에 봉착하자 내세운 일종의 물타기 전술 외에는 납득이 어렵다.

가장 논점이 되는 요소는 다음 c 구절에 보이
는 철 생산 주제였다. 이와 관련한 『삼국지』의 하
한인 3세기 중반 이전 대규모 철장鐵場은 김해 일
원에서 확인된 바 없었다. 반면 울산의 달천 철장
사용 시기는 '기원전 1세기 중엽 이전~기원후 3
세기까지'이므로 『삼국지』의 서술 시점時點과도
부합한다. 게다가 이 곳은 유통에 유리한 양항良
港을 끼고 있고, 중국 군현郡縣이나 왜계 유물도
출토되었다. 이 사실은 철을 마한·예·왜 뿐 아니
라 낙랑군이나 대방군에 수출한 사실과도 정확히
부합한다. 따라서 거의 고정관념화한 '철의 왕국
가야'론은 냉정하게 재검토해야 마땅하다. 오히
려 철을 수입했던 왜는, 탈해脫解의 야장설화冶匠
說話를 지닌 신라를 가리켜 "눈부신 금은金銀이 나
라에 많다(『일본서기』 권8, 仲哀 8년 9월)"고 했다.

천마총 출토 금관. 신라를 '눈
부신 황금의 나라'로 일컬을
수 있는 표지적 상징물이다.

　울산 달천 광산에서는 기원전부터 철광석을 채굴했던 흔적이 확인되었
다. 경주 황성동 유적의 시료를 분석한 결과, 자철광이 원료로 사용되었고,
철에 비소가 다량 함유된 사실이 밝혀졌다. 우리나라 철광산 중 비소의 함
량이 높은 곳이 울산 달천 광산이었다. 결국 황성동 제철 단지에서 사용한
철광석 산지가 울산으로 밝혀졌다. 아울러 울산 창평동 목곽묘에서 출토된
한경漢鏡 2매와 3세기대 울주군 다대리 하대 목곽묘에서 출토된 동정銅鼎도
대외교류의 편린을 보여준다. 모두 달천 철장을 기반으로 했을 가능성이 높
다. 실제 철을 매개로 한 한반도와 일본열도 출토 철정鐵鋌의 분포를 비교하
면 김해보다는 울산 쪽이 많다. 김해는 수요·판매처에 불과했지만, 울산은
생산과 판매처를 겸한 곳이었다.

경주에서 출토된 신라 판갑옷.　　　　울산 달천 철광 출토품인 왜계 야요이 토기.

후대 상황인 4세기 후반~5세기에 걸친 철정의 분포 또한 일본열도에서
는 오사카大阪 일대가, 한반도에서는 울산 쪽이 김해보다 압도적으로 많다.
이로써도 왜인들이 구매했던 '국출철國出鐵'의 '국'은, 변진이 아니고 진한
으로 드러났다. 더구나 『삼국지』의 '국출철' 기사는 3세기대를 하한으로 하
고 있다. 이 시기를 하한으로 한다면 철
정은 울산쪽이 압도적으로 우위였다. 김
해에서는 3세기대나 그 이전 시기 제철
유적은 확인되지 않았다. 다만 김해 지
역은 유통처 역은 가능했다.

이와 관련해 일본 학계의 정설과 통설
을 수록한 교과서의 다음 서술을 주목한
다. 일본의 교과서들은 이와 대동소이한
서술들이 주종을 이룬다.

울산 하대 출토 중국제 솥.

왜倭는 4세기에는 조선반도 남부의 변한에 있었던 가야 제국加耶諸國(加羅)
과 밀접한 관계를 가지고, 철자원을 확보했다. 그것은 생산기술을 수입하는
반도半島의 거점據點이며, 왜인도 집단적으로 이주한 것으로 생각된다(大津透
外, 『改訂版 新日本史 B』山川出版社, 2018, 26쪽).

그러나 위의 서술과는 달리 '나라에서 철이 나오는데'의 주체는 진한 즉

신라였다. 일본 학계는 그간 신기루에 불과한 허상을 붙잡고 있었던 것이다. 그러므로 이들이 지금까지 구축한 고대 한일 관계사의 일각은 새로 짜야한다. 반면 건국 초부터 왜가 신라를 끈질기게 침공해 왔던 요인을, 손진태는 "후세 신라와 일본 사이에 일어난 부단한 투쟁의 중대한 원인의 하나도 이 철의 쟁탈에 있었을 것이다"고 단언했다. 놀랄만한 형안이 아닐 수 없다. 이러한 선상에서 「광개토왕릉비문」에 보이는 왜군의 신라 침공 배경도 해석이 가능해졌다. 아울러 '변진'이 주어인 d부터가 변한 기사임을 확인할 수 있다.

■ 참고문헌

이도학, 『가야는 철의 왕국인가 -- 가야·신라·백제의 鐵』학연문화사, 2019.

이도학, 「弁韓 '國出鐵' 論의 檢證」『단군학연구』39, 2018.

49. 신라와 바다 그리고 대항해

　신라는 한반도 동남 모서리에서 일어났다. 신라 땅은 태생적으로 대외교류에는 적합하지 않은 지형과 입지 조건이었다. 우선 북으로는 고구려, 서로는 백제가 버티고 있었기 때문이다. 중국과 교류하려면 고구려 땅을 밟던지, 아니면 백제와 손잡아야만 바다를 통해 도달할 수 있었다. 신라는 4세기 후반에는 고구려 사신을 따라 북중국의 전진에 사신을 파견하였다. 진한이 아닌 '신라' 명의의 대중국 교섭이었다. 6세기 전반만 하더라도 신라는 백제 사신을 따라 남중국의 양梁에 사신을 보냈다.

　신라뿐 아니라 고구려·백제가 중국과의 교류에 심혈을 기울인 데는 선진 문물 수입 창구라는 점도 있었다. 그러나 이러한 요인은 후차적인 데 불과했다. 삼국의 왕들은 자신의 정치적 지위를 국내를 넘어 국제적으로 공인받을 필요가 있었다. 자발적으로 중국 왕조의 책봉 체제에 들어가게 된 요인이었다. 중국 왕조로부터의 책봉은 자신의 정치적 입지를 강화해 주는 기제였다. 자신과 예하 귀족들과의 차별화는 물론이고, 주변국 왕들에 대한 우위를 점할 수 있는 요체이기도 했다.

　우리 속담에 '궁하면 통한다'라는 말이 있다. 궁벽한 상황에서 일어나 신

라는 난관을 타개하고자 했
다. 고구려와 백제에 막혀
있는 상황에서 길은 하나였
다. 신라는 선박을 이용해
강과 바다를 적극적으로 활
용할 수밖에 없었다. 미국의

경주 감포 나정항. '해양 레저도시 경주' 글귀가 보인다.

군사 전략가 알프레드 세이어 마한Alfred Thayer Mahan(1840~1914)의 『해
양 전략론Naval Strategy』에 따르면, 긴 해안선과 수심이 깊은 항만은 국가
부강의 요인이었다고 한다. 위기는 기회였다. 신라는 긴 동해안과 더불어
서해안보다 수심이 깊은 항만을 보유했다.

　6세기 중엽 경에 신라는 황초령과 마운령으로 상징되는 함경북도 해안
지역까지 석권하였다. 그 무렵 신라는 가라를 멸망시켜 임나 제국任那諸國
이 소재한 현재의 경상남도 남해안 지역을 장악했다. 동해안에서 남해안에
이르는 긴 해안선은 신라의 해양력을 극대화해 주었다. 6세기 중엽 신라의
해안선은 대국 고구려나 백제보다 길었다. 신라 해안은 마한이 언급한 해상
무역·해운업의 성행과 해군 보유가 가능한 입지였다. 즉 육상 영토의 총면
적이 아니라 해안선의 길이와 항만의 특질이 해군력의 주요 요인이라는 마
한의 견해와 부합한다.

　신라는 467년(자비왕 10)에 관원들을 시켜 일반 선박이 아니라 전함을 수
리하였다. 싸울 수 있는 군함을 정비한 것이다. 특히 신라를 빈번하게 침공

해 온 왜군 수송선을 겨냥했거나, 408년에 쓰시마對馬島 정벌을 기획한 바 있듯이, 왜倭 영역으로의 본격적인 진출을 위한 기획일 수 있다. 신라의 제해권制海權 장악 의지를 분명히 읽게 한다.

신라는 505년(지증왕 6)에 "또 선박의 이로움을 분부했다. 又制舟楫之利(『삼국사기』 권4, 지증 마립간 6년 11월)는 의미심장한 기록을 남겼다. 선박 이용을 법제화해 국가 운송 체계의 획기적인 변화를 일으킨 것이다. 특히 국가 운영을 위한 재원 확보 수단인 수취收取와 관련한 양대 통로通路인, 내륙 수로와 해로를 병행한 조치로 보였다. 실제 함안 성산산성 출토 6세기 중엽 목간은, 강배舡를 이용해 낙동강을 통한 수취 사실을 확인시켜 주었다. 이로 볼 때 505년의 조치는 우리나라 수취의 통로인 조운漕運의 시발이라고 할 수 있다. 신라는 연해와 내륙 수로를 이용한 빠르고 안전한 수취 체제를 구축한 것이다.

선박을 이용한 신라의 대외 교류도 활성화될 수밖에 없었다. 당장 가시적 성과가 보였다. 512년(지증마립간 13) 신라는 우산국을 복속시켰다. 망망대해의 고립된 섬 우산국의 정복은 의지만으로 가능하지 않았다. 조선술과 항해술이 담보되었을 때 접근할 수 있었다. 신라는 울릉도를 거점으로 동해를 제패하였다.

583년(진평왕 5) 신라는 선박을 관장하는 선부서船府署를 두었다. 신라 관등 가운데 파진찬波珍湌은 '파돌찬' 곧 '바다 칸'으로서 바다를 관장한 직책에서 유래했다. 신라 17 관등 가운데 제4 관등인 파진찬은 일명 '해간海干'이라고도 하였다. 본래 바다와 관련 깊은 관직 이름에서 기인한 해군 사령관으로 지목하기도 한다.

그리고 경주 월성에서 출토된 토기 편에 '도부嶋夫' 명문이 확인되었다. 도서를 관장하는 직무 담당자를 가리키는 호칭일 수 있다. 해양 개척에 대한 국가적 노력에 힘입어 신라는 676년(문무왕 16) 기벌포 해전에서 당 수군을 무려 22회에 달하는 치열한 전투 끝에 격파함으로써 서해 제해권을 장악하였다. 부인할 수 없는 통일의 동인이었다. 우리나라 군사학의 비조인 이종학(1929~2022)의 지론이다.

678년(문무왕 18) 신라는 선부령船府令을 두어 선부서船府署를 병부兵部에서 독립시켰다. 신라는 한국의 해양수산부보다 무려 1,300여 년 전, 바다를 관장하는 장관급 전담 부서를 설치한 것이다.

이러한 6~7세기는 신라는 물론이고 한국 역사상 '대항해의 시대'였다.

신라는 우수한 조선술과 항해술을 배경으로 해외에 진출했던 것 같다. 신라 고분에서 출토된 물소·구세계원숭이·개미핥기와 타조를 비롯한 남방과 열대 지역 동물 형상을 묘사한 토우의 존재가 웅변한다. 이 무렵에 단행된 대항해의 산물이 아니고서는 생각하기 어렵다.

최근 신라 토우 가운데는 서역인 토우의 존재가 확인되었다. 즉 5~6세기에 만들어진 머리에 터번을 두르고 지중해 동부 사람들이 주로 입던 '카프탄kaftan'으로 보이는 옷을 입고 있었다. 그리고 몸에는 발목 위까지 내려오는 장옷을

몽골 복드칸 왕궁박물관에 전시된, 외국에서 선물 받은 개미핥기 박제. 개미핥기 서식지는 멕시코 북부~아르헨티나와 우루과이에 이르는 열대 초원이나 삼림 지역이다. 신라 토우에는 타조를 비롯해 개미핥기가 있다.
『신라 토우-신라인의 삶, 그 영원한 현재-』(국립 경주박물관. 1997)에 따르면, 입이 뾰족하고 긴 개미핥기 토우는 11점이다. 이를 "… 각각의 특징들을 정확히 파악하여 무슨 동물인지 확연히 알아볼 수 있는 이들 동물(개미핥기와 소)은 우리나라에는 볼 수 없는 것으로 동남아세아에 서식하는 동물들이다. 어떻게 하여 이들 동물이 신라에서 토우로 만들어진 것일까. 우리는 이들 동물로 신라가 동남아와 어떤 교류를 하였을 실마리를 찾아볼 수 있으나 어떤 결론을 끌어낼 수 없다. 다만 분명한 것은 이들 동남아에만 서식하는 동물이 신라에 유입되지 않고는 이러한 토우들이 만들어질 수 없다는 사실이다. 실제로 보지 않고는 만들 수 없기 때문이다(125쪽)"고 했다. 덧붙인다면 지금은 아프리카가 서식지로 알려졌지만, 서아시아에서도 서식했던 타조의 토우도 있다. 신라인들의 광활한 교역 반경을 읽게 한다.

입었다. 월성 유적 발굴조사단은 이들 토우는
중앙아시아 소그디아나를 근거지로 한 현재
이란계 주민인 '소그드인' 복식과 유사하다고
했다. 그리고 약용·식용 혹은 등잔용 기름 등
으로 이용됐던 아주까리(피마자) 씨앗은 아프
리카나 인도에서 건너와 실크로드를 거쳐 신
라로 유입됐다고 한다. 그러나 이보다는 로만
글라스와 더불어 바다, 즉 해상 실크로드를 통
해 유입되었을 가능성이 높다. 로만 글라스는
동부 지중해 연안에서 제작된 로마 유리와 사
산조 페르시아 유리로 추정되고 있다. 따라서

소그디인 복식 토용.

"이처럼 5~6세기 신라에서는 다양한 국제 교
류의 흔적이 발견되고 있습니다"는 평가가 부여되었다. 말할 나위 없이 '대
항해'의 산물이었다.

신라 왕릉급 고분에 부장된 로만 글라스는 대항해의 결실이었다. 598년
(진평왕 20) 신라가 왜에게 선물로 보낸 공작 1마리는 동남아시아 지역과의
교류를 말해주는 징표였다. 647년에 김춘추는 공작이나 앵무와 같은 진귀
한 남방 조류鳥類를 싣고 왜정倭庭을 밟았다. 이러한 남방 조류 선물은 신라
의 광활한 교역 범위를 알리고 또 국력을 과시하는 데 있었다.

앵무는 중국을 통해 백제나 신라에 전해진 것으로 추측하기도 한다. 그
러나 세계 최대의 영역을 자랑하는 원 제국元帝國의 관리가 14세기 전반에
작성한 견문에서도 "새 가운데 공작과 비취새와 앵무새는 중국에 없는 것
이다"고 단언했다. 그러니 6~7세기 상황에서 백제가 중국을 통해서 앵무
를 얻었을 가능성은 없다. 정원貞元 연간(785~805)에 신라가 당에 공작을
바치자, 덕종德宗은 화조화의 대가 변란邊鸞에게 현무문에서 그리게 했다.

국립 경주박물관 특별전에서 전시된 바다 건너온 외래품들.

경주 계림로 출토 황금
보검.

경주에서 출토된 로만 글라스.

황남대총 부장 외래품들.

중국인들이 궁중에서라도 공작을 접하는 일이 있었다면 신라는 조공하
지 않았을 것이다. 세계국가의 수장인 당제唐帝도 명화가를 동원해 공작을
그리게 하는 일은 없었을 법하다. 따라서 신라의 조공품인 공작은 중국에서
수입한 게 아니었다. 독자 교역의 산물이 명백해졌다.

따라서 아프라시아 궁전 벽화에 보이는 고구려 사신도를 상상의 산물로
치부했던 주장은 공감을 잃었다. 고대 한국인들의 교류 반경을 과소평가했

기 때문이다. 그리고 로만 글라스와 더불어, 보석과 유리로 화려하게 장식된 계림로 황금 보검의 유입로에 대한 가늠이 가능해졌다.

신라의 일본열도 진출 기록 :

• 신숙주(1417~1475)의 『해동제국기』 : "(민달 천황) 6년 신축에 경당鏡當으로 연호를 고치고 3년 만인 계묘에 신라군이 서쪽 변방으로 쳐들어왔다."

• 1636년에 통신부사로 일본을 다녀온 바 있는 김세렴(1593~1646)의 『해사록海槎錄』 : "일본은 극동에 멀리 떨어져 있고 사면이 큰 바다로 둘려 있어 외국의 군사가 들어갈 수가 없다. 단지 그 『연대기年代記』를 보면 왜황 응신 22년에 신라 군사가 아카시노 우라에 들어왔다고 되어있는데 아카시노 우라는 오사카에서 겨우 1백 리 떨어졌다. 아카마카세키赤間關(시모노세키)의 동쪽에 한 구릉이 있다. 왜인이 이것을 가리켜 '이것이 백마분인데, 신라 군사가 일본에 깊이 쳐들어오니 일본이 화친하고 군사를 풀어주기를 청하여 백마를 죽여서 맹세한 뒤에 말을 이곳에 묻었다고 한다'고 하였다. 상고하건대 응신 12년 신해가 바로 유례왕 8년에 해당하는데, 이 해와는 조금 차이가 있지만 대략 같은 때의 사건이다. 그러나 동사東史에 보이지 않는 것은 글이 빠진 것이다."

• 신경준(1712~1781)의 『여암집旅菴藁』 : "일본 응신 천황 22년에 신라 군사가 아카시노 우라明石浦에 들어가니 오사카大阪와의 거리가 백 리였으므로 일본이 화친하고 군사를 풀어달라고 애걸하여 백마를 잡아서 맹세하였다. 호원胡元이 크게 군대를 일으켰으나 겨우 이키시마一岐島에 이르러 마침내 크게 패

했다. 그러니 역대로 깊이 쳐
들어가 왜에게 이긴 나라는
오직 신라뿐이었다."

아카마카세키赤間關(지금의 시모노세키)

• 일본 에도시대江戸時代 국
학자인 마쓰시타 미바야시
松下見林(1637~1703)의 『이
칭일본전異稱日本傳』: "내가
사국史局에 있으면서 보았던 내려오는 금서禁書에는 『일본연대
기』 1권 및 조연奝然의 「표계表啓」 1권이 있었기에, 그 국사國
史의 전하는 바를 매우 상세하게 편찬할 수 있었다." · "그 『연대
기』에 기록한 바에 이르기를 其年代紀所記云"

『이칭일본전』
의 관련 구절.

• 옹희雍熙(984~987) 연간에 조연이 입조入朝하면서 '연대기'를
가지고 왔다는 기록(『성호사설』)을 통해서도 '일본연대기'의 실
존이 재차 확인된다.

이와 관련해 신라의 항해 능력을 엿보여 주는 일화가 전한다. 당의 능주
자사陵州刺史 주우周遇는 지금의 산둥성 일대인 청주青州에서 푸젠성 지역
인 민閩으로 돌아오는 길에 풍랑을 만나 표류했다. 구국狗國에서 만난 신라
인들이 이곳 이름을 알려주었다고 한다. 그 후 모인국毛人國 → 야차국野叉
國 → 대인국大人國 등을 지나 유규국流虯國에 이르렀다. 지금의 오키나와로
추정되는 유규국 사람들은 앞다투어 음식을 가져와서는 정철釘鐵과 바꾸기
를 원했다. 이때 동승했던 신라객新羅客들은 그곳 사람들의 말을 반쯤은 통

역했다고 한다(『太平廣記』 권
483, 蠻夷4, 狗國). 당의 지방
관이 체험했던 표류기를 통
해 신라인들의 동남아시아 지
역과의 교류 사실이 포착되었
다. 이렇듯 신라인들의 활동
공간은 광활했다.

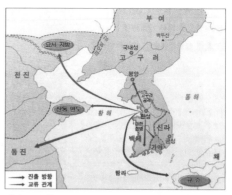

황해로 표기되었고, 남해가 누락 된 교과서의 바다 표기.

조선사편수회에서 발행한 책자에 보이는 바
다 표기.

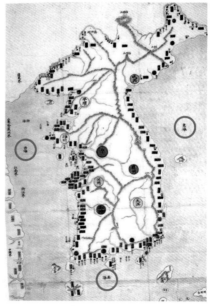

조선 후기 지도에 표기된 서해와 남해.
대한민국의 해양주권이 미치는 바다 삼면은 동해,
서해, 남해 표기가 마땅하다. 일제 때 이래의 '황해'
표기와 '남해' 표기 누락은 지양해야 한다.

■ 참고문헌

이도학,『쉽고도 어려운 한국 고대사』학연문화사, 2022.

이도학,「高句麗의 東海 및 東海岸 路 支配를 둘러싼 諸問題」『高句麗渤海硏究』44,
    2012.

이도학,「『고등학교 한국사』敎科書와 바다 이름 標記의 問題」『慶州史學』39·40,
    2015.

이도학,「백제와 인도와의 교류에 대한 접근」『동아시아불교문화연구』29, 2017.

이도학,「加羅와 印度와의 교류를 통해 본 茶의 유입 가능성」『제3회 김해 장군차 학술
    대회』김해시·부산대학교 산학협력단, 2019.12.20.

이도학,「風石 李鍾學의 新羅 海洋史 硏究 業績」『故 이종학 교수 추모 군사학 학술대
    회』공군사관학교, 2023.12.12.

50. 신라는 어떻게 황초령과 마운령까지 진출할 수 있었는가?

신라는 551년 죽령 이북 고현高峴 이남의 10개 군을 점령했다. 고현은 함경남도 안변군 신고산면과 강원도 회양군 사이의 고개인 철령鐵嶺으로 추정하고 있다. 그리고 556년 신라는 함경남도 안변에 비열홀주를 설치했다. 『삼국사기』에는 보이지 않지만, 신라는 568년 황초령과 마운령에 진흥왕순수비를 각각 세웠다. 그러면 신라는 어떻게 이곳까지 진출할 수 있었을까?

이와 관련해 할양설이 제기되었다. 고구려가 예인濊人이 거주하는 공간을 신라에 할양했다는 것이다. 그러나 이러한 견해가 통용되기 위해서는, 고구려가 주머니 속의 물건처럼 예濊를 다루어야 한다. 548년 고구려는 예병濊兵 6천 명으로 백제 독산성을 공격했다(양원왕 4년). 이와 동일한 기사를 "고구려 왕 평성이 예와 더불어 모의하여 한북 독산성을 공격했다. 高句麗王平成 與濊謀 攻漢北獨山城(성왕 26년)"고 하였다. 이 기사를 통해 비록 예는 고구려에 부용되었지만, 독립 세력임을 알 수 있다.

그러므로 고구려가 예를 할양했을 가능성은 희박해 보인다. 오히려 신라가 자국과 고구려 사이에 존재한 예를 잡아당겼을 수 있다. 비록 후대 일이지만 「문무왕릉비문」에서 "멀리 옥저와 예까지 찾아와 군역軍役을 청하였기에, 茫茫沮穢 聿來充役"라고 했다. 신라와 예의 관계를 말해준다. 정치적으로 고구려 '바깥'에 위치한 예의 존재를 뜻한다.

『삼국사기』에 따르면 앞에서 소개한 '예'는 '말갈'로 등장한다. 이 말갈은 고구려와 공동으로 신라 침공에 나선다. 이 상황은 예가 신라 통치권에서 벗어났기에 가능한 현상이었다. 658년 신라는 말갈과 접한 관계로 강릉에 설치한 북소경을 폐지했다. 예가 어느 시점에 마운령과 황초령 일대를 회복하고 강릉까지 남하했는지는 명확하지 않다.

이와 관련해 556년 10월, 신라는 함경남도 안변에 설치한 비열홀주를 폐지하고 568년 강원도 고성에 달홀주를 설치한다. 568년 8월은 진흥왕이 황초령과 마운령에 순수비를 건립한 해이다. 진흥왕은 자신이 넓힌 영토를 확인하였다. 바로 그 직후 주치州治의 남하는, 해로를 이용한 황초령과 마운령 일원의 안정적 지배에 목적을 둔 것으로 보인다. 진흥왕의 황초령과 마운령 순수 직후 이곳을 뺏긴 것은 아니었다. 그럼에도 주치의 남하를 영토의 퇴축으로 오인하는 경우가 많았다.

박제상이 해로를 이용해 왕제 복호를 탈출시킨 곳이 달홀주 고성이었다. 고성이라는 부동항을 통해 지금의 함경남도 지역에 대한 안정적 지배를 이루고자 했던 것 같다. 실제 "송도松島 : 고을 남쪽 23리에 있는데 모랫길이 육지에 이어졌다. 고려 고종 45년에 동진국이 수군으로 와서 이 섬을 포위하고, 전함을 불태웠다. 松島 : 在郡南二十三里 沙路連陸 高麗高宗四十五年 東眞國以舟師來 圍此島 焚燒戰艦(『신증동국여지승람』 권45, 강원도 高城郡, 산천)"고 했다. 함경도나 두만강 하구에 거주하던 동진국 잔여 세력의 강원도 고성 지역 침략을 가리킨다. 이를 통해 역으로 신라가 고성 지역에 달홀주를 설치한 배경을 헤아릴 수 있다.

북한산 진흥왕순수비의 건립 연대 :

　북한산 진흥왕순수비의 건립 연대를 555년으로 지목하는 견해가 있다. 그러나 이 견해는 긴말이 필요 없이 비석의 발전 과정을 보여줌으로써 오류가 드러난다. 관련해 진흥왕 대에 해당하는 비석만 시기별로

서울을 굽어보고 있는 북한산 진흥왕순수비(모형).

거론해 보면 ① 단양신라적성비(550년 전후) ② 창녕 진흥왕순수비(561년) ③ 마운령·④ 황초령 진흥왕순수비(568년) 순이다. 이 중 ①과 ②는 자연석을 대략 다듬은 형태인데, 다만 ②는 외곽선을 그어놓아 보다 발전한 모습을 보여준다. 게다가 ③과 ④는 지붕돌과 비좌까지 갖춘 비석의 완성된 형태이다. 북한산 진흥왕순수비 형태는 ③·④와 동일하다.

　제기題記에서도 창녕비는 '辛巳年二月一日立'라고 한 데 반해, 북한산순수비는 '眞興太王及衆臣等巡狩△△之時記'라고 했다. 북한산순수비의 제기는, 마운령순수비 제기의 '△興太王巡狩△△刊石銘記也'라는 구절과 연결된다. 비문의 체재

1　　　　　　　2

1. 마운령비.
2. 북한산 진흥왕순수비 실물. 가장 먼저 눈에 띄어 무한 탁본 대상이 된 황초령비와는 달리, 북한산비와 마운령비는 빗돌이 비교적 건재한다.

를 놓고 보더라도 북한산비는 555년보다는 568년 건립이 근사하다. 이렇듯 형태와 체재 모두 북한산비는 창녕비가 세워진 561년 이후에 건립된 게 맞다. 따라서 북한산 진흥왕순수비의 건립 연대는 568년이 무리가 없다. 참고로 다음의 논지를 소개한다.

단양신라적성비.

"568년 10월에 진흥왕이 비열홀주(안변)를 폐지하고 달홀주(고성)를 설치했고, 북한산주를 폐하고 남천주(이천)를 설치했다. 568년 8월 21일 마운령에 순수비를 세운 진흥왕은 10월 2일에 수레를 돌렸다. 이와 맞물려서 그해 10월

창녕 진흥왕순수비. 왕이 실제 행차한 후 세운 비석이므로 '순수비'로 일컫는 게 맞다.

에 동북변과 서북변의 주치州治를 모두 남쪽으로 이동하여 설치했다. 이는 순수비를 세운 후 진흥왕 어가御駕의 남하南下 궤적과 무관하지 않은 것 같다. 동북변을 관경管境한 진흥왕은 어가를 서북변 북한산으로 돌렸다. 원산과 서울을 잇는 교통로인 추가령 구조곡을 따라 진흥왕은 이르렀던 것 같다. 이때 진흥왕은 그해 10월에 새로 임명한 남천주의 군주를 대동하고 북한산 비봉에 올랐다고 본다. 진흥왕으로서는 2회에 이르는 북한산 등정이었다. 이렇게 하여 마운령과 황초령에 세워졌던 순수비가 북한산에도 건립된 것이다. 북한산 순수비는 8월에 건립된 앞의 2개 비석보다는 조금 늦은 10월 이후에 세워졌다. 여기서 분명한 사실은 북한산순수비도 568년에 건립된 것은 자명하다(이도학, 『분석 고대한국사』학연문화사, 2019, 574~575쪽)."

신라는 신 복속지, 함경남도 지역에 상당히 많은 고분군을 남겼다. 흥원군 부상리에만 200기가 넘는 대형 신라 고분의 존재가 확인되었다. 함경남도만 하더라도 정평군 다호리·오로군 오로읍·흥원군 삼성리·북청군 지만리·이원군 곡창리 등지를 비롯해 광범한 지역에 소재했다. 신라에서는 538년부터 가족을 임지에 지방관과 함께 보내는 규정이 발효되었다. 이에 따라 사후 임지에 묻히는 일이 많았다. 게다가 황초령과 마운령 진흥왕순수비는 국경비가 아니었다. 왕의 행차 기념물인 순수비였기 때문에 실제 당시 신라의 영토는 이보다 더 북상했을 것으로 보아야 한다. 따라서 신라가 황초령과 마운령 일대를 점령과 동시에 금방 상실했을 것이라는 주장은 근거가 없다. 신라에 대한 약소국 편견에서 비롯한 발상이었다.

아차산성은 북한산성인가? :

아차산성에서 출토된 '북한산성北漢山城' 명문 기와를 근거로 북한산성으로 지목하고 있다. 그러나 이에 대해서는 다음과 같은 의문이 제기된다.

첫째, 본 기와의 명문 자체 상에서 미심한 점이 많았다. 게다가 '북한北漢'이 들어간 명문 기와는 하남시 선동과 경기도 화성시 당성의 '한산漢山' 명문 기와에서 보듯이, 그 자체 변별력이 명료하지 않다.

둘째, 아차산성 4차 발굴조사(2018.7.12)를 통해 장대지에서 출토되었다는 기와의 '北漢山城' 명문은 확인 자체가 불가하다.

셋째, 『삼국사기』에 따르면 신라가 점령한 현재의 북한산성 안에는 안양사 安養寺라는 사찰이 소재했다(『삼국사기』 권5, 태종 무열왕 8년). 반면 현재의 아차산성에 사찰이 소재했다는 기록이나 물증은 없다.

넷째, 아차산을 북한산으로 일컬은 기록이 없다. 최소한 고려 말까지는 아차산이었다. 조은흘(1332~1404)의 자찬 묘지명에 "옛 양주楊州의 아차산峨嵯山 남쪽 마하야摩訶耶에 장사 지냈다"고 하였다. 그리고 북한산을 아차산으로 바꿔 부른 기록도 없다.

다섯째, "신라 진흥왕 13년 계유에 (신라가) 백제의 동북쪽 변방을 취하고, 15년 을해에 왕이 북한산성에 이르러 국경을 정하였으며(『세종실록』권148, 지리지, 경기도 양주도호부)"라고 했다. 실제 "겨울 시월에 왕이 북한산에 순행하여 영토를 개척하여 정했다(『삼국사기』권4, 진흥왕 16년. "冬十月 王巡幸北漢山 拓定封疆")"고 하였다. 진흥왕이 순수하여 영토 획정비를 세운 비봉은 북한산이었다. 따라서 "북한산에 순행하여" 비를 세운 사실은 자연스럽다. 북한산이 지금의 북한산과 다르지 않다는 사실을 반증한다. 아차산성이 당시 북한산성이라면 진흥왕순수비는 왜 아차산록에 건립되지 않았을까? 아차산성에서 무려 20km 떨어진 북한산에 세워진 이유를 이해할 수 없다.

그 밖에 3가지 정도의 의문점과 곡해를 더 제기할 수 있지만, 이 정도에서 멈춘다. 자세한 내용은 이도학, 「삼국의 國都·別都·州治였던 북한산성」『행주얼』59, 고양문화원, 2018, 18~29쪽을 참조하기 바란다.

화랑도의 기원 :

화랑도의 기원을 미시나 아키히데三品彰英(1902~1971)는 삼한의 읍락 내 청소년 조직에서 찾았다. 그러나 이 설의 근거인 『삼국지』동이전 한 조에 전하는 청소년들의 시련 행위는 축성築城 의례였다. 화랑도는 여성 수령이 맡았던 제의祭儀 집단에서 기원했다.

새롭게 확인된 화랑과 관련해 제천 점말동굴 각자刻字에 보이는 '오랑도烏郎徒'의 오랑은 화랑 이름의 끝 글자로 보인다. 오랑의 실존을 뒷받침해 주는 근거는 월성 해자 목간의 "대오지랑족하大烏知郎足下"에 보이는 '대오지랑大

烏知郞'이다. 여기서 '지知'는 단양적성 비 등에서 보이는 '지智'와 마찬가지로 이름의 뒤에 붙는 존칭 어미였다.

점말동굴 '오랑도烏郞徒' 명문.

그러므로 고유명사는 '대오大烏' 2 자에 국한된다. 그런데 끝 글자 표기로 인해 '오랑'으로 표기되었을 가능성이 지극히 높다. 더욱이 월성 해자 목간은 왕궁 관련 기록물로서 대체로 6~7세기 대에 해당한다. 이 같은 월성 해자 목간의 제작 시점은 점말동굴의 각자 시점과 연결된다.

■ 참고문헌

이도학, 『분석 고대 한국사』 학연문화사, 2019.

이도학, 「新羅 花郞徒의 起源과 展開過程」 『정신문화연구』 38, 한국정신문화연구원, 1990.

이도학, 「堤川 점말동굴 花郞 刻字에 대한 考察」 『충북문화재연구』 2호, 충청북도문화 재연구원, 2009.

이도학, 「단양적성비와 진흥왕 대 諸碑의 비교」 『단양 신라적성비 학술회의』 국사편찬 위원회 전국협의회 충북지회, 2015.9.4.; 「新羅의 丹陽 經營과 丹陽赤城碑」 『세 계사 속에서의 韓國』 주류성, 2016.

이도학, 「三國時代의 儒學 政治理念에 의한 統治 分析」 『한국사연구』 181, 2018.

51. 천기를 알았다는 선덕여왕 이야기의 진실

선덕여왕이 천기를 알았던 3가지 사건, 그 허와 실

우리나라 역사상 3명의 여왕이 존재하였다. 모두 신라에서였다. 이 가운데 여왕 통치의 단서를 연 이가 선덕여왕善德女王이었다. 그녀는 성품이 너그러우면서 어질고 명민明敏했다고 한다. 진평왕이 사망하고 아들이 없었기에 그녀가 즉위하였다. 여왕이 즉위하게 된 배경을 『삼국유사』에는 '성골남진聖骨男盡' 즉 성골 신분의 남자가 없었기 때문이라고 했다. 선덕여왕은 신분에 맞는 배우자가 없었기에 결혼하지 않았던 양 적혀 있다. 『용비어천가』에는 일본의 사례로서 "천황의 딸은 모두 결혼하지 않고 중이 되는데 이것은 자기보다 더 귀한 사람이 없으므로 결혼을 할 수 없기 때문이다(9장)"고 했다. 그러나 『삼국유사』에서는 여왕에게 음갈문왕飮葛文王이라는 배필이 보인다.

선덕여왕은 신라 말기의 진성여왕과는 달리 추문도 전혀 남기지 않았다. 자기 관리에 엄격했던 것처럼 비친다. 그렇다고 그녀는 운문적인 여성은 아니었던 것 같다. 선덕여왕은 수려한 용모였을 것으로 짐작된다. 게다가 매우 총명했기에 나랏 사람들이 마음으로 따랐던 것처럼 비친다. 그러한 여

왕의 총명함을 나타내주는 일화가 『삼국사기』와 『삼국유사』를 통해 전하여
왔다. 『삼국유사』에 수록된 '선덕왕지기삼사善德王知機三事' 즉 여왕이 하늘
의 기밀을 알았던 세 가지 일화가 대표적이다.

첫째는 당 태종이 홍색·자색·백색의 세 가지 색깔로 그린 모란 그림 한
폭과 모란씨 석 되를 보내왔다. 여왕은 모란꽃 그림을 보고는 "이 꽃은 필시
향기가 없을 것이다"고 말했다. 이내 씨를 뜰에 심게 하여 꽃이 피고 떨어지
는 것을 기다려 보았다. 그랬더니 과연 여왕 말대로 향기가 없었다. 신하들
은 놀라면서 어떻게 알았는지 물었다. 여왕은 "꽃을 그려 놓고 나비가 없으
니, 향기가 없다는 것을 알 수 있다. 이는 당 황제가 내가 배우자 없음을 희
롱한 것이다"고 시원하게 답변했다. 그러나 자고로 모란꽃을 그릴 때는 나
비를 함께 그리지 않는다고 한다. 그러므로 당 태종은 부귀를 상징하는 모
란꽃(모란은 하늘과 땅의 정기로서 뭇꽃의 으뜸이며, 그야말로 부귀의 꽃이다 牡
丹乃天地之精 爲群花之首也 是富貴之花) 그림으로 귀국의 번성을 바란다는 의
례적 인사를 보낸 것 이상도 이하도 아니었다. 그런데 선덕여왕이 자격지심
에 너무 예민하게 해석한 것으로 평가하기도 한다. 최근에는 향이 좋은 모
란꽃은 100~200년 전 사이에 기술로 만든 것으로 밝혀졌다. 그렇다면 선덕
여왕이 향 운운할 계제가 되지 않는다. 설화의 실체가 의심된다.

둘째는 경주에 소재한 영
묘사靈廟寺의 옥문지玉門池
연못에서 겨울철인데도 느
닷없이 많은 개구리가 모여
사나흘 울었다. 나랏 사람들
이 이상히 여겨 여왕에게 물
었다. 여왕은 서둘러 알천
장군 등을 시켜 정예 병력 2

뤄양에서 만난 모란꽃 그림.

천 명을 뽑아 속히 서쪽 교외 여근곡女根谷을 찾아가라고 했다. 그곳에 반드시 적병이 있을 터이니 곧 습격하여 죽이라고 하였다. 알천 등은 반신반의하면서 병력을 이끌고 서쪽 근교에 가서 물었다. 그랬더니 부산富山이라는 산 밑에 과연 여근곡이 있었다. 여근곡 안에 백제 장군 오소가 독산성獨山城을 공격하기 위해 이끌고 온 군사 5백 명과 함께 숨어 있었다. 알천은 이들을 포위하여 죄다 잡아 죽였다. 알천은 백제군 후속 부대 1천2백 명이 오는 것도 쳤다. 단 한 사람도 남기지 않고 죽인 후 알천은 개선하였다. 신하들은 매우 신기하게 생각해 그 연유를 물었다. 여왕은 이치를 가려 설명하기를 "개구리의 성난 형상은 병사의 모습이며, 옥문玉門은 곧 여근女根이다. 여자는 음陰이요 그 빛은 희고 또 흰빛은 서쪽을 가리키므로 군사가 서쪽에 있다는 것을 알 수 있었다. 그리고 남근男根이 여근 안에 들어가면 반드시 죽는 법이므로 쉽게 백제군을 잡을 수 있음을 알았다"며 담담하게 말해주었다. 듣고 있던 신하들은 탄복하지 않을 수 없었다. 문제의 여근곡은 고속도로를 달리다가 경주터널을 지나면 오른쪽 창밖으로 보인다.

셋째는 여왕이 건강했을 때였다. 자신이 죽을 해와 달과 날짜까지 알려주면서 '도리천忉利天' 가운데 장사 지내라고 당부했다. 신하들이 불교에서 말하는 삼계三界 중 욕계欲界에 딸린 여섯 하늘 가운데 둘째 하늘인 '도리천'의 위치를 물었다. 여왕은 낭산狼山 남쪽이라고만 말했다. 과연 여왕이 짚어준 그 날짜에 사망했기에 낭산 남쪽에 장사 지냈다. 그로부터 십여 년 후 문무왕이 선덕여왕릉 밑에 사천왕사四天王寺를 창건하였다. 그제야 불경에서

여근곡 원경.

"사천왕천 위에 도리천이 있다"고 한 구절과 여왕의 유택이 정확히 부합한 사실을 알았다. 여왕의 예지 능력에 다시금 경탄했다고 한다. 선덕여왕릉은 사천왕사터 위의 낭산 기슭에 호젓이 남아 있다.

사천왕사터에 남아 있는 비석을 이었던 귀부.

　그런데 이 중 첫 번째와 두 번째 이야기는 『삼국사기』에서는 조금 달리 전하고 있다. 첫 번째는 선덕여왕이 진평왕의 공주로 있을 적 일화라고 했다.

　두 번째 이야기에서 개구리가 울었던 옥문지는 영묘사가 아니라 궁궐 서쪽에 소재했다고 한다. 그리고 백제 군대가 잠복한 옥문곡은 경주 서쪽 교외가 아니라 서남쪽 변경 지역이었다. 『삼국사기』 의자왕 8년 조에 따르면 백제 군대가 신라 서부 변경의 요거성 등을 함락시켰다. 그리고 백제군은 옥문곡으로 진격하다가 크게 패하였다. 『삼국사기』 의자왕 19년 조에서 독산성은 경상북도 김천 주변인 동잠성桐岑城과 함께 백제 군대의 공격을 받았다. 그러므로 옥문곡과 백제 장군 오소가 습격하려고 했던 독산성은 지금의 경상북도 성주 남쪽 방면으로 추정되고 있다. 실제 경주의 여근곡은 골짜기 내부가 밖에서 훤히 보인다. 전혀 매복이 가능한 지형이 아니었다. 백제군이 매복했다는 게 근거 없음이 드러난다. 게다가 여근형女根形 지형은 풍수지리설에서 중시하는 모성형산母性形山이다. 이러한 산은 경주 외곽에만 있는 것이 아니다. 전국적으로 제법 광범위하게 분포하였다. 이 점도 간과할 수 없다. 따라서 선덕여왕의 예지 능력에 의해 백제 군대가 격파된 장소를 경주 외곽으로 고집할 수 있는 근거는 없다. 오히려 신라 변경이 타당하다고 본다.

세 번째 여왕의 예지 능력 이야기도 허구로 지목되고 있다. 선덕이라는 왕호는 도리천 내의 선법당善法堂에 거주하면서 선악을 주재하는 보살 이름이다. 그러므로 문무왕이 여왕 무덤 바로 밑에 사천왕사를 창건해 여왕이 가졌던 제석帝釋 신앙을 구체화했을 것이라고 한다. 선덕여왕의 필요에서 나온 예언이 아니었다. 문무왕이 사천왕사 창건에 더 큰 신비성을 부여하기 위해 여왕께로 소급시킨 데 불과하였다.

그렇다면 선덕여왕 일화는 다음과 같이 정리된다. 첫 번째 일화는 여왕의 공주 적 이야기였다. 그럼에도 여왕이 통치할 때의 일화인 양 시점을 옮겨 놓았다. 그리고 두 번째 일화는 백제 군대가 신라 수도인 경주 외곽까지 진출한 양 기록했다. 절체절명의 위기 상황이 닥친 것처럼 묘사한 것이다. 그러나 오로지 여왕의 예지 능력으로써 막은 양하였다. 그녀의 통치 능력에 대한 홍보를 극대화하는 데 목적을 두었던 것 같다. 이러한 일화에 보이는 선덕여왕은 무녀적巫女的인 색채가 농후했다.

그러면 『삼국유사』에서 "별기別記에 이르기를 이 왕 대代에 돌을 다듬어 첨성대를 쌓았다"는 기사를 주목해 본다. 선덕여왕 대에 천문관측 장소인 첨성대를 만든 이유는 하늘의 운행 질서에 대한 독점적 장악을 위한 시도로 풀이된다. 이는 앞에서 언급한 여왕의 예지 일화와도 연결되고 있다. 게다가 교감한 하늘의 뜻을 전달하는 중재자로서 자신의 위상을 부여하려고 한 것 같다.

상대등 비담의 난과 엮어진 만들어진 이야기

선덕여왕의 무녀적인 색채는 비담毗曇의 난 이후 정치적 변화와 관련이 있음 직하다. 647년(선덕여왕 16) 상대등 요직에 있던 비담은 "여왕이 정치를 잘하지 못한다"며, 무능함을 퇴위 명분으로 삼았다. 아울러 비담은 난의 명분을 당 태종의 '여왕폐위안'에서 구하였다.

선덕여왕의 폐위를 목적으로 한 이 내란은, 권력 중추부 내의 지배층이 분열하는 격렬한 정치 투쟁의 양상을 띠었다. 내란의 와중에서 선덕여왕은 사망하고 진덕여왕이 즉위하였다. 그로부터 7년 후인 654년 김춘추가 즉위했으니 태종 무열왕이다. 따라

선덕여왕이 거처했던 왕궁 반월성에서 바라본 해자와 건물지, 그리고 계림.

서 이 난은 고구려·백제와의 항쟁과 그 과정에 개입된 당의 동향을 직접 매개로 해 발발했다. 비담의 난은 당시 신라가 처한 대외적 위기감이 내정內政으로 전화轉化하여, 내란으로 발현된 것이다. 결국 4년에 걸친 주도권 싸움에서 패배한 의존파를 대신해 난을 진압하고 정권을 장악한 것은, 김춘추·김유신의 자립파였다.

중요한 사실은 자립파가 승리자였다는 점보다는, 전통적 권위의 위광을 지닌 정치적 수반으로서의 신라 왕, 쟁란의 시대를 군사로서 직접 지배한 김유신, 그리고 국가 존망에 깊이 관련된 외교를 짊어진 김춘추, 이 세 세력이 결합하여, 신라 독자의 권력 집중 방식을 탄생시켰다는 점이다. 그 결과 이후에 전개된 삼국통일의 시련을 극복할 수 있는 친당자립親唐自立의 장기적이고도 공고한 체제가 구축될 수 있었다. 실제 신라는 곡절 많고 복잡한 삼국통일 과정에서, 친당책親唐策을 추구하면서도 자립노선을 일관되게 견지하였다. 그 결과 신라는 백제·고구려 유민을 포섭해 백제 고토를 회복하

상대등 비담 세력의 근거지였던 명활산성에서 출토된 작성비.

고, 당군을 한반도에서 축출할 수 있었다. 도쿄대 교수였던 다케다 유키오 武田行男(1934~2021)의 소견이다.

그런데 선덕여왕을 옹호하였고, 이후 권력을 장악한 김춘추와 그 후손들은 여왕 지지의 정당성을 내세울 필요가 있었다. 잘못한 선택이 아니었음을 알려야만 했다. 그러기 위해 여왕의 예지 능력으로써 위기를 막은 일화를 비롯해, 통치 능력에 대한 홍보를 극대화하였다. '선덕여왕이 하늘의 기밀을 알았던 세 가지 일 善德王知機三事'은 이러한 정치적 목적에서 만들어졌다. 자연 선덕여왕을 실체보다 과장되게 기록할 수밖에 없었다. 영국 문화의 황금기를 열었고 국가와 결혼했다고 선언한 독신녀 엘리자베스 1세 여왕(1533~1603)도 조작된 이미지를 바탕에 깔고 있다고 한다.

가잠성椵岑城 위치 :

백제의 동부 전선과 관련한 가잠성은 익산에서 김천에 이르는 동선상에 소재했다. 684년 보덕성 군대가 토벌하러 온 신라군을 맞아 진을 친 곳은 본영인 익산토성(보덕성)의 보위와 병참선을 고려해야 한다. 그러므로 이들의 주둔 지역은 익산이나 완주 반경에서 벗어나기는 어렵다. 보덕성 군대가 진을 친 북쪽 7리에 소재한 가잠성의 위치는 이러한 점을 고려해야 할 것 같다. 그리고 공격자가 남쪽에서 북쪽으로 올라가는 동선이어야 기록과 부합한다. 신라는 578년에 익산 동북 낭산면까지 진출한 전력이 있다. 신라는 백제 동부 전선 내지 깊숙한 곳에 거점을 구축했을 가능성이다. 바로 이곳에 소재한 가잠성 쟁탈에 양국이 사력을 다한 데는 이유가 있었을 것이다.

가잠성은 본영인 익산토성에서 30km를 벗어나지는 않았다고 본다. 가잠성은 진안 → 완주 → 익산으로 이어지는 북상 통로 상에 소재한 것으로 판단된다. 신라 정부군이 익산토성을 향해 북상하는 통로의 요지要地에 가잠성이 소재한 것이다. 가잠성의 소재지로는 서로 나란히 위치한 완주군 상삼리산성(용진읍. 둘레 986.5m)과 구억리산성(용진읍. 둘레 983.5m)을 함께 일컫는 게 가능하다.

가잠성의 '가假'에는

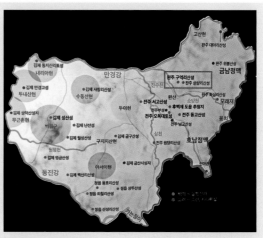

가잠성으로 추정되는 구억리산성과 상삼리산성이 나란히 배치되었다. 구억리산성은 산성의 한가운데가 움푹 들어가 있다. 상삼리산성도 그러하다면 형구刑具인 차꼬 형태가 되는 것이다. 가잠성의 성 이름과 연결되는 형태였다.

차꼬와 고랑의 뜻이 담겼다. 새겨 보면 '두 개의 긴 나무토막을 맞대고, 그 사이에 구멍을 파서 죄인의 두 발목을 넣고 자물쇠를 채우게 한 옛 형구'·'양쪽 손목에 걸쳐서 채우는, 쇠붙이로 만든 형구'의 뜻이다. 고랑은 '두둑한 두 땅 사이에 좁고 길게 들어간 곳'을 가리킨다. 애초 두 성 사이가 고랑처럼 깊게 들어간 입지였을 수 있다. 1km 거리로 나란히 배치된 상삼리산성과 구억리산성의 입지가 마치 차꼬나 고랑을 닮은 데서 유래한 듯하다.

가잠성의 소재지가 완주라면, 555년(진흥왕 16) 신라가 비사벌에 설치한 완산주 주치州治를 지금의 전주로 지목해도 부자연스럽지 않다.

■ 참고문헌

이도학,『꿈이 담긴 한국 고대사 노트 (하)』一志社, 1996.

이도학,「신라·백제의 境界와 아막성과 가잠성」『고조선단군학』46, 2021.

52. 낭비성은 어디에 소재했는가?

『삼국사기』의 원래 표기는 비성臂城이 아닌 낭비성娘臂城

낭비성娘臂城은 신라와 고구려가 명운을 건 비중이 지대한 전투에 등장한다. 629년 고구려군이 주둔했던 낭비성은, 충청북도 청주(청원구 북이면 부연리 산 41)에 소재한 둘레 743m의 산성으로 비정되었다. 다산 정약용도 낭비성 위치를 청주로 비정했다. 게다가 지도상에는 '남비산성', 문서상으로는 '낭비성'으로 각각 표기되었다(청원군·청주대학교 박물관, 『문화유적분포지도-청원군-』 2000, 38쪽). 낭비성으로 전해왔음을 뜻한다. 일제 때 조사한 2곳 자료에서도 동일한 곳에 낭비성이 확인된다.

그럼에도 낭비성의 위치 비정은 중요한 쟁점이 되었다. 고산자 김정호가 낭비성 위치를 알 수 없다고 한 게 촉발 요인이었다. 이병도 역시 낭비성 위치에 대해 "미상이나, 고구려의 남계南界인 듯"이라고 했다. 명확하지 않음을 밝혔다. 그러자 '고구려의 남계인 듯'이라고 한 구절에 방점을 찍고 찾는 경향이 많았다. 이러한 선상에서 낭비성을 경기도 포천 일대로 지목하는 견해가 제기되었다. 또 이를 추종하는 이들이 많았다. 그렇지만 이병도는 낭비성의 위치와 관련해, 고구려 '동변東邊(『삼국사기』 권20, 영류왕 12년)' 운운하는 구절에 착안해 지금의 함경남도 방면으로도 추정했다. 그도 낭비성의 위치를 특정하지 못하고 우왕좌왕한 것이다.

그러던 중 혹자는 『삼국사기』 지리지에 적힌 '비성臂城(b-2)'이, 경기도 포천을 가리키는 마홀馬忽과 연계된 행정 지명으로 등장한 사실을 발견했다. 이를 근거로 낭비성의 위치를 포천으로 비정하였다. 그러면 『삼국사기』와 『신증동국여지승람』의 다음 기사를 살펴본다.

a-1. 웅천주[웅진이라고도 한다]. 열야산현·벌음지현·서원[비성이라고도 하고, 자곡이라고도 한다]. 熊川州[一云熊津] 熱也山縣·伐音支縣·西原[一云 臂城 一云 子谷](『삼국사기』 권37, 지리4).

a-2. 본래 백제 상당현이다[낭비성이라고도 하고, 낭자곡이라고도 한다]. 本百濟上黨縣[一云娘臂城 一云娘子谷](『신증동국여지승람』 권15, 충청도 청주목, 건치연혁).

『삼국사기』 지리지(a-1)에서는 지금의 청주를 가리키는 서원西原을 비성臂城이나 자곡子谷이라고 했다. 그런데 정덕본 『삼국사기』 원문의 '西原[一云 臂城 一云 子谷]'라는 구절의 '云과 臂城', 그리고 '云과 子谷' 사이에는 각각 빈칸이 보인다. 그러나 동일한 정덕본 『삼국사기』 지리지에서는 '橫川縣[一云於斯買]'·'深川縣[一云伏斯買]'·'狂川郡[一云也尸買]'·'泉井郡[一云於乙買]' 등과 같이 '云' 자字에 잇대어 지명이 표기되었다. 글자가 붙어 있어 빈칸이 없다. 이러한 조각彫刻 용례에 비추어 볼 때, 臂城과 子谷 앞에는 딱 한 글자 공간이 비어 있는 것이다. 애초 이들 글자

정덕본 『삼국사기』
臂城과 子谷 부분.

앞에는 각각 한 글자가 더 붙어 있었지만 탈각脫刻되었을 수 있다.

실제 臂城이나 子谷은 정덕본 『삼국사기』 외에는 그 어느 문헌에서도 보이지 않는다. 이와 관련해 "중종 간행본 『삼국사기』에서는 臂로 되어있으나, 『고려사』에서는 娘로 나와 있지만, 중종 간행본 『삼국사기』을 따른다."·"중종 간행본 『삼국사기』에서는 子로 되어있으나, 『고려사』에서는 娘로 나와 있지만 중종 간행본 『삼국사기』을 따른다(국사편찬위원회, 『한국사 데이터베이스』 「삼국사기」 웅천주의 군·현, 국역 각주 260, 각주 261. 원문 각주 校勘39·40)"고 한, 해당 구절 주석을 검증해 본다. 일단 주석과는 달리 『고려사』에는 낭비성이나 낭자곡, 혹은 낭성이나 낭곡이라는 지명 자체가 없다. 존재하지 않은 기록이었다. 명백한 허위 사실 기재였다. 게다가 '을'·'를' 표기도 맞지 않는다. 모두 즉각적인 수정이 요망된다.

그런데 동일한 구절을 적시한 『삼국사절요』에서는 '서원[낭비성이라고도 하고, 낭자곡이라고도 한다] 西原[一云娘臂城 一云娘子谷](경신년 백제 멸망 말미)'고 하였다. 즉 臂城이나 子谷이 아니라 娘臂城과 娘子谷이었다. 낭비성과 낭자곡을 동일한 서원西原 즉 청주 지역으로 기록했다. 낭자곡성은 백제 왕이 신라의 와산성과 구양성을 공격하기 직전 개척한 영역이었다(탈해 니사금 7·8년). 와산성은 보은, 구양성은 구천狗川인 옥천으로 비정한다. 이러한 동선상 백제가 진출한 낭자곡성은 충주보다는 청주가 자연스럽다.

이보다 중요한 사실이 있다. 정덕본 『삼국사기』는 1512년(중종 7)에 간행되었고, 『삼국사절요』는 그보다 한 세대 앞선 1476년(성종 7)에 출간되었다. 『삼국사절요』는, 정덕본 이전의 『삼국사기』 판본을 저본으

『삼국사절요』 娘臂城과 娘子谷城 구절.

가까이서 본 '낭비성'과 '낭자곡' 글자.

로 해 저술하였다. 초간본『삼국사기』에 보다 근접한 것이다. 그랬기에 정덕본『삼국사기』의 오기誤記는,『삼국사절요』와 대교對校해서 교열하는 경우가 적지 않았다. 거의 상식화한 사실이다.

일례로『삼국사기』정덕본에서 "가을 7월 백제의 동북 변경을 취하여 신흥을 두고, 아찬 무력을 군주로 삼았다. 秋七月 取百濟東北鄙 置新興 以阿湌武力爲軍主(권4, 진흥왕 14년)"는 유명한 구절의 '신흥新興'은,『삼국사절요』를 통해 '신주新州'로 교열할 수 있었다. 이러한 사례는 허다하다. 이렇듯『삼국사절요』는 오탈자가 많은 정덕본『삼국사기』를 교열하는 데 중요한 준거였다. 따라서 정덕본『삼국사기』에서의 臂城이나 子谷은, 娘臂城이나 娘子谷의 탈자일 가능성이 지극히 높다. 실제 앞에서 인용한 1530년 간행『신증동국여지승람』보다 앞서 나온『동국여지승람』은 1481년(성종 12)에 편찬되었다. 역시 정덕본『삼국사기』보다 먼저 출간된 것이다. 그러한『동국여지승람』에서도 '一云娘臂城 一云娘子谷'이라고 했다.

지금까지 살펴본바『(정덕본) 삼국사기』와『삼국사절요』그리고『신증동국여지승람』, 이 3 문헌 가운데, 가장 연대가 올라가는『삼국사절요』와『(신증) 동국여지승람』의 지명이 일치하였다. 따라서 臂城이나 子谷이 아니라 娘臂城과 娘子谷이 애초 표기임을 알 수 있다.

그러면 정리를 해 본다.『삼국사기』에서는 낭비성의 위치를 서원 즉 청주로 적었다. 이를 이은『신증동국여지승람』에서도 낭비성 위치를 상당현, 즉 지금의 청주로 못을 박았다.『조선지지자료朝鮮地誌資料(충청북도 2-1)』에 따르면 '청주군 북이면 부연리'에 '낭비성狼臂城'이 소재했다고 하였고, 『조선보물고적조사자료』에도 동일한 기록을 남겼다. 다만 낭비성을 '狼臂城'으로 기재했지만 동일한 성을 가리킴은 말할 나위 없다. 현재도 낭비성 혹은 남비성으로 불리고 있기 때문이다. 따라서 낭비성의 소재지는 청주 관내가 분명하다.

낭비성 = 포천설의 추가 맹점

낭비성을 포천으로 지목한 데는 또 다른 이유가 있었다. 신라가 한강 유역을 점유한 상황인데 어떻게 고구려군이 신라 영토 남쪽 수백 리나 깊이 진출해 청주 지역에 거점을 확보할 수 있었겠냐는 의문이었다. 그러나 당시 영역의 가변성과 유동성을 고려해야 한다. 몇 가지 사례를 적시해 본다.

고구려는 607년 백제의 송산성(당진시 송악읍 송악산성)을 공격했지만 이기지 못하자 석두성(당진 송악읍 현진리)을 침공해 주민을 노략질해 갔다. 『증보문헌비고』에서는 석두성에는 "삼국시대에 평양(고구려: 필자)이 백제와 싸워 빼앗은 석두창이 있었는데, 수군의 군량을 두었던 곳이라고 했다"고 하였다. 이러한 고구려의 석두성 공격을 상륙 작전으로 간주하기도 하지만, 무려 3천 명이나 되는 백제인 포로를, 선박을 이용해 한꺼번에 싣고 가기는 어렵다. 그리고 태자 시절 법왕이 충남 보령 지역에 오합사를 창건한 동기도 고구려와의 전쟁이었다. 그 밖에 신라가 한반도 중부 지역을 장악한 상황이었지만 고구려는 554년 지금의 공주인 웅천성을 침공하였다. 공주 지역은 해로를 이용한 침공이 어렵다.

598년에도 고구려는 백제를 침공했는데, 전장을 '국경'이라고 했다. 양국의 육속지로 간주하는 게 자연스럽다. 고구려의 백제 해변 상륙 작전만으로는 해석되지 않는다. 청원의 남성골산성(현재 세종시 부강면)과 복두산성(세종시 부강면), 진천의 대모산성과 대전의 월평동산성도 고구려군이 진출한 유적이었다. 고구려군은 의외로 한반도 중심 깊숙이 진출하였다.

이러한 사례는 당시의 전장을 지금의 국경 개념으로는 판단할 수 없게 한다. 고구려와 신라의 전장도 이 점을 염두에 두지 않을 수 없다. 가령 6세기 말~7세기 초 고구려 장군 온달이 신라 아단성(충북 단양군 영춘면)까지 진출하지 않았던가?

그러면 『삼국사기』에 적힌 한산주 관내 다음 기사를 재차 언급해 본다.

남성골산성 출토 고구려 토기.

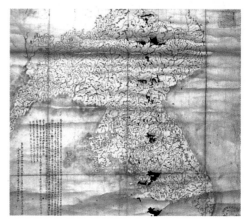
조선 후기에 제작된 고구려 영역 지도.

　b-1. 매성군買省郡 : 마홀馬忽이라고도 한다.
　b-2. 비성군臂城郡 : 마홀이라고도 한다(『삼국사기』 권37, 지리4).

위의 인용에서 마홀은 지금의 포천을 가리킨다. 마홀을 또 비성臂城이라고 하였다. 혹자는 그러한 비성이 낭비성을 가리킨다고 했다. 그러나 이 건을 차분히 검토해 보자. 우선 『삼국사기』 지리지를 보면 매성군과 비성군, 이 2개 군郡 모두 마홀에서 연유한 게 된다. 통일신라 2개 군이 고구려 당시 마홀 1개 군에 해당한 것이다. 조금 의아한 기록이 아닐 수 없다. 이 점을 정확히 확인하기 위해서는 다음과 같은 『신증동국여지승람』과 『세종실록』 지리지 포천현 조를 모두 검증할 필요가 있다.

c-1. 본래 고구려 마홀현인데[일명 명지라고도 한다] 신라에서 견성군이라 고쳤고, 고려 초기에 포주로 고쳤다. 本高句麗馬忽郡[一云命旨] 新羅改堅城郡 高麗初改抱州(『신증동국여지승람』 권19, 경기 포천현, 건치연혁).

c-2. 군명郡名 : 마홀馬忽, 명지命旨, 견성堅城, 포주抱州, 청화淸化(『신증동국여지승람』 권19, 경기 포천현, 군명).

c-3. 본래 고구려 마홀현인데, 신라가 견성군으로 고쳤고, 고려가 포주로 고쳤다. 本高句麗 馬忽縣 新羅改爲堅城郡 高麗改爲抱州(『세종실록』 권148, 지리지, 경기 양주도호부, 포천현).

위의 지리지에 적힌 포천 지역 행정 지명에는 『(정덕본) 삼국사기』 지리지에 적힌 매성군買省郡(b-1)이나 비성군臂城郡(b-2) 지명은 보이지 않는다. 그렇다고 매성군이나 비성군, 이 2개 군이 조선 전기 유력한 2개 지리지에서 모두 누락되었을 리는 없다고 본다. 물론 『세종실록』 지리지와 『동국여지승람』은 1454년과 1481년에 각각 발간된 15세기 자료이다. 반면 현전하는 정덕본(1512) 『삼국사기』는 16세기 자료였다. 즉 『세종실록』 지리지나 『동국여지승람』 보다 늦게 출간되었다. 『(정덕본) 삼국사기』의 증거 능력이 떨어진다는 것이다. 이 점을 고려한다면 견성군堅城郡이 오히려 통일신라 당시 지명일 수 있다. 그리고 堅城과 臂城은 서로 연관 지어 살펴야 한다. 자형상字形上 양자는 서로 관련성이 깊은 문자일 가능성이 높기 때문이다.

실제 『삼국사기』 지리지에서 堅城郡과 유사한 지명을 찾는다면 臂城郡이 있다. 일단 양자는 자형字形이 유사하다. 게다가 『(정덕본) 삼국사기』 지리지를 제외하고는 낭비성이나 낭자곡성은 보이지만 비성臂城은 그 어디에서도 발견되지 않는다. 그러므로 비성은 『(정덕본) 삼국사기』 지리지의 오각誤刻 가능성을 상정하게 한다. 비성은 『(정덕본) 삼국사기』를 제외하고는 전통 시대 1차 문헌에서는 발견되지 않았기 때문이다. 따라서 『(정덕본) 삼국사기』 지리지의 비성군은, 이보다 앞서

포천 반월성에서 출토된 '마홀馬忽' 명 기와.

발간한 조선 전기 지리지에 적힌 견성군의 오기로 판단하는 게 자연스럽다. 주지하듯이 『삼국사기』 정덕본의 오각은 심하기 때문이다. 물론 칠중성七重城의 별칭인 난은별難隱別과 낭비성의 음상사를 운위하기도 한다. 그러나

난은별은 파주 지역이므로 포천 지역과 연관 지을 수는 없다. 결국 『(정덕본) 삼국사기』의 탈각脫刻(誤刻) 臂城郡에 근거한 낭비성 = 포천설은 신기루에 불과하였다. 낭비성의 소재지를 경기도 포천으로 지목한 견해는 논거 자체

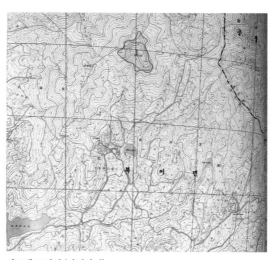

지도에 표시된 '낭비산성'.

가 성립되지 않았다.

　지금까지의 고증을 통해 낭비성 = 청주임을 분명히 도출할 수 있었다. 게다가 청주 북이면에는 남비성으로 불리는 낭비성이 실재하였다. 일제 때 조사한 자료 2곳에서도 낭비성의 존재가 확인되었다. 물론 고구려가 보급 없이 과연 한반도 중부 내륙 깊숙한 곳까지 진출할 수 있었냐에 대한 의구심이 들 수 있다. 그렇다고 낭비성 = 포천설이 정당한 것은 아니다. 자신이 이해 못한다는 이유만으로 사서의 명백한 기록을 자의적으로 해석할 수는 없다. 분명한 사실은, 『삼국사기』에서 낭비성은 서원西原 즉 청주 관내에 소재했다는 것이다. 그리고 당시 영역의 가변성을 홀시할 수

『조선지지자료』에 수록된 '낭비성' 유적과 설명.

『조선보물고적조사자료』에 수록된 유적 낭비성 조목. 『삼국사기』에 적힌 낭비성 전투 현장으로 적시하였다.

없다. 6세기 중엽~7세기 초에도 고구려는 한반도 종심 깊숙이 진출한 바 있었다. 따라서 이러한 제반 요소를 복합적으로 헤아려야 한다.

낭성娘城 소재지 :

　낭성의 소재지를 전통시대 문헌에서는 충북 청주로 기록하였다. 현재 행정구역 청주 낭성면은 그 산물이었다. 이러한 낭성 = 청주설은, 청주 고호古號 낭자곡성娘子谷城이나 낭비성娘臂城에서 연유했다. 그러나 낭성琅城 = 청주설은 다음과 같은 이유로 수긍이 어렵다. 첫째, 낭성娘城이 아닌 낭성琅城 지명

은 고려 이후에 생겨났다. 둘째, 낭성
娘城과는 달리 낭성琅城은 행정 지명
이 아니었다. 셋째, 낭성에 행차한 진
흥왕은 국원에서 거주하는 우륵을 소
환했기 때문이다. 이때 두 사람이 만
난 하림궁河臨宮은 충주로 지목하고
있다. 하림궁은 문자 그대로 하천에
임한 행궁이므로, 남한강가에 입지한
탄금대 일원에 걸맞다. 만약 낭성이
청주에 소재했다면, 진흥왕을 만나러
우륵은 충주에서 달려온 것이다. 그
런 후 다시금 두 사람은 충주 하림궁
으로 돌아간다. 그러나 이러한 동선
은 지극히 부자연스럽고 어색하다.

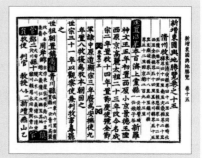

『신증동국여지승람』 청주 건치연혁 조.

『신증동국여지승람』 청주 군명 조.

　하림궁이 소재했을 탄금대에서는 토성이 확인되었다. 탄금대토성은 칠금
동 백제 야철 유적과 연계해 축조한 성으로 밝혀졌고, 진흥왕대로 비정되는
신라 토기들이 출토되었다(충북대학교 중원문화연구소, 『忠州 彈琴臺』 2002, 240
쪽). 신라가 탄금대토성을 이용한 사실이 드러났다. 그리고 탄금대토성이 소
재한 지금의 충주 도심이 행정 단위로서 낭성娘城이었다.

　그러면 낭성과 난장성은 어떠한 관계인가? 충주 옛 이름에 보이는 난장성
薍長城은, 신라가 673년에 축조한 국원성 공간에 속한다. 신라는 애초 기존의
고구려 국원성 공간에 소경을 설치했다. 남한강 서편 지금의 중앙탑면 일대이
다. 그러나 통일이 완료되어 가는 시점에 "9월 국원성[옛 난장성] …을 축조했
다. 九月 築國原城[古薍長城]…(『삼국사기』 권7, 문무왕 13년)"는 기록 속의 국
원성은, 기존 국원성과는 행정 구역이 달랐다. 새 국원성인 탄금대를 포함한

달래강 동편, 지금의 충주 중심지를 가리킨다. 이곳을 '옛 난장성'으로 명시했다. '예전의 난장성 구간'이 새로운 국원성 단위가 된 것이다. 음운상으로도 난장성은, 진흥왕이 행차했던 낭성과 동일한 지역으로 간주된다.

발굴하지 않은 낭비성과 남산신성 :

활발한 산성 발굴에도 불구하고 고구려군이 주둔했던 청주 낭비성과 적어도 200여 개의 비석이 꽂혔을 것으로 추정되는 경주 남산신성을 발굴하지 않은 이유를 모르겠다. 남산신성비는 현재 10개가 확인되었다. 발굴한다면 상당히 많은 신성비를 확보할 것이고, 또 얻게 된 정보량은 큰 수확일 것이다. 낭비성은 논란이 많은 위치 검증 차원에서라도 발굴이 절실하다.

남산신성비 제1비.

전자는 몇 개 신성비를 토대로 한 기존 학설의 붕괴를 두려워해서인지? 후자는 낭비성 = 포천설이 무너질까 두려워서인지? 모두 석연찮다.

■ 참고문헌

이도학,「신라의 中原 지역 진출과 娘城·娘臂城의 考證」『지역과 역사』52, 2023.

매초성이냐? 매소성이냐? :

신라는 675년 당의 이근행이 주둔한 買肖城을 공격해 대승을 거두었다. 『삼국사기』와 『신당서』에서의 '買肖城'은, 최초의 표기 형태였다. 문제는 '초'와 '소', 2가지 음이 붙은 '肖'의 음가이다. 그런데 이와 동일한 성으로 보이는 매소천성買蘇川城이 『삼국사기』 원술전에 등장한 데 따라 '매소성'으로 읽는 경향이 많다.

그러나 속단은 어렵다. 925년 9월 고려 태조에게 귀부한 호족으로 매조성買曹城 장군 능현이 보인다. 매조성이 지명인 만큼, 가장 닮은 기존의 성 이름으로는, 매초성買肖城이 있다. 양자는 자형字形도 닮았다. 따라서 매초성으로 읽을 수 있는 근거가 된다.

더 중요한 사실은 매초성의 위치 문제가 뒤따른다. 매초성 = 매조성, 그리고 양주 = 매생현買省縣 등식이 성립된다면, 매초성이라는 중요한 역사적 전장은 양주 관내를 벗어나서 고려하기는 어렵다. 이와 관련해 675년 9월 29일 신라군은 매초성에서 당군을 대파해 점령했다. 아울러 원술전에 따르면, 675년 어느 때 당군은 신라군이 주둔한 매소천성을 공격한 것이다. 여기서 양자를 동일한 성으로 전제할 때 675년 9월 말 신라군은 당군이 주둔한 매초성을 빼앗자, 이후 어느 때 당군이 신라의 매소천성을 공격한 형세가 된다. 당군이 매소천성을 공격한 시점은 10월~12월까지라야 한다. 당군으로서는 신라에 빼앗긴 매초성 탈환 작전이나 보복전이 되는 것이다. 그러나 이 기간에 신라군과 당군 간의 교전은 없었다. 그렇다면 양자를 동일한 성으로 단정하기는 어렵다. 별개의 성이 되는 것이다. 나아가 買肖城을 '매소성'으로 읽어야 하는 근거가 흔들리게 된다.

게다가 매소천성은, 매소천에 인접한 성이라는 뜻이지 매초성을 그대로 가리키는 것은 아니다. 이 점을 간과해서는 안 될 것 같다. 그러면 매소천은 어느 하천일까? 왕봉하는 왕봉현에서, 칠중하는 칠중성에서 유래했듯이, 매소천은 매초성이라는 행정 구간을 지나는 하천 이름일 수 있다. 매초성과 매성현이 연관 있다면, 매소천은 양주 지역을 지나는 하천을 가리킨다. 그러나 연천 대전리산성이 매초성이 되려면 공목달현

하남시 선동에서 출토된 통일신라의 '買省蟹口' 명 기와.

工木達縣(연천 전곡)이 매성현임을 입증해야 한다.

　그런데 한진서는 "買肖城은 買省의 오류이다. 지금 양주이다. 買肖城則 買省之訛 今楊州(『해동역사』 속집 7권)"고 했다. 매생성買省城이 원 표기라는 것이다. 실제 통일신라 명문 기와 가운데 '買省'이 확인되었다. 그렇다면 '매초성'과 '매소성'의 문제가 아니다. '매생성'이 원 표기가 되는 것이다. 그리고 매초성이나 매소성 전투가 아니라 매생성 전투가 된다.

53. 신라는 불완전한 통일을 했는가?

　　신라의 삼국 통일하면 으레 따라붙는 문구가 '불완전한 통일'이었다. 광활한 만주 지역 고구려 영토를 상실한 데 대한 아쉬움이 붙어 있다. 이러한 아쉬움과 안타까움은 국권을 일제에 상실한 20세기에 접어들어 급부상하였다. 미약한 신라가 외세를 동원한, 곧 힘에 부치는 통일로 인한 볼썽사나운 결과로 치부했다. 그러나 신라인들이나 전통 시대 한국인들 가운데 고구려 영토 상실의 안타까움을 토로한 이는 많지 않다. 결과론적인 해석이지만, 신라의 백제·고구려 병합은 삼한통합의 결실로 받아들였기 때문이다. 7세기 동아시아에서는 고구려·백제·신라를 삼한으로 인식하였다.

　　신라는 2국 멸망 이후의 영토 획정과 관련해 당唐과 약정을 한 바 있다. 이 약정에 따라 신라는 움직였다. 당의 개입과 더불어 자신들이 차지하려는 영역이 각각 존재했다. 이후 양국은 함께 움직였는데, 이해가 맞아떨어진 결과였다.

　　구체적으로 살펴보면, 648년 당에 파견 나온 김춘추와 당 태종 간에는 백제와 고구려를 멸망시킨 후의 영역을 약정했다. 이때 '평양 이남' 백제 영역은 신라에 귀속시키기로 하였다. 반면 '평양 이북'과 요동 지역에 대한 지배권은 당이 갖는다는 약정이었다. 이를 일러 신라는 '삼국통일'이 아니라 '삼한통합'이라고 했다. 삼한 영역의 북계인 패하(예성강)를 당시 동일한 이름으로 불린 대동강 유역으로 끌어올리는 선에서 마무리한 것이다.

당은 고구려 영역 가운데 요동반도에 대한 지배로 마무리하였는데, 실지 회복론에 기인했다. 중국인들의 인식인 봉국封國 기자조선과 한사군 고지를 겨냥한 것이다. 구스타프 코신나Gustaf Kossinna(1858~1931)가 제기한 아리아인Aryan들의 과거는, 나치에 의해 과장·신비화되었다. 나치의 폴란드·러시아 침략도 아리아인들의 원래 영토 회복이라는 미명하에 정당화된 것이다. 당 태종의 관념도 이와 별반 다르지 않았다. 이에 따라 중만주와 동만주 일대는 방치되었다. 신라와 당으로부터 방치된 일종의 무연고지였다. 이것이 동만주를 기반으로 발해가 흥기한 요인이었다.

그런데 당 태종이 약속한 "내가 두 나라를 평정하여, 평양 이남 백제 토지를, 모두 너희 신라에 주어, 길이 편안하게 하겠다. 我平定兩國 平壤已南 百濟土地 並乞你新羅 永爲安逸(「答唐薛摠管仁貴書」)"고 한 구절이, 백제 영역에만 한정된다고 하자. 그렇더라도 신라의 통일이 백제 병합에만 그친 그야말로 불완전한 통일은 아니었다. 게다가 삼한통합에 대한 기록 시점이 중요한 게 아니었다. 중요한 사안은 삼국을 삼한으로 인식하는 경향이 7세기 대에 만연했다는 것이다. 651년 당 고종이 백제 의자왕을 타이르는 말 가운데 '해동 삼국'의 '삼국'과 '삼한의 백성三韓之氓'의 '삼한'은 동일한 대상을 가리킨다(『삼국사기』 권28, 의자왕 11년). 『일본서기』 630년 기록에서도 "이 해 나니와難波의 오호고호리大郡와 삼한관三韓館을 고치고 수리했다(舒明 2년)"고 하였다. 그리고 648년인 "2월 임자가 초하루인 날에 삼한[삼한은 고려·백제·신라를 말한다]에 학문승을 보냈다. 二月壬子朔 遣於三韓[三韓 謂高麗·百濟·新羅]學問僧(孝德 4년)"고 한다. 여기서 최소한 630년 이전에 고구려·백제·신라 삼국을, 삼한으로 인식한 것이다.

677년에 제작된 고구려 출신 이타인 묘지명에서도 천하를 통일한 당이 '삼한을 정벌했다帗伐三韓'고 한다. 당이 정벌한 대상에 고구려가 1순위인 만큼 삼한에 응당 고구려가 포함된다. 691년 고구려 출신 고현高玄 묘지명에서도 그를 '요동삼한인遼東三韓人'이라고 했다. 역시 삼한에 고구려가 포함된 것이다. 612년 수나라 사람 우작虞綽의 고구려 원정을 '삼한 숙청三韓肅淸'이라고 하였다. 수 양제의 잦은 고구려 원정도 '누차 삼한 땅을 밟았다. 屢踐三韓之域'고 했다. 비록 신라 말~고려 때 인식이지만, 최치원과 이승휴가 고구려를 마한으로 간주한 것도 이러한 삼한 인식에서 파악할 수 있다.

7세기 대에 접어들어 삼국＝삼한 인식이 만연한 것이다. 굳이 '삼한을 합했다合三韓'는 문자가 없더라도 삼국의 통합은 삼한의 통합을 의미했다. 648년 김춘추가 당 태종과 맺은 약정은, 삼한 문제에 당이 개입한 관계로 신라의 백제 통합과 소멸을 넘어 고구려 타멸도 포함된 것이다. 신라가 고구려를 통합했다는 인식은, 670년 문무왕이 안승을 고구려 왕으로 책봉한 데서도 읽을 수 있다. 신라는 망한 고구려를 회복시켰다는 의식을 분명히 했다. 신라 자신들이 고구려를 통합했다는 확신을 했기에 나온 조치였다. 673년 김유신이 문무왕에게 한 말 가운데 '삼한이 한 집안을 이루고三韓爲一家'라고 했다. 김유신의 입을 빌린 신라인의 삼한 인식에는 응당 고구려가 포함되었다.

685년 신라는 전국을 9주로 편성했다. 신라의 9주 가운데는 한주·삭주·명주를 고구려 영역으로 인식하였다. 웅주·전주·무주는 본시 백제 영역이었다. 신라는 '삼한＝삼국'의 판도版圖

감포 문무왕 산골처散骨處 앞. 대왕암은 기가 센 곳으로 알려졌기에 무속인들이 굿하는 장소로 이용되고 있다.

를 자국 영역 안에 배정하였다. 그 결과 신라는 자국 영역의 ⅔를 삼국 병합의 산물로 인식했다. 게다가 신라는 상징성이 지대한 백제와 고구려 수도를 접수해 왕들을 각각 생포해 항복을 받았다. 그리고 신라는 648년의 약정으로

경주 황룡사 목탑터. 호국탑은 신라인들의 구심 역할을 했다.

북계를 대동강선으로 확정하였다. 이 때문에 신라인들은 '불완전한 통일'이라는 관념을 가질 이유가 없었다.

앞서 언급했듯이 당의 고구려 침공 명분은 고토 회복이었다. 결과적으로 신라에는 삼한 통합전이 된 것이다. 고구려 멸망은, 이념적으로는 중국인들의 실지 회복이라는 누대 숙원과 황룡사 구층탑 조성에 응결된 신라인들의 삼한통합 대망론의 결실이었다. 신라의 영역관은, 삼한 영역 내 고구려 고지를 지배하는 선까지였다. 신라가 삼한 영역의 최북단 예성강 = 패하(浿江)를, 대동강선까지 올려 확보한 것도, 후일 마한 = 고구려 인식에 한몫했다. 그러므로 신라인들은 고구려 고토를 완점하지 못한 데 대한 아쉬움은 없었다.

쓰보이 구메죠坪井九馬三(1859~1936)는 신라에 대해 "… 드디어 한반도를 통일하고서 3백 년간 국사國事를 유지한 것은 당의 외번外藩이 되어 그 부액扶腋을 받았기 때문이기도 하지만, 신라인들의 마음속에 웅위한 바탕이 없었다면 이렇게까지 오랫동안 이어질 수 없었을 것이다"고 단언했다. 신라인들의 삼국통일에 대한 고무적 평가였다.

■ 참고문헌

이도학, 『삼국통일 어떻게 이루어졌나』학연문화사, 2018.

이도학, 「신라 화랑도의 기원과 성격에 관한 검토」『신라화랑연구』한국정신문화연구원,
     1992.

이도학, 「三國統一 期 新羅의 北界 確定 問題」『東國史學』57, 2014.

삼국통일 기념 경축일로서 한가위 :

"『삼국사기』에 적혀 있는 길쌈짜기 놀이와는 다른, 한가위의 기원에 관한 기록이 있다. 즉 일본 승려 엔닌圓仁의 『입당구법순례행기』라는 기행문이 그 것이다. 839년 8월 15일에 엔닌이 산둥반도에 있는 신라 사찰인 적산원赤山院 을 방문하여 목격한 사실을 다음과 같이 적고 있다.

절에서 수제비와 떡을 장만하고 8월 보름 명절을 지냈다. 다른 나라에는 이 명절이 없지만, 유독 신라에는 이 명절이 있다. 노승老僧들이 말한 바는 이러하다.

신라가 옛날 발해와 더불어 전쟁할 때 이날 승리하였으므로, 이날을 명절로 정하고 음악과 즐거운 춤을 즐기던 것이 오래도록 이어져 끊이지 않았다. 우리는 이날 온갖 음 식을 마련하고, 노래하고 춤추고 음악을 즐기며 밤낮으로 사흘을 쉰다. 이제 이곳 산원 은 고국을 그리워하며 오늘 이렇게 명절을 차렸다. 발해가 신라의 토벌을 당했을 때 겨 우겨우 1천 명이 북쪽으로 도망했다가 그 후에 돌아와 옛날대로 한 나라를 세웠는데, 오늘날 발해라고 부르는 나라가 바로 그것이다.

이 기사에 의하면 한가위는 신라가 발해와의 전쟁에서 승리한 전승 기념일 이 되는 것이다. 신라와 발해와의 무력 충돌은 실제 있었다. 733년(성덕왕 32)

에 당의 요청으로 신라 군대는 발해의 남쪽 경계인 함경남도 지방을 공격하였다. 그러나 큰 눈이 내려 쌓이고 산길이 험하였던 관계로 사병들이 거의 절반이나 죽게 되어 아무런 성과도 없이 회군한 적이 있었다. 이것을 신라 측에서 전승이라고 하여 기념하였을 리는 만무하다.

그러므로 이 기사에 적힌 '신라의 토벌을 당한 발해가 북쪽으로 올라가 다시 나라를 세웠다'라는 구절은 재음미해 볼 필요가 있다. 아마도 이는 신라에 의해 멸망한 고구려와 그 후신인 발해를 가리키는 이야기라면 이해가 쉬워진다. 이러한 맥락에서 볼 때, '신라와 발해의 전쟁'은 고구려의 수도인 평양성이 함락되고 보장왕이 항복한 시점이 668년 9월인 점과 연결 짓는다면 무망한 이야기만도 아니라고 하겠다. 더욱이 신라가 숙적 고구려를 멸망시킨 전승 기념 시점인 668년 9월은 전통적인 농경 축제인 8월 한가위와 시기적으로 엇비슷하게 맞물리고 있기 때문이다. 그러한 관계로 한가위의 의미가 더욱 각별하게 확대·부각되지 않았을까? 다시 말해 한가위는 고구려 멸망 이후 전통적인 농경의례의 범주를 뛰어넘어 국가적 경축일로까지 그 의미가 확대·승화된 것이라고 보겠다(이도학, 「한가위의 기원은 어디에?」 『倉洞通信--한 사학도의 고대사 노트』 희양산방, 1993, 222~224쪽)."

소정방 피살설 :

신라인들은 당 제국을 자력으로 축출함으로써 의기양양했다. 이 무렵에 신라와 당 간에 격돌했던 전쟁을 중국 측 문헌은 은닉하거나 소극적으로 기술하는 양상을 보였다. 반면 신라 측 문헌에는 통쾌할 정도의 과장된 승전 기록이 넘쳐났다. 일례로 매생성 전투에서 당군 20만을 격파한 전과를 비롯해 적지 않다.

이와 관련해 소정방이 피살되었다는 우리나라 문헌 기록에 시선을 모을 수

있다. 『삼국유사』에는 "또 「신
라고전新羅古傳」에는 이런 말이
있다. '소정방이 이미 고구려 백
제 두 나라를 치고 또 신라를 치
려고 머물러 있었다. 김유신은
그 음모를 알고 당군唐軍을 초
대하여 짐새鴆鳥의 독을 먹여

지금은 훼실된 일제 때 시멘트로 만든 당교. 원래 당
교는 나무다리였다.

모두 죽이고 구덩이에 묻었다.' 지금 상주 지경에 당교唐橋가 있는데 이것이
그 때 묻은 땅이라고 한다"고 했다. 신라인들과 고려인들은 소정방 피살설을
믿는 경향이 많았다. 이규보의 「제소정방장군묘祭蘇定方將軍文」에서는 소정
방의 혼령이 '객혼客魂'이 되어 자국으로 돌아가지도 못하고 우리나라에서 제
삿밥을 얻어먹는 이유를 적어놓았다. 예산에 소재했던 소정방 사당도 그 사실
을 뒷받침하고 있다.

그런데 1963년 중국 산시성 셴양咸陽 동북쪽 17.5㎞ 지점 묘에서 발굴된 묘
지석의 개석에 '대당고소군묘지명大唐故蘇君墓志銘'이라고 적혀 있었기에 소
정방묘로 추정하였다. 이와 비슷한 추정들은 과거부터 제기되어 왔었다. 그러
나 소정방이 이곳에 묻혔다는 증거는 성씨 이상은 확인된 바 없다. 설령 소정
방묘가 중국에서 발견되더라도 소정방의 시신이 묻혔다는 보장은 없다. 그의
사망 사실을 당 조정에서 확인하였기에 분묘는 조성했을 수 있다. 설령 그렇
더라도 유품장에 의한 가묘假墓일 가능성도 고려해야 한다. 따라서 이런 근거
만으로는 소정방의 사망을 자연사로 속단할 수는 없다.

참고로 건축물에 사람을 제물로 생매장하는 인주人柱 풍속은, 경주 월성 해
자에서 실제 확인되었다. 상주 공검지 조성과 관련한 인주 설화도 전하고 있다.

(이도학, 「羅唐同盟의 性格과 蘇定方 被殺說」『新羅文化』2, 1985.)

漢城州揚官 藪世 取百濟△△
△△△△國 適彼事覺 遣大阿湌
眞珠誅之 [十二△△△△貴書所六
△△僵事同異可△] :

『삼국사기』해당 부분.

이 구절에 대한 국가 기관의 주
석은 "본서 권제6 신라본기제6 마지막의 세주 부분인데 중간의 여러 글자와
마지막 한 글자가 결락되어 의미를 파악할 수 없다"고 했다. 그러나 다음과 같
이 판독·복원하였다.

"漢城州揚官 藪世 取百濟熊川州 襲打本國 適彼事覺 遣大阿湌眞珠誅
之 [十二年答薛仁貴書所云 朴都儒事 同異可攷] 한성주 총관 수세가 백제 웅천
주를 취하고 본국을 습격하려고 하다가 그 일이 마침 발각되어 대아찬 진주를
보내어 그를 주살했다. [(문무왕) 12년 답설인귀서에서 말한 박도유 사건과 같은
것과 다른 것을 살필 수 있다.]"

(이도학, 「羅唐同盟의 性格과 蘇定方被殺說」『新羅文化』2, 1985, 31쪽.)

김유신묘 위치 :

경주시 충효동에 소재한 김유신묘(사적 제21호)에 대해서는 일찍부터 신라
신무왕(또는 경덕왕)릉으로 비정하는 주장이 제기되었다. 현재 신라 때 묘비는
존재하지 않고, 묘 서남편에 1710년(숙종 36) 당시 경주부윤이었던 남지훈이 세
운 '신라 태대각간 김유신묘新羅太大角干金庾信墓'라고 새긴 묘표가 있다.

경주부윤으로 재직하던 황경원黃景源(1709~1787)에게 1752년 유의건(柳宜
健(1687~1760) 등이 찾아와 "함형(670~673) 중에 묘도에 세운 커다란 비가 있

었는데, 돌에 새긴 것이 해가 오래되어 떨어져 나가고 이지러져 지금은 상고할 수 없다. 舊有大碑 咸亨中 立于墓隧 而石刻歲久剝缺 其功德 今不可考"고 한 후, 주민들이 돈을 내고 돌을 갖추어 새로 비석을 세우려고 하

김유신묘.

니 글을 지어 달라는 요청을 했다. 당시 66세인 유의건은 '신라 왕릉 진짜·가짜설新羅陵眞贋說'이라는 논문을 집필했을 정도로 경주 왕릉에 해박한 조예를 지녔다. 그는 현재 충효동 소재 김유신묘를 사실로 믿었기에 새로 비석을 세우려고 한 것이다.

홍양호(1724~1802)가 경주부윤 재직(1760.7~1763.3) 때 김유신 장군 제문을 쥐고 제사를 올렸는데, 왕릉과 같은 큰 무덤이었지만 신라 비석은 남아 있지 않았다고 했다. 그로부터 20여 년 후 이서구李書九 집에 소장된 탁본첩을 통해 김유신묘 비문은 구양순체풍임을 확인했다고 한다.

그런데 앞서 언급한 황경원이 지은 김유신 비문은 굉대한 문장이었지만 어떤 연유인지 비는 건립되지 않았다. 다만 그는 당시 잔존한 김유신묘비의 존재는 확인한 것으로 보였다. 홍양호 역시 자신이 밝혔듯이 제문을 짓고 제사를 올리기까지 했다. 현재 충효동 김유신묘에 대한 지속된 제사 의례에 비추어 볼 때 기억의 단절을 말하기는 어려울 것 같다.

애초 김유신묘비는 무덤으로 가는 큰길인 신도神道에 세워진 것으로 보인다. 차제에 세밀한 조사를 통해 귀부 흔적을 발견하기를 바랄 뿐이다. 참고로 태종 무열왕릉비는 왕릉 동남쪽 40m 지점에 세워져 있다.

(이도학, 「傳金庾信墓에 대하여」『문화재학』 6, 한국전통문화대학교 문화재관리학과, 2009.)

54. 「낭혜화상비문」 쟁점 구절의 재해석

　신라 국가 권력 쇠퇴에 결정적인 역할을 한 사건이 있었다. 822년(헌덕왕 14) 웅천주 도독 김헌창이 자신의 아버지 김주원이 왕이 되지 못한 사유로 반란을 일으켰다. 국호를 장안長安, 연호를 경운慶雲이라고 했다. 김헌창은 무진주·완산주·청주·사벌주 등 4주의 도독과 국원경·서원경·금관경의 3소경 사신仕臣과 여러 군현의 수령들을 장악하였다. 신라 조정은 김헌창의 반란을 힘겹게 진압했다. 이 내전은 신라의 해체를 알리는 전주곡이었다. 이와 관련해 신라 말에 지은 성주사 「낭혜화상비문」의 다음 구절을 주목해 본다.

　할아버지 주천은 등급이 진골이었고 벼슬은 한찬이었다. 고조와 증조부는 모두 출장입상하였기에 집마다 이를 알고 있었다. 아버지 범청은 진골에서 강등되었는데, (골품 가운데) 1등을 득난이라고 한다[나라에 5품이 있는데, 성이·진골을 이르기를 득난이라고 이른다. 얻기 어려운 귀한 성을 말한다. 문부에서는 '혹 쉬운 것을 구했는데 어려운 것을 얻었다'고 했다. 6두품을 말하여, 숫자가 많은 것을 귀하게 여기는 것은, 1명命에서 9명에 이르는 것과 같다. 그 4두품과 5두품은 말

할 것도 없다]. 大父周川品眞骨位韓粲 高曾出入皆將相 戶知之 父範淸族降

眞骨 一等曰得難[國有五品 曰聖而眞骨 曰得難 言貴姓之難得 文賦云或求易而得難

從言六頭品 數多爲貴 猶一命至九 其四五品不足言]

학계 해석 3례 :

• 나라에 5품이 있어, 성이聖而요 진골이요 득난이니, (득난은) 귀성貴姓의 얻기 어려움을 말한다. 문부에 '혹 구하기는 쉬우나 얻기는 어렵다'고 하였는데, 따라서 6두품을 말하는 것이다. 수가 많은 것을 귀히 여기는 것은 마치 일명一命에서 구명에 이르는 것과 같다. 그 4·5품은 족히 말할 바가 못 된다.

• 할아버지 주천은 골품이 진골이고 관위는 한찬이다. 고조와 증조가 나가서는 장수가 되고 들어와서는 재상이 되었음을 집집마다 알고 있다. 아버지는 범청으로 골품이 진골에서 한 등급 강등되었으니 득난이라 한다[나라에 다섯 품이 있으니, 〈첫째는〉 '성스러우면서도 참된 골聖而眞骨'이며, 〈둘째는〉 '득난'이라 한다. 〈득난은〉 귀성을 얻기 어려움을 말함이니, 『문부』에서, "혹 쉬운 것을 찾았는데 어려운 것을 얻었다"라고 한 것을 좇아서 말한 것이다. 〈셋째는〉 '육두품'이니 수가 많은 것이 귀한 것이니, 일명에서 구명에 이르는 것과 같다. 네다섯 번째 품은 말할 필요도 없다].

• 할아버지는 주천으로 골품은 진골이고 한찬을 지냈으며, 고조부와 증조부는 모두 조정에서는 재상, 나가서는 장수를 지내 집집에 널리 알려졌다. 아버지는 범청으로 골품이 진골에서 한 등급 떨어져서 득난이 되었다[나라에 5품이 있는데 성이, 진골, 득난 등이다. (득난은) 귀성을 얻기 어려움을 이야기한 것이다.

『문부』에서 '혹 구하기는 쉽지만 얻기는 어렵다'라고 말한 것을 따서, 6두품의 수가 많지만, 귀성이 되기는 제일 낮은 관등一命에서 가장 높은 관등九命에 이르는 것과 같음을 이야기한 것이다. 그러니 4, 5품은 말할 필요도 없다].

고교 교과서 해석 일례 :

• … 아버지는 범청으로 골품이 진골에서 한 등급 떨어져서 득난(6두품)이 되었다.

　　비문에 보이는 낭혜화상 무염의 아버지 범청의 신분 강등을, 김헌창 난과 연루시켜 추정해 왔다. 그리고 지금까지는 비문에 등장하는 6두품을 대략 득난으로 해석했다. 그러나 무염의 조부가 진골이었던 가문의 내력에 비추어, 골품 가운데 1등급 진골에 대한 설명을 '득난'으로 보아야 문맥에 맞다. 기존의 해석은 '아버지 범청이 진골에서 1등 족강族降하였는데, 이것을 득난이라고 한다'는 것이다. 그러나 이러한 득난 해석은 문맥에 맞지 않는다.

　　문맥에 따르면 무염의 집안은 진골로서 대대로 출장입상한 명문이었다. 그런데 아버지 범청 대에는 가세가 내려앉았다는 것이다. 이러한 범청 가문의 신분인 진골을 설명하면서 나라의 1등 신분이기에 득난이라고 했다. 그러면서 상세한 소개를 위해 작은 글씨로 주석을 붙여 놓았다. 즉 나라에 5품이 있다고 하면서, '성이'와 '진골' 그리고 6두품과 5두품 및 4두품을 언급했다. 신라에는 '성이-진골-6두품-5두품-4두품'의 5품이었다. 주석에는 성이와 진골을 일러 득난이라고 하면서 얻기 어려운 귀한 성이라고 했다. 득난은 6두품보다 상위인 '골骨'을 가리켜야 '얻기 어려운 성姓'에 부합한다. 따라서 기존 해석을 취하기는 어렵다. 이어 6두품을 일러 숫자가 많은 것을 귀하게 여긴다고 하였다. 5두품과 4두품도 이와 동일하다고 했다.

이 구절만 새로 해석하면 "(진골 신분의 번성한 가문이었는데) 아버지 범청 대에 집안(의 위상)이 떨어졌다. 진골은 (골품 가운데) 1등이므로 득난이라고 한다. 父範淸族降 眞骨一等 曰得難[나라에 5품이 있는데, 성이·진골을 이르기를 득난이라고 이른다. 얻기 어려운 귀한 성을 말한다. 문부에서는 '혹 쉬운 것을 구했는데 어려운 것을 얻었'고 했다. 6두품을 말하여, 숫자가 많은 것을 귀하게 여기는 것은, 1명命에서 9명에 이르는 것과 같다. 그 4두품과 5두품은 말할 것도 없다]"라고 된다.

주지하듯이 '숫자가 많은 것을 귀하게 여기는 것은'이라는 구절은, 『주례 周禮』에서 숫자가 클수록 존귀한 사례와 6두품 위상을 견주어 설명한 것이 다. 참고로 비문에서 득난의 '득'은, '난득'과 함께 모두 3회 등장한다. 그런 데 비문에는 '得'이 아니라 '淂'으로 기재되 었다.

그밖에 간과할 수 없는 문자가 '聖而'였 다. 지금까지 많은 이들이 이 글자에 매달 렸지만, 적확한 해석을 하지 못했다. 그런데 '而' 밑에는 '骨'의 윗부분 '日'에 가까운 획 이 보인다. 아마도 '而' 자는 '聖骨'의 '骨' 자를 잘못 기재했기에 슬쩍 표기하다 만 것 으로 보였다. 실제 본 비문의 명銘에 '집안 의 뿌리는 성골本枝根聖骨'이라고 했다. 그 러므로 '聖而'는 '聖骨'의 오기誤記가 분명 하다. 따라서 '聖而眞骨'은, '성이·진골'이 아니라 '성골·진골'로 해석해야 문의文義 에 맞다. 즉 "나라에 5품이 있는데, 성골·진

낭혜화상비 해당   같은 구절 탑본.
구절 비문.

골을 이르기를 득난이라고 이른다"는 해석이다. 그렇게 하면 '성골·진골·6 두품·5두품·4두품' 총 5품이 맞다. 만약 '聖而'를 수식어로 받아들이면 '진골·6두품·5두품·4두품' 총 4품만 된다. 게다가 『삼국사기』에서 3회에 걸쳐 "4두품에서 백성에게 이르기까지 … 四頭品至百姓 …"라는 동일한 구절이 보인다. 4두품이 신라 말엽 관등 5품의 말단이었다.

지금까지 검토한 바에 따라 재해석하면 "할아버지 주천은 등급이 진골이었고 벼슬은 한찬이었다. 고조와 증조부는 모두 출장입상하였기에 집집마다 이를 알고 있었다. 아버지 범청에서 집안(의 위상)이 떨어졌다. (이들 가문의 신분인) 진골은 (골품 가운데) 1등이므로 득난이라고 한다[나라에 5품이 있는데, 성골·진골을 이르기를 득난이라고 이른다. 얻기 어려운 귀한 성을 말한다. 문부에서는 '혹 쉬운 것을 구했는데 어려운 것을 얻었다'고 했다. 6두품을 말하여, 숫자가 많은 것을 귀하게 여기는 것은, 1명命에서 9명에 이르는 것과 같다. 그 4두품과 5두품은 말할 것도 없다]. 大父周川品眞骨位韓粲 高曾出入皆將相 戶知之 父範淸族降 眞骨一等 曰淂難 [國有五品 曰聖骨眞骨 曰淂難 言貴姓之難淂 文賦云或求易而淂難 從言六頭品 數多爲貴 猶一命至九 其四五品不足言]"가 된다.

골품제와 윤회전생 사상 :

• "그러나 그 점만을 묵살한다면 인과응보설·숙명론·윤회 사상·체념 사상·과욕寡慾 사상·은둔 사상 등 모든 소극적 사상은 지배계급에 극히 유리하였다. 빈부와 계급을 숙명으로써 단념하고 복종하는 사상이 선전된다면 그들의 지배는 지극히 용이할 것을 알았던 까닭이다. 그래서 지배계급은 평등사상을 묵살한다는 약속하에 이것을 환영하였다. 그리고 피지배 인민계급이 이

것을 환영한 이유는, 첫째 그들의 현실 생활의 빈곤에 대하여 종래의 자연적인 민족종교로써는 안심의 길을 얻지 못하던 것을, 불교는 숙명설로써 빈곤과 피지배 생활의 이유를 명백하게 설명하여 주었으므로(전생의 죄악에 대한 응보라고!) 그들은 빈천 중에서도 단념에 의한 마음의 위안을 얻게 되었다. 그리고 둘째 그들의 미래 생활 곧 사후생활에 대하여, 그들의 자연종교로써는 그것이 극히 애매하고 또 우울하였던 것이, 불교에 의하여 명백하고 광명한 희망을 주게 되었다. 자연종교에서는 현세 생활이 사후에도 그대로 계속되므로 빈자는 사후에도 빈궁한 생활을 하지 아니할 수 없었다. 그리고 또 그것은 빈궁한 채나마 영속적인 것도 못 되고 수 대 뒤에는 자연히 소멸하였다. 그런데 불교에서는, 현세에서 선업을 행하면 사후에 극락세계 연화대 상에서 무궁한 행복과 유쾌와 안양安養을 얻을 수 있었다. 이것은 그들의 암담한 현실 생활에 광명과 희망과 용기를 주었다. 그들의 생활에 대하여 불교 이상으로 더 명백하게 더 구체적으로 평이하게 설명하여 준 철학은 전 귀족 지배 시대를 통하여 있지 아니하였다(손진태, 『조선민족사개론(상)』을유문화사, 1948, 285쪽)."

• "불교가 치자治者계급에 불리하였더라면 이렇게 왕성할 리理가 없다. 불교에는 4종四種(僧侶·武士·商工民·奴隸) 평등이라는 계급 평등사상이 있다. 그러나 한편으로는 인과응보설·윤회설 같은 숙명 사상이 있어, 현실 생활이 빈천한 것은 전세의 죄악에 대한 갚음[報]이라는 치자治者 계급에 극히 유리한 설도 있다. 그래서 귀족들은 다투어 화려한 절을 짓고, 토지를 기부하고, 노예까지도 주어 중들의 생활을 보호하고 귀족 출신의 중들을 높은 지위에 앉히었으므로 그들은 치자 계급에 불리한 설은 버리고, 오직 지배계급에 유리한 사상만을 선전하였다(손진태, 『國史大要』을유문화사, 1949, 28쪽)."

복원한 숭복사비 제액題額 :

2022년 국보인 성주사지 낭혜화상 탑비를 '대낭혜화상탑비'로 명칭을 변경했다. 진성여왕이 추증한 시호가 '낭혜'가 아닌 '대낭혜'였기 때문이다. 이와 관련해 현재 경주 숭복사터에는 숭복사비의 제액을 '숭복사비'로 복원했다. 그러나 비문 모두에 적

복원한 숭복사비의 제액 부분.

힌 절 이름은 '대숭복사'였다. 그러므로 제액은 오른쪽과 왼쪽 각 3글자씩 '大 崇福/ 寺之碑'로 복원해야 맞다.

■ 참고문헌

이도학,『쉽고도 어려운 한국 고대사』학연문화사, 2022.

VII

가라와 임나 제국

55. 사국시대는 가능한가?

'삼국시三國時(『세종실록』 세종 10년 10월 3일)' 즉 '삼국시대'로 일컫고 있는 시대 이름을 '사국시대'로 고치자는 의견이 제기된 바 있다. 가야를 포함하자는 것이다. 다산 정약용도 『사기』 '항우본기'의 사례에 비추어 『삼국사기』에서 '가라본기'를 제안한 바 있다. 그런데 사국시대가 성립하려면 고구려·백제·신라와 동등한 반열에 오를 정도의 국세를 지녀야 한다. 주지하듯이 고구려를 비롯한 삼국은 서로 접경하였다. 이들은 주변 제국諸國이나 연맹을 통합한 후 삼국의 한 축軸을 이루었다. 반면 가야는 변한 연맹을 통합하지 못했다.

물론 단일 연맹체설에 따라, 가야라는 이름의 거대한 정치 연합체가 태동한 것으로 간주하기도 한다. 그러나 이 설을 검증하여 수용이 어렵다는 사실을 밝힐 것이다.

가야인가? 가라인가? :

현행 '가야加耶' 표기는 『삼국사기』에서의 빈도수에 따라 결정했다. 쉽게 말해 다수결로 결정한 것이다. 정작 중요한 사실은 당대인들의 자국 표기가 우선순위가 되어야 한다. 『남제서』나 『일본서기』에서 표기한 가라加羅가 당시대인이 표방했던 국호였다. 「광개토왕릉비문」에도 '임나가라任那加羅'의 '가라'가 보인다.

가라 국호는 김해의 구야국狗邪國에서 비롯하였다. 가라는 구야국이 고령 세력과 연맹 관계를 결성함에 따라 양국을 통칭하게 되었다. 여기서 가라는 '더하여 망라網羅한다'는 의미를 지녔다. 이는 김해와 고령 세력의 연맹 결성과 관련한 의미심장한 국호였다. 반면 『삼국사기』 등에 보이는 가야加耶나 가량加良 혹은 가락駕洛 등은 어디까지나 가라를 멸망시킨 신라인들이나 후대 표기에 불과했다. 특히 『삼국사기』에서 용례가 가장 많은 국호가 '가야加耶'였다. 그런데 '耶'는 의문을 나타내는 조사助辭였다. 그런 만큼 자칭인 '가라'와는 달리 타칭인 '가야'는 '더했다고?'라며 비꼬는 의미이다. 따라서 당대의 자호自號인 가라加羅 표기가 마땅하다.

창원 봉림사에 소재했던 진경대사 비 탑본. 진경 대사는 금관가야 왕족이었던 가문의 내력을 언급하면서 '任那王族'이라고 했다.

용어 '사국시대' 성립은 간단하지 않다. 일단 역사적 용어가 아니기 때문이다. 중국 『춘추春秋』에서 '춘추시대', 『전국책戰國策』에서 '전국시대' 용어가 태동했다. 『춘추』와 『전국책』에 수록된 시대가 춘추시대와 전국시대였다. 마찬가지로『삼국사기』본기本紀에 수록된 삼국의 역사가 삼국시대였다. 『삼국사기』에는 전·후삼국사가 모두 수록되었다. 사국시대론에서 간과한 사안이 아닐 수 없다.

그러나 보다 근본적인 문제가 있다. 이승휴의『제왕운기』에는 단군과 엮어져 숱한 국가와 더불어 옥저 같은 정치 세력까지 수록했다. 그럼에도 가야(가라)는 거론하지 않았다. 그럴 정도로 존재감이 없었다는 객관적인 지표였다. 실제 '가야'는 변한 제국 전체를 포괄하지 못하였다. 가야 즉 가라加羅 국호를 지닌 국가는 김해와 고령 2개국에 불과했다. 흔히 6가야로 알려진 소국들은 고려 때 '만들어진 역사'에 불과하였다.

대가야 토기 '대왕大王' 명 :

가라 연맹(김해·고령)의 국가적 발전 정도는 영역 규모를 비롯해 집권화 정도와 맞물려 있다. 그러나 여전히 과제로 남아 있다. 그런데 가라의 국가 발전 정도를 가리키는 지표로 이용하는 대가야 토기 뚜껑과 몸통에 새겨진 '대왕大王' 명은, 재고되어야 한다. 즉 '大' 자는 필획이 '一' → 'ノ' → '丶'의 순이다. 이에 반해 '大王' 명은, 'ノ' → '丶' → '一' 순이었다. 그리고 '王' 자는 '三' → 'ㅣ'의 순이라야 맞다. 그런

충남대학교 소장 대가야 토기의 '대왕' 명 부분.

데 토기의 '王' 자는 '干'에서 끊겼다가 밑에 '土' 획이 붙어 있다. 이러한 필획을 '王' 자로 받아들일 수는 없다. 따라서 부호에 불과한 자료에 과도한 의미를 부여했다. 설령 '大王' 명이 타당하더라도, '전 고령'에 불과할 정도로 출토지도 모르는 평범한 대가야 장경호 부호에 과도한 의미를 부여한 것이다. 이

점은 부인할 수 없다. 게다가 대가야 토기의 분포 범위는 상당히 넓다.

최근 '대왕' 명 대가야 토기는 주술적 목적에서 정반대로 새겼다는 주장이 제기되었다. 필획의 문제점을 자각한 후 제기된 대응 논리로 보였다. 그렇다면 이 글자는 '왕 중의 왕'인 '대왕'이 아니라 정치적 위상이나 성격과 무관한 주술의 산물에 불과한 것이다. 실제 평양의 낙랑 고분에서 출토된 전돌에도 '大王' 명문이 확인되었다. 따라서 본 명문을 가라의 정치적 집중도와 결부 지을 수는 없다.

일제 때 평양부 대동강면 고분군 지대에서 출토된 '大王' 명 전돌(井內功, 『朝鮮瓦塼図譜 Ⅰ(樂浪 帶方)』 井內古文化硏究室, 1976, 圖82).

그러면 무슨 이유로? 어떤 정치적 배경에서 '6가야'가 등장한 것일까? '6가야'의 모태인 「가락국기」가 그리고 있는 '가야상伽耶像'은 소중한 기록유산임은 분명하지만, 왜곡과 윤색이 따라붙었다. 그중 6난 탄강설화卵誕降說話와 연계된 '△△가야伽耶'는 삼국시대 당시에는 존재하지도 않았다. 그렇다고 신라 말~고려 초 호족들의 자립 근거로서 생겨난 것도 아니었다. 게다가 6가야 지역 호족 간에 동질성이나 공통 분모도 공유되지 않았다.

6가야설은 반신라적인 명분에서 나왔다는 것이다. 그러나 아라가야 지역 호족은 오히려 신라에 대한 절의節義를 지켰다. 6가야의 축軸인 금

창녕 비화가야 고분(교동·송현동 63호분)에서 출토된 '出' 자형 금동관모. 전형적인 신라 관모 형태이다.

관가야 지역 호족들
도 시종 친신라 입장
을 고수했다고 한다.
그리고 대가야 고지
故地와 더불어, 인접
한 합천 지역 호족들
은 후백제계였다. 반
면 고녕가야(경북 상
주 함창읍)와 성산가

교동 고분군 안내 팻말의 인물화에도 신라
'出' 자형 금동관모를 착용시켰다.

신라 고분 정보센터
의 패널.

야(경북 성주) 및 소가야(경남 고성)는 친고려親高麗 세력권이었다. 이렇듯 6
가야 지역 호족 간에는 동질성은 공유되지도 않았다. 더욱이 고녕가야와 성
산가야는 가야 판도에 넣을 수도 없다. 이들 제국諸國은 진한-신라에 속했
었다. 비화가야(경남 창녕) 또한 가야와 무관한 지역이었다.

창녕 신라 진흥왕 척경비(국보 제33호) :

561년 창녕에 건립된 신라비에는 '순수巡狩' 글자가 없으므로 '척경비'로
일컫고 있다. 일찍이 가쓰라키 스에지葛城末治는 '척경비'로 명명했지만, 정작
비문에 영토 개척 사실은 보이지 않는다. 이곳은 고고학적으로도 6세기 대부
터는 명백히 신라 영역이었다. 가라(대가야) 멸망 1년 전에 진흥왕은 자국 영
역 창녕에 신료들을 거느리고 행차한 것이다. 그랬기에 현재 창녕에는 '진흥
왕 행차길'을 조성해 놓았다. 긴말 필요 없이 태왕太王이 몸소 왔으니 '순수'가
아니고 무엇이랴! 이렇듯 진흥왕의 행차는 사실이므로, 순수비로 일컫는 게
합당하다.

앞서 언급했듯이 '△△가야' 가운데 금관가야와 대가야만 가라加羅로 일컬어졌다. 이 2개국만 남가라南加羅(김해)와 가라(고령)로 각각 일컫는 '가야 연맹'이었다. 신라 말 최치원이 지은 대가야와 금관국 2개국 시조 설화와 부합하고 있다. 게다가 난생卵生으로서의 수로왕 탄강 설화는, 「가락국기」 이전에 존재하지만, 그때는 6난卵이 아닌 수로왕 독란獨卵 설화였다. 1076년 「가락국기」에 이르러 6난 탄강 설화가 최초로 나타났다.

강역도 금관가야 말기에 "남가라는 땅이 협소하여 불의의 습격에 방비할 수 없었고 의지할 바도 알지 못하여(『일본서기』 권19, 欽明 2년 4월)"라고 할 정도로 왜소한 형국이었다. 924년에 세워진 진경대사비에도 금관가야 말기 상황을, "매번 이웃 나라의 군대에 고통을 받다가 우리나라(신라 : 역자)에 투항했다. 每苦隣兵 投於我國"고 하였다.

그럼에도 「가락국기」에서는 "동은 황산강, 서남은 창해, 서북은 지리산, 동북은 가야산, 남은 나라의 끝이었다"고 했다. 고단孤單한 금관가야가 광활한 영역 국가로 재탄생한 것이다. 이러한 현상은 고려 전반기에 편찬한 「구삼국사」에서 옥저를 비롯한 열국列國 명단에도 '가라'가 포함되지 않았던 사실과 대비된다. 고려 전반기만 해도 가라는 존재감이 없었다.

금관가야 역사 만들기는 문종 대에 인주 이씨 세력의 득세와 더불어, 자신들의 연원이 되는 수로왕 현양으로 발현되었다. 인주 이씨는 본디 허황후의 후손인 허씨였지만, 당 현종을 호종한 공으로 이씨 성을 하사받았다. 그러한 인주 이씨는 10명의 왕비와 18명의 재상을 배출한 고려 최대의 문벌 가문이었다. 이와 연계해 봉작제封爵制에 금관후金官侯가 처음 등장했

김해 분산성에서 굽어본 가락국 옛터.

다. 최초의 금관후는 문종과 인주 이씨 왕비 소생이었다.

신라 하대에 신김씨新金氏로 일컬어졌던 금관가야계 왕족들은 「개황록」이나 「김유신행록」 등을 통해 가문의 위상을 제고하고자 했다. 11세기에 이르러서는 허황후와 닿아 있는 인주 이씨 세력이 범汎 수로왕계에 대한 대결집을 기도하였다. 인주 이씨 가문의 정치적 외연 확장 차원이었다.

물론 「가락국기」에는 전승을 토대로 한 소중한 기록이 많다. 그렇지만 문종 대의 외척인 인주 이씨 세력의 정치적 목적이 틈입했기에 사료에 대한 비판적 수용이 필요했다. 가령 6가야와 금관가야 영역은 '만들어진 역사'로 드러났다. 따라서 이에 기반한 6가야 연맹설 또한 실체가 없었다. 가야 연맹은 가라를 공유했던 김해(남가라)와 고령(가라)에만 국한되었다. 그러한 2개국 가라 연맹은 11세기 후반에 이르러 '△△가야'라는 이름의 6가야로 확장된 것이다. 명백히 '만들어진 역사'였다.

지금은 도난당한 금관가야 마지막 왕인 구형왕과 계화 왕비 영정. 이조판서와 대제학을 역임했던 이병정李秉鼎(1742~?)은 구형왕 화상에 대한 명銘을 쓴 바 있다. 명에서 그는 산청 왕산사의 목함에 들어 있던 왕과 왕비 화상과 활·칼, 그리고 품이 보통 옷보다 갑절이나 컸고 푸른 비단으로 안을 받혔던 옷을 언급했다.

■ 참고문헌

이도학, 「山淸의 傳仇衡王陵에 관한 一考察」『鄕土文化』5, 嶺南大學校 鄕土文化硏究會, 1990.

이도학, 「「駕洛國記」와 '6伽耶' 성립 배경 검증」『역사학연구』83, 2021.

56. 전북가야는 역사서의 어떤 나라인가?

통상적으로 가야라고 하면 경상북도 일부와 경상남도 지역을 연상한다. 「가락국기」의 '6가야' 영역이 영향을 미친 것이다. 그러나 '6가야'는 존재하지도 않았다. 고려 때 「가락국기」에서 만든 역사였다. 게다가 가야 즉 가라는 김해와 고령 2개국에 불과했다. 가야 연맹은 남가라(김해)와 가라(고령) 간의 결속이었다. 신라 말 최치원이 지은 「석이정전」에 보이는 가야 건국 설화 역시, 이 2개국에 한정되었다.

통상적으로 가야로 운위되는 곳은 임나任那였다. 사료에서 '임나가라任那加羅' 혹은 '임나가량任那加良', 또는 '임나 제국任那諸國'으로 나타난다. 임나 범주 안에 '가라'와 '제국諸國'이 소재한 것이다. 임나는 통상 가야로 운위하는 공간과 부합하고 있다. 이 공간은 「가락국기」에서의 서쪽 경계인 지리산을 넘지 못한 것으로 인식되었다. 그러나 실학의 비조로 알려진 성호 이익 李瀷(1681~1763)은 처음으로 전라북도 지역 가야의 존재를 다음과 같이 언급하였다.

신라는 처음에는 낙동강 동쪽에 있었고, 그 서쪽은 6가야의 땅인데, 변한

은 그 남쪽에 있었다. 반드시 이곳은 지리산 남쪽의 여러 고을로 아마도 지금
의 경상도와 전라도 여러 고을에 걸쳐 있었을 것이다. … 혹은 지금 전라도 동
남쪽 여러 고을이 모두 변한의 땅이 아니었을까? 이것이 전해오는 의문이라고
할 수 있다. … 신라의 서쪽은 6가야가 되고, 또 그(6가야) 서남쪽이 변한이니,
이것은 의심이 없다(『星湖全集』 제26권, 書, 答安百順 丙子).

성호 이익은 6가야와 변한을 구분하였다. 6가야 남쪽에 소재한 변한은
경상도와 전라도 동남쪽에도 걸쳤다고 했다. 변한의 소재지가 전라도까지
미쳤다는 견해를 처음으로 피력하였다. 성호가 언급한 변한은 그 후신인 임
나 제국에 해당한다. 이렇듯 성호가 상정한 임나 제국의 공간적 범위는, 현
재 전북 동부와 전남 동남부의 고고학적 발굴 성과와도 부합한다. 놀랄만한
혜안인 것 같다.

'전북가야'는 전라북도 지역에 소재한 가야를 가리킨다. 가야 고분과 가
야 토기가 출토된 지역을 뜻한다. 물론 전북가야는 잠정 호칭에 불과하다.
그러나 '성산가야星山伽耶' 등 〈지역명+가야〉 표기 선례가 보인다. 그러므로
원칙 없는 자의적인 호칭은 아니었다. 여기서 중요한 사실은 전북 동부 지역
에 가야 문화와 깊은 관련을 지닌 정치 세력의 존재였다. 이 세력과 가라와
의 동일 여부가 쟁론이 되어 왔다. 일반적으로는 대가야 토기의 분포를 통해
가라의 영역이나 영향권으로 간주해 왔다. 그러나 대가야 영역으로 명시한
합천 다라국 옥전 고분에서는 신라계 出 자형 금동관모가 출토되었다. 상징
성이 큰 관모 외에 로만 글라스와 같은 위신재도 신라를 통해 얻은 것이다.
게다가 백제 관련 문화 요소도 보인다. 가라가 턱 밑의 다라도 제압하지 못
했음을 반증한다. 그러므로 대가야 토기의 분포가 영역의 지표가 될 수는 없
다. 가령 안라(아라가야)의 표지적인 불꽃무늬 토기는, 창원·마산·의령·진
주·김천·거창·경주·부산·일본의 긴키近畿 지역까지 분포한다. 이 가운데

극히 일부 지역을 제외하면 아라가야 토기는 모두 교류의 징표에 불과했다.

그리고 주목할 사안이 있다. 전북 동부의 남원과 장수 일대는 막대한 제철 유적 산포지라는 점이다. 고대국가의 잠재적 국력 척도인 제철 산지의 존재는, 정치 세력 태동의 충분조건이었다. 이러한 전북 동부 지역에는 가라나 임나 제국과 구분되는 또 다른 정치 세력이 존재하였다. 다음 기사를 읽어 본다.

3월에 반파伴跛가 자탄·대사에 성을 쌓아 만해로 연결하였다. 봉후烽候와 저각邸閣을 두어 일본에 대비했다. 또 이열비·마수비에 성을 쌓고, 마차해·추봉에 연결하였다. 사졸과 무기를 모아 신라를 핍박했다. 자녀를 몰아내 약탈하고, 촌읍을 무자비하게 노략질하였다. 흉악한 기세가 가해지는 곳에 남는 게 드물었다. 대저 포학 사치하고, 괴롭히고 해치며, 침노하고 업신여기니, 베어 죽인 게 너무 많아서 상세히 기재할 수가 없었다(『일본서기』 권17, 계체 8년 3월).

윤색설潤色說 :

반파 = 장수설의 주된 근거인 "봉후와 저각을 두어 일본을 방비하고 성을 쌓았다. 置烽候邸閣 以備日本 得築城"는 기사가, "봉후 저각을 두어 호胡를 방비하자, 서강이 두려워해 무리 2만여 낙을 이끌고 항복했다. 置烽候邸閣 以備胡 西羌恐 率衆二萬餘落降(『삼국지』 권15, 張旣傳)"는 구절과 7자가 같다는 것이다. 계체 8년 3월 조에 대한 윤색설을 제기함으로써 '봉후와 저각을 두었다. 置烽候邸閣'는 핵심 기사의 무력화를 시도했다.

그런데 윤색의 사전적 의미는 "1. 본디의 내용보다 과장되게 꾸며지거나 미화되다 2. 어떤 사실을 본디의 내용보다 과장되게 꾸미거나 미화함을 비유적으로 이르는 말"이다. 윤색은 과장과 미화가 덧붙여지지만, 실체는 존재하였다. 윤색은 사실 자체를 창작하는 조작이나 날조와는 성격이 전혀 다른 것이다. 따라서 '置烽候邸閣' 문구는 설령 기존 문헌에서 전재轉載했더라도, '봉후' 설치 자체는 엄연한 사실이었고, 또 실체가 존재했다.

참고로 '置烽候邸閣'처럼 전재한 문구는 일상화되었다. 일례로 '조준하지 않은 화살에 맞은바 되었다. 爲流矢所中'는 구절이 대표적이다. 「광개토왕릉비문」에서도 중국 고전에서 따온 글귀들이 상당히 보인다. 문장의 격을 높이기 위해 『일본서기』에서도 유서를 간직한 고아한 문장으로 꾸며진 사례들이 등장한다.

더 중요한 사실은 '置烽候邸閣'의 작문 주체가 일본이었다. 『일본서기』 찬자가 해당 구절을 굳이 『삼국지』 장기전에서 전재한다고 해 자국에 하등 득이 되지 않는다. 윤색은 자신에게 유리하도록 사실을 과장과 미화해 서술하는 것이지만, 왜와 대결하는 구절을 반파국 주체로 윤색해 일본에 득이 될 것도 없었다. 게다가 왜가 패했기에 적대적인 반파국을 미화하거나 과장할 이유는 더욱 보이지 않는다. 물론 왜가 패할 수밖에 없는 이유를 과장할 목적에서, 군세軍勢를 부풀려 반파국의 강성을 드러내면 된다.

가장 중요한 사실은, '봉후'의 실체인 봉화대가 현재까지 120곳 이상 확인되었다. 봉화대는 『일본서기』 찬자의 탁상안출 '윤색'이 아니라 '사실'로 입증된 것이다. 따라서 사상누각이 된 윤색설이었다.

514년의 시점에서 반파국이 봉후와 저각을 설치해 왜에 대비했고, 신라의 촌읍을 노략질했다. 왜·신라와 대립한 반파국을 대가야(가라)로 지목해 왔다. 그러나 대가야가 왜와 적대 관계인 기록이나 정황은 보이지 않았다.

게다가 왜에게 대비해 설치한 '봉후'는 봉화를 가리킨다. 봉후 유적은 전북 동부 지역에서 120곳 이상 확인되었다. 반면 고령을 비롯한 영남 지역에서는 단 한 곳도 확인된 바 없다. 이렇듯 봉후 즉 봉화대를 설치해 왜에 대비한 세력은 전북에 소재하였다. 반

장수 봉화봉 봉화대 유적. 거대한 봉화망의 존재는, 전라북도 동부 지역이 대가야가 아닌 반파국의 영역이었음을 알려주는 결정적 물증이다.

파국이 대가야일 수 없는 결정적 근거가 아니겠는가? 오로지 군산대학교 곽장근(1961~)의 우뚝한 업적이다.

게다가 반파와 가라 간에는 국호상의 연관성이 없다. 그럼에도 반파伴跛를 가라의 비칭으로 간주하였다. 지체 부자유의 뜻이 담긴 '跛'를 비칭이나 멸칭의 근거로 주목한 것이다. 이러한 '파'에는 '기대서다, 기우듬하게 섬'의 뜻이 있다. 즉 "유사有司가 한쪽 발로 기우듬하게 서거나 기대고 제사를 지내니 有司跛倚以臨祭(『禮記』)"라는 용례가 보인다. 이러한 뜻은 '반伴'의 새김 '짝, 따르다, 동반자'와 결부 지어볼 때 '기대선 짝'이나 '기대서 따른다.'·'기대선 동반자' 의미가 된다. '반파'에는 '함께 한 파트너'의 뜻이 담겼다. 따라서 악의적인 의미가 담긴 비칭으로 간주하기는 어렵다. 오히려 '반파伴跛'의 비칭은 「양직공도」에서 백제 곁의 소국 명단 가운데 맨 먼저 적혀 있는 '반파叛波'였다. 사족을 불허할 정도로 나쁜 의미를 담고 있는 문자 조합이다. '배반할 반'에, '파문'·'파동'·'파장' 등 모두 부정적인 용례였다.

멸칭과 비칭의 원칙 :

멸칭이나 비칭은 국호나 종족명 사용을 통해 쉽게 인지할 수 있게 했다. 가령 백잔百殘은 국호 백제百濟에서 취한 멸칭이었다. 그리고 하구려下駒驪·구려句驪·박박狛·예맥穢貊은 국호와 종족명에서 취한 고구려에 대한 멸칭과 비칭들이다. 이러한 호칭에는 일컫는 주체의 감정이 개입한다. 가령 청淸은 악귀를 가리키는 나찰羅刹로 러시아를 호칭했지만, 조선은 나선羅禪으로 표기했다. 직접적인 이해 당사자인 러시아에 대한 청의 증오감이 스며 있다.

반파伴跛라는 국호가 있음에도 음은 그대로 사용하지만, 뜻은 악의惡意가 담긴 반파叛波로 표기한 것이다. 전쟁을 치른 바 있는 백제의 증오감이 담겨있다. 이 사실은 역으로 반파국이 절대 만만하지 않은 세력이었음을 반증한다. 무엇보다 국호상 반파와 가라加羅는 서로 아무런 연관성이 없다. 인지할 수 없는 호칭을 멸칭으로 사용할 수는 없지 않겠는가?

반파국이 대가야가 될 수 없는 근거는 그 밖에도 많지만, 다음 몇 가지만 제시한다. 첫째, 『삼국지』 동이전의 변진 반로국半路國을 반파국伴跛國의 간오誤로 주장해 왔다. 그러나 『삼국지』 판본 중 단 한 건의 이기異記나 이본異本도 없이 모두 '반로국'이었다. 따라서 설득력이 떨어지는 주장이다. 둘째, 479년에 가라(대가야)는 남제南齊의 책봉국이었다. 그러한 가라를 521년 경 '백제 곁의 소국'인 반파국과는 관련지을 수 없다. 중국 왕조의 외신外臣인 가라를, 동일한 외신 백제가 부용국화 할 수는 없기 때문이다. 셋째, 반파국은 '임나국의 별종別種(『釋日本紀』)'이었다. 반파국은 본종本種인 가라와는 관련이 없다. 넷째, 『일본서기』에서 가라의 훈독은 '가라カラ'이지만, 반파는 '하헤ハヘ'였다. 양자는 서로 다른 별개의 국가였다. 양자가 동일한 국가라면 표기가 다르더라도 훈독은 같아야 한다. 가령 6세기 대의 백제 국호 '부여'와 '백제'는 모두 훈독이 '구다라クダラ'였다. 고구려를 가리키는 '박狛'이나 '고려' 모두 '고마ゴマ'로 읽었다. 다섯째, 장수군 일원의 백제 때 행정 지명 '伯海'를 『전운옥편』에서는 '파해'로 읽었다. '파해'는 반파 음가인 '하혜'와 연결된다. 그리고 '하혜'에 탁음을 붙이면 '파혜バヘ'로 읽을 수 있다. 따라서 반파국은 장수군 장계면의 백제 때 행정 지명 '백해'와 닿는다.

현재까지 드러난 120곳 봉화망의 종착지는, 정치적 중심지인 동시에 봉화를 운영하는 주체였다. 광대한 봉화망은 『일본서기』는 물론이고 『신찬성씨록』에 적힌 3기문(上·中·下己文)의 영역 300리와 부합한다. 이 영역 안의 운봉고원과 장계 분지에서는 막대한 제철 유적을 확인하였다. 왜까지도 비상하게 신경을 쏟은 전략 물자가 철鐵이었다. 당시 반파국은 운봉고원의 기문국을 병합할 정도로 기세를 올렸다. 그러한 반파국의 소재지로는, 고총 고분과 제철산지가 밀집한 데다 봉화망의 종착지인 장수를 지목할 수 있다. 장수군 장계면이 반파국 중심지였다.

반파국은 왜뿐 아니라 백제·신라와도 격전을 치른 바 있다. 3년 전쟁에서, 그것도 1 : 3의 대결에서 왜와 신라에 큰 타격을 주었다. 그러면 동서東西로 백제와 임나 제국 사이에 소재한 300리 영역의 중심인 반파국의 정치적 실체는 무엇일까? 중국 사서에 기록된 모한慕韓을 주목해 본다. 모한은 왜왕 무武가 유송에 책봉을 요청한 기록 속에서 다음과 같이 보인다(『송서』 권97, 이만전, 왜국).

반파국의 거점으로 비정되는 장계 분지.

426년 : 使持節都督 倭·百濟·新羅·任那·加羅·秦韓·慕韓 七國諸軍事 安
東大將軍 倭國王

451년 : 使持節都督 倭·新羅·任那·加羅·秦韓·慕韓 六國諸軍事 安東將軍

478년 : 使持節都督 倭·新羅·任那·加羅·秦韓·慕韓 六國諸軍事 安東大
將軍 倭王

위의 모한에 대해서는 그 실체를 둘러싸고 논란이 많았다. 다만 일본 학자 가운데 모한을 백제에 포함되지 않은 마한 세력이나 영산강 유역 세력으로 지목하였다. 그러나 분명한 사실은 왜국 왕의 작호 요청에 3회나 등장한 이래, 660년 무렵 집필된 『한원』에서도 그 존재가 다음과 같이 보인다.

이러한 신라는 진한·변한 24국 및 임나·가라·모한의 땅에 있다. 此新羅有
辰韓·卞辰二十四國及任那·加羅·慕韓之地也(『한원』 번이부 신라).

모한은 3세기 중엽을 시간적 하한으로 하는 『삼국지』 단계 이후 5세기 초 이전에 등장한 것이다. 위의 인용에서 신라가 점령한 지역으로 임나·가라·모한이 나란히 등장한다. 모한은 백제와 임나 제국 사이에 소재한 것이다. 이러한 모한이 왜왕의 작호에나 등장하는 가공의 세력일 수는 없다. 최종적으로는 신라 영역이 되었다는 모한의 실체가 확인되었기 때문이다. 지금까지 살펴본 입지 조건과 앞에서 검토했듯이 300리 영역의 독립된 정치권의 존재를 상정할 때, 모한은 '전북가야'를 가리킨다고 하겠다.

■ 참고문헌

이도학, 「伴跂國 位置에 대한 論議」『역사와 담론』 90, 2019.

이도학, 「전북가야의 태동과 반파국」『문헌과 고고학으로 본 전북가야』 호남고고학회,
2020.; 『전북가야의 역사와 문화』 서경문화사, 2020.

VIII

발해

57. 신라와 발해의 대치는 남북국시대인가?

남북국시대론의 허상

현재 한국 학계는 유득공(1748~1807)의 '남북국론'을 취하여 '남북국시대'라는 시대구분 명칭으로까지 발전시켰다. 유득공은 "부여씨扶餘氏가 망하고 고씨高氏가 망하고 나서, 김씨金氏는 그 남쪽에 있고, 대씨大氏는 그 북쪽에 있었으니, 발해라고 한다. 이를 남북국南北國이라고 이른다. 그 남북국사南北國史가 있어야 마땅함에도 고려가 이것을 편찬하지 않은 것은 잘못이다(『발해고』 발해고서)"고 설파했다. 물론 유득공은 '남북국시대론'을 주장하지는 않았다. 그렇지만 현재 통일신라와 발해를 아우르는 시대구분 용어로서 '남북국시대'가 등장한 소이所以이다.

북한에서는 그러나 이러한 시대론을 취하지 않았다. 한국 민족은 유사 이래 이미 단일성을 형성했다는 전제에서 출발했기 때문이다. 국가에 관해서는 고려에 이르러 비로소 통일국가가 성립한 것으로 설정했다. 그렇다면 먼저 통합한 국가가 기점에 있고, 그것이 분열하고 또 통합된다고 하는 역사적 과정에 대하여, 그 분열 시기를 일컫는 전통적 개념의 남북조시대를 상기시키는 '남북국시대'는, 당연히 논리상으로도 인정하기 어렵다. 북한에서

는 이 시기를 '발해 및 후기 신
라시대'로 규정하였다.

발해 첫 도읍지 동모산 원경.

　북한에서 '남북국시대'라는
개념이 설정되지 않은 배경에
는 위와 같은 국가의 통합 과
정에 대한 독자적인 인식에 바
탕을 두었다. 게다가 북한은
발해와 신라를 대등하게 여기
지도 않았다. 그 때문에 대등한 의미에, 그것도 신라가 앞에 표기된 '남북국
시대' 용어를 사용할 수 없었다.

　그러면 남북국시대론을 검증해 보도록 한다. 먼저 신라에서 발해를 '북
국'으로 지칭했다고 하여, 발해가 신라를 '남국'으로 일컬었다는 근거는 없
다. 반면 '후삼국시대'에 후백제가 고려군을 '북군北軍'으로 일컬었다. 고려
태조가 후백제인을 '남인南人'이라고 했다. 이 경우는 앞선 시대인 신라 영
역에서 후백제와 고려가 탄생했고, 삼한이라는 동질성을 깔고 있었기에 가
능한 호칭이었다.

　반면 발해에 대한 신라인들의 '북국' 호칭은, 양국 간 동질성의 지표이기
는 어렵다. 동질성이 전제되지 않았지만 '남북조'를 운위한 경우가 있었기
때문이다. 가령 후금後金이 명明을 '남조'로 일컬은 당시의 현장 기록이 생
생하게 전한다. 후금은 자국을 명과 동급으로 간주했기에 대등하다는 의식
에서 '남조'로 일컬었다. 물론 이러한 호칭에는 동질성은 전제되지 않았다.
우리 역사에서는 낙랑 왕 최리가 고구려를 일컬을 때도 '북국'이라고 했다.
역시 방향을 가리키는 호칭에 불과하였다. 중국의 북주北周가 북제北齊에
보낸 국서에서 "지난해 북군北軍이 그대의 국경에 깊이 들어가 … 북방을 막
을 뿐 아니라 남방도 공략한다고 들었습니다"는 구절에 보이는 북군은 돌

궐군을 가리킨다. 북방은 돌궐, 남방은 북주를 지칭했다. 고구려 멸망과 관련한 점괘에서 "북국 사람들이 장차 남국에 붙을 것이다. 北國人 將附南國(『일본서기』 권27, 天智 원년 4월)"고 한 북국은 고구려를, 남국은 왜를 가리킨다. 이 역시 방향 이상의 의미를 부여하기는 어렵다.

1134년(인종 12)에 고려 박경산이 천정절 축하 사절로 금에 간 것을 '부절符節을 지니고 북국에 사신으로 갔다. 仗節北國使'고 했다. 고려 김부식은 고구려 국내성의 소재지와 관련해 '북조 경내北朝境內' 즉 금金 영역을 거론했다. 이때 고려는 금을 '북조'로 일컬었다. 그렇다고 양국 간의 동질성이 전제되었는지는 불투명하다. 그리고 고려가 요遼를 북조로 일컬은 경우도 다수 확인된다. 송宋도 거란을 북조로 간주했다. 즉 "왕께서 이미 북조의 책명을 받았다고 들었습니다. 남조와 북조의 두 나라가 백 년 동안이나 우호 관계를 맺어 와서 의리는 형제와 같았습니다. 그런 까닭에 또다시 왕을 책봉하지 않고 조서만 보낼 뿐입니다(『고려사』 권13, 예종 5년 6월 계미)"고 했다. 이 경우는 분명히 지리와 국세를 놓고서 '남북조'로 일컬었다. 신라와 발해도 이러한 맥락에서 해석은 가능할 수 있다. 그러나 기존에 인식했던 공동체 의식의 공유 여부는 좀 더 숙고가 필요하다.

중국의 남북조시대를 연상하는 '남북국시대'는 그에 앞서 통일된 국가를 전제하고, 지금의 현상이 한시적이라는 인식을 공유했을 때 제기될 수 있다. 한국사에서의 남북국시대도, 통일된 국가에서부터 신라와 발해가 분열되었다는 인식이 공유되었을 때 가능하다. 삼국의 경우는 '해동 삼국'이나 '삼한'이라는 공유된 인식과 공통 분모가 존재하였다. 그러나 발해는 신라가 아닌 고구려 땅에서 일어났다. 통일신라에서 발해로 분열되었다는 전제가 공유되지 않았다. 따라서 '남북국시대론'은 근거가 취약한 관념의 산물이었다.

사실 신라는 발해를 대등하게 간주하지 않았다. 일단 신라는 고구려를 멸망시켰고, 국도를 점령하여 왕을 생포했다. 그리고 보장왕의 족자族子 안승을 수반으로 고구려 유민들을 모아 번국藩國을 신라 영역에서 재건해 주었다. 신라가 보기에는 고구려를 깔끔하게 멸망시켰고, 또 끊어진 사직을 이어주기까지 했다. 그에 반해 발해는 고구려 왕족이 세운 나라도 아니었다. 게다가 발해 두 번째 국왕인 대무예가 일본에 보낸 첫 번째 국서에서 자국의 정체성을 부여夫餘에서 찾았다. 비록 당을 의식한 수사라고 하더라도, 분명한 것은 발해는 애초 고구려 계승을 선언하지도 않았다. 신라로서는 고구려 잔얼殘孼이 세운 발해를, 고구려 적통으로 간주할 이유가 없었다. 신라가 발해를 말갈의 나라로 여기는 게 당연할 수도 있었다.

더욱이 신라는 백제와 고구려를 통합했다고 자부하였다. 그에 반해 신라와 고려는 발해를 통합하지 못했다. 발해도 마찬가지였다. 고려가 발해 유민을 받아들인 것은 난민 수습 차원이었고, 국가적 통합은 아니었다. 삼국의 경우는 복색이나 문화에서 동질하다는 평가와 더불어 '해동 삼국'이나 '삼한'이라는 공동체로 인식되었다. 이에 반해 신라와 발해의 동질성은 그 어디에서도 운위된 바 없다. 중국 사서에서도 고구려는 동이전東夷傳에 속했지만, 발해는 북적전北狄傳에 배정하였다.

삼국은 간단없이 수백 년간에 걸쳐 상대를 통합하기 위한 전쟁을 지속해서 벌였다. 그에 반해 신라와 발해는 서로를 통합의 대상으로 간주하지도 않았다. 신라는 어디까지나 당의 요청으로 발해를 공격한 적은 있었다. 그렇지만 양국이 자국의 의지로 충돌한 적은 없었다. 물론 신라는 서북에 장성을 축조하거

발해 동경성에서 발견한 연화문 와당.

나 동북에 관문을 설치한 적은 있었다. 즉 826년에 300리에 걸친 패강장성과 경덕왕 대의 탄항관문炭項關門 축조였다. 그렇지만 이는 발해의 위협보다는 계선界線으로서의 성격이 강했다. 통합에 대한 의지 대신 상호불가침인 각자도생 형태의 병존을 읽을 수 있다. 이렇듯 통합 의지가 없었던 양국을 대등하게 놓고 '남북국시대'를 설정하는 것은 사리에 맞지 않아 보인다.

문헌에서 확인된 발해의 외왕내제外王內帝 :

발해는 외적으로는 당에 '왕'을 칭했지만, 신라와 마찬가지로 자국 안에서는 '황제'로 위상 지었다. 도성제를 통해서도 확인할 수 있다.

『요사』에는 "12세 대이진에 이르러 참람되게 황제를 칭하여 연호를 바꾸고, (천자의) 궁궐을 흉내 내어 만들었다. … 요동의 강성한 나라가 되었다. 十有二世至彝震 僭號改元 擬建宮闕 … 爲遼東盛國(권38, 東京遼陽府)"고 했다. 발해가 당의 궁궐을 모방해 황제 행세를 했다는 것이다. 발해 상경성 구조가 당의 장안성과 부합한다는 사실은, 발굴 없이 익히 알려졌었다. 발해 역시 황제 체제가 확인된 것이다.

후삼국시대가 남북국시대

'후삼국시대'라는 역사 용어는 일본인의 서술 중 "이로써 옛적의 고구려·백제 두 나라가 부흥하여 서로 싸우는 삼국시대 재현의 양상을 보이기에 이르렀다(朝鮮史學會, 『朝鮮史講座 朝鮮一般史(上世史)』 1923, 228쪽)" 등에서 연유했다. 그러면 신라는 삼국의 한 축을 이루고 있었을까? 896년 신라의 사정을 "도적이 나라 서남쪽에서 일어났는데, 그 바지를 붉은색으로 입어 스스로 구분했다. 사람들이 그들을 적고적赤袴賊이라고 일컬었는데, 주현州縣을 도륙하여 해를 입혔다. 서울의 서부인 모량리에 이르러 민가를 약탈하고 갔다(『삼국사기』 권11, 진성왕 10년)"고 했다. 신라는 나라의 서남쪽에서 일어난 무리에게 경주 서부 지역까지 한 번에 뚫린 것이다. 신라가 자위력을 거의 상실했다고 보아도 과언이 아니다.

905년 시점에서는 "궁예가 군대를 일으켜 우리의 변경 읍락을 침탈해 죽령 동북에까지 이르렀다. 왕은 땅이 날마다 줄어든다는 말을 듣고는 깊이 걱정했으나 힘으로는 막을 수 없었다. 여러 성주에게 명하여 나가 싸우지 말고 굳게 지키라고만 했다(『삼국사기』 권12, 효공왕 9년)"고 한다. 여기서 왕명을 내린 대상을 '성주'라고 했다. 그런데 '성주'라는 이름 자체가 반독립 세력을 뜻한다. 이들은 중앙에서 파견해 정령을 집행하는 지방관이 아니었다. 따라서 '왕명'은 공허한 외침이요 허세나 의례적인 표현에 불과했다. 성주는 신라 왕의 통치력이 직접 미치지 못한 대상이었다.

고등학교 역사 지리부도에 게재된 후삼국시대 지도. 위 지도상의 오류는 너무 많다. 지도에 보이는 바와 같은 삼국정립은 존재하지 않았다. 가령 진주는 진훤 왕의 둘째 아들 양검이 강주도독으로 부임한 곳이다. 명백히 후백제 영역이었다. 합천 대야성은 920년에 후백제가 점령했다. 후백제는 부산 앞바다에 소재한 절영도(영도)까지 확보해 총마를 왕건에게 선물하였다.

906년 궁예의 군대는 후백제 군대를 물리치고 상주를 장악했다. 907년에는 "일선군(구미·선산) 이남의 10여 성을 모두 진훤에게 빼앗겼다"고 하였다. 원 신라 지역에서 궁예와 진훤이 격돌한 것이다. 궁예의 영주 부석사 행차도 이루어졌다. 이 상황에서 신라 왕의 통치력이 행사되었거나 저항한 기록도 없다. 신라가 보이지 않는 것이다. 속수무책으로 당하고 있는 실정이었다. 920년에 왕건이 신라 3보寶를 거론한 것은, 신라로부터의 양위를 염두에 두었다는 징표였다. 상징성만의 존재로 신라가 전락했음을 뜻한다. 그랬기에 신라는 927년 후백제군의 습격 사실을 까맣게 몰랐을 뿐 아니라 전혀 대응도 못했다. 신라 왕의 통치력이 미치는 곳이 없었다는 반증이다. 경애왕이 전적으로 왕건에게 의존할 수밖에 없는 요인이었다. 따라서 솥발이 버티고 있는 삼국 '정립鼎立' 개념을 염두에 둔 '후삼국시대'는 적합하지 않다.

현재 한국 학계의 공식 입장은 통일신라와 발해를 '남북국시대'로 설정한 것이다. 그러나 통합에 대한 의지도 없이 단순 남북 병렬 상황을 '남북국시대'로 운위하기는 어렵다. 군이 남북국시대론을 설정한다면 신라와 발해가 아니라 후백제와 고려 사이는 가능할 수 있다. 양국은 동일한 국가 영역에서 성립하여 상대를 통합의 대상으로 간주하였다. 고려 왕건은 후백제 진훤왕에게 보낸 국서에서 "이것은 곧 내가 남인들에게 큰 덕을 베푼 것이었다. 此即我有大德於南人也"고 했듯이 후백제인들을 '남인'으로 호칭했다. 진훤왕은 "군대는 북군보다 갑절이나 되면서도 오히려 이기지 못하니 兵倍於北軍尙爾不利"라고 하여, 고려군을 '북군'으로 일컬었다. 진훤 왕은 그러면서 "어찌 북왕北王에게 귀순해서 목숨을 보전해야지 않겠는가! 盖歸順於北王保首領矣"라고 하면서 고려 왕을 '북왕'이라고 했다. 이와는 달리 발해가 신라를 '남국'으로 일컬었는지는 확인되지 않았다. 그렇지만 후백제와 고려는 서로를 '남인'·'북군'·'북왕'으로 불러 '남북국'의 대치를 상정할 수 있게 한다.

후백제와 고려의 대치 기간을 남북국시대로 설정해도 지나치지 않는다. 물론 신라의 존재를 제시하겠지만, 진훤과 왕건이 주고받은 국서에서 모두 신라와 주周를 거론했다. 진훤은 "저의 뜻은 왕실을 높이는데 돈독하고 僕義篤尊王"라고 하여 '존왕' 곧 신라의 신하임을 자처하였다. 왕건은 "의리를 지켜 주周를 높임에 있어 仗義尊周"라고 했다. 진훤과 왕건은 모두 신라를 주실周室에 견주었다. 익히 두루 알려진 사실이다.

중국 춘추시대의 주실은 상징성만 있었듯이 당시 영역이 경주에 국한된 신라도 이와 동일했다. 형식상 주실이 엄존했지만, 춘추시대로 일컫고 있다. 중국의 삼국시대도 엄연히 한실漢室이 존재했지만, 위魏·촉蜀·오吳, 삼국의 역사로 간주했다. 따라서 우리나라도 주周처럼 상징성만 지닌 신라를 제치고 후백제와 고려가 대치한 남

후백제 군대가 급습한 경주 포석정 현장. 927년 진훤 왕의 경주 급습은, 경애왕이 왕건에게 선양하려는 기도를 차단하기 위한 목적이었다고 한다. 신라는 그로부터 8년 후에 사직을 고려에 넘겼다. 왕건이 바랐던 선양이었다.

북국시대로 설정해도 하등 부자연스럽지 않다. 현재 남한과 북한이 대치한 시대를 훗날 남북국시대로 설정한다고 해도 전혀 억지스러운 일은 아니다.

거듭 말하지만 신라와 발해는 상대를 통합의 대상으로 간주하지도 않았다. 동질성도 분명하게 확인되지 않는다. 그럼에도 단순히 남북으로 대치했다는 이유만으로 남북국시대를 운위할 수는 없다. 주지하듯이 '남북국시대론'은 본시 하나였던 정치체가 분열되었지만, 결국 통합을 위한 과도기로 인식한 데서 등장한 용어였다. 그러나 고구려와 신라는 본시 하나인 적이 없었다. 게다가 신라와 발해는 하나로 통합되지도 않았다. 고려에 의한 신라 통합과 제삼자인 거란에 멸망한 발해 유민의 흡수였다. 그 어느 하나도 남북국시대 개념에 부합하지 않았다.

■ 참고문헌

이도학,『분석 고대 한국사』학연문화사, 2019.

이도학,「후백제 진훤의 受禪 전략」『민족문화논총』78, 2021.

IX

후백제와 고려

58. 후백제사의 역사적 의미

『삼국유사』(王曆)는 892년(壬子) 시점에서 "비로소 광주에 도읍했다. 始都
光州"고 하였다. 이렇게 보면 후백제사는 892년~936년까지 45년 간이 된
다. 그런데 장작 중요한 것은 본인들의 자국사 인식이었다. 이미 알려져 있
듯이 후백제인들은 889년을 자국 역사의 출발로 잡았다. 889년은 진훤이
순천만에서 거병해 한반도 서남부 지역을 휩쓸고 다닐 때였다. 진훤은 거병
당시부터 국가 창건을 선언했고, 예하 조직을 국가 체제로 편제했을 수 있
다. 물론 이는 확인할 수 없는 사안이지만, 중요한 것은 889년을 후백제사
의 기점으로 본인들이 인식했다는 것이다. 그리고 남원 실상사 조계암터에
소재한 편운화상부도를 통해, 전주 천도 이듬해인 901년이 정개正開 원년임
을 알 수 있었다. 천행으로 부도가 남아 있었기에 후백제 연호가 드러난 것
이다. 901년 이전 후백제의 독자 연호 사용 가능성은 열어 두어야 한다. 어
쨌든 889년을 후백제사 원년으로 설정한다면 936년까지, 햇수로 총 48년이
다. 그럼에도 짧은 기간으로 간주하는 경향이 많다.

그러나 한국 역사와 밀접히 연계된 중국사의 경우 왕망王莽의 신新(9~23
년)은 햇수로 15년에 불과했다. 수隋 제국帝國(581~618)은 햇수로 38년이었

다. 물론 수 제국의 역사는
단명한 데다가 양제煬帝로
인한 부정적인 이미지가 넘
친다. 그러나 수는 오랜 기
간 분열되었던 위진남북조
시대의 혼란을 종식했다.
그리고 수 문제가 시행한
과거제를 비롯한 '개황開皇

중국 양저우의 대운하.

의 치治'로 일컫는 볼만한 내정 개혁과 양제의 대운하 건설 등은 당唐 제국
300년 번성의 토대가 되었다.

이처럼 국가의 존속 기간은 장단長短이 중요한 게 아니었다. 역사 발전에
어떤 의미 있는 치세를 보였는가로 평가받는 것이다. 그럼에도 후백제는 역
사의 패자인 관계로 후견편파식 평가를 받았다. 게다가 존속 기간이 짧은
관계로, 만들어진 부정적 이미지와 뒤섞여 존재 자체가 희미해졌다. 따라서
이러한 난제를 적극적으로 극복하는 작업이 선결되어야 한다.

세칭 후삼국시대는 889년~936년까지, 햇수로 48년간을 설정할 수 있다.
거의 반세기에 가까운 기간이 '후삼국시대'라는 동란기였다. 이 기간에 대
동강 이남 신라 전역은 전
장화戰場化하였다. 북군과
남군, 아니 남군과 북군 간
의 대결이었고, 고려 왕을
'북왕北王'으로 호칭했다.
기록에는 남아 있지 않지
만, 후백제 왕은 '남왕'이었
을 것이다. 이 사실은 상대

신라 장군 진훤의 거점이었던 순천 해룡산성 원경.

해룡산성 출토 명문 기와.

를 통합 대상으로 간주했음을 알려준다. 양자 간에 동질성이 전제되었음을 뜻한다.

신라가 걷잡을 수 없는 나락으로 떨어진 시점은, 농민 봉기와 군사 반란이 동시다발적으로 터진 889년부터였다. 상주 지역 농민 봉기와는 달리 승평항(순천만)을 거점으로 한 진훤의 거병은, 잘 준비된 상황에서 발생했다. 국제항이기도 한 승평항은 변경이자 입출入出의 관문이었다. 진훤은 요동치는 당 제국의 정세를 꿰뚫고 있었고, 또 그러하였기에 변혁의 흐름을 탈 수 있었다. 변혁의 시험대 위에서 소위 후삼국시대가 열린 것이다.

진훤의 거병지 순천만 일대 :

"진훤의 사위인 무진주 성주 지훤池萱은 지금의 광주 출신 호족이 분명하다. 그리고 지금의 순천 출신인 박영규朴英規는 말할 것도 없고, 진훤의 어가 행차御駕行次를 맡았던 인가별감引駕別監 김총金摠도 순천 출신이었다. 인가별감은 어가 행차와 관련한 임무를 맡았던 만큼, 경호의 총책임자인 지금의 대통령 경호실장에 해당하는 직책이었다. 김총은 죽어서 순천의 성황신城隍神으로 받들어졌다. 그를 제사 지내는 사당이 18세기 말까지만 하더라도 진례산進禮山(여수시 상암동)에 존재하였다. 그러하였을 정도로 김총은 위세 있는 인물이었다. 순천 김씨의 시조이기도 한 김총의 묘와 사당인 동원재同源齋는 순천시 주암면 주암리 방축동에 남아 있다.

이처럼 진훤의 최측근 인맥이 지금의 광주와 순천 쪽이었다. 이 사실은 진훤의 초기 세력 기반과 거병 지역을 암시해 준다. 892년에 진훤이 역사의 전면에 등장할 때 무주武州 동남쪽의 군현郡縣이 일제히 진훤에게 항속降屬하였다고 한다. 지금의 광주인 무주의 동남쪽은 순천과 여수를 포함한 지역권으로써 그 중심지는 순천이었다. 순천은 해안을 끼고 있는 곳이 아닌가. 이 점 유의하지 않을 수 없다. 이와 관련해 939년에 세워진 대경대사비大鏡大師碑에 의하면 승려 여엄麗嚴이 당나라에서 신라로 귀국할 때인 909년에 무주武州의 승평昇平에 도달했다(此時天祐六年七月 達于武州之昇平)는 기록이 주목된다. 승평은 승주 그러니까 지금의 전라남도 순천을 가리킨다. 이 사실은 기존의 인식과는 달리 남단南端 내륙 교통의 요충지인 순천 또한 대중국 항로와 관련한 항구였음을 알려준다.

즉 현재의 순천은 광주로 이어지는 철로와, 여수로 연결되는 철로의 분기점인 동시에 광양 → 하동 → 진주 → 창원 → 삼랑진으로 뻗어가는 경전선의 시발이요 종착역이었다. 그러한 관계로 순천에는 현재 철도국이 설치되어 있을 정도로 교통의 요충지였다. 그러니까 순천은 광주 및 나주·목포 지역과 지금의 경상남도 연안 지역을 연결하는 위치에 있었다. 지금의 광주에서 신라 수도인 경주로 가기 위해서는 통과해야 하는 땅이기도 했다. 그런 데다가 순천만灣에서 중국을 왕래하는 선박이 정박한다고 해 보자. 그것을 둘러싼 해적 집단의 횡행과 이들을 제압하기 위한 군대의 주둔을 생각하지 않을 수 없다. 바로 해적 소탕 임무를 띠고 주둔했던 진훤의 군영軍營이 순천 해안가였고, 그러한 가운데서 자연스럽게 그의 초기 세력 인맥이 형성된 것으로 보인다(이도학, 『진훤이라 불러 다오』푸른역사, 1998, 85~87쪽)."

진훤에 의한, 국가로서 백제의 부활은 신라와 대등한 2개 국가의 공존을 뜻했다. 진훤은 상징성이 큰 5소경小京을 영향권에 둔 후 신라로부터 평화적으로 선양 받으려는 구상을 가졌던 것 같다. 통치 능력을 상실한 신라의 대안으로 후백제가 솟아난 것이다. 그런데 연고지를 기반으로 한 백제의 부활은, 궁예에 의한 고구려 재건을 촉발했다. 이에 따라 200여 년 전의 삼국시대가 설핏 재현되고 말았다. 이를 일러 "이로써 옛적의 고구려·백제 두 나라가 부흥하여 서로 싸우는 삼국시대 재현의 양상을 보이기에 이르렀다" 고 했다.

전주 선언 :

진훤 왕은 백제 재건 명분과 전주천도 동기를 다음에서 밝혀놓았다.

• 진훤이 서쪽으로 순행하여 완산주에 이르니 그 백성들이 환영하고 위로하였다. 진훤이 인심을 얻은 것을 기뻐하여 좌우에 말하였다.

• 내가 삼국의 시초를 살펴보니, 마한이 먼저 일어나 누대로 발흥한 까닭에, 진한과 변한이 (마한을) 좇아 흥기했다. 이에 백제는 금마산에서 개국하여 6백여 년이었다. 吾原 三國之始 馬韓先起 後赫世敎興 故辰·卞從之而興 於是 百濟開國金馬山 六白餘年

• 총장摠章 연간에 당 고종이 신라의 요청에 따라 장군 소정방을 보내어 수군 13만을 거느리고 바다를 건너왔고, 신라의 김유신이 권토卷土하여 황산을 지나 사비泗沘에 이르러 당군과 함께 백제를 공격하여 멸망시켰다. 지금 내가 감히 완산에 도읍하여 의자왕의 숙분宿憤을 씻지 않겠는가(『삼국사기』 권50, 진훤전)!

위의 구절 가운데 현재 통용되는 "마한이 먼저 일어나고 그 후에 혁거세가 일어났다. 그런 까닭으로 진한과 변한이 뒤따라 일어났다"라는 해석은 명백한 오역이다.

　진훤 왕은 영광의 유산과 함께 패망의 고통스러웠던 기억을 반추하였다. 진훤 왕은 신라가 당을 끌어들여 합공合攻함으로써 백제가 멸망했음을 상기시켰다. 백제 국력의 열세나 의자왕의 부패·무능으로 인한 국망國亡이 아니었음을 분명히 했다. 신라가 '권토卷土' 즉 전 국력을 기울이고 당군 13만이 가세해 무너뜨렸다는 것이다. 그러나 이제 백제를 부활시켰으니 먼저 의자왕의 숙분을 씻겠다고 선언했다. 숙분은 '오래전부터 마음속에 쌓인 울분'을 가리킨다. 의자왕의 한恨을 풀어주겠다고 선언한 것이다. 얼핏 생각하면 의자왕을 위한 복수 선언으로 비칠 수 있다.

　그러나 다시 생각해 보면 의자왕은 한국 역사상 최대의 정복 군주였다. 평생 100여 곳의 신라성을 정복한 정복 군주 1위였다. 신라를 압박하여 낙동강을 건너 지금의 경상북도 구미나 성주 방면까지 백제군이 진출하여 무한한 공포심을 심어주었다. 신라를 거의 멸망시킬 뻔했지만 이루지 못한 바람에 오히려 역공을 만나 나라가 무너진 것이다. 천추의 한을 남긴 의자왕의 울분을, 자신이 대행하여 반드시 풀겠다는 선언이었다.

　그런데 '함께하는 고통'은 기쁨보다 훨씬 더 사람들을 결집한다고 한다. 르낭Joseph Ernest Renan(1823~1892)은 "민족적인 추억이라는 점에서는 애도哀悼가 승리보다 낫습니다. 애도의 기억들은 의무를 부과하며, 공통의 노력을 요구하기 때문입니다. 그러므로 민족은 이미 치러진 희생과 여전히 치를 준비가 되어 있는 희생의 욕구로 구성된 거대한 결속입니다"라고 설파했다. 공유된 고통스런 과거를 강조함으로써 유대민족의 경우에서처럼 영광보다는 수난과 회한의 과거에서 민족의 바이탈리티vitality는 터져 나온다고 한다. 진훤 왕은 600여 년에 이른 영광의 역사와 더불어, 의자왕에 대한 애도 기억을 반추시킴으로써 '공통의 노력'인 복수심 발화에 성공했다.

신라를 사이에 놓고 후백제와 궁예의 고려(태봉·마진)는 격돌했다. 궁예에 이어 왕건의 고려가 등장한 후 양국은 7~8년 간에 걸친 공존 기간을 가졌다. 후백제와 고려 모두 통일신라 영역에서 구국舊國을 재건했기 때문이다. 이때 양국은 신라의 대안을 자처하면서 상대를 통합 대상으로 간주했기에 격렬하게 충돌했다. 패강인 대동강까지 이른 통일신라 영역 내의 통합이 양국의 숙원이 아니었던가? 이러한 정서는, 삼한 계승 의식과 맞물려 동질적인 공동체의 강역을 대동강 이남으로 확정하게 했다.

후삼국시대, 아니 남북국시대를 선도했던 후백제는, 신라 군인 출신을 수반으로 하고, 백제 유민들을 기층으로 한 국가였다. 6두품 출신들의 가세와 더불어, 다양한 세력이 정권에 참여하였다. 주민 통합과 융합이 이루어진 것이다. 정권 주도층의 범위는 경주 중심에서 전국으로 확장되었다. 소수 진골 귀족 중심의 폐쇄적 사회에서, 많은 이들에게 기회와 참여 폭이 넓은 사회로 넘어가게 하였다.

진훤의 참모들 가운데 나말여초羅末麗初라는 시대적 전환기에 최치원·최언위崔彦撝(崔仁渷)와 더불어, 이른바 3최崔로 일컫는 최씨 성을 가진 최고의 인텔리켄챠 가운데 하나인 최승우崔承祐가 있다. 그는 "소위 1대代 3 최崔가 금방金牓(중국에서 과거 시험의 급제자 이름을 게시하는 금제 또는 금으로 쓴 글자의 게시판·액자)에 이름을 걸고 돌아왔으니, 최치원이요, 최인연이요, 최승우라고 한다"고 했던 바로 그 인물이다. 최승우는 공산 대승 직후 왕건에게 보낼 격서檄書를 작성한 당대 최고 문사였다. 최승우의 격서는 웅문雄文으로 평가받고 있다.

그는 신라가 기울어 가는 890년(진성여왕 4) 당唐에 유학하여 893년에 시랑 양섭楊涉의 문하에서 3년 만에 빈공과에 급제하였다. 또 그는 자신이 서문을 쓴 『호본집餬本集』이라는 4·6병려체 문장의 문집 5권을 남겼다. 그는 교유하던 걸출한 시인 조송曹松이 901년에 진사가 된 것을 보고 시를 읊었으니, 그때까지는 당에 체류한 것이다. 이후 어느 때 그는 신라로 귀국했다. 『동사강목』에는 "최승우가 당으로부터 돌아오니 나라가 이미 어지러워졌으므로 드디어 진훤에게 의탁하여 …"라는 글귀가 보인다. 최승우는 자신의 이상을 구현할 수 있는 주군으로 진훤을 택한 것이다.

선종산문禪宗山門들과 더불어 사상계도 경주를 벗어나 재편되는 양상을 띠었다. 그럼에 따라 획일적인 의식과 통제에서 벗어났을 뿐 아니라, 침울하고도 가라앉은 사회 분위기에 활력을 불어넣어 주었다. 다양성을 추구하게 되었는데, 외교와 문화 분야에서 두드러지게 포착된다. 창의성과 더불어, 활기 넘친 약동하는 사회 면면이 후백제가 선도한 시대 기풍이었다.

아자개에 의한 농민 봉기

선문 도량의 하나인 곡성 태안사.

와 진훤의 거병으로 인해 노쇠
한 사회는 서서히 무너져 내리
고 활기찬 시대로 넘어갈 수
있었다. 지역주의를 뛰어넘고,
전통적인 폐쇄 질서를 무너뜨
리고, 기회와 참여의 폭이 넓
어진 사회로 넘어가게 한 시대
가 '후삼국시대'였다. 반복해
서 언급하지만 이를 선도한 국
가가 후백제였다. 이러한 점에
서 한국 고대사, 아니 한국사
에서 후백제사가 지닌 위상과
더불어 의미를 부여할 수 있
다. 진정한 의미의 '남북국시
대'였기 때문이다.

후백제는, 실질적인 '남북
국시대'가 종언을 고하고 20여
년 후인 958년(광종 9)에 과거
제를 통해 중세로 넘어가는 교

9산선문 도량에 속한 창원 봉림사지 진경대사비(보물
제363호)와 부도(보물 제362호) 자리에 세워진 표석.
'大正八年'인 1919년 3월에 비석과 부도를 경복궁 관
내 조선총독부박물관으로 이전했음을 적어 놓았다. 현
재는 국립 중앙박물관 관내에 세워져 있다. 진경대사비
와 부도는 봉림사지로 돌아와야 마땅하다. 1911년 일제
에 의해 무단으로 반출된 원주 법천사지 지광국사탑(국
보 제101호)이 2023년 8월, 112년 만에 경복궁에서 고향
원주로 돌아왔다. 이러한 선례에 비추어 볼 때, 진경대
사비와 부도 역시 창원으로 돌아오는 게 순리이다.

량 역을 했다. 과거제 시행으로써, 그전까지 이어져 왔던 전통적인 지배 세
력의 권력 계승은 차단되었다. 혈연과 지연을 청산한, 능력 본위의 시대로
한 걸음 다가선 것이다.

922년 후백제는 승려들에 대한 과거科擧인 선불장選佛場을 시행하였다.
광주 정도定都 30주년과 연계한 미륵사 개탑開塔을 기념해 선불장을 개최한
것이다. 후백제 선불장은 훗날 고려 승과와 상통하고 있다. 후백제 승과 시

행은, 승려 선발 과거제를 넘어 인재 등용과 관련한 국가 조직 전반의 체계화를 뜻한다. 진훤 왕 주도의 과거제 실시를 상정할 수 있다. 최승우와 같은 당의 빈공과에 급제한 유학파의 도움을 받아 우리나라 역사상 최초로 과거제를 실시한 것으로 보인다. 과거제의 한 분과인 승과(선불장)만 별시別試로 치러졌다고 보기는 어렵기 때문이다. 혈연에 기반한 폐쇄적인 골품체제의 대안으로 제시된 과거제는 기회균등의 아이콘이었다. 이 점은 우리 모두 의미심장하게 받아들여야 할 것 같다. 시대를 선도했던 진훤 왕과 후백제사를 새롭게 조명할 수 있는 동인動因이었기 때문이다.

■ 참고문헌

이도학, 『후백제사 연구』 학연문화사, 2022.

이도학, 「한국 고대사에서 후백제사의 의미」 『역사문화권 지정을 위한 후백제 국회토론회』 후백제학회, 2022.1.18.

이도학, 「'실질적 남북국시대' 선도하며 중세 전환 교량 역할」 『전북일보』 2023.10.18.(16면).

59. 견훤이 아니고 진훤인 이유?

한 글자에 음가 2~3개인 경우

17세기 언해본에서 甄萱을 '견훤'으로 표기한 사실을 찾아내 환호하는 무리가 있다. 이 아무개가 '진훤이라 불러다오'라고 했지만 '견훤'으로 호칭한 사례를 찾아냈기 때문이다. 전통 시대 문헌에서도 '견훤'이 보였다. 게다가 가장 이른 시기의 표기라는 강점을 지녔다는 사실에 환호했다. 이들은 '진훤' 표기를 한방에 끝장냈다며 득의만만한 것이다.

그러나 곰곰이 생각해 보자. 현재까지 전하는 문헌 가운데 연대가 가장 이르다는 것은 존중되어 마땅하지만, 그렇다고 진실을 담보하는 보증수표는 아니다. 왜냐하면 甄萱의 '甄' 자에는 뜻은 동일하지만 두 가지 음이 붙었다. 질그릇 '견'과 '진'이었다. 이처럼 한 글자에 두 가지 음이 붙었기에 혼동하는 경우들이 속출했다. 가령 樂이라는 글자에는 '락'·'악'·'요'라는 3가지 음이 붙었다. 그러다 보니 낙랑군을 '악랑군'으로 읽는 이도 나왔다. 한사군의 하나인 玄菟郡의 '菟'는 인터넷 옥편에서 '토'로 적혀 있다. 『전운옥편』에 적혀 있듯이 '토'로 읽는 경우는 '약이름藥名'에 한정되었다. 실제 약재 이름인 菟絲子는 토사자로 읽는다. 반면 '菟'를 '조선의 군 이름朝鮮郡

名'으로 읽을 때는 '도'로 발음한다. 현토군이 아니라 현도군인 이유이다.

전통 시대의 '甄萱' 독음讀音

그러면 다시 본론으로 들어가 보자. 17세기 언해본의 경우는 한문으로 적힌 문구를 우리 글로 번역하면서 '견훤'으로 표기하였다. 甄萱을 '견훤'으로 읽는 이들이 등장한 것이다. 이 경우 당시 사람들이 '견훤'으로 읽었을 가능성을 상정할 수는 있다. 그러나 18세기 문헌부터 음가를 의도적으로 '진훤'으로 표기한 사례가 등장했다. 이 사실은 잘못 읽고 있는 '견훤' 표기에 대한 교정 의도일 수 있다. 가령 18세기 문헌인『동사강목』에서 안정복은, 甄萱의 '甄'에 주註를 넣어 음音이 '진眞'임을 밝혔다. 견훤이 아니라 '진훤'으로 호칭했다. 역사가인 안정복이 굳이 주를 달아 일부러 '진훤'으로 표기할 때는 이유가 있었을 것이다. 명백히 잘못 읽고 있다고 판단해 교정 필요를 느꼈기 때문으로 보인다. 혹자는 안정복이 근거 제시를 하지 않았으므로 따를 수 없다고 했다. 그러면 '견훤'은 근거 제시가 있던가?

18세기 말 규장각에서 간행한『전운옥편』은, 글자 밑에 한글로 음音을 표시한 다음에 자의字義를 달았다. 甄을 성씨로 사용할 때는 '진'으로 읽는다고 했다. 13세기 대 중국 호삼성胡三省의『자치통감』주석도 위魏 명제明帝의 어머니 甄夫人의 '甄' 음을 '진'으로 밝혔다. 성씨로 사용할 때 '진'으로 읽는다는『전운옥편』규정과 부합한다. 관련한 중국 손견孫堅의 '堅' 자에 대한 피휘 주장은 자형字形과 뜻도 다를 뿐 아니라 사리에도 전혀 맞지 않는다. 게다가 완산 견씨 족보에서도 甄萱의 원래 음이 '진훤'임을 밝혔다. 그 후손들이 '진훤'이라고 했는데 더 무슨 말이 필요

『동사강목』

할까?

최초 등재된 족보에 적혀 있듯이 나의 첫 이름은 '度學'이었다. 이를 '도학'이냐 '탁학'이냐를 놓고 옥신각신할 필요는 없다. 본인 스스로가 '도학'이라고 했기 때문이다. 이와 마찬가지로 후손들이 언명한 '진훤'에 대해 무슨 말이 더 필요하리오?

18세기 후반에 편찬해 대한제국기에 증보판이 간행된 『문헌비고』에서는 근거한 출전을 밝힌 후 '진훤'으로 표기했다. 현채가 지은 구한 말(광무 11년. 1907년)의 국사 교과서 『유년필독幼年必讀』에도 '진훤(헌)'으로 표기하였다. 1930년대 잡지 『별건곤別乾坤』 게재물에서도 '진훤' 표기가 보인다. 그리고 김동인이 『조광朝光』에 연재했던(1938~1939) 소설 「제성대帝城臺」에서도 '진훤(헌)'이었다. 1938년 가람 이병기가 집필한 「동아일보」 역사

『전운옥편』

『유년필독』

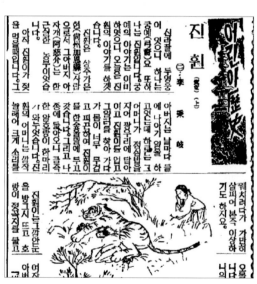

「동아일보」

연재물 제목이 '진훤'이었다. 김도태金道泰의 「지상紙上 수학여행修學旅行; 京釜線編 慶州行 (二五) 高句麗를 王建이 高麗로 곳쳐 後百濟王 甄萱이는 악한 사람」『동아일보』(1939.8.20)에서도 '진헌'으로 표기했다. 그 밖에 역사학자 이병도와 김상기 그리고 문경현과 이이화의 저작에서도 모두 '진훤' 음가를 취하였다. 한국 고전문학 전공인 김동욱과 황인덕도 이와 동일했다.

이 밖에 현지에서의 표음도 중요하다. 한글학회에서 간행한 『한국지명총람 5(경북편Ⅱ)』(1978, 282쪽. 288쪽.)에는 상주 화북면 장암리에 소재한 속칭 견훤산성을 진훤 전설과 결부 지으며 '진헌성'·'진훤성'·'진흥성'으로 표기했다. 현지인들은 진훤성으로 일컬었음을 알려준다. 안동 병산 전투의 현장에서 진훤과 관련된 모래 이름을 '진모래'라고 하였다. 논산 연무의 주민들은 자기 고장에 소재한 진훤의 묘소를 '진헌이 무덤'으로 불렀다. 견훤이 아니라 진훤으로 전승되었음을 방증한다. 이러한 음가는 진훤 출생담에 등장한 지렁이와 관련된 것으로 보인다.

국사편찬위원회 한국사 데이터베이스와 한국고전번역원에서는 '진훤'을 클릭하면 '甄萱'이 모두 검색된다. 이 사실은 현재 교과서에서 비록 '견훤'으로 표기했지만 '진훤'과 동등하게 헤아렸다는 반증이다. 한국고전번역원의 전신인 민족문화추진회 『동사강목』 국역본에서는 모두 '진훤'으로 표기했다. 국역본 『성호사설』에서도 '진훤'으로 표기하였다. 고전 국역자들은 '진훤' 표기의 정당성을 인지한 것이다.

그리고 한국 근현대사 전공인 조동걸(1932~2017)은 "구한말의 역사서에 의하면 … 견훤은 '진훤'으로 발음하였으며, 신라의 김알지金閼智는 '김연(언)지'로 발음 표기되어 있다. 이는 구한말의 모든 역사서가 같다. 특히 한글 표기를 처음 할 때의 책에 … '진훤', '김연(언)지'로 토를 달고 있는 것을 보고 오늘날의 호칭 음을 의심하면서 문제를 제기해 둔다(『우사 조동걸전집 14』 역사공간, 2011, 196쪽.)"고 했다. '진훤'으로 죽 읽어 온 사실이 구한말부터의 한글 표기를 통해 드러난 것이다.

진훤 표기 전통은 1960년대에 지어진 가사에서도 "진헌이가 일어나서 무진주에 근거하고(임기중, 『한국가사문학 주해연구 6권』 아세아문화사, 2005, 12쪽.)"라고 이어졌다. 그러다가 1972년에 출간된 『한국학대백과사전(2권)』(을유문화사, 676쪽.)에서는 '진훤甄萱 ⇨ 견훤(甄萱)'라고 했듯이 '견훤'으로 통일되고 있다. 교과서 표기에 따른 것으로 보인다.

21세기의 연구자와 언론인들 가운데 '진훤' 표기를 사용한 사례가 보였다. 박영순, 「전주 진훤(甄萱) 왕궁터와 동고산성(東固山城)」(『국토』 316, 2008)/ 조원교, 「益山 王宮里 五層石塔 발견 舍利莊嚴具에 대한 研究」(『백제연구』 49, 2009)/ 김지현, 「통일신라시대 塔浮彫像 연구」(『신라사학보』 43, 2018)/ 이춘구, 「탄생지에서 수호신이 된 진훤대왕」(『全羅日報』 2023. 12.8) 등이다.

바르게, 또 반듯하게 알아야

고유명사의 정체성 관련해, 두루 알려진 "제비 한 마리가 봄을 가져오는 것은 아니다"는 유명한 격언이 상기된다. 17세기 언해본에 '견훤'으로 적혀 있었지만 '진훤' 발음이 오류는 전혀 아니었다. 전통 시대 문헌 중에서 유일한 '견훤' 표기는 2가지 음 가운데 첫 번째로 적힌 음가를 표기한 데 불과했다. 그 이상도 이하도 아니었다. 반면 '진훤' 표기는 권위 있는 전통 시대 역사학자들뿐 아니라 왕립王立 자전字典의 공식 표기였다. 게다가 족보에서도 '진훤'이라고 했으니 더 이상 무슨 논쟁이 필요할까?

이와 관련해 강화도 摩尼山을 현재 '마니산'으로 읽고 있지만, 마리산摩利山으로도 표기되었고, 사서의 두악頭嶽으로 비정되고 있다. 모두 '머리'를 가리키는 '마리' 즉 '으뜸 산'인 '종산宗山'의 의미였다. 강화도 주민들은 마니산을 '마로산'으로 일컫는다. 마로는 '마루' 즉 '우두머리'를 가리킨다. 종산의 뜻인 '마리산'으로 일컬어야 산악의 정체성이 온전히 드러나게 된다.

이렇듯 고유명사인 인명과 지명이 지닌 의미는 예사롭지 않았다. 그랬기에 도저히 '견훤'으로 읽을 수는 없었다. 몰랐다면 나도 다른 이들처럼 '견훤~견훤'했을 것이다. 식자우환이 아니라 바르게, 또 반듯하게 알아야 하는 문제임을 간절한 마음으로 토로한다.

■ 참고문헌

이도학, 『후백제사 연구』 학연문화사, 2022.

이도학, 「견훤이 아니고 진훤인 이유?」 『전북문화살롱』 2023-4.

60. 진훤 왕의 출생지와 출생 설화

진훤 왕의 출생지

후백제 건국자 진훤의 출생지에 대해서는 사서 기록과 채집 설화적인 「고기」와의 비교 검증이 필요했다. 물론 상징성과 시대 정서가 함축되었더라도 설화가 사서 기록을 압도할 수는 없다. 상징성을 지녔다고 하더라도 설화는 기본적으로 꾸며낸 이야기이기 때문이다. 게다가 「고기」의 광주 북촌설은 전승력이라는 차원에서 볼 때 거의 제로에 가까웠다. 진훤이 광주 북촌에서 출생했다면 관련 전설이 이렇게까지 전무할 리는 없었을 것이다. 비록 문헌에는 '광주북촌光州北村'으로 적혀 있지만, 진훤의 출생담과 관련한 구인蚯蚓 설화의 무대는 '상주북촌尙州北村'인 가은현 일대에만 몰려 있다. 이것은 무엇을 의미하는 것일까? 「고기」에 적혀 있었다는 '광주북촌'은 '상주북촌'의 오사誤寫나 오각誤刻일 가능성을 짚어준다. 정덕본 『삼국유사』 후백제 진훤 조에서는 오탈자가 무려 50개에 이른다. 이러한 오사나 오각은 정덕본 훨씬 이전부터 존재했던 것 같다. 게다가 '생룡生龍' 지명도 풍수지리설에서 비롯된 것으로 보였다. 따라서 진훤의 출생지에 대해서는 더 이상 재론은 없어야 할 것 같다.

〈진훤 출생설에 대한 대조표〉

	문경 가은읍	광주 생룡동
김부식金富軾의 정체성 분류	신라의 백성新羅之民	없음
출생지	상주 가은현	광주 북촌
아버지와 출신지	아자개, 가은현	없음
문헌 기록	삼국사기, 삼국유사, 삼국사절요, 동국통감, 동사강목, 임하필기, 여지도서 등등	삼국유사 인용 古記
: 경상도읍지	1832년 존재	없음
구전 채록 : 한국지명총람	1978년 존재	없음
: 한국구비문학대계	2010년 존재	2018년 채록
전승 출생담	구인蚯蚓 설화	없음
출생 설화 현장	금하굴金霞窟	없음
유소년 시절 설화 현장	궁터宮基, 말바우馬巖, 독서굴讀書窟 등	없음
진훤 명의名義 유적	진훤성甄萱城 등	없음
마을 유적 안내판	'… 출생 설화가 전해오고 있는 곳'	'실제로 견훤의 탄생지인지 확인은 어려우나 …'

문경 가은의 금하굴.

광주 북구 생룡동 입구.

생룡동 용龍 지명, 왕을 가리키는 상징적 의미 지녔을까? :

　논자들은 생룡 지명이 범상하지 않다며 의미를 부여한다. 그런데 '용' 자 지명은, 저명한 복룡伏龍 외에도 광주광역시 일원에서만, 용봉동龍鳳洞(龍珠 마을·盤龍마을)·용봉천龍鳳川·登龍山·봉황산鳳凰山·왕개[王浦]·용연龍淵·신용연新龍洞·용강동龍江洞·소고룡면召古龍面 등등을 제시할 수 있다. 이렇듯 '범상하지 않은 지명'이 생룡동 외에도 광주광역시 일원에는 많다.

　굳이 진훤과 관련한 전설을 꼽는다면, "복룡은 강변에 엎드려 솟은 산에 붙는다. 기우제를 올려 '무제봉'이라고도 한다. 정상에 봉화대를 겸한 성터가 있다. 견훤이 왕건에게 쫓기다가 '함적골' 아래에서 대패한 뒤, 나주 노안 천동으로 갔다고 한다"라는 정도이다. 그러나 이 전승 역시 진훤의 출생담과는 아무런 관련이 없다.

　'복룡'은 고려 말 두문동 72현賢에 속한 범세동范世東이 엎드려 숨어 산 데서 유래했다고 한다. 혹은 세상에 잘 알려지지 않은 숨은 재사나 준걸을 이르는 말로도 쓰인다. 와룡臥龍과 유사한 의미였다.

　그리고 '생룡' 지명은, 풍수지리에서 "역동적이고 풍성한 산세의 형태. 길함을 의미하는 좋은 지형"을 가리킨다. 생룡동의 산세와 지형이 길지인 데서 유래한 지명으로 보인다. 실제 조선 영조가 천릉遷陵 관련해 지관 마익룡에게 묻자 "이곳은 생룡이니 나약하고 느린 용이 아닙니다. 남은 기운이 부족하다고 하는 것도 잘못입니다"고 답한 데서도 보인다. 여기서 용은 산의 맥을 가리킨다. 조선 고종의 발언에 "삼척三陟의 묘소는 혹은 복호형伏虎形에 생룡안生龍案이라 하기도 하고, 혹은 복룡형伏龍形에 생룡안이라 하기도 하는데"라는 구절이 있다. 이렇듯 복룡·생룡 모두 풍수와 관련한 지맥 이름이었다.

　게다가 생룡동에는 진훤 왕의 출생과 관련한 어떠한 문자도 전하지 않았다. 증거력이 높은 『한국지명총람』(1982)에서도 마을 유래와 관련해 진훤 왕 전설이 없다.

참고로 전국 1,261개의 용 관련 지명 가운데 전남에만 310개가 확인되었고, 전북·광주까지 포함하면 호남권에만 용 관련 지명은 556개에 이른다(박근희, 「청룡의 해에 뜬 여행지」『조선일보』 2024.1.13).

출생 설화

진훤 왕의 출생 설화로는 익히 알려진 구인 설화를 거론해 왔다. 그러나 진훤의 이름의 유래와 관련해 지금까지 간과했던 가은 지역의 새로운 전승이 있다. 『조선환여승람』에서는 『삼국유사』에 인용된 「고기」의 구인 설화를 소개한 후 일설一說의 형식으로 진훤 이름의 기원을 다음과 같이 수록했다. 물론 이 설화는 『조선환여승람』 이전부터 문경 읍지류邑誌類에 여러 차례 수록된 바 있다.

일설에는 추심사推尋寺의 쌓아둔 기와의 원추리 가운데서 실을 찾았던 일로 인해 이름이 생겨났다고 한다.

위의 설화에 등장하는 핵심어는 '기와'와 '원추리'이다. 기와·와瓦에서 질그릇·'진甄'을, 원추리·훤萱에서 '훤萱' 자字로 이름의 유래를 찾았다. 다른 한편으로는 진훤의 '甄' 음音은 지렁이를 함축하지만 기존 성姓에서 취했고, 이름인 '萱'은 실 끝이 이르른 풀이름에서 유래를 찾았다. 여기서 실 끝이 이르른 사찰 추심사推尋寺의 '추심'은, '잘 드러나지 않거나 숨어 있는데 살피고 궁리하여 드러내거나 밝혀내다'의 뜻을 지녔다. 부인富人의 딸이 옷에 찔러놓은 실을 따라갔다가 '쌓아둔 기와와 원추리 가운데積瓦萱草中'에서 실 끝을 발견한 것이다. 이런 연유로 훗날 사찰이 건립되었거나, 아니면 이러한 일화로 사찰 이름을 추심사로 고쳤을 수 있다. 추심사 연기 설화이다.

실제 1832년 편찬으로 추정되는 『경상도읍지』에서 이미 "세상에 전하기를, 실을 따라가 보니 '절의 기와를 쌓아둔 원추리 가운데 있어 진훤이라고 했고, 그 절을 추심사'라고 한다"고 했다. 이보다 앞서 나온 『문경현지』에서는 "신라 아자개 … 속전에는 추심사의 쌓아둔 기와의 원추리 가운데서 실을 찾았기에 진훤으로 일컬었다고 하는데, 어느 것이 옳은지 자세하지 않다. 新羅 阿慈介 … 俗傳 尋線於推尋寺積瓦萱草中 故稱甄萱 未詳孰是"고 했다. 추심사는 다음에서 보듯이 소재지가 확인된다.

- 사찰 : 추심사는 화산華山에 있다(『여지도서』).
- 산천 : 화산은 가은현 서쪽에 있다. 본현本縣과는 67리 떨어졌다. 불일산佛日山에서부터 와서 충청도 보은 속리산 주맥主脈이 된다(『여지도서』).
- 사찰 : 봉암사·오정사·혜국사·추심사(『조령진문경현지』).

혹은 실 끝을 찾아갔더니 기와의 원추리 가운데서나 묵은 옹기甄 속에서 지렁이가 발견되었다고도 한다. 추심사의 유래를 설명하면서 등장한 것이다. 모두 진훤甄萱 이름의 유래를 설명하기 위해 견강부회한 듯하다. 그러나 추심사의 실체가 확인되었기에 세밀한 접근이 요망된다고 본다. 추심사는 1789년(정조 13)에 교정한 『문경현지』에서 '지금은 없어졌다今廢'고 했다. 진훤 출생담과 연계된 사찰의 존립 시기를 놓고 볼 때 연원이 깊은 전승임을 알 수 있다. 참고로 진훤의 출생지인 아채 마을에서 청화산(화산) 정상까지는 19km이다.

정리해 보면 진훤 설화 2종류는 이름에서 연유했다. 진훤의 아버지를 지렁이와 결부 지은 설화는 이름에서 연유했다고 본다. 진훤을 경상도식으로 읽게 되면 '진훠이'가 되는데, 지렁이의 방언 '지러이·지레이·지렁이'와 음이 닮았다. 진훤의 경상도 음가에서 지렁이 아들 설화가 연유한 것으로 보인다. 반면 옹기나 기와 그리고 원추리 이야기의 경우는 모두, '지러이'의 아화雅化한 한자 이름 진훤甄萱의 '진甄'이나 '와瓦 부部'를 비롯해 '훤萱'에서 유래했다.

물론 구인蚯蚓을 1481년(성종 12)에 간행한 『두시언해杜詩諺解』 초간본과 1527년(중종 22)에 간행한 『훈몽자회訓蒙字會』에서 '것위'와 '거쉬'로 각각 읽었다. 전자의 경우 "蚯蚓上深堂 것위ᄂᆞ 기픈 지븨 오ᄅᆞ놋다(13: 42)"라고 하였다. 이를 토대로 구인의 옛 훈독을 운위하고 있다. 그러나 1542년(중종 37) 왕명으로 간행된 『분문온역이해방分門瘟疫易解方』에서 "又方蚯蚓 以塩塗之化成水 去泥飲之 ᄯᅩ 디룽이ᄅᆞᆯ 소곰 ᄇᆞᆯ라 노가 믈 되어든 ᄒᆞᆰ 업게 ᄒᆞ고 머그라"고 했다. 구인을 '디룽이'로 훈독한 것이다. 여기서 『훈몽자회』와 『분문온역이해방』 간의 출간 시기는 15년에 불과하다. 그러므로 선행한 '것위'와 '거쉬'에서 '디룽이'로 변천했다고 단정하기는 어렵다. 무엇보다 두 단어 간의 유사성이 전혀 발견되지 않았다. 지금도 방언에서 '것위'·'거쉬' 유형과 '디룽이(지렁이)' 유형이 병존하고 있기 때문이다.

이 사실은 애초부터 구인에 대한 두 가지 훈독의 존재를 상정할 수 있게 하므로, '디룽이'와의 병존을 고려할 수 있다. 현재 전하는 『두시언해』 표기가 가장 이르다는 이유만으로 애초 훈독을 '것위'와 '거쉬'로만 단정하고, 이후에 '디룽이'가 생겨났다고 볼 수는 없다. 요

『분문온역이해방』에 적힌 '蚯蚓'.

『분문온역이해방』에 적힌 蚯蚓의 언해 '디룽이'.

행히 현존하는 음운에 도움이 되는 서적 가운데『두시언해』가 가장 오래되었다는 것 이상은 아니다.

그리고 글자 하나에는 여러 개의 새김이 있지만 이 중 1개만 기입한 경우가 대부분이라는 점을 상기해야 한다. 가령 화華에는 빛나다·꽃 등 무려 18개의 새김이 있다. 그러나 자전인『훈몽자회』에서는 '빛날'만 기재하였다. 언해서인『두시언해』의 '것위'도 여러 새김 가운데 하나만 뽑은 것으로 보아야 한다.『훈몽자회』도 예외가 되지 않았다.『훈몽자회』범례 여덟 번째에는 "하나, 무릇 한 글자가 여러 가지로 풀이되는 것은, 혹 일상적으로 쓰이는 풀이를 취하지 않고, 먼저 특별한 뜻으로 사용되는 것을 들었다. 이제 뽑은 것은 특별한 풀이에 있고 일상적인 풀이에 있지 않아서이다. 一. 凡一字有數釋者 或不取常用之釋 而先擧別義爲用者 以今所取在此不在彼也"고 했다. 이 구절은 몹시 비상한 사안이었기에 "우리에게 가장 중요한 것은 '일상적으로 늘 쓰는 풀이常用之釋'인 만큼,『훈몽자회』가 모든 경우에 반드시 이것을 취하지 않았다는 사실은 주의注意를 요하는 것이다(李基文,「解題」『訓蒙字會』檀國大學校 出版部, 1971, 11쪽)"고 환기했다.『훈몽자회』에서는 새김에 있어 일상적인 풀이를 취하지 않았다는 것이다. 이 사실은 구인蚯蚓에 대한 새김 '거쉬'가 '일상적으로 쓰이는 풀이'가 아님을 반증할 수 있다. 즉 구인에 대한 복수의 새김 가운데 '거쉬'는, '특별한 뜻으로 사용되는 것'일 가능성을 제기해 준다. 따라서 '거쉬'와 더불어 새김 '디룽이'의 병존은 충분히 고려해 볼 수 있다. 실제 양자는 전하는 문헌만 놓고도 15년 차이에 불과하였다.

그리고 범례 다섯 번째의 "무릇 글자의 음音이 우리나라에 전해지면서 틀리거나 잘못된 것은, 지금 이것을 많이 바로잡아 후일에 사람들이 바르게 익히도록 기약하였다. 一. 凡字音 在本國傳呼差誤者 今多正之 以期他日 衆習之正"는 구절과 관련해, "이것은 훈몽자회의 자음字音을 덮어놓고 실제

音實際音이라고 믿어서는 안 될 것임을 경고하고 있는 것이다(李基文, 「解題」 『訓蒙字會』 檀國大學校 出版部, 1971, 11쪽)"는 얼음장 같은 주의가 붙었다.

지금까지의 논의에서 구인蚯蚓에 대한 두 가지 새김을 상정해 보았다. 이와 관련해 진훤 왕의 연고지인 경북 지역 '지렁이'의 방언형은 크게 '지렁이' 계와 '거시' 계로 구분되는데, 상주를 비롯한 경북 북부 지역은 '지렁이' 계에 속한다. 특히 문경 가은읍 완장리에서는 '지레이'로 읽고 있다(안귀남, 「경상북도 방언 연구의 현 단계와 상주 방언의 특징」 『嶺南學』 29, 2016, 267쪽). 이 점 유념하지 않을 수 없다.

끝으로 추심사推尋寺 연기 설화와 야래자夜來者 설화는, 부인녀富人女의 방에서 시작한 실 끝의 종착지로 옹기·기와·원추리와 더불어 구인蚯蚓이 등장한다. 이러한 사실은 두 설화의 기본 형태가 동일함을 가리킨다. 다만 변이 요소로서 실 끝의 종착지가 각각 다르게 나타날 뿐이었다. 특히 구인蚯蚓에 대한 훈독 디룽이·지레이(지러이)와 한자漢字 이름 진훤甄萱에서 유서를 찾았다. 여기서 분명한 사실은 모두 甄萱(진훠이)이라는 이름에서 연유한 설화였다. 그러므로 폄훼 목적의 지룡地龍과는 아무런 관련도 없을 뿐 아니라, 설화 자체의 상징성을 찾는 일도 의미는 그리 크지 않다.

■ 참고문헌

이도학, 「후백제의 건국 과정과 '始都 光州'」 『후백제 왕도 광주 재조명』 국립순천대학교 문화유산연구소, 2023.12.1.; 『후백제 왕도 광주』 광주광역시·국립순천대학교 문화유산연구소, 2023.12.29.

61. 역사서에서 포토샵 된 인물들

남정南征에서 사라진 궁예

궁예는 신체적인 제약에도 불구하고 바닥에서 입신하여 고구려를 부활시켰다. 경이적인 그의 성공은 왕건의 후손 충선왕도 부정할 수 없었기에 "궁예가 삼한 땅의 ⅔를 차지했다"고 단언했다. 삼한 땅은 통일신라 영역을 가리킨다. 왜곡된 기록이 넘치는 궁예이지만 무패의 신화를 기록에 남겼다. 그가 패한 기록 자체가 없었기 때문이다.

비뇌성 전투 현장 :

궁예가 한반도 중부 지역을 장악하고 건국의 기틀을 마련한 전기가 3개 소경(북원경·중원경·서원경) 연합체인 양길 호족 연합군을 격파한 비뇌성 전투였다. 그 위치는 안성의 죽주산성으로 비정된다.

"궁예의 비약적인 세력 성장은 그의 옛 상전이었던 양길을 불안케 만들었다. 양길은 그 이듬해에 7월 국원경 등 10여 군데 성주들과 합세하여 궁예를 치려고 선제공격을 단행하였다. 그런데 비뇌성非惱城 밑에서 양길의 군대는 오히려 궁예 군대의 급습을 받아 궤멸하고 말았다. 그러면 비뇌성은 어디에 소재하였을까? 그 단서가 되는 문헌이 『고려사절요』이다. 이에 의하면 고려 현종은 거란의 침략을 받아 몽진하는 상황에서 광주에서 출발하여 양성陽城(경기도 안성)에 이르는 사이에 소재한 비뇌역鼻腦驛에 도착한다. 여기서 비뇌성은 비뇌역과 관련 깊은 성이라고 하자. 그러면 광주와 안성 사이에 소재한 성임이 분명하다. 그런데 비뇌역의 위치가 『고려사』나 여러 지리서에 보이지 않는다. 다만 비뇌역과 음이 유사한 분행역分行驛이 『고려사』 참역站驛 조에 보인다. 이 '분행'이 '부냉' → '비내'로 음전音轉이 된다고 할 때 분행역이 다름이 아닌 비뇌역으로 추정된다. 『신증동국여지승람』에 따르면 분행역의 위치는 죽산현 북쪽 10리 지점에 소재하였다고 한다. 그러므로 비뇌성의 위치는 그 부근에 소재한 게 분명하다고 본다.

그러면 이규보의 시에도 등장하는 분행역은 구체적으로 어디쯤일까? 지금의 안성군 이죽면 매산리에 소재한 죽주산성竹州山城 북쪽 마을이 '분행'이므로, 이곳으로 보겠다. 이곳은 「동여도東輿圖」에 보이는 분행역의 위치와도 부합되고 있다. 그리고 분행역 근처에 소재한 산성으로는 죽주산성밖에 지목할 수 없으므로 자연 비뇌성으로 비정되어진다. 이곳은 전략적으로 중요한 곳이었다. 충주와 청주에서 오는 두 도로가 합쳐지는 요로要路에 소재하였다. 여기서 똑바로 서울로 올라갈 수 있는 곳이었다. 류성룡의 『군문등록軍門謄錄』에서도 이와 같이 언급되었을 정도였다. 그러니 죽주산성의 비중이 막중하였음은 두말할 나위 없다. 이는 궁예가 한반도 중부 지역을 장악할 수 있는 중요한 전장으로서 『삼국사기』에 기록될 정도의 역사적 사실과도 부합되고 있다.

비뇌성으로 비정되는 죽주산성은 본성의 둘레는 1,690m, 외성 1,500m, 내성 270m의 규모를 자랑하는 요새였다. 중부고속도로를 이용하여 달리다가 이천을 지나 일죽 인터체인지에서 우편으로 꺾어져 38번 국도를 따라 수 분간 달리다가 다리(제2죽산교)를 건너 우회전하여 1km쯤 올라가면 유서 깊은 죽주산성 입구에 이르게 된다. 여기서 좌회전하여 올라가면 아치형의 죽주산성 동문이 보인다(이도학, 『진훤이라 불러 다오』 푸른역사, 1998, 110~112쪽)."

그런데 궁예 치세 후 반기에는 왕건의 눈부신 외정外征만 보인다. 궁예는 왕건이라는 걸출한 무장 덕에 서남해 도서를 개척한 것처럼 비친

비뇌성으로 비정되는 안성 죽주산성.

다. 기록상 태생부터 평생 따라붙었던 피해망상증과 미륵불의 현신으로 여기는 과대망상증과 가학성 변태성욕으로 몸부림치던 궁예가 자멸로 치닫고 있을 무렵이었다. 이 때 왕건은 외정을 통해 자신의 군사력 외에 정치·경제적 기반을 꾸준히 확대해 나간 것처럼 비친다. 그러나 이는 당치 않다. 강진 무위사 「선각대사비문」에 따르면 912년에 궁예가 직접 내려옴으로써 태봉의 나주 경략이 마무리되었기 때문이다.

「선각대사비문」에 보이는 천우 9년은 912년이고, 천우 14년은 917년이다. 비문의 이러한 시간적 범위는 왕건 즉위 전임을 알려준다. 따라서 '전주前主' 즉 '전 임금'은 궁예를 가리킨다. 그리고 궁예가 몸소 나주를 제압한 사실이 확인된다.

궁예의 서남해 친정은 「법경대사비문」에서도 확인되었다. 비문에 등장하는 '선왕先王'은 궁예를 가리킨다. 법경대사 경유慶猷가 귀국하여 만난 임금

은 궁예였다. 이때는 912년
8월에 궁예가 서남해를 공
략하던 무렵이었다. 이렇듯
「선각대사비문」과 「법경대
사비문」을 통해 궁예의 서
남해 친정이 확인되었다. 더
욱이 「법경대사비문」에서는
궁예가 남정南征에 심혈을

「선각국사비문」의 '전주前主' 구절.

기울였기에 친정했음을 알려준다. 궁예의 서남해 친정은 『삼국사기』 진훤
전의 다음 영암 덕진포 교전에서도 확인된다.

건화 2년(912) 진훤이 궁예와 덕진포에서 싸웠다. 乾化二季 萱與弓裔戰于
德津浦.

위의 짧은 기록에 대해 연구자들은 으레 궁예가 보낸 왕건과 진훤과의 교
전으로 단정했다. 그러나 이 기록은 「선각대사비문」에서 궁예가 912년에
직접 군대를 이끌고 나주로 내려온 사실과 연결된다. 더 중요한 사실은 진
훤과 싸웠다는 궁예에 대해
승패를 서술하지 않았다. 사
서에서는 왕건의 전공만 늘
어놓았을 뿐 궁예 친정 결과
에 대해서는 전혀 언급이 없
다. 그 때문에 서남해안 제
패는 오로지 왕건의 전공으
로 간주했다.

덕진포 현장.

기록에서 지워진 왕건과 비등했던 장군들

왕건이 쿠데타로 즉위한 직후 반란을 일으킨 마군장군 환선길桓宣吉의 아내가 "당신의 재주와 능력은 남보다 훨씬 나으므로 사졸들이 복종하고 있지 않습니까. 또 대공大功이 있음에도 불구하고 정권은 다른 사람에게 있으니 부끄럽지 않습니까!"라고 일갈했다. 환선길도 마음속으로 그렇게 여겼다고 한다. 여기서 '다른 사람'은 왕건을 가리킨다. 왕건과 비등하거나 그이상의 능력을 지닌 궁예의 부하 장군이 환선길이었음을 알려준다. 그럼에도 환선길의 '대공'은 고사하고 그의 행적은 전혀 소개된 바 없다. 다만 환선길의 반란 실패가 다음과 같이 보인다.

하루는 태조가 궁전에 앉아 학사學士 몇 사람과 국정을 논의하고 있었다. 환선길이 무리 50여 인과 함께 무기를 지니고는 동쪽 곁채에서 내정內庭으로 돌입하여 곧바로 그를 해치려고 하였다. 태조가 지팡이를 짚고 서서 큰 소리로 꾸짖으며 말하기를, "짐이 비록 너희들의 힘으로 여기에 이르렀지만, 어찌 천명이 아니겠는가? 천명天命이 이미 정해졌거늘 네가 감히 이럴 수 있느냐?"라고 하였다. 환선길이 태조의 말과 얼굴빛이 태연한 것을 보고 매복한 군사가 있는 것으로 의심하여 무리와 함께 달아났다. 호위병들이 구정毬庭까지 추격하여 이들을 모두 사로잡아 죽였다. 환향식이 뒤에 도착하고는 일이 실패했음을 알고 역시 도망하였다. 병사들이 추격하여 이들을 죽였다(『고려사』 권 127, 반역, 환선길전).

위의 기사에 따르면 환선길은 50여 명의 무장 병력을 이끌고 내정에 진입했다는 것이다. 이때 왕건은 비무장 상태로 학사들과 국정을 논의하던 중이라고 한다. 환선길은 왕건을 곧바로 찌르려다가 태연자약한 왕건의 호통에 놀라 달아났다고 하였다. 달아난 이유로서 복병이 있을지 두려웠기 때문이라고 했다. 그러나 이러한 행태는 상식적으로 이해되지 않는다. 설령 복병이 있다고 하더라도 왕건과 바로 앞에서 맞닥뜨렸을 뿐 아니라 예하에 50여 명의 무장 병력이 붙어 있었다. 그리고 환선길이 무장 병력을 이끌고 내정까지 진입했다는 것은 궁정 내에 내응 세력이 존재했음을 뜻한다. 게다가 환선길의 아우인 향식이 지원 병력을 이끌고 도착했을 정도로 치밀하게 사전 모의가 이루어졌다. 그럼에도 왕건의 호통 한 번에 달아났다는 것은 자못 희화적이다.

다만 위의 기사를 통해 왕건의 즉위는 환선길 등의 지원에 힘입었음을 알 수 있다. 그렇지만 왕건이 "천명이 이미 정해졌거늘"이라고 했듯이 왕위는 이미 결정되었으니 넘보지 말라고 경고했다는 것이다. 이 기록의 진위를 떠나 왕건과 비등한 위치에 환선길이 존재했음을 알려준다. 추측한다면 궁예 축출 모의를 할 때 대안으로 왕건과 더불어 환선길도 물망에 올랐을 가능성이 높다.

궁예 정권에서 왕건과 위상이 비등했던 장군으로는 환선길 외에 더 존재했던 것 같다. 모반 혐의로 체포된 마군대장군 이흔암伊昕巖을 가리켜 왕건 스스로 "나와 함께 어깨를 나란히 하고 임금을 섬겨 그 전부터 정분이 있으니"라고 했다. 그런데 왕건과 어깨를 나란히 했다면서도 이흔암의 전공 기록은 사서에서 전혀 보이지 않는다. 그가 마군대장군이라는 고위직에 올랐다는 자체가 혁혁한 전공을 전제하고 있다.

그랬기에 허스트 3세는 다음과 같이 논단했다. 즉 "왕건이 권력을 장악한 직후 적어도 그에 반대하는 최소 4차례의 반란이 있었는데 이는 그의 왕위 찬탈이 만장일치로 받아들여진 것이 아니라는 점을 나타낸다. … 그러나 궁예의 추종자 중에도 그들 우두머리의 지위를 탐냈던 또 다른 인물들이 존재했을지도 모른다. 불행하게도 즉위 이전의 사료들은 왕건에게 필적했을지도 모르는 지위를 지닌 군인들에 대해 충분한 정보를 제공해 주지 않았다.

그런데 네 차례의 반란은 궁예에 대한 상당한 정도의 충성심이 있었거나, 혹은 『삼국사기』나 『삼국유사』를 통하여 우리가 믿고 있는 것보다도, 왕으로서 왕건의 지위를 그대로 받아들이지는 않았을 것 같다는 사실을 나타내준다"고 설파하였다.

모두 "현재를 지배하는 자가 과거를 지배할 수도 있다"는 명언을 연상시킨다. 스페인 내전의 승자인 프랑코Francisco Franco(1892~1975) 총통은 애초에는 국민 진영 최고 지도자가 될 후보자 4명 가운데 1명에 불과했다. 프랑코는 처음부터 일인자는 아니었고, 동등한 여럿 가운데 한 사람에 불과하였다. 왕건 집권과 관련해 상기시키고자 한다.

이 같은 단편적인 사실 확인을 통해 왕건 즉위 후, 기존의 역사 기록은 왕건 중심으로 재편되었음을 알 수 있다. 과거 구소련 스탈린 시대에는 숙청된 이들을 사진에서 포토샵 처리하여 삭제한 경우가 많았다. 고려에서도 역사의 포토샵이 단행되었던 게 아닐까? 그랬기에 왕건과 어깨를 나란히 했던 환선길이나 이흔암 등은 지워졌을 것이다. 그렇지 않고서는 이들의 기록이 반란 사건 외에는 전혀 없는 이유를 설명할 수 없다. 그러니 "현재를 지배하는 자가 …"라고 한 조지 오웰George Orwell(1903~1950)의 말은 실로 명언이다.

■ 참고문헌

이도학, 「권력과 기록」『東아시아古代學』48, 2017.

62. 미륵사 '개탑開塔'은 무엇을 의미하는가?

　　백제 무왕은 미륵신앙의 메카로서 대가람 미륵사를 창건하였다. 무왕은
사역寺域에 들어온 사람들이 지상에 있는 동안 미륵의 세상을 체감하게 하
려고 했다. 미륵사는 감미롭고 은은한 분위기에 웅장하지만, 아름다운 미륵
의 세계를 재현한 지상 모형이었다. 그리고 지상에서 미륵의 세상으로 가는
중간 경유지에 무왕의 역할을 설정했다. 무왕은 미륵을 영례迎禮했으니 전
륜성왕이다. 미륵사 창건은 무왕의 역할로 미륵의 세상이 구현된다는 확고
한 메시지였다. 그러한 미륵사에서 다음에서 보듯이 '개탑' 의례가 있었다.

　　3년이 지나 금산사金山寺 의정義靜 율사律師의 계단戒壇에 나아가 구족계具
　足戒를 받았다. … 용덕龍德 2년(922) 여름 특별히 미륵사彌勒寺 개탑開塔의 은
　혜를 입어, 이에 선운산禪雲山의 선불장選佛場에 나아가 단壇에 올라 설법했을
　때 천상의 꽃이 이리저리 날렸다. 이로 말미암아, 도道의 명예가 더욱 빛났다
　(「葛陽寺惠居國師碑文」).

　　위에서 인용한 922년 미륵사 개탑開塔의 성격에 대해 논자들은 탑 수리나

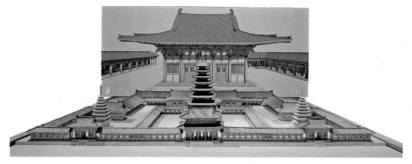

미륵사 모형.

개수改修 혹은 상징적인 국가 의례라는 의견을 개진했다. 이러한 개수와 수리 논자들의 공통점은, 개탑 대상을 석탑으로만 국한했다. 그 이유를 『삼국사기』의 "가을 9월에 금마군 미륵사에 벼락이 쳤다"는 기사와 결부 지었다. 719년 금마군 미륵사에 벼락이 친 기사를 미륵사 목탑의 소진燒盡으로 단정한 것이다. 관련해 그 1년 전인 718년에 '황룡사 탑'에 벼락이 쳤다는 기사가 동일한 『삼국사기』에 적혀 있다. 황룡사의 경우는 '탑'이라고 구체적으로 적혀 있었다. 그리고 674년 대풍大風에 무너진 것은 80m 목탑이 아니라 황룡사 불전佛殿이었다.

미륵사 목탑이 벼락에 맞았다는 근거는 어디에도 없다. 그리고 황룡사 목탑은 그 전과 이후에도 벼락을 맞는 일이 많았다. 심지어는 불타기도 했지만 몽골 병란 때 방화로 전소全燒되기 전까지는 건재하였다. 끊임없이 수리와 보수가 이루어졌기 때문이다.

소진설燒盡說과는 달리 미륵사 개탑의 대상이 목탑인 근거는 다음과 같다. 첫째, 미륵사 목탑이 설령 719년에 벼락을 맞았다고 하더라도 이때 전소되었다는 근거는 없다. 둘째, 상징성이 지대한 미륵사 목탑도 황룡사 목탑처럼 지속해 수리와 보수가 이루어졌을 것이다. 실제 목탑이 소재한 미륵사 중원 가람은 최소 14세기 초까지도 기능하였다. 목탑의 건재를 암시하는 방증이 될 수 있다. 셋째, 목탑이나 전탑과는 달리 석탑은 구조적으로 탑 자

황룡사 목조구층탑 찰주본기.

체를 열 수가 없다. 기중기를 비롯한 현대 첨단 장비를 동원해야 「사리봉안기」와 공양품을 만날 수 있는 석탑이 미륵사 서탑이었다. 따라서 석탑은 '개탑'의 범주에 해당하지 않는다.

백제인 아비지가 건립한 황룡사 목탑은 구조상으로 미륵사 목탑과 동질한 것이다. 실제 황룡사 목탑은 경문왕이 직접 탑을 열어 사리를 친견했다. 미륵사 목탑도 열어 볼 수 있는 구조로 보아야 한다.

넷째, '개탑' 개념이나 용례에 대한 정확한 이해 없이 자의적인 해석이 분분했다. 다섯째, 목탑이 8세기 초에 소진되었다면 미륵사에서 '개탑' 대상은 존재하지 않는다. 여섯째, '개탑'은 통일신라와 후백제에 영향을 미친 당唐에서 살폈더니 탑 안의 불사리를 맞이하는 의식이었다. 가령 당 대唐代 사찰 법문사法門寺에서 30년마다 개탑을 통한 영불골迎佛骨 의식으로써 풍년과 태평성대를 기원하였고, 대사면도 단행했다. 불법의 힘을 빌려 민심의 수습과 안녕을 기하고자 하는 목적이었다. 이렇듯 '개탑'이 가능한 탑파는 목탑과 전탑에만 국한된다.

후백제도 이와 크게 다르지 않았을 것이다. 일단 개탑 장소인 미륵사는 백제 이래 최대의 가람이자 미륵신앙의 중심 도량이었다. 3원院 1가람伽藍인 미륵사에는 3소所에 탑파가 소재하였다.

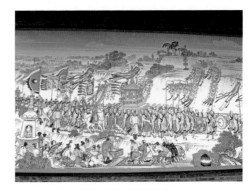
중국 법문사의 영불골 행렬 장면 상상화.

익산 미륵사지 목탑터.

그 중심에 소재한 목탑이 가장 규모가 컸을 뿐 아니라 위상도 높았을 것이다. 게다가 미륵사 세 탑 가운데 중탑中塔이 제일 먼저 조성되었고, 석탑은 열어볼 수도 없는 구조였다. 따라서 진훤 왕은 미륵사의 3소탑所塔 가운데 목탑인 중탑을 열었다고 본다. 이렇듯 '개탑'은 개수와 무관한 영불식 의식이었다.

922년 진훤 왕은 미륵사 목탑을 열어 불골佛骨을 맞이하였다. 백제 이래의 권위 있는 대미륵도량大彌勒道場인 미륵사의 개탑을 통해 천하의 평정과 낙토의 구현이라는 이상을 펼치고자 했다. 진훤 왕은 미륵사에서 개탑 의식을 성대하게 치렀다. 직접 미륵사에서 불골을 맞이하는 동시에 공양도 하였을 것이다.

개탑이 이루어진 922년은 후백제와 고려 간에 결호를 맺어 화평한 기간이었다. 889년 상주 지역 농민 봉기인 원종과 애노의 난에서 촉발한 전국적인 내전 상황에서 벗어나 세상에 평화가 찾아왔다. 바로 이 기간에 이루어진 '미륵사 개탑'의 의미를 성찰해, '개탑'의 정확한 성격을 구명하여 진정한 의미를 포착해야 한다. 더욱이 금산사를 비롯한 여러 사찰 가운데 굳이 미륵사를 택한 데는 백제 금마산 '개국開國'과 모두 짝을 이루었기 때문이다.

그러므로 '개국'과 '개탑' 그리고 연호 '정개正開'의 의미를 적극적으로 해석할 수 있다. 모두 '연다開'는 공통점을 지녔기 때문이다. 닫혀 있는 것을 열었다, 막힌 것을 뚫었다는 이미지를 연상시킨다. 전주에 도읍한 후 새로운 시대의 비전으로 제시된 화두가 '개開'였던 것이다. 이렇듯 진훤 왕이 미륵사탑을 열었던 '개탑'은, 후백제 연호인 '정개', 백제의 금마산 '개국'과 연계된 전주 천도를 축軸으로 한 일련의 의식儀式이었다. 이때 탑 안의 미륵불을 맞이하는 불골 영례迎禮는, 태평한 세상의 도래를 알리는 선포였다.

개탑이 이루어진 922년은, 후백제 진훤 왕의 광주 정도 892년에서 꼭 30주년 되는 해였다. 이 시점은 당에서 30년마다 개탑한 사실과 정확히 부합한다. 미륵사 개탑은 후백제 개국 30주년 경축 의식이었고, 이를 맞아 대사면과 별시別試로서 선불장도 열렸다. 새로운 시대를 연 거대 굉음인 과거科擧도 이때 시행된 것으로 보인다.

■ 참고문헌

이도학, 「後百濟의 全州 遷都와 彌勒寺 開塔」 『韓國史硏究』 165, 2014.

이도학, 「기조 강연 : 彌勒寺 開塔과 후백제」 『후백제학회 미륵사 개탑 1,100주년 기념
학술대회—후백제와 익산』 국립익산박물관·후백제학회, 2022.9.22.

63. 후백제는 국력이 약해서 망했는가?

후백제의 강성 요인

유수한 공적 기관에 전시된 진훤 왕 서술에는 "후백제를 건국한 견훤은 관제를 정비하고 중국과 국교를 맺는 한편 궁예의 후고구려와 충돌하며 세력 확장에 힘썼다. 그러나 차츰 고려와의 세력다툼에서 열세를 면하지 못하게 되면서 후백제는 멸망하게 되었다"고 적혀 있다. 여기서 '충돌'은 '다른 세력이나 집단이 서로 맞서 싸움'의 뜻이다. 후백제는 궁예보다 건국이 일렀을 뿐 아니라, 진훤 왕을 중심으로 서술해야 할 지역에서 마치 후백제가 분란을 일으킨 듯한 뉘앙스를 주고 있다. 그리고 '세력 확장에 힘썼다'라는 구절은, 노력은 했지만 성과는 없었다는 인상을 준다. 후백제 멸망 요인으로 세력 열세를 운위했다.

이와 같은 인식은 단순한 서술 미비에 그치지 않는다. 후백제에 대한 보편적인 인식이라는 데 문제가 큰 것이다. 그러므로 대응 차원에서 후백제의 국력을 검증해 보았다. 먼저 진훤이 왕국을 건설하고 이른 시일 안에 정국의 주도권을 장악하게 된 배경은 다섯 가지로 꼽을 수 있다. 첫째, 진훤은 해적 토벌을 통해 실전 경험이 풍부한 국방군을 보유하였다. 둘째, 항만에 출입하는 상인들을 통해서는 경제적 기반을, 승려와 유학생들과의 교유를 통해서는 탄탄한 브레인층을 확보했다. 셋째, 빼어난 정치적 안목이다. 그는 일찍부터 세력을 규합하면서 냉철한 안목으로 사세를 주시하다가 원종과 애노의 난이 일어나자 즉시 거병하여 우뚝하게 지명도를 높였다. 이로써 그는 체제 불만 세력과 방황하는 주민들의 구심 역할을 하였다. 넷째, 백제 옛 땅에서 '백제의 재건'이라는 정치적 슬로건을 내걸어 주변 세력들을 휘하에 빠르게 포용하면서 정치 세력화했다. 다섯째, 인구와 물산이 풍부한 호남을 기반으로 하였다. 그랬기에 후백제 병력이 고려보다 갑절이나 많았다.

진훤의 대민수취對民收取는 비록 정적政敵인 아들 신검의 교서敎書이지만 "진구렁이나 숯불에 떨어진 것과 같은 고통을 쓸어버리니 백성들이 평안하고 화목하게 되어 북을 치고 춤을 추었고, 광풍과 우레처럼 먼 데나 가까운 데나 준마처럼 달려, 공업이 거의 중흥에 이르렀습니다"는 구절에 집약되었다. 즉 농민들을 과중한 수탈과 질곡에서 해방했고, 그것을 가능하게 할 수 있는 제도적 장치의 마련을 뜻한다. 곧 둔전제屯田制의 시행과 관개灌漑 시설의 확충이었다. 「통진대사비문」에 따르면 진훤이 만민언萬民堰이라는 제방에서 군대를 이끌고 있었다고 했다(粤有州尊都統甄太傅萱統戎于萬民堰也). 이는 진훤 스스로 둔전과 관개에 힘쓴 사실을 확인시켜 준다. 아울러

'모든 백성의 방죽'이라는 만민언 제방 이름을 통해서도 그가 취한 일련의 시책이 농민과 관련한 농업경제의 증진에 두었음을 읽을 수 있다. 합덕방죽과 나주에서의 둔전이 그 편린이다. 거병지인 광양 마로산성에서 출토

당진의 합덕방죽.

된 쟁기날은, 진훤의 군대가 식량을 자급하는 둔전을 시행한 물증이었다. 이와는 달리 왕건은 현지 호족들로부터 군량을 조달받았다.

　진훤은 말년에 자기 군사가 북군 곧 고려 군대보다 갑절이나 더 많았다고 회고했다. 안정복安鼎福도 유계俞棨의 글을 인용하여 "삼한을 침탈하기 40여 년 동안, 그 재력의 부유함과 갑병甲兵의 막강함은 족히 신라와 고려보다 뛰어나서 먼저 드날렸다"고 평가했다. 『오하기문』에서도 "호남 한 도道는 우리나라의 남쪽 울타리로 자연경관도 빼어나게 아름다울 뿐 아니라 생산물 또한 풍부하다. 국가는 이용 후생에 필요한 전체 재원의 절반을 호남에 의존하고 있다. 호남 지역에는 재주가 있고 민첩하며 여러 가지 일에 능숙한 인물이 많아 옛날부터 지략과 지모를 갖춘 걸출한 선비가 종종 배출되었다. 그래서 백제가 그들을 기용해 신라·고구려와 병립하는 구도를 만들어 냈고, 진훤도 그들을 발탁하여 왕건에게 지지 않고 맞설 수 있었다"고 설파했다.

무등산가無等山歌 :

• "무등산 : 광주의 진산鎭山이다. 광주는 전라도의 큰 읍인데, 이 산에 성을 쌓으니, 백성들이 덕분에 안락하게 되었기에, 노래를 불렀다(『고려사』권71, 악지, 백제 무등산)."

• "무등산고성 : 유지遺趾가 있다. 백제 때 이 산에 성을 쌓자, 백성들이 덕택에 안락하였으므로 이를 노래했다. 민간에 무등산곡無等山曲이 있다(『대동지지』권12, 전라도 광주, 城池)."

백제 때 '무등산고성'을 축조했다는 것이고, 백제 가요로 무등산가가 전해 져왔다. 그런데 이 백제는 후백제를 가리킨다고 본다. 후백제도 백제로 호칭 했을 뿐 아니라, 발굴 성과에 따르면 무진고성은 8세기 말~9세기 초에 축조되 었기 때문이다. 실제 백제 유물 대신 통일신라 말기의 유물이 출토되었다. 그 럼에 따라 무등산가는 백제가 아니라 후백제 가요, 일종의 태평가太平歌로 밝 혀진다. 진훤 왕을 칭송하는 신검神劍 교서 가운데 "진구렁이나 숯불에 떨어 진 것과 같은 고통을 쓸어버리니

광주 무진고성 성벽.

백성들이 평안하고 화목하게 되어 북을 치고 춤을 추었고"는, '백성들 이 덕분에 안락하게 되었기에, 노 래를 불렀다'와 부합한다.

　무등산가는 광주 도성민의 절대 지지에 따른 태평성대와 안락을 함 축하고 있다.

　진훤 왕의 웅대한 이상은 927년 공산 전투에서 고려군을 대패시킨 후 "족 하는 충고는 자세히 알려 하지 않고 공연히 떠도는 말만을 들어 온갖 술책 으로 기회를 엿보며 여러 곳으로 침략하여 소란케 했으나 아직도 저의 말머 리도 보지 못하였고 저의 소털牛毛 하나도 뽑지 못하였도다!"고 했다. 그리 고 "강하고 약함이 이와 같으니, 승패는 알만함이니 기약하는 바는 활을 평 양의 문루에 걸고, 말은 패강의 물을 축이게 하는 데 있다"고 한데서 잘 드 러난다. 평양과 패강(대동강)은 통일신라의 북계北界였다. 성큼 다가온 통일 군주에 대한 진훤 왕의 자신감이 화통하게 어려 있다.

후백제의 고려 왕궁 포위

연전연승하던 후백제는 930년 정월 안동 병산 전투에서 뼈저린 패배를 맛보았다. 그럼에도 후백제 왕국은 웅강함을 잃지 않았다. 가령 박수경朴守卿이 역전力戰한 관계로 왕건이 간신히 탈출했던 발성勃城 전투를 주목해 본다. 발성의 위치는 문헌에서 확인되지 않는다. 이와 관련해 개경의 왕궁을 이루는 발어참성勃禦塹城의 '어참'은 문자 그대로 '방어하기 위한 참호' 즉 해자垓字가 있는 성의 구조를 반영한다. 그러니 발어참성의 고유명사는 '발성'이었다. 관련해 "황성은 896년에 쌓은 발어참성을 리용하여 쌓은 성인데 발어참성벽은 송악산마루의 북문으로부터 서쪽 북창문을 거쳐 서남쪽의 도차리고개와 눌리문을 지나서 주작고개를 돌아 북쪽으로 뻗어 다시 송악산에로 올라 갔다. 그러므로 황성벽은 북쪽을 제외하고 모두 발어참성벽을 그대로 리용한 것이다(리창언, 『고려 유적연구』 사회과학출판사, 2002, 159쪽)"고 했다. 1029년(현종 20)에 축조한 개경 나성 가운데 왕성은 발어참성을 이용한 것이다.

'松岳' 명문 기와.

발성 전투가 발어참성이 소재한 고려 수도 개경의 왕궁 권역에서 발생했다고 하자. 그러면 932년 9월에 후백제군 선단이 일제히 개성에 상륙 작전을 펼쳤음을 뜻한다. 이때 "진훤은 일길찬 상귀를 보내 수군으로 고려 예성강에 들어가 3일을 머무르면서 염鹽·배

고려 왕궁 만월대 부지.

白·정貞, 3주州의 배 1백 척을 불 지르고, 저산도猪山島 목마牧馬 3백 필을 붙잡아 돌아갔다"고 했다. 당시 후백제군의 상륙 부대가 고려 왕궁까지 진격해 온 것으로 보인다. 왕건이 발성 전투에서 포위되었

예성강 유역이 포함된 조선시대 지도.

다는 것은, 이러한 정황을 반영한다. 다시금 닥친 왕건 일생일대 위기였다. 그는 부하 장수의 역전에 힘입어 간신히 탈출하였다得出.

그러나 왕건의 권위를 실추시킬 수 있는 패전은 공식 편년 기록에서는 보이지 않는다. 부하들의 충성과 관련한 다른 자료를 통해 우연히 드러났을 뿐이다. 더욱이 후백제군에 고려 왕궁이 포위당했다는 자체가 치욕이었다. 왕건으로서는 은폐하고도 남을 일이었다. 이러니 편향된 기록을 통해 후삼국사의 진실한 복원이 얼마나 어려운지를 실감하게 한다. 박수경의 딸이 왕건의 제28비妃가 된 것은 발성 위기에 대한 보은이 분명하였다. 발성 포위 1개월 후 후백제군은 다시금 고려를 공격했다. 후백제 수군은 대우도大牛島를 공격했고, 왕건이 보낸 고려군을 패퇴시켰다. 그러자 왕건은 두려워했다太祖憂之는 것이다.

그리고 진훤의 사위 박영규가 자기 아내에게 "대왕께서 힘을 들여 부지런히 일한 지 40여 년에 공업이 거의 이루어지려 했는데 하루아침에 집안의 화禍로 나라를 잃고 고려에 가서 의탁하였소"라고 한 말이 있다. 이 역시 후백제는 멸망 시점까지도 여전히 강성했음과 더불어 정국 주도권 장악을 반증한다.

유검필 장군 :

통일의 으뜸 공신 고려 명장 庾黔弼을, '유금필'로 표기하고 있다. 그런데 '黔'에는, '금'과 '검' 2가지 음이 있다. 『전운옥편』에서 '금'으로 읽을 때는 '귀신 이름'의 뜻이었다. 반면 '검'으로 읽을 때는 '검다'·'많다'·'뭇'·'무렵'·'가지런하다'의 뜻이 담긴 '려黎'의 의미였다. 일반 백성을 가리키는 '검수黔首'가 용례이다. 그러므로 인명을, '귀신 이름'의 뜻인 '금'으로 읽혔을 리 없다. 오히려 '검'으로 읽는 게 온당하다. '유검필' 장군이다.

가림성 안의 유검필 장군 사당 2채. 오른쪽 뒷편 조그마한 사당이 오래된 사당이다.

유검필 장군 최초 사당 안에 존재했던 목각상 5구.

부여 가림성 안에 유검필 장군 사당이 2채 있다. 오른편 오래된 사당 안에는 목각상 5구가 놓여 있었지만, 2006년 4월 중순에 모두 도난당했다.

진훤 왕의 경주 급습 배경 :

"당시 신라 군신君臣들은 (나라가) 쇠퇴하여 부흥이 어려워지자, 우리 태조를 끌어당겨 결호하여 도움을 받으려고 도모하였다. 진훤은 스스로 나라를 도적질할 마음이 있어서 태조가 먼저 차지할까 두려워한 까닭에 군대를 이끌고 왕도에 들어가 악을 저질렀다(『삼국사기』 권50, 진훤전)"고 했다. 진훤 또한 국상 김웅렴이 왕건을 맞아들인다면 종묘사직을 폐허로 만드는 행위였기에 좌시할 수 없었다고 하였다. 진훤은 신라의 종묘사직이 고려로 넘어가는 것을 막기 위해 경주에 왔음을 밝혔다. 물론 이러한 주장은 어디까지나 명분에 불과할 수 있지만 사실일 가능성도 배제하기 어렵다.

후백제와 고려는 스스로 신라의 보호자요 계승자로서 적합도를 경쟁하는 관계였다. 927년 후백제군의 경주 급습도 이와 관련한 사건이었다. 진훤 왕은 신라 경애왕 정권이 시종 의지했던 고려와 그 이상의 관계로 발전하는 것을 차단할 목적으로 경주를 급습했다. 그 일환으로 국왕까지 교체한 것이다. 그렇지만 경애왕의 처단과 후백제군의 거친 행태는 민심 이반을 초래하였다. 후백제군이 고창(안동) 전투에서 패한 것도 신라 호족들의 이반에 따른 결과였다. 신라의 보호자요, 계승자 역을 자임했던 두 정권 간의 경쟁은 927년을 분기점으로 고려로 기울게 되었다.

이에 고무된 왕건은 신라 경순왕과 회동한 931년 이후부터는 더 이상 신라의 배신陪臣이 아니었다. 이제는 신라가 고려의 배신이 되었다. 그랬기에 몇 년 후 신라가 고려로 넘어가는 데 대한 신라인들의 반발은 심하지 않았다. 이렇듯 후백제와 고려의 경쟁과 갈등은 신라 후계자로서의 기나긴 적합성 분별 과정이기도 했다.

(이도학, 「후백제 진훤의 受禪 전략」『민족문화논총』78, 2021.)

마성馬城의 위치 :

대통합을 위한 마지막 전장에 등장하는 마성의 위치 파악과 관련해 논의가 구구했다. 그러한 1차적인 문제점은 『고려사』의 해당 관련 기사를 자의적으로 해석한 데서 말미암았다. 그러나 "我師追至黃山郡 踰炭嶺 駐營馬城"라는 구절은 "우리 군대가 추격하여 황산군에 이르러 탄령을 넘어 마성에 주영駐營

하였다"고 해석해야 맞다. 이때 왕건의 본영은 황산에 주둔하였다. 반면 고려의 경병勁兵은 소수의 후백제 패잔병을 추격하여 마성까지 진격한 것이다. 기존 연구에서는 이 점에 대한 분리 해석을 하지 못하였다.

마성 위치 구명의 관건이 되는 탄령炭嶺은 황산군 즉 지금의 논산시 연산면 일대와 접한 지역에서 찾는 게 온당해 보였다. 그 결과 여러 측면에서 전라북도 완주군 운주면 쑥고개가 타당하였다. 이러한 맥락에서 살핀다면 마성은 완주~전주 사이 구간에 소재한 게 된다. 고려군은 완주와 접한 탄령을 넘어 후백제 수도인 전주로 추격하는 동선상에서 마성에 주영 했기 때문이다. 마성은 금마성金馬城 혹은 금마저金馬渚로 일컬어졌던 익산 지역을 가리킨다. 이곳에 소재한 마성은 후백제의 멸망과 관련한 왕건의 건탑설화建塔說話가 남아 있는 왕궁평성으로 비정된다.

(이도학, 「後百濟의 降服 動線과 馬城」『동아시아문화연구』 65, 2016.)

■ 참고문헌

이도학, 『후백제사 연구』 학연문화사, 2022.

이도학, 「後百濟의 降服 動線과 馬城」『동아시아문화연구』 65, 2016.

이도학, 「왜 후백제인가, 백제에서 후백제까지」『후백제학술대토론회』 전북일보사, 2023.3.24.

64. 진훤의 아버지 아자개가 왕건에게 귀부한 까닭은?

왕건이 상전 궁예를 축출하고 즉위한 때가 918년 6월 15일이었다. 6월 19일에는 마군장군 환선길이 역모죄로 처형되었다. 6월 21일에는 궁예의 총애를 받던 소판 종간宗偘과 내군장군 은부狷鈇를 처형하였다. 6월 28일에는 마군대장군 이흔암을 역모죄로 엮어 처형했다. 9월 15일에는 순군리 임춘길林春吉 등을 모반죄로 처형하였다. 9월 23일 왕건은 궁예 때 시중이었던 구진具鎭을 나주로 파견하려 하자 반발했다.

왕건이 즉위한 지 3개월 동안 연이은 모반 사건과 항명이 잇따랐다. 궁예 축출에 '대공大功'을 세운 환선길이나 왕건과 어깨를 나란히 했다는 이흔암 등이 처형되었다. 이러한 사실은 왕건과 비등하거나 우위에 있던 장군들의 존재를 암시해 준다. 또 이들이 왕건의 즉위를 흔쾌히 수용한 게 아니었음을 반증한다. 왕건의 정통성이 흔들리고 있었다.

그러던 중 9월 24일, 뜻밖의 일이 발생했다. 즉 "상주 적수 아자개가 사신을 보내 내부內附하자, 왕이 의식을 갖춰 그를 맞으라고 명하니, 구정에서 의식을 연습하려고 문무관이 모두 차례로 섰다. 尙州賊帥阿字盖 遣使來附 王命備儀迎之 習儀於毬庭 文武官俱就班(『고려사』)"고 한다. 『삼국사기』에서는 이보다 2개월 전인 7월에 "가을 7월, 상주 적수 아자개가 사신을 보내 태조에게 항부降付했다. 秋七月 尚州賊帥阿玆盖 遣使降於太祖"고 하였다. 어쨌든 왕건 즉위 직후의 일임은 분명하다. 여기서 '상주 적수 아자개'는 진 훤의 아버지를 가리킨다.

그러나 이해할 수 없는 사건임은 분명했다. 그랬기에 순암 안정복은 "이 때 진훤의 세력이 몹시 강하여 그의 아버지가 내항한 것은 이해할 수 없다. (아자개는) 두 사람이 있었던 것으로 의심된다. 此時甄萱勢强甚 其父無來 降之理 疑有二人"고 했다. 동명이인설同名異人說의 태동이었다. 동빈 김상 기도 이 설을 좇았다. 이어 "… 왕건이 고려를 세우자, 그에게 투항한 것이 된다. 그러나 그가 자식 견훤에게로 가지 않고 견훤의 적대 세력인 왕건에 게 가 붙었다는 것은 상상하기 어려운 일이므로 여기에는 기록상 착오가 있 으며 그가 견훤의 애비와 이름이 같은 딴 사람이었다고 인정된다(사회과학 원역사연구소, 『조선전사 제5권』 과학백과사전출판사, 1979, 289쪽)"·"… 왕건 이 고려를 세우자, 그에게 투항하였다고 한다. 그러나 그가 견훤의 아비라 면 견훤의 적대 세력인 왕건에게 가 붙었다는 것은 상상하기 어려운 일이 다. 그러므로 그는 광주 지방에서 농사를 짓던 견훤의 아비와 이름이 같은 딴 사람이었을 것이다(사회과학원역사연구소, 『조선전사(개정판) 제5권』 과학백 과사전종합출판사, 1991, 291 쪽)"고 했다.

종법질서를 중시하는 성 리학자인 순암의 사고 체계 에서는, 아버지와 아들이 서 로 다른 정치 행로를 걷는다 는 것은 도저히 이해할 수 없었다. 그러나 예나 지금이

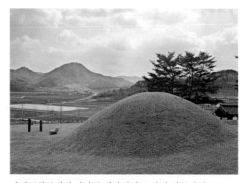

사벌국왕릉에서 바라본 아자개의 근거지 병풍산성.

나 인간에게 가장 민감한 사안은 아버지의 유산에 대한 상속이었다. 이 사안은 복합적인 여러 이면사와 변수가 깔린 것으로 보아야 한다. 드러난 현상만으로는 속단하기 어려운 속성을 지녔다고 본다.

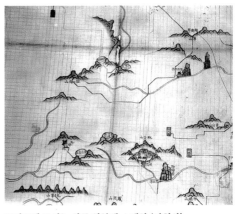
고지도에 보이는 상주 화북에 소재한 '진훤산'.

먼저 906년 궁예의 명을 받고 이곳에 진출한 왕건이라는 변수가 도사리고 있었다. 이때 왕건은 3천 명의 병력을 거느리고 상주의 사화진沙火鎭 즉 사벌진을 공격했다. 사벌진의 위치는 보은 속리산에서 상주로 나가는 통로인 지금의 상주 화북 일대를 가리키는 것 같다. 이곳에는 고지도에도 표시된 '진훤산'과 '진훤산성'이 소재했다. 지금의 속칭 견훤산성을 가리킨다. 진훤의 후백제 군대는 이곳에서 '여러 차례' 마진의 왕건 군대와 접전하였다.

마진군과 후백제군의 격돌에서 마진이 승리했다. 마진의 승전을 "상주 등 30여 주현州縣을 벌취伐取했다"고 하였다. 진훤은 이듬해인 907년에 일선군(선산·구미) 이남의 10여 성을 점령했다. 두 세력이 상주 남쪽에서 대치한 것이다.

이 상황에서 아자개와 그의 자제들은 어떤 형태로

상주 화북의 진훤산성(견훤산성).

든 현실에 대응해야 했다. 마진의 군대는 신라 땅 진입에 성공하였다. 그 목적은 궁예의 목표인 신라 병탄이었다. 궁예는 일찍이 사람들에게 말하기를 "지난날 신라가 당에 군대를 청하여 고구려를 격파하였기 때문에 평양 구도舊都는 가득 차서 무성한 풀밭이 되었다. 내 반드시 그 원수를 갚겠다!"고 선언했다. 그가 영주 부석사에 행차했을 때 "벽에 신라 왕 초상이 그려진 것을 보고는 칼을 뽑아 이를 쳤다. 그 칼날 자국이 아직도 남아 있다"고 하였다. 그러한 궁예의 군대가 상주 땅을 접수한 것이다. 문제는 상주 지역의 기존 신라 호족 세력들에 대한 처리였다. 궁예는 "(신라를) 멸도滅都라 부르면서 신라에서 귀부한 자들을 모두 베어 죽였다"고 했다. 상주 지역 호족 아자개는 서슬 퍼런 궁예의 적개감에 직면하였다.

그런데 상주를 점령한 왕건은, 궁예와는 달리 아자개에게 유화적인 태도를 보였던 것 같다. 아자개의 기존 지배권을 인정해 주었다고 본다. 918년 9월까지 '상주 적수 아자개'로 남아 있었다는 것은, 그가 지닌 권한이 유지되었다는 반증이다. 마진군과 후백제군의 격돌 상황에서 아자개는 아들의 국가인 후백제를 지원했는지 알 수는 없다. 어쩌면 아자개는 마진과 후백제 사이에서 중립을 지켰거나 오히려 왕건을 지원해 줬을 가능성이다. 이로써 아자개는 상주와 문경 지역의 피해를 줄이고 세력 보전이 가능해졌을 수 있다.

아자개는 승자인 마진에 불이익을 받지는 않았던 것 같다. 이로 인해 아자개 일가는 자신들을 지켜주지 못한 진훤보다는 궁예의 마진을 따르게 되었다고 보아야 한다. 이는 정서적인 혈족의 문제가 아니라 존립과 관련한 냉엄한 현실의 문제였다. 왕건의 상주 지역 진출은, 아자개가 아들 진훤과 결별하는 결정적인 계기가 되었던 것 같다. 그랬기에 왕건은 아자개의 지배권을 인정해 주었다고 본다.

그로부터 12년 후, 918년 6월 철원에서 정변이 일어나 궁예가 축출되고 왕건이 집권하였다. 기록에 따르면 얼결에 즉위한 것처럼 적힌 왕건은, 궁예 세력 제거와 모반 사건 적발에 혈안이 되었다. 그는 자신의 취약한 권력을 강화하고 지방 호족들의 동요를 막기 위해 '중폐비사重幣卑辭'로 나왔다. 값진 물건과 자리를 주고 자신을 낮추어 말하는 '중폐비사'였다.

이 상황에서 아자개의 귀부는 돌발 사건처럼 비치지만 그렇지는 않았다고 보아야 한다. 아자개는 906년부터 왕건과 신뢰를 구축한 관계였다면, 이제 궁예가 제거된 상황은 호기였다. 그리고 70세 전후한 고령의 아자개가 상속 문제에 직면했다는 복합적인 차원에서 고려 귀부를 살펴야 할 것 같다. 아자개 곁에는 장남 진훤을 제외하더라도 4명의 장성한 아들이 있었다. 그리고 이들 4형제는 이복형제 관계로 보아야 한다. 아자개와 2명의 부인 사이에서 출생한 이복형제들은 상속 분쟁에 휩싸였을 가능성이 매우 높았다.

문제는 궁예 정권이 무너지고 왕건이 집권한 권력 공백기라는 점이다. 이 틈을 놓치지 않고 진훤이 상주 지역을 장악하려고 했을 법하다. 상주 지역은 더욱이 궁예 세력권이었기 때문이다. 그러자 아자개 곁의 진훤 아우들이 이제는 결집하여 함께 대항했을 수 있다. 상주 지역 지배권 상속과 관련한 분쟁의 와중에서 아자개는 자기 영지에 대한 권한을 진훤에게 물려줄 의사가 없었다. 아니 아자개 곁의 아들들이 차단했을 수 있다. 결국 진훤의 위협에 시달리던 아자개는 고려로의 귀부를 통해 영지를 보존 받으려고 한 것 같았다. 아자개와 그 예하의 아들로서는 강대한 진훤의 후백제라는 국가 세력에 대응해 영지를 보존하는 방법은, 분쟁을 멈추고 고려에 의탁하는 길이 최선일 수 있었다. 918년 9월 아자개가 고려로 귀부한 전후 사정은 이같이 추리된다.

그러나 이러한 전후 배경에 대한 이해 자체가 없었기에 동명이인설이 제기된 것이다. 훗날 진훤이 왕건에게 귀부한 것도 상식으로는 이해하기 어려운 측면도 있다. 그러나 전후 기록이 상세하게 남아 있기에 상황을 살필 수 있었다. 반면 아자개의 고려 귀부는 전후 배경 기록 자체가 전혀 없었기에 돌발 사건으로 받아들인 관계로 동명이인설이 솟아난 것이다.

진훤 왕은 상주喪主 역을 했을까? :

918년 무렵 70세 정도였을 아자개는 그로부터 몇 년 안에 사망했을 것이다. 아자개의 장례식에 진훤의 상주喪主 역 여부는 알 길이 없지만, 최소한 조문 사절을 파견했을 것이고, 왕건 역시 그러했을 것으로 본다. 그 이전 아자개의 환갑잔치에 장남 진훤 왕의 참석 여부는 흥미로운 사안이다. 왕건 장군의 경우는 분명히 축하 선물을 보냈을 것으로 본다.

■ 참고문헌

이도학, 「후백제와 고려의 각축전과 尙州와 聞慶 지역 호족의 동향」『지역과 역사』 48,
    2021.

고려 태조의 「장의사 재문莊義寺齋文」과 삼각산 :

"… 이러한 풍수지리는 산천을 매개로 한 것인데 「삼각산명당기」라는 서명書名에서 보듯이 명산으로서 북한산의 비중은 지대했다.

이러한 현장이 고구려 구양舊壤이요 명산인 삼각산 일대였다. 옛 고구려 판도의 부활과 그 판도 내에서 남평양의 위상을 재건하려는 의도가 깔린 것이다. 그리고 삼각산 장의사는 신라군과 당군이 합세한 거국적인 백제 진공과 관련된 호국사찰이었다. 이곳에서 태조가 재문을 손수 지은 배경은, 고구려를 계승한 고려가 명산 삼각산의 음우를 통해 후백제를 통합하려는 서원 때문으로 보였다. 그러나 이는 하나의 추정에 불과할 따름이다. 태조가 후삼국을 통일한 직후에 고구려 구도舊都였던 평양에 서경을 설치한 정도의 비중은 아니지만, 고구려 별도 남평양성이 소재한 장의사의 화엄법회 재문을 지었다는 것은, 고구려의 판도 복원 차원에 입각한 국토 경영 일환으로 보였다. 남경 천도론의 연원도 이러한 맥락에서 찾을 수 있을 듯하다."

(이도학, 「고려 태조의 '莊義寺齋文'과 三角山」『한국학논총』 54, 2020, 26쪽.)

65. 진훤 왕이 고려로 간 까닭은?

  진훤은 입출入出이 일상화한 관문이자 변경에서 신라를 넘어 세상의 변화를 읽었을 것이다. 당唐 제국을 요동치게 한 황소黃巢의 난이 875년~884까지 이어진 사실을 포착했을 게 분명하다. 당 제국의 속수무책, 무기력한 모습을 확인했을 것이다. 그는 승평항(순천만)을 입출하는 유학승이나 유학생, 사행使行 그리고 상인들을 통해 정세 흐름을 정확하게 꿰뚫었을 것으로 보인다. 변경에서 서서히 변혁의 바람이 불게 된 것이다. 변경은 중앙 권력의 통제로부터 비교적 자유로웠기에 운신의 폭이 넓은 편이었다. 진훤은 이러한 환경을 십분 활용해 때를 기다리며 변혁을 준비했다. 백제의 부활은 변경 변혁설의 측면에서도 살필 수 있다.

  그런데 건국 후 수십 년에 걸친 후백제와 고려의 대결은 쉽게 승부가 나지 않았다. 전하는 기록과는 달리 후백제는 여전히 강성하였다. 신검의 교서에서 "공업功業이 거의 중흥에 이르렀습니다"고 하였고, 진훤 왕의 사위 박영규는 "대왕께서 힘을 들여 부지런히 일한 지 40여 년에 공업이 거의 이루어지려 했는데"라고 했다. 후백제가 멸망 시점까지도 강성했음을 뜻한다. 이러한 상황임에도 진훤은 다음과 같은 중대 결단을 내렸다.

병신년 정월에 진훤이 아들에게 말하기를, "내가 신라 말에 백제 이름으로 뒤를 이은 지 지금에 이르기까지 여러 해가 되었다. 군대는 북군北軍보다 갑절인데도 하물며 불리하니, 반드시 하늘이 고려를 위하여 손을 빌려 준 것 같으니, 어찌 북왕에게 귀순하여 목숨을 보전하지 않으리오!" 그 아들 신검·용검·양검 등 3인은 모두 응하지 않았다(『삼국유사』 권2, 기이, 남부여후백제).

위의 기사는 936년 정월에 진훤 왕이 아들에게 한 말이지만, 그 시점은 935년 을미乙未로 앞당겨야 맞다. 진훤 왕의 발언은 고려 중심으로 윤색된 게 분명하다. 가령 "북왕에게 귀순하여 목숨을 보전하지 않으리오"가 그 전형이다. 그러나 발언의 본질은 압도적 우세에도 불구하고 승부가 나지 않으니 끝없는 소모전을 청산하고 대통합을 위해 소아小我를 버리겠다는 선언이었다. 진훤 왕의 이 같은 폭탄선언은 돌출 발언이 아니었다. 오랜 기간 고심한 결과로 보인다. 이와 관련해 미국 남북전쟁기에 남부연합 총사령관 로버트 에드워드 리Robert Edward Lee(1807~1870) 장군이 하달한 '일반명령서 9호'를 살펴본다.

… 내가 이 결과(항복)를 받아들인 것은 병사들을 믿지 못해서가 아니라 … 그들의 동포들에게 사랑받았고, 과거에 공로가 있던 이들에 대해 나는 쓸모없는 희생을 피하려고 결심했습니다(Douglas Soutball Freeman, Lee, Touchstone, 1997, pp.496-497).

로버트 리 장군은 항복을 거부하고 산악에서 게릴라전을 펼치자는 제장諸將들의 견해를 따르지 않았다. 그가 항복을 택한 이유는 '쓸모없는 희생을 피하려고'였다. 진훤 왕도 이와 동일했다고 본다. 애꿎은 병사들의 더 이상 살상을 중단하고 대통합을 이루는 길은, 자신이 가진 모든 것을 포기하는

데 있다고 결단했던 것 같다.

당시 진훤 왕에게는 두 가지 현안이 있었다. 첫째 자신이 주도한 국토의 통일, 둘째 걸출한 능력을 지닌 넷째 금강 왕자에게 왕위를 넘겨주는 일이었다. 그러나 모두 어려운 현실에 봉착했지만, 난제를 한꺼번에 해결할 수 있는 차선책이 없지는 않았다. 진훤 왕 자신이 고려에 들어감으로써 더 이상의 살육 없이 국토의 통일이 가능해지고, 골육상쟁도 피할 수 있다고 판단했다. 실제 936년 최후의 결전장인 일리천 전투에서 진훤 왕이 왕건과 나란히 고려군 진영에 있었기에 후백제군은 일거에 무너졌다.

그러한 진훤 왕의 삶과 공적은 자신을 축출한 아들 신검의 다음 교서에 잘 응결되어 있다.

대왕의 신무神武는 보통 사람보다 빼어나게 뛰어나셨고, 영특한 지혜는 만고에 으뜸이라, 말세에 태어나셔서 스스로 세상을 건질 소임을 지고 삼한 지역을 순행하시면서 백제라는 나라를 회복하셨고, 진구렁이나 숯불에 떨어진 것과 같은 고통을 쓸어버리니 백성들이 평안하고 화목하게 되어 북을 치고 춤을 추었고, 광풍과 우레처럼 먼 데나 가까운 데나 준마처럼 달려, 공업功業이 거의 중흥에 이르렀습니다. …

후백제의 갑작스러운 몰락은 엄청난 역사 손실을 가져온 일대 재앙이었다. 즉 "신라 말에 진훤이 완산完山에 웅거하여 삼국의 남아 있는 서적을 실어와 두었는데, 그가 패하자 쓸어 없애져 불타 재가 되었으니, 이것이 3천년 이래 두 번의 큰 재앙이다(『雅亭遺稿』 권3, 紀年兒覽, 序)"고 하였다. 927년 경주에서 실어 온 역사서 등이 전소된 것이다. 계승되지 못한 역사로 인해 역사 기록의 극심한 빈곤을 초래했다. 현재 전하는 『삼국사기』가 소략한 이유였다. 고려가 신라 → 후백제로 이어진 역사서를 물려받지 못해서였다.

『삼국사기』는 삼국의 역사서와 역사적 사실을 온전히 수록했다고 보기에는 너무나 소략疏略하다. 중국 사서를 보입補入하더라도 수년 동안의 기사가 한꺼번에 누락된 경우는 비일비재하였다. 그리고 수록된 기사의 양이 일관성 없이, 즉 균질하지 않고 들쑥날쑥했다. 그럼에도 『삼국사기』에서 통일기의 역사는 날짜까지 기재할 정도로 실록처럼 상세하다.

이로 볼 때 보관해 온 역사서 전체가 깡그리 소실된 데서 요인을 찾게 된다. 후백제 진훤 왕의 성취도 전해 오지 않고 있어 고려 측 기록을 통해 엿 보는 실정이다. 후백제 전주 사고가 멸망 때 소실된 것으로 볼 수 있는 정황이 아니겠는가?

후백제 멸망 직후 진훤 왕은 70세를 일기로 지금의 논산 관내 사찰에서 영욕이 교차하는 파란만장한 생애를 접었다. 그의 능은 논산시 연무읍 금곡리의 야트막한 산에 소재하였다. 이제 승부에 승부를 거듭하는 전쟁으로 숨도 돌릴 수 없는 난세를 헤쳐가면서, 한 시대의 종지부를 찍어 역사의 일대 전환점을 마련한 혁명가 진훤 왕은 재평가되고 있다. 아자개와 진훤, 이들 부자에 의해 한 시대는 종언을 고했고, 참여의 폭과 기회가 한층 확대된 사회로 넘어갔다.

2015년 8월 5일, 진훤과 후백제 관련 2권의 저서를 대학원생들과 함께 논산 연무의 진훤왕릉에 봉정한 후 기념 촬영. 진훤왕릉의 국가사적 지정이 시급하다.

진훤 왕의 건국은 지역주의를 뛰어넘었다는 점에서 의미 부여가 가능하다. 그는 신라인으로서 백제 재건에 성공했고, 또 백제 유민들로부터 열렬한 지지를 받았다. 지역주의 파기에 성공한 최초의, 아니 선도적 사례로 기억될 것이다. 21세기 시점에서 왜 후백제인가에 대한 해답을 준다.

[참고문헌]

■ 저서

國立扶餘文化財研究所,『扶餘 定林寺址』2011.

국립전주박물관,『益山 雙陵』2015.

關野貞,『[新版] 朝鮮の建築と藝術』岩波書店, 2005.

金達壽,『日本の中の朝鮮文化 3(近江·大和)』講談社, 1972.

김달수,『일본 속의 한국문화 유적을 찾아서 2』대원사, 1997.

丹齋申采浩先生紀念事業會,「朝鮮史研究艸」『改訂版 丹齋申采浩全集(中)』螢雪出版
　　　社, 1987.

大津透 外,『改訂版 新日本史 B』山川出版社, 2018.

東潮·田中俊明,『高句麗の歷史と遺跡』中央公論社, 1995.

Douglas Soutball Freeman, Lee, Touchstone, 1997.

리창언,『고려 유적연구』사회과학출판사, 2002.

Marshall Sahlins, Isalnds of history, The University of Chicago Press, 1985.

마한·백제문화연구소,『익산 쌍릉의 정체성 규명과 향후 과제』2016.

佛書刊行會,『大日本佛敎全書』第一書房, 1978.

上原和,『法隆寺を步く』岩波書店, 2009.

손진태,『조선민족사개론(상)』을유문화사, 1948.

손진태,『國史大要』을유문화사, 1949.

이기백·이기동,『한국사강좌 I (고대편)』일조각, 1982.

이도학,『백제 고대국가 연구』一志社, 1995.

이도학,『꿈이 담긴 한국 고대사 노트 (하)』一志社, 1996.

이도학,『진훤이라 불러 다오』푸른역사, 1998.

이도학,『고대문화 산책』서문문화사, 1999.

이도학,『고구려 광개토왕릉비문 연구』서경문화사, 2006.

이도학,『백제 사비성 시대 연구』일지사, 2010.

이도학,『백제 도성 연구』서경문화사, 2018.

이도학,『삼국통일 어떻게 이루어졌나』학연문화사, 2018.

이도학,『가야는 철의 왕국인가 ―가야·신라·백제의 鐵』학연문화사, 2019.

이도학,『고구려 도성과 왕릉』학연문화사, 2020.

이도학,『새롭게 해석한 광개토왕릉비문』서경문화사, 2020.

이도학,『무녕왕과 무령왕릉』학연문화사, 2020.

이도학,『백제 계산 공주 이야기』서경문화사, 2020.

이도학,『쉽고도 어려운 한국 고대사』학연문화사, 2022.

이도학,『후백제사 연구』학연문화사, 2022.

이병도,『한국 고대사 연구』박영사, 1976.

李弘稙,『韓國 古代史의 硏究』신구문화사, 1971.

임기중,『한국 가사 문학 주해 연구 6권』아세아문화사, 2005.

梁嘉彬,『琉球及東南諸海島與中國』私立東海大學, 1979.

조동걸,『우사 조동걸전집 14』역사공간, 2011.

趙東元 編,『韓國金石文大系 卷三(慶尚北道 編)』원광대학교 출판국, 1979.

조선유적유물도감 편찬위원회,『조선유적유물도감(5)』1990.

井內功,『朝鮮瓦塼図譜Ⅰ(樂浪 帶方)』井內古文化研究室, 1976.

齋藤忠,『古代朝鮮文化と日本』東京大學出版會, 1981.

충북대학교 중원문화연구소,『忠州 彈琴臺』2002.

한국문화재보호재단,『인천 불로동유적』2007.

한글학회,『한국지명총람 4(충남편 上)』보진재, 1974.

■ 논문 등

藤田亮策, 「通溝附近の古蹟と高句麗の墓制」『輯安』第8號, 滿洲事情案內所, 1943.

송하순, 「충남 보령 지방 '도미 설화'의 전개」『하남문화원 제1회 학술대회—2009 도미설
　　　화학술대회』하남문화원, 2009.10.31.

안귀남, 「경상북도 방언 연구의 현 단계와 상주 방언의 특징」『嶺南學』29, 2016.

오은석, 「백제 '은 화관 식'의 형상과 정치적 성격 검증」『동아시아고대학』35, 2014.

李基文, 「解題」『訓蒙字會』檀國大學校 出版部, 1971.

이도학, 「百濟 王系에 對한 異說의 檢討」『東國』18, 1982.

이도학, 「漢城末·熊津時代 百濟 王系의 檢討」『韓國史研究』45, 1984.

이도학, 「漢城末·熊津時代 百濟 王位繼承과 王權의 性格」『韓國史研究』50·51合輯, 1985.

이도학, 「羅唐同盟의 性格과 蘇定方 被殺說」『新羅文化』2, 1985.

이도학, 「新羅의 北進經略에 관한 新考察」『慶州史學』6, 1987.

이도학, 「永樂 6年 廣開土王의 南征과 國原城」『孫寶基博士停年紀念 韓國史學論叢』
　　　지식산업사, 1988.

이도학 譯·武國勛 著, 「夫餘王城新考」『黑龍江文物叢刊』1983, 제4기; 「夫餘 王城新考
　　　-前期 夫餘王城의 發見(상·하)」『우리 文化』12·13호, 한국문화원연합회, 1989.

이도학, 「平壤 九梯宮의 性格과 그 認識」『國學研究』3, 1990.

이도학, 「新羅 花郞徒의 起源과 展開 過程」『정신문화연구』38, 한국정신문화연구원, 1990.

이도학, 「山淸의 傳仇衡王陵에 관한 一考察」『鄕土文化』5, 嶺南大學校 鄕土文化研究
　　　會, 1990.

이도학, 「方位 名 夫餘國의 성립에 관한 檢討」『白山學報』38, 1991.

이도학, 「百濟의 交易 網과 그 體系의 變遷」『韓國學報』63, 一志社, 1991.

이도학, 「伯濟國의 성장과 소금 交易 網의 확보」『百濟研究』23, 1992.

이도학, 「신라 화랑도의 기원과 성격에 관한 검토」『신라화랑연구』한국정신문화연구원, 1992.

이도학, 「百濟 初期史에 관한 文獻 資料의 檢討」『韓國學論集』23, 漢陽大學校 韓國學

研究所, 1993.

이도학,「한가위의 기원은 어디에?」『倉洞通信-한 사학도의 고대사 노트』희양산방, 1993.

이도학,「4세기 정복국가론에 대한 검토」『韓國古代史論叢』6, 韓國古代社會研究所, 1994.

이도학,「부여 능산리 고분군 출토 사리감 銘文의 의의」『서울신문』서울신문사, 1995.11.6.

이도학,「日本書紀의 百濟 義慈王代 政變 記事의 檢討」『韓國古代史研究』11, 1997.

李道學,「새로운 摸索을 위한 點檢, 目支國 연구의 現段階」『마한사연구』충남대학교 출판부, 1998.

이도학,「古朝鮮史의 몇 가지 問題에 관한 再檢討」『東國史學』37, 2002.

이도학,「廣開土王陵碑文의 思想的 背景」『韓國學報』106, 2002.

이도학,「'百濟復興運動'에 관한 몇 가지 검토」『東國史學』38, 2002.

이도학,「廣開土王陵碑의 建立 背景」『白山學報』65, 2003.

이도학,「百濟 武王 代 益山 遷都說의 檢討」『益山文化圈 研究의 成果와 課題』마한백제문화연구소 설립 30주년 기념 제16회 국제학술회의, 2003.5.23.

이도학,「서평 : 노중국 著, 백제부흥운동사」『동아일보』2003.12.27.

이도학,「서평 : 노중국 저, 백제부흥운동사」『한국사연구』124, 2004.

이도학,「신라사의 시대구분과 '中代'-중세로의 전환 시점에 대한 접근」『新羅文化』25, 2005.

이도학,「고구려와 부여 관계의 재검토」한국학중앙연구원, 2006.1.25.;『고구려의 역사와 대외관계』서경문화사, 2006.

이도학,「高句麗의 內紛과 內戰」『高句麗研究』24, 2006.

이도학,「高句麗史에서의 國難과 故國原王像」『高句麗研究』23, 2006.

이도학,「'廣開土王陵碑文'에 보이는 征服의 法則」『제37회 동아시아고대학회 학술발표대회』동아시아고대학회·한국전통문화대학교, 2009.5.23.;『東아시아古代學』20, 2009.

이도학,「미륵사지 서탑 사리 봉안기의 분석」『白山學報』83, 2009.

이도학, 「堤川 점말동굴 花郎 刻字에 대한 考察」『충북문화재연구』 2호, 충청북도문화 재연구원, 2009.

이도학, 「중국 속의 백제인들」『한민족 디아스포라의 역사(1)』한민족학회, 2009, 5.27.; 「중국 속의 백제인들, 중국 바깥의 백제인들」『한민족연구』 7, 2009.6.

이도학, 「傳金庾信墓에 대하여」『문화재학』 6, 한국전통문화대학교 문화재관리학과, 2009.

이도학, 「唐에서 재건된 백제」『整合·解體·通涉의 人文學』경성대학교 인문과학연구소, 2009년 추계국제학술대회, 2009.11.6.;『인문과학논총』 15-1, 경성대학교, 2010.

이도학, 「百濟의 海外活動 記錄에 관한 檢證」『충청학과 충청문화』 11, 충청남도역사문 화연구원, 2010.

이도학, 「高句麗 王號와 葬地에 관한 檢證」『慶州史學』 34, 2011.

이도학, 「谷那 鐵山과 百濟」『東아시아古代學』 25, 2011.

이도학, 「고대 동아시아의 불교와 왕권」『충청학과 충청문화』 13, 충청남도역사문화연 구원, 2011.

이도학, 「檀君 國祖 意識과 境域 認識의 變遷 --『舊三國史』와 관련하여--」『한국사상사 학보』 40, 2012.

이도학, 「'『삼국사기』 온조왕본기'의 主體에 대한 再解釋」『21세기의 한국고고학 Ⅴ』주 류성, 2012.

이도학, 「廣開土王 代 南方 政策과 韓半島 諸國 및 倭의 動向」『고구려 광개토왕과 동아 시아』한국고대사학회, 2012.2.;『한국고대사연구』 67, 2012.

이도학, 「泗沘城 遷都와 都城 企劃, 그리고 '定林寺'」『정림사복원 국제학술심포지엄』 부여군문화재보존센터, 2012.6.13.;「百濟 泗沘都城과 '定林寺'」『白山學報』 94, 2012.

이도학, 「'광개토왕릉비문'의 역사적 성격과 특징」『광개토태왕릉비 원석정탑본 공개와 박물관학적 활용 방안』제27회 박물관학 학술대회, 2012.12.18.;『博物館學報』 23, 한국박물관학회, 2012.

이도학, 「馬韓 殘餘故地 前方後圓墳의 造成 背景」 『東아시아古代學』 28, 2012.

이도학, ‘定林寺址’ 五層石搭의 建立 時期에 대한 論議」 『부여학』 2, 2012.

이도학, 「高句麗의 東海 및 東海岸路 支配를 둘러싼 諸問題」 『高句麗渤海研究』 44, 2012.

이도학, 「百濟 泗沘都城의 編制와 海外 交流」 『동아시아의 고대 도시와 문화』 동아시아
　　　　고대학회, 2012.11.16.; 『東아시아古代學』 30, 2013.

이도학, 「說林--‘三國志’ 東夷傳 夫餘 條의 分析」 『부여학』 3, 2013.

이도학, 「백제 건국 세력의 계통과 한성기 묘제」 『한성지역 백제 고분의 새로운 인식과
　　　　해석』 제13회 백제학회정기발표회, 2013.3.2.; 「百濟 建國勢力의 系統과 漢城
　　　　期 墓制」 『百濟學報』 10, 2013.

이도학, 「백제 왕궁과 풍납동토성--사료를 통해 본 한성백제 왕성」 『한성백제의 왕궁은
　　　　어디에 있었나?』 한성백제박물관 백제학연구소, 2013.9.27.; 「백제 왕궁과 풍납
　　　　동토성—사료를 통해 본 한성백제 왕성」 『한성백제의 왕궁은 어디에 있었나』 한
　　　　성백제박물관, 2014.

이도학, 「「廣開土王陵碑文」에 보이는 ‘南方’」 『영남학』 24, 2013.

이도학, 「榮山江 流域 馬韓諸國의 推移와 百濟」 『百濟文化』 49, 2013.

이도학, 「百濟 泗沘都城의 編制와 海外交流」 『東아시아古代學』 30, 2013.

이도학, 「百濟의 海上 실크로드 探究」 『東亞海洋文化國際學術會議 論文集』 浙江大學
　　　　校, 2013.8.20.

이도학, 「樂浪郡의 推移와 嶺西 地域 樂浪」 『東아시아古代學』 34, 2014.

이도학, 「說林 : 韓國史에서 中世의 起点으로서 科擧制 施行」 『東國史學』 56, 2014.

이도학, 「고구려 왕릉 연구의 어제와 오늘」 『한국 고대사 연구의 시각과 방법』 사계절, 2014.

이도학, 「倭의 佛敎 受容과 백제계 사찰의 건립 배경 및 성격」 『충청학과 충청문화』 19, 2014.

이도학, 「李丙燾 韓國古代史 研究의 ‘實證性’ 檢證」 『白山學報』 98, 2014.

이도학, 「恩山別神祭 主神의 變化 過程」 『扶餘學』 4, 2014.

이도학, 「益山遷都 物證 ‘首府’ 銘瓦에 대한 反論 檢證」 『東아시아古代學』 35, 2014.

이도학, 「三國統一 期 新羅의 北 界 確定 問題」『東國史學』 57, 2014.

이도학, 「後百濟의 全州 遷都와 彌勒寺 開塔」『韓國史研究』 165, 2014.

이도학, 「『三國史記』의 高句麗 王城 記事 檢證」『한국고대사연구』 79, 2015.

이도학, 「백제의 요서경략과 중·고등학교 한국사 교과서의 기술」『한국전통문화연구』 15, 한국전통문화대학교, 2015.

이도학, 「백제사 속의 익산에 대한 재조명」『마한백제문화』 25, 2015.

이도학, 「『고등학교 한국사』 教科書와 바다 이름 標記의 問題」『慶州史學』 39·40合輯, 2015.

이도학, 「단양적성비와 진흥왕 대 諸碑의 비교」『단양 신라적성비 학술회의』 국사편찬위원회 전국협의회 충북지회, 2015.9.4.; 「新羅의 丹陽 經營과 丹陽赤城碑」『세계사 속에서의 韓國』 주류성, 2016.

이도학, 「廣開土王陵 守墓制 論議」『東아시아古代學』 41, 2016.

이도학, 「將軍塚과 周邊 高句麗 王陵 比定 問題」『역사문화연구』 58, 2016.

이도학, 「백제 건국 세력은 어디서 와서, 어디에 정착했는가?」『백제, 그 시작을 보다』 하남역사박물관, 2016.

이도학, 「後百濟의 降服 動線과 馬城」『동아시아문화연구』 65, 2016.

이도학, 「고구려의 漢江 流域 喪失 原因과 長安城 축조 배경」『東아시아古代學』 47, 2017.

이도학, 「高句麗와 倭의 關係 分析」『東아시아古代學會 第66回 定期學術大會 및 國際學術大會와 文化 探訪』 동아시아고대학회, 2017.7.6.

이도학, 「백제와 인도와의 교류에 대한 접근」『동아시아불교문화연구』 29, 2017.

이도학, 「권력과 기록」『東아시아古代學』 48, 2017.

이도학, 「나주 반남면 신촌리 9호분 금동관의 제작 주체」『나주 신촌리 금동관의 재조명 국제학술대회』 국립나주박물관, 2017.11.17.; 「나주 반남면 신촌리 9호분 금동관의 제작 주체」『나주 신촌리 금동관의 재조명』 국립나주박물관, 2019.

이도학, 「檀君朝鮮, 神話에서 歷史로의 進入 過程」『단군학연구』 38, 2018.

이도학, 「衛滿의 頭髮과 服裝을 실마리로 한 한국 고대문화의 정체성 탐색」『온지논총』

56, 2018.

이도학, 「삼국의 국도(國都)·별도(別都)·주치(州治)였던 고양시 북한산성의 내력 바로 알기『季刊 한국의 고고학』41, 2018.10.; 「삼국의 國都·別都·州治였던 북한산성」 『행주 얼』59, 고양문화원, 2018.

이도학, 「三國時代의 儒學 政治理念에 의한 統治 分析」『한국사연구』181, 2018.

이도학, 「弁韓 '國出鐵' 論의 檢證」『단군학연구』39, 2018.

이도학, 「쌍릉 대왕묘 = 무왕릉 주장의 맹점(盲點)」『季刊 한국의 고고학』43, 주류성, 2019.

이도학, 「加羅와 印度와의 교류를 통해 본 茶의 유입 가능성」『제3회 김해 장군차 학술 대회』김해시·부산대학교 산학협력단, 2019.12.20.

이도학, 「伴跂國 位置에 대한 論議」『역사와 담론』90, 2019.

이도학, 「전북가야의 태동과 반파국」『문헌과 고고학으로 본 전북가야』호남고고학회, 2020.;『전북가야의 역사와 문화』서경문화사, 2020.

이도학, 「고구려 건국 세력의 정체성 논의」『전북사학』59, 2020.

이도학, 「백제의 遼西 經略에 관한 논의」『단군학연구』43, 2020.

이도학, 「고려 태조의 '莊義寺齋文'과 三角山」『한국학논총』54, 2020.

이도학, 「원천 콘텐츠로서 백제 계산 공주 설화 탐색」『단군학연구』42, 2020.

이도학, 「신민족주의 역사학의 서술과 역사 인식의 교과서 반영 검증―백제 건국 세력의 계통과 요서경략을 중심으로」『단군학회 가을 학술세미나』단군학회, 2020.11.7.

이도학, 「백제 설화의 콘텐츠와 활용 방안」『2021 대백제전 국내학술포럼Ⅱ』(재)백제문 화제재단, 공주대학교 공주학연구원, 2021.3.3.

이도학, 「신라·백제의 境界와 아막성과 가잠성」『고조선단군학』46, 2021.

이도학, 「「駕洛國記」와 '6伽耶' 성립 배경 검증」『역사학연구』83, 2021.

이도학, 「후백제 진훤의 受禪 전략」『민족문화논총』78, 영남대학교 민족문화연구소, 2021.

이도학, 「한국 고대사에서 후백제사의 의미」『역사문화권 지정을 위한 후백제 국회토론 회』후백제학회, 2022.1.18.

이도학, 「기조 강연 : 백제 역사 문화 콘텐츠와 대중화 방안」『백제의 테크놀로지(학술심포
지엄자료집) 백제의 治石과 結構』국립부여박물관, 2022.4.22.

이도학, 「서평 : 이종수, '부여의 얼굴(동북아역사재단, 2021)'」『고조선단군학』47, 2022.

이도학, 「계산 공주 설화에 대한 총합적 고찰」『백제 계산 공주 콘텐츠 활용 방안 학술세
미나』(재)백제문화제재단, 2022.9.6.

이도학, 「기조 강연 : 彌勒寺 開塔과 후백제」『후백제학회 미륵사 개탑 1,100주년 기념
학술대회─후백제와 익산』국립익산박물관·후백제학회, 2022.9.22.

이도학, 「한사군 관련 학술대회 발표·토론문에 대한 몇 가지 과제」『'금기'의 영역 한사
군大解剖』고조선단군학회 2022년 봄 학술대회, 2022.4.1.;『한사군연구』고조
선단군학회, 2022.

이도학, 「한국사에서의 漢四郡 認識」『고조선단군학』47, 2022.

이도학, 「종합토론 : 한사군 관련 학술대회 발표·토론문에 대한 몇 가지 과제」『한사군연
구』서경문화사, 2022.

이도학, 「고조선사 연구의 쟁점과 과제」『고조선과 주변 세계』경희대학교 한국고대사·
고고학연구소, 2022.12.23.

이도학, 「신라의 中原 지역 진출과 娘城·娘臂城의 考證」『지역과 역사』52, 2023.

이도학, 「왜 후백제인가, 백제에서 후백제까지」『후백제학술대토론회』전북일보사,
2023.3.24.

이도학, 「백제의 마한 병합 과정과 영암 내동리 쌍무덤」『영암 내동리 쌍무덤 사적 지정
학술대회』영암군·전남문화재연구소, 2023.9.15.

이도학, 「후백제의 건국 과정과 '始都 光州'」『후백제 왕도 광주 재조명』국립순천대학교
문화유산연구소, 2023.12.1.;『후백제 왕도 광주』광주광역시·국립순천대학교
문화유산연구소, 2023.12.29.

이도학, 「風石 李鍾學의 新羅 海洋史 硏究 業績」『故 이종학 교수 추모 군사학 학술대
회』공군사관학교, 2023.12.12.

梁嘉彬,「魏志朱儒國(今琉球) 裸國(今台灣)黑齒國(今菲律賓)考」『大陸雜誌』特刊 第2輯, 1962.

박근희,「청룡의 해에 뜬 여행지」『조선일보』2024.1.13.

이도학,「견훤이 아니고 진훤인 이유?」『전북문화살롱』2023-4.

이도학,「백제인들의 체감 이상향, 익산 왕도」『미르』35, 익산시·전북문화재연구원, 2023.

이도학,「'실질적 남북국시대' 선도하며 중세 전환 교량 역할」『전북일보』2023.10.18.(16면).

李丙燾,「朝鮮史 槪講(二十六)--第八章 三國時代의 文化(續)」『東亞日報』1923.10.29.

최완규,「고대 익산과 왕궁성」『익산 왕궁리유적, 발굴 20년 성과와 의의』주류성, 2009.

김갑수, 굿모닝충청(http://www.goodmorningcc.com) 2022.9.11.

[색인]

ㄱ

가라加羅　158, 313, 369~377, 379, 380, 382

가라의 여전사　293

가락국기　371, 373, 375

가림성　117, 203, 438

가야加耶　238, 304, 306, 309, 369, 371~373, 375, 376

가잠성椵岑城 위치　335, 336

강주도독康州都督　391

개경　436

개로왕　22, 73, 115, 135, 138, 153, 155, 174, 178, 183, 189~192, 285

개미핥기　315

거쉬　417, 418

건길지鞬吉支　126, 127

견훤이 아니고 진훤　406~~411

경관京觀　121, 122, 124, 125

경신리 1호분　86~88

경애왕　214, 296, 392, 393, 439

경순왕　296, 439

경주　22, 261, 291, 292, 296, 297, 302, 305, 309, 310, 313, 314, 317, 330~333, 347, 353, 357, 358, 365, 376, 391, 393, 399,

439, 450

'계백 장군 묘'　286, 287

계산 공주　287~292

고구려　22, 30, 41, 43, 45~48, 58~60, 70~131, 134, 135, 137~139, 141, 144, 146~148, 155, 175~179, 181, 184, 210, 240, 256, 257, 261, 269, 275, 285, 293, 297, 300~302, 317, 322, 323, 337, 341~343, 345~347, 350~353, 355, 356, 368, 381, 387~390, 393, 420, 447

고구려 내분　114~118

고구려어와 신라어　126~131

고구려어와 신라어의 상관성　128~131

고구려의 두 자매　293

고국양왕　90, 91, 101~103, 257

고국원왕　77, 85, 92, 94, 102, 103

고국원왕릉(국강왕릉)　91, 94, 103

고대사회　19, 22, 75

고려　20, 21, 84, 118, 240, 245, 279, 280, 381, 386, 389, 392, 393, 397, 402, 404, 426, 432, 434, 436, 437, 439~441, 445, 447~451

고려 왕궁 포위　436, 437

고려사　265, 267, 278, 280, 339, 421, 424,

441

고려사절요 421

고려 태조 21, 84, 348, 387, 447

고령高靈 369, 370, 372, 375, 379, 445

고사부리(성) 159, 164

고조선 26, 31, 38, 39, 52~54

곤지昆支 189, 191, 192

골품제 18, 19, 363

공산 전투 435

공작孔雀 237, 316, 317

과거제 21, 22, 397, 404, 405

곽장근 379

관官 107, 109, 196

관군官軍 107, 108

관모冠帽 184, 253, 302, 371, 372, 376

관세음응험기 215

관적 질서官的 秩序 108, 109

광개토왕 87, 90, 92, 94, 96, 98, 99, 101, 103~106, 109, 111, 113, 173, 257

광개토왕릉 88, 101, 103

광개토왕릉비(능비) 91, 92, 94, 98, 101, 103

광개토왕릉비문(능비문) 58, 59, 70, 74, 84, 91, 94, 96, 97, 99~113, 141, 179, 257, 311, 369, 378

광시좡족자치구廣西壯族自治區 180

광주光州 182, 183, 396, 399, 404, 413~415, 431, 434, 435, 442

광주북촌光州北村 412, 413

광주 생룡동 413, 414

구당서 102, 121, 123, 128, 180, 215, 235, 253, 277, 299, 301

구삼국사 28, 84, 258, 373,

구스타프 코신나Gustaf Kossinna 351

구야국狗邪國 369,

구인蚯蚓 412, 413, 415, 417, 419

구태仇台(위구태) 60, 135, 137, 139

구태묘 137

구형왕 화상仇衡王畫像 374

국내성 46, 76~78, 90, 91, 103, 388

국내 위나암성國內 尉那巖城 77~79

국강國罡(국강상) 91, 92, 94

국동대혈國東大穴 125

국원성 346, 347

국천·중천·동천·서천 78, 90, 91

국출철國出鐵 307, 308, 310

국토 완정完整 164

궁남지宮南池 222~225

궁예 27, 391, 400, 402, 420~426, 432, 441, 443~445

근세조선 27

근초고왕 138, 155, 156, 158, 159, 163~166, 168, 172, 183, 184, 233~235, 259, 283, 297

금강 163, 164, 206, 208~210

금관가야 369, 373, 374

기린굴麒麟窟 125

기자箕子 30, 31, 32, 53

기자조선 30, 31, 52~54, 351

김달수 271

김상기 409, 442

김유신 288, 334, 352, 400

김유신묘 위치 357, 358

김정호金正浩 215, 337

김춘추 316, 334, 335, 350, 352

김포 운양동 유적 60, 145

김해 293, 304, 309, 310, 369, 370,
　373~375

ㄴ

나주 반남면 신촌리 세력 162, 163

낙랑(군) 35, 38, 39, 41~51, 175, 176, 290,
　309, 371, 387, 406

낙랑계 토기 44, 48, 50

낙랑토성 45

난장성亂長城 346, 347

난청쯔南城子 62~64, 146

남가라 158, 373~375

남만南蠻 159, 163~165

남부여 59, 139, 449

남북국시대 7, 386~393, 402, 404

남북국시대론 386~388, 392, 393

남산신성 117, 347

남월南越 33, 34, 37

낭비성娘臂城 337~345

낭비성=포천설 341~345

낭성娘城 115, 345~347

낭성 소재지 345~347

남인南人 387, 392

낭자곡(성)娘子谷城 338~340, 344, 345

낭혜화상비문 359~363

내번內藩 백제 277, 278

내비리국內卑離國 162, 163

노성魯城 77, 82, 88

능사 259, 261

ㄷ

다종족 국가 297

다케다 유키오武田行男 335

단군 26~28, 32, 370

단군신화 27

단군조선 52~54, 141

단양신라적성비 116, 254, 324, 325

담징 268~271

당唐 20, 215, 246, 275~277, 317, 350,
　351, 397, 403, 429, 448

당군唐軍 210, 335, 348, 355, 356, 401, 447

당교唐橋 356

당 태종 102, 330, 333, 350~352

대가야 토기 370, 371, 376

대대로大對盧 81, 114

대동강(유역) 38, 43, 77, 82, 98, 125, 173,
　210, 353, 397, 402, 435

대방(군) 42, 45~49, 67, 105, 108, 175,
　179, 309

대방군왕 188, 277

대성산성 77, 80~83, 88

'대왕大王' 명 370, 371

대왕묘 226~231

대왕묘 출토 치아 228, 229

대왕조선 38, 42, 54

'대진원강大晉元康' 명銘 기와 45, 46

대항해의 시대 312~320

대통大通 명 인각와 207

대통사지 207

덕진포 423

도리 불사止利佛師 270, 271

도림道琳 285, 286

도모대왕 135, 137, 138

도미 부인 284~286

도부嶋夫 314

도선道詵 282

돌궐 115~117, 122, 127, 137, 388

동국여지승람 209, 338, 340, 343

동명왕 135, 138, 140, 261

동명왕묘東明王廟 138

동명왕릉 84, 261

동부여 58, 59, 61~64, 70, 104, 108, 109,
    112, 140

동사강목 305, 403, 407, 409, 413

동성왕 189, 191, 192, 203~205

동천왕 43, 44, 98

동천왕릉 91

'동황성' 44, 81

2개 도성 체제(複都) 215~218

두발 33~36

두시언해杜詩諺解 417, 418

둔전屯田 433, 434

득난得難 359~363

디룽이 417~419

ㄹ

로만 글라스 316, 318, 376

로버트 에드워드 리Robert Edward Lee 449

르낭Joseph Ernest Renan 401

ㅁ

마성馬城의 위치 439, 440

마오어산帽儿山 고분군 64, 71

마쓰시타 미바야시松下見林 319

마한 46, 50, 53, 60, 65, 66, 127, 128, 136,
    144, 146, 157~159, 162~165, 233, 309,
    353, 382, 400

마한 정벌(경략) 158, 165, 172, 184

마홀馬忽 338, 342~344

만민언萬民堰 433

만월대 436

만주원류고 279, 299

말갈 44, 48, 123, 129, 277, 323, 389

말조선末朝鮮 31, 54

'亡王子'(三王子) 263

매생성買省城 8, 349, 355

매지권買地券 187, 188

매초성(매소성) 348, 349

멸칭과 비칭 380

모리 마사오護雅夫 26

모리스 쿠랑Maurice Courant 94

모한慕韓 381, 382

몽촌토성 145, 146, 153~155

목지국 66, 163

목빙고木氷庫 211

몽골 20, 27, 36, 138, 237, 242, 428

무武 183, 381

무녕왕 187~192, 194, 196, 203~206, 226,
    256, 259, 260

무녕왕·왕비 매지권 187, 188, 190,
    197~200

무녕왕의 용모 194

무단강牧丹江 96

무등산가無等山歌 435

무등산고성 434, 435

무라야마 지준村山智順 288, 291, 292

무령왕릉 72, 85, 146, 194, 200~202

무령왕릉 은팔찌 195, 196

무왕 215~218, 223, 225, 227, 229, 231,
    427

문경 가은읍 413, 419

문무왕 258, 275, 331, 333

문자명왕 22, 87, 88

미륵사(지) 237, 253, 427~431

미륵사 개탑開塔 404, 427~431

미륵사 목탑 428~430

미륵사지 서탑 사리봉안기 255, 262, 263

미송리형 토기 63

미시나 아키히데三品彰英 287, 327

미천왕릉 85, 86

미천왕릉 이장설 85, 86

미추왕릉(비류왕릉) 145

미추홀 143, 145

미츠라みずら 35

ㅂ

박수경朴守卿 436, 437

박영규 398, 437, 448

발성勃城 전투 436, 437

발어참성勃禦塹城 436

반월성半月城 208, 248, 273, 296, 334

반파(국)伴跛(國) 377~381,

반파=장수설 377

발해 18, 64, 127, 278, 351, 354, 355,
    386~390, 392, 393

발해 동경성 389

발해말갈 277

발해의 외왕내제外王內帝 390

방위명 부여 58

백가苩加 117, 203~205

백강 151, 204, 275

백마강 206~211, 218, 220, 224, 246, 249,

272~274

백마분 318

백색 숭상 299, 300

백신토곡帛愼土谷 97

백암성 115~117

백제 19, 20, 22, 44, 47, 49, 58, 64, 73, 75, 98, 99, 102, 103~123, 126~128, 134~148, 151~197, 207, 208, 211, 214~217, 219, 224, 225, 228, 230, 232~242, 244~249, 251, 253~266, 275~281, 297, 301, 302, 312, 313, 316, 327, 331~335, 339, 340, 341, 346, 350~353, 356, 368, 376, 379, 381, 382, 389, 400, 401, 427, 433, 435, 447, 449

백제 기년법 256~258

백제 문화 콘텐츠 282~292

백제부흥운동 264, 265

백제신찬百濟新撰 189, 204, 205

백제 우물 145

백제의 요서 진출 동기 181

백제의 해외 거점 179~181

백제의 천하관 165~166

백제향百濟鄕 180

백제허百濟墟 180

법경대사비문 422, 423

베이징北京 48, 177

벽골제 131

변발 34~36

변진(변한) 65, 66, 128, 304~308, 310, 311,

368, 370, 375, 376, 380, 382, 400, 401

복국復國 267

복국운동復國運動 265, 294

복도설複都說 216

분문온역이해방分門瘟疫易解方 417

봉기蜂起 266, 267

봉화망 379, 381

봉후烽候 377~379

부소산 76, 207, 208, 210, 220, 223, 236, 244, 272, 273, 288, 290

부소산성 215, 219, 239

부여夫餘(국명) 43, 58~65, 70~73, 126, 128, 135~139, 143, 145~148, 242, 299, 381, 389

부여扶餘(지명) 26, 195, 203, 206, 207, 209~211, 215, 216, 222, 223, 225, 236, 239, 244~246, 248, 251, 259, 260, 273, 297, 438

부여 도용陶俑 59

부여 별종 138, 139

부여씨 126, 138~140, 142, 226, 237, 386, 297, 386

부여 왕 43, 60, 63, 127, 137

부여융 188, 275, 276, 277

북국北國 387, 388

북군北軍 387, 392, 397, 434, 449

북부여 28, 58, 59, 61~63, 70, 115, 139~141, 143

북성과 남성 154~156

북위北魏 74, 115, 138, 173, 174, 177~179

북조계 사서 178

북한산 진흥왕 순수비 324, 325

북한성(중흥동고성) 155, 156

북한산성 155, 156, 326, 327

불궤不軌 108

불교 122, 235, 249, 250, 254, 261, 331, 364

비뇌성 전투 420, 421

비담의 난 333~335

비류왕沸流王 134, 139~141, 143, 144

비성(군)臂城(郡) 337~340, 342~344

ㅅ

사국시대四國時代 368

상경성上京城 389, 390

사군四郡 48

사기史記 33, 34, 38

사비궁 중수 216~218

사비성(사비도성) 206, 207, 213~217, 253

사비성 천도 배경 206, 207

사성 151~154

사탁씨 6, 229, 255

사탁씨 왕후 229~231

사화진沙火鎭 443

산성 19, 21, 75~77, 80, 83

살린스Marshall Sahlins 37, 70, 72, 73

삼국사기 28, 44, 48~50, 59, 60, 66, 70, 81, 83, 90~92, 98, 113, 114, 117, 120, 122, 128, 129, 134, 138~144, 155, 158, 165, 166, 172, 173, 189, 190, 194, 197, 204, 209, 214, 256~258, 260, 265, 267, 285, 322, 323, 326, 330, 332, 337~340, 342~345, 348, 354, 357, 363, 368~370, 413, 421, 423, 426, 428, 441, 451

삼국사절요 54, 339, 340, 413

삼국시대 85, 95, 128, 197, 238, 341, 368, 370, 371, 390, 393, 400

삼국유사 27~29, 32, 52~54, 59, 141, 142, 156, 219, 278, 289, 291, 292, 329, 330, 333, 356, 396, 412, 413, 415, 426

삼국지 41, 42, 46, 49, 59~61, 63, 65~67, 126, 128, 159, 163, 299, 300, 304, 305, 307~310, 327, 380, 382

『삼국지』 장기전張旣傳 377, 378

313년 42, 44, 45, 47

삼성동토성 47, 154

삼한 28, 44, 66, 67, 278, 281, 350~352, 388, 389, 402, 420, 434, 450

삼한백제 281,

삼한통합 350, 351, 353

상수관 211

상주尙州 356, 372, 391, 398, 409, 412, 413, 419, 430~445

상주북촌尙州北村 412

쌍릉 226~231

새塞 43

'서기書記' 166

서나성 207~210

서안평 41, 43, 46

서원西原 338, 339, 345

서해 46, 157, 207, 210, 315, 320

선각대사비문 422, 423

선덕왕지기삼사善德王知機三事 329~335

선덕여왕 329~335

선부령船府令 315

선양禪讓 21, 393, 400, 402

선인 왕검 44

선화 왕후(공주) 227, 229~231

성왕 58, 102, 127, 139, 185, 206, 216, 235,
   255, 256, 259, 260, 289

성이聖而 360~362

성주城主 117, 203, 391, 398, 420

성주星主 280, 281

『세종실록』 지리지 272, 273, 281, 343

세키노 타다시関野貞 88

소금 독점 분배 157

소서노 72, 141, 143, 144

소왕묘 226, 228, 229~231

소정방비 247~249

소정방 피살설 355, 356

속민屬民 58, 59, 70, 108~113

손진태 135, 265, 311, 364

송산리 6호분 연화문 전돌 196

송서宋書 147, 172, 174~176, 381

송하순 285

쇼토쿠 태자聖德太子 35, 242, 249

수隋 20, 121, 122, 124, 396

'수부首府' 명 기와 215

숙신 27, 96, 97

순장묘 64

숭복사비 제액題額 365

샤먼 26, 27

성덕대왕신종 명문 20

승평항(순천만) 398, 399, 448

쓰보이 구메죠坪井九馬三 353

시대구분 18, 386

시차고우西岔溝 60,

신검의 교서 433, 435, 448, 450

'신공황후 정벌' 판 고구려 버전 118, 119

신당서 121, 123, 348

신라 18~21, 26~28, 47, 62, 75, 104, 107,
   109, 112~118, 123, 125, 129, 172, 183,
   249, 254, 261, 265, 275, 277, 296, 297,
   299~302, 304~311, 322~329, 332~335,
   337, 339, 341~343, 346, 348, 350~359,
   361, 363, 368, 371, 372, 374, 376~378,
   381, 382, 387~389, 390~393, 397,
   399~403, 409, 439, 444, 448

신라어 126~131

신라와 바다 312~320

신라총新羅塚 125

신라 토기 227, 228, 238, 346

신라 토우 315

신라의 일본열도 진출 318~319

신라의 해안선 313

신묘년辛卯年 조 110~113

신민臣民 111~113

신민족주의 역사학 135~137, 142, 267

신증동국여지승람 53, 54, 88, 131, 219, 272, 323, 338, 340, 343, 346, 421

신찬성씨록 186, 381

신채호 135, 144

심청 축제 283, 284

ㅇ

아단성 47, 99, 100

아자개阿慈介 403, 413, 416, 441~446, 451

아즈마 우시오東潮 86

아차산성 99, 126, 327

아카시노 우라明石浦 318

아화왕阿華王 6, 214, 283

안라安羅 158, 376

안재홍 136

안정복 98, 103, 135, 266, 305, 407, 434, 442

안학궁 80, 83

알프레드 세이어 마한Alfred Thayer Mahan 105, 313

압록강 27, 40, 41, 43, 46, 90, 91, 93

양서梁書 128, 172, 176, 194

양속兩屬 체제 184

양직공도 47, 175, 176, 379

양호梁浩 279, 280

의림지 130

여구餘句 138

여울餘蔚 138

역명명법逆命名法 37

연개소문 102, 120, 124

영류왕릉 88

영불골迎佛骨 429

영산강 유역 161, 162, 164, 165, 182, 382

영서낙랑嶺西樂浪 48~51

영암 내동면 쌍무덤 세력 163

영주營州 121, 123, 124, 177

예성강 98, 99, 143, 164, 165, 169, 173, 351, 353, 436, 437

어라하於羅瑕 127, 128

오녀산성 75, 76, 78, 79

오랑烏郞 327, 328

오악사 34, 35

온달성 19

온조(왕)溫祚(王) 134, 135~137, 139~141, 143~146

왕검 26, 27, 44, 54

왕검조선 27, 28, 30~32, 52, 54

왕궁사王宮寺 213

왕궁평성 211, 213, 214, 225, 440

왕인 박사 282, 283

왕장러우望江樓 적석총 72

왕험성 37~39

왕흥사 207, 218~220

왕흥사 목탑터 262, 263

왜(국)倭(國) 102, 105~109, 111, 113, 158, 165, 168, 183~186, 189, 191, 192, 233~236, 241, 242, 249, 250, 275, 283, 297, 302, 304, 309, 310, 314, 316, 319, 378, 379, 381

왜계 문물(유물) 184, 309

왜구倭寇 106, 108

왜군(병) 105, 113, 118, 179, 184, 281, 311, 314

왜왕 186, 265, 318, 382

왜적倭賊 106, 108

외번外藩 백제 275, 276

요동군 46

요사遼史 390

요서경략 172~179

요하遼河 124

욕나谷那 165, 168~171

우두동 주거지 51

우두산성 50, 51

우륵 346

우산국 314

우에다 마사아키上田正昭 185, 186

우태 135, 139, 140, 143

울산 309, 310

웅진도독부 275~277

웅진성 105, 151, 183, 197, 203, 206~208, 216, 217

웅천 164, 203

원사元史 279, 280

원종과 애노의 난 21, 430, 433

원추리 415~417, 419

위魏 43, 46, 49, 76, 393, 407

위구태 60, 137

위나암성 77~79

위덕왕 249, 251, 252, 254~256, 259, 263, 264, 289

위략魏略 31, 54, 59, 60, 66, 70, 307, 308

위례성 128, 151, 152, 154

위만衛滿 33~39, 41, 72, 130

위만 정권 37, 38

위서魏書 59, 70, 74, 141, 178

유검필 장군 438

유검필 장군 사당 438

유년칭원법 257, 258, 260

유리왕 대 천도설 77, 79

유송劉宋 105, 174, 183, 381

6두품 359~363, 402

윤색설潤色說 377, 378

윤정기 71

윤회전생 사상 363, 364

율령 22, 188, 199

은산별신제 293, 294

은화 관장식 253

이케우치 히로시池內宏 93, 172

이릉李陵 34, 35

이마니시 류今西龍 152

이병도 99, 100, 173, 269, 270, 337, 409

이익李瀷 166, 305, 375

이인영 136

이춘구 410

이칭일본전異稱日本傳 166, 319

이홍직 270

이흔암伊昕巖 425, 426, 441

익산 136, 211, 213, 215~218, 225, 226, 228, 229, 335, 430, 440

익산 서동 생가터 211

인주 이씨 373, 374

인천 143~145

인천 검단 지구 분구묘 145

인천 문학산성 144, 145

인천 불로동유적 145

일본(열도) 35, 48, 70, 105, 137, 165, 172, 178, 182, 185, 186, 192, 205, 206, 227, 232, 234, 241, 242, 244, 259, 267~269, 270, 282, 302, 309, 310, 311, 318, 319, 329, 354, 376~378, 382, 389

일본서기 114, 115, 118, 119, 127, 152, 154, 158, 159, 161, 162, 165, 170, 189, 190, 197, 204, 214, 256, 257, 259, 264, 265, 269, 270, 309, 351, 369, 373, 377, 378, 380, 381, 388

일본연대기 319

임강총 91, 92, 94

임나가라任那加羅 109, 112, 113, 375

임나국의 별종別種 380

임나부흥 265

임나 제국 115, 265, 313, 375~377, 381, 382

임둔군 40, 41

임성 태자琳聖太子 249, 302

임진강 98, 99, 143, 169

'임진년작 壬辰年作' 명 전돌 200, 201

입당구법순례행기 278, 354

ㅈ

자온대自溫臺 218~220

자치통감 60, 147, 407

잔·적殘賊 106

잡종강세 296

장군총 88, 92, 94, 102, 103

장수왕 22, 87, 88, 98

장쑤성 렌윈강 백제 석실분 179

장안성長安城 30, 38, 77, 80~83, 117, 118, 210

장의사재문莊義寺齋文 447

적석총 71, 72, 85, 86, 146, 148~150

저녁 혼례 299~302

저산도 목마猪山島牧馬 437

전방후원분 182~186

전북가야 375, 376, 382

전운옥편 40, 137, 381, 406~408, 438

전조선前朝鮮 52, 54

전주 사고史庫의 소실 451

전주 선언 400, 401

절영도絶影島 391

점말동굴 각자刻字 327, 328

정개正開 396, 402, 430, 431

정덕본『삼국사기』 52, 214, 338~340, 343, 344, 412

'정림사' 223, 244~249

정복국가의 등장 146~148

정사암 271, 272

정약용 50, 71, 98, 135, 173, 337, 368

제왕운기 52, 370

제철 유적 310, 377, 381

조국회복운동 265

조다助多 22, 87, 88

조선(고조선)朝鮮 27~35

조연수의 묘지명 44, 45

조운漕運 314

조지 오웰George Orwell 426

조타趙佗(他) 33, 34, 37

졸본 72, 84, 141, 143

종교전쟁 249, 250

주몽朱蒙 71, 74, 140, 143

주서周書 80~83, 114, 115, 123, 126

주실周室 7, 392, 393

죽주산성 420~422

중세 18, 19, 22

중폐비사重幣卑辭 445

즉위년칭원법 257, 258, 260

즙석봉토분 146, 148~150

지렁이 27, 409, 415~417, 419

지안集安 41, 46, 76~80, 85, 87, 88, 90, 92, 125

진경대사비(문) 369, 373, 404

진덕여왕 227, 334

진반군眞番郡 40

진왕辰王 65~67, 306

진평군(현) 175~179

진한 49, 65, 66, 128, 136, 304~308, 310, 312, 372, 382, 400, 401

진훤(왕) 396~451

진훤산성 443

진훤왕릉 451

진훤 왕의 경주 급습 393, 438

진훤의 거병지 순천만 398

진훤 출생설 413

진훤 왕의 출생지 412

진흥왕 115, 116, 118, 261, 323, 325, 327, 346, 347, 372

진흥왕순수비 322

ㅊ

차오양朝陽 177

창녕진흥왕순수비 324, 325

창왕 251, 252, 255

창왕명사리감 239, 254, 251, 256, 259

창왕사리감 명문 251, 256, 258, 259

창왕명 사리그릇 263

책부원구 122, 305

천리장성 120, 121, 124

천정대 209, 272~274

천추총 91, 94

철鐵 168~171, 304~309

철복鐵鍑 137

철의 왕국 304~309

청암동토성 39, 77, 83

초원4년 낙랑호구부 39, 47

총塚 95

최승우 403, 405

최치원 27, 48, 352, 373, 375, 402, 403

추계魋結(椎結·椎髻) 33~35

추모왕鄒牟王 84, 110, 112, 141

추심사推尋寺 415, 416, 419

춘천 48~51, 131, 149

충주 99, 115, 339, 346, 347, 421

친당자립親唐自立 334

칠지도 168~171

7세기 대의 고구려 영역 123

침미다례 159, 160~163, 165, 170, 183

ㅌ

탄금대토성 233, 346

탐라 275, 280

탐라성주 280, 281

태왕릉 91~94, 102, 103

태왕릉 담장 93

태조왕 41, 43, 46, 59~61, 214

태평광기太平廣記 320

태평어람太平御覽 305, 307, 308

테크놀로지technology 5, 20

통일신라 107, 161, 169, 228, 240, 253, 342, 343, 349, 386, 388, 392, 402, 420, 429, 435

통전通典 82, 123, 124, 176, 177, 305

통진대사비문 413

퉁돤산東團山 59, 62~64, 146

ㅍ

파진찬波珍湌 314

패수(하·강) 39, 80, 81, 98, 143, 164, 351, 353, 402, 435

편두 304, 305, 306

편운화상부도 396

평양 27, 30, 38, 39, 42, 43, 45~47, 49, 53, 81, 84, 86~88, 104, 118, 175, 293, 341, 350, 351, 371, 435, 444, 447

평양성 22, 46, 77, 80~83, 87, 88, 92, 100, 102, 125, 355

풍납동토성 145, 151~155

풍왕 191, 266, 275, 276

ㅎ

하고성자下古城子 71, 76, 78

한漢 33, 39, 40, 43, 49, 121, 215

한강(유역·한수) 50, 51, 98~100, 114, 115, 117, 118, 136, 148, 149, 151~153, 155, 154, 156, 157, 208, 341, 346

한가위의 기원 354, 355

한사군 30, 40~42, 47, 351, 406

한산漢山 154, 155

한산기漢山記 286

한성漢城 118, 151, 154, 155, 169, 171, 177, 183, 184, 190, 208, 214, 216, 285

한원翰苑 137, 259, 305, 382

한진서 66, 349

한치윤 135

합덕방죽 433

해남 현산초등학교 160

해동삼국 351, 388, 389

해부루 143

'해부루 설화' 139~142

해상 실크로드 316

해양전략론Naval Strategy 313

해양력Maritime Power 105, 313

해씨 139, 140, 142, 297

허황후 373, 374

혁거세 26, 296, 299

현도(군·성) 41, 44~46, 48, 60, 63, 72, 147, 407

형 공주 251, 252, 254~256

혜왕 264

혜정본(탑본) 112

호胡 41, 42

호류사 금당 벽화 268~271

호류사 사방정토도 268

호류사 석가삼존상 271

홍수洪水 152, 154, 208~210

화랑도 327, 328

환도성(산성) 76~78, 85, 103, 177

환런 71, 72, 75, 76, 79, 80, 84

환선길 424~426, 441

황금 보검 318

황성黃城 44, 77, 81

황의돈 136

황초령과 마운령(비) 118, 172, 313, 322~326

효녀 원홍장 283, 284

후삼국시대 387, 390, 392, 397, 398, 402, 404

후연後燕 45, 104, 109, 181, 233

후·왕조선侯王朝鮮 31, 54

후조선後朝鮮 52, 54

후한서 41, 43, 60, 66, 305, 307

훈몽자회 417, 418

흉노 33, 35, 36, 43, 137, 297

흑치 237, 238

흑치상지 173, 226, 237